राम प्रसाद बिस्मिल को फाँसी
व
महावीर सिंह का बलिदान

राम प्रसाद बिस्मिल को फाँसी
व
महावीर सिंह का बलिदान

सम्पादक

प्रो. मलवेन्दर जीत सिंह वढ़ैच

सीताराम बांसल

अनुवाद

रमेश कुमार

राजकमल प्रकाशन

ENGLISH ORIGINAL
HANGING OF RAM PRASAD BISMIL : THE JUDGEMENT
Ed : MALVIWINDER JIT SINGH WARAICH

ISBN : 978-81-267-2401-7

मूल्य : 850

पहला संस्करण : 2013
दूसरा संस्करण : 2024

प्रकाशक : राजकमल प्रकाशन प्रा.लि.
1-बी, नेताजी सुभाष मार्ग, दरियागंज
नई दिल्ली-110 002
शाखाएँ : अशोक राजपथ, साइंस कॉलेज के सामने, पटना-800 006
पहली मंजिल, दरबारी बिल्डिंग, महात्मा गांधी मार्ग, प्रयागराज-211 001
1, अनमोल सोराबजी संतुक लेन, धोबी तलाव, मरीन लाइंस, मुम्बई-400 002
वेबसाइट : www.rajkamalprakashan.com
ई-मेल : info@rajkamalprakashan.com

मुद्रक : विकास कंप्यूटर एंड प्रिंटर्स
ट्रॉनिका सिटी-201 102

RAMPRASAD BISMIL KO FANSI
VA
MAHAVIR SINGH KA BALIDAN
by Malwinder Jit Singh Waraich & Sitaram Bansal

आभारी हैं हम...

शहीद महावीर सिंह जी के भतीजे
स्वर्गीय श्री यतिन्द्र कुमार राठौर जी
के सुपुत्र श्री असीम राठौर
व उनके परिवार के,
सभी बहुमूल्य दस्तावेज
उपलब्ध कराने के लिए,

श्री शचीन्द्र बख्शी जी के
सुपुत्र श्री राजेन्द्र बख्शी जी के,
काकोरी सप्लीमेंटरी केस के रिकार्ड
एवं श्री शचीन्द्र की स्मृति के लिए,

अजीज रमेश कुमार का
अनुवाद के लिए

तथा

प्रकाशक महोदय,
श्री अशोक महेश्वरीजी के,
इसको आप सब तक
पहुँचाने के लिए।

—सम्पादक

राम प्रसाद बिस्मिल को फाँसी—
अवध हाई कोर्ट में काकोरी केस की अपील
और
काकोरी सप्लीमेंटरी केस में सेशन जज का फैसला

अनुक्रम

भाग–1

राम प्रसाद बिस्मिल को फाँसी

भाग–2

महावीर सिंह का बलिदान

भाग-1

राम प्रसाद बिस्मिल को फाँसी

(A) अवध हाई कोर्ट का फैसला

ए.आई.आर. - 1927: अवध: 369

चीफ जस्टिस सटुअरट, जस्टिस रज़ाः
राम प्रसाद आदि - दोषीः अपीलार्थी
बनाम
सम्राट - सरकार

फौजदारी अपील नं. 186, 187, 189, 231, 261, 272, 273, 288, 289, 291, 292, 315, 316 तथा 317: 1927 विशेष सेशन जज लखनऊ के दिनांक 6 अप्रैल के फैसले के विरुद्ध :

हाजिर वकील (सरकारी): जगत नारायण, जी.एच. टॉमस

(अपीलकर्ताओं के) : एल.एस. मिश्रा, जे.एन. मिश्रा, मोहन लाल, सी.बी. गुप्ता, जे. जैक्सन, एच.एन. मिश्रा, एन.सी. दत्त।

फैसला

भूमिका

दिनांक 28-31 जनवरी, 1925 के दौरान चार पृष्ठों का एक पर्चा, खुफिया तौर पर डाक द्वारा तथा हाथोहाथ संयुक्त प्रान्त और भारत में अन्य स्थानों में बाँटा गया था; इस पर्चे पर किसी मुद्रक का नाम नहीं दिया गया था—

'दी रिवोल्यूशनरी'
भारत की क्रान्तिकारी पार्टी का मुख्यपत्र
1 जनवरी, 1925 — खंडः 1

भारत की क्रान्तिकारी पार्टी का घोषणा पत्र

'नई रोशनी के जन्म के लिए उथल-पुथल आवश्यक है' और नई जिन्दगी का शुभारम्भ वेदना एवं पीड़ा से होता है। भारत का भी नया जन्म हो रहा है और यह उथल-पुथल एवं वेदना की आवश्यक मंजिलों से होकर गुजर रहा है। जब भारत के लोग अपनी स्थिर भूमिका निभाएँगें, जब सारे पूर्वानुमान निष्फल सिद्ध हो जाएँगे, जब बुद्धिमान और शक्तिशाली लोग साधारण एवं दुर्बल लोगों के समक्ष चकित रह जाएँगे, जब बड़े-

बड़े साम्राज्य ढह जाएँगे और नए राष्ट्र का उदय होगा तब वे सम्पूर्ण मानवता को अपने यश और प्रताप से आश्चर्यचकित कर देंगे।

यह नई शक्ति जो दुनिया को जड़ों से हिला रही है, यह नई स्फूर्ति जो पार्श्व में चमत्कार उत्पन्न कर रही है, भारत के युवा रक्त में भी प्रवाहित हो रही है और एक आन्दोलन का रूप धारण कर रही है। कुछ अक्लमन्द और पढ़े-लिखे लोग इस नई शक्ति को उपेक्षा एवं तिरस्कार की दृष्टि से देख रहे हैं और उसे कुछ पागल व्यक्तियों के दिवा-स्वप्न की संज्ञा दे रहे हैं। यह उल्लेखनीय आन्दोलन युवा भारत का क्रान्तिकारी आन्दोलन है। इस क्रान्तिकारी आन्दोलन ने कमजोर एवं दुर्बल लोगों की हिम्मत पस्त कर दी है। तथा हट्टे-कट्टे लोगों को प्रोत्साहित किया है और विद्वानों तथा बुद्धिमानों को पशोपेश में डाल दिया है। जिस प्रकार बसन्त के आगमन को कभी रोका नहीं जा सकता उसी प्रकार आन्दोलन भी कभी कुचला नहीं जा सकता। यह तब तक निष्प्राण नहीं होगा जब तक यह अपने उन उद्देश्यों की पूर्ति नहीं कर लेगा जिसके लिए इसका जन्म हुआ है। आतताई इसका दमन करेंगे, अविश्वासी लोग मखौल उड़ाएँगे और घबराए हुए लोग इसकी भर्त्सना करेंगे। लेकिन आदर्श एवं विचार कभी तलवार द्वारा नहीं कुचले जा सकते और जिस महान प्रेरणा ने हमारे अस्तित्व की गहराइयों से जन्म लिया है, वह कभी भी उपेक्षा का पात्र नहीं बनाई जा सकती।

यह क्रान्तिकारी आन्दोलन देश में उत्पन्न नवजीवन का प्रतिफल है। इसकी भर्त्सना अपनी चेतना की भर्त्सना है।

बीस वर्षों का निर्मम दमन भी इसे कुचल नहीं पाया। जाने-माने नेताओं द्वारा इसकी तीव्र निन्दा लगातार बढ़ती प्रगति को रोक नहीं पाई। यह आन्दोलन आज पहले से कहीं अधिक शक्तिशाली था। इस क्रान्तिकारी पार्टी की सम्भावनाएँ पहले कभी भी इतनी उज्ज्वल नहीं थीं, जितनी आज हैं। इसका भविष्य सुनिश्चित है।

विदेशी शासकों के दमनकारी तौर-तरीकों की भर्त्सना के लिए किसी भी भारतीय को इस क्रान्तिकारी पार्टी के अस्तित्व को नकारना नहीं चाहिए। विदेशियों को भारत पर शासन करने का कोई अधिकार नहीं है इसलिए उनकी निन्दा होनी चाहिए और उन्हें यहाँ से निकाल बाहर किया जाना चाहिए, इसलिए नहीं कि उन्होंने कोई विशेष अपराध या हिंसक कार्य किया है। विदेशी शासन के ये स्वाभाविक परिणाम हैं। इस विदेशी शासन को समाप्त किया ही जाना चाहिए। उनका भारत पर शासन करने का तलवार के अलावा और कोई औचित्य नहीं है। इसलिए क्रान्तिकारी दल ने स्वयं तलवार उठाने का निर्णय लिया है, लेकिन क्रान्तिकारी दल की तलवार विचारों को साथ लेकर चलती है।

राजनीति के क्षेत्र में क्रान्तिकारी पार्टी का 'तात्कालिक' उद्देश्य संगठित सशस्त्र क्रान्ति द्वारा भारत के संयुक्त राज्यों का एक संघीय गणराज्य (फेडेरल रिपब्लिक आफ यूनाइटेड स्टेट्स ऑफ इंडिया) स्थापित करना है। इस गणराज्य के अन्तिम संविधान का निर्माण एवं घोषणा तब होगी जब सम्पूर्ण भारत के प्रतिनिधि अपने निर्णयों को लागू करने में सक्षम होंगे। लेकिन इस गणराज्य का मूलभूत सिद्धांत सार्वजनिक

मताधिकार और शोषण पर आधारित समस्त व्यवस्थाओं की समाप्ति पर आधारित होगा जो मनुष्य द्वारा मनुष्य के शोषण को सम्भव बनाती है।

उदाहरणार्थ: रेलवे, यातायात, संचार, कोयला खदान आदि सहित इस्पात एवं जहाज जैसे बड़े उद्योगों का राष्ट्रीयकरण किया जाएगा। इस गणराज्य में मतदाताओं को यदि वे चाहें तो प्रतिनिधियों को वापस बुलाने का अधिकार होगा, अन्यथा प्रजातन्त्र एक मखौल बनकर रह जाएगा। इस गणराज्य में विधान सभा को कार्यपालिका पर नियन्त्रण रखने एवं आवश्यकता पड़ने पर इसे बदलने का अधिकार होगा।

यह क्रान्तिकारी पार्टी केवल राष्ट्रीय न होकर अन्तर्राष्ट्रीय भी है क्योंकि इसका अन्तिम उद्देश्य सम्पूर्ण विश्व में विभिन्न राष्ट्रों का अलग-अलग हितों का समन्वय, सुरक्षा एवं सम्मान होगा और इन अर्थों में वो भारत के उज्ज्वल अतीत के महान ऋषियों एवं आधुनिक बोल्शेविक रूस का अनुसरण करेगा। भारतीय क्रान्तिकारियों के लिए मानवता की भलाई मात्र व्यर्थ में खोखला शब्द नहीं है, लेकिन कमजोर कायर एवं शक्तिहीन न तो अपना ही भला कर सकते हैं और न ही मानवता का।

साम्प्रदायिक प्रश्न के सम्बन्ध में क्रान्तिकारी दल की अवधारणा है कि विभिन्न समुदायों द्वारा रखी गई कोई भी माँग मानी जा सकती है, बशर्ते कि वह दूसरे समुदायों के हितों से टकराती न हो और अपने अन्तिम रूप में निकट भविष्य में विभिन्न समुदायों के बीच स्वस्थ एवं सुसंगठित एकता के निर्माण की दिशा में अग्रसर होती हो।

आर्थिक एवं समाज कल्याण के क्षेत्र में यह पार्टी व्यापक सहयोग की भावना का अधिकाधिक प्रसार करेगी। निजी एवं असंगठित उद्यमों के बदले पार्टी सहकारिता को प्राथमिकता देगी।

आध्यात्मिक क्षेत्र में पार्टी का उद्देश्य सत्य की प्रतिष्ठा और इस बात का प्रचार होगा कि जगत माया एक दिग्भ्रम नहीं है जिसकी उपेक्षा एवं अवहेलना की जानी चाहिए, बल्कि यह एक अविभाज्य आत्मा की परिणति है— सम्पूर्ण शक्ति, ज्ञान एवं सौन्दर्य का चरम स्रोत।

क्रान्तिकारी पार्टी की अपनी नीतियाँ एवं कार्यक्रम हैं: यह विधित कारणों से अपनी गुप्त सूचनाओं को उद्घाटित नहीं कर सकती। लेकिन जब यह सुनिश्चित हो जाएगा कि सरकार हमारे अपने लोगों से अधिक जानती है, तो जनता को इसकी योजनाओं एवं कार्यप्रणाली के बारे में बेहिचक बता दिया जाएगा।

यह क्रान्तिकारी पार्टी कांग्रेस एवं इसके अन्य दलों के साथ जहाँ तक सम्भव हो सहयोग और आवश्यकता पड़ने पर अलगाव की नीति अपनाएगी, लेकिन यह पार्टी इस देश के समस्त संवैधानिक आन्दोलनों को उपहास एवं तिरस्कार की दृष्टि से देखती है। *यह कहना मात्र स्वाँग है कि भारत की मुक्ति संवैधानिक माध्यमों से हो सकती है, विशेषकर तब जब कोई संविधान ही न हो।*

यह कहना आत्म प्रवंचना है कि भारत की राजनीतिक स्वतन्त्रता की प्राप्ति शान्तिपूर्ण एवं संवैधानिक साधनों से हो सकती है। जब शत्रु अपनी सुविधानुसार शान्ति

भंग करने पर कृत संकल्प हो, ऐसी स्थिति में जब कोई शान्ति कायम करने के लिए हर कीमत चुकाने के लिए तैयार हो तो 'वैधानिक' जैसा सुन्दर शब्द भी अपना चमत्कार और महत्त्व खो देता है।

हमारे जन नेताओं को सीधी शब्दावली में यह कहने में हिचकिचाहट होती है कि भारत विदेशी नियन्त्रण से पूर्ण स्वायत्तता चाहता है। शायद वे इस तथ्य से अनभिज्ञ हैं कि राष्ट्रों का जन्म महान आदर्शों की प्रेरणा से होता है। वो आध्यात्मिक आदर्श जो पूर्ण स्वायत्तता के भाव को स्वीकार करने में हिचकिचाता है, मुश्किल से ही आध्यात्मिक कहा जा सकता है। अब समय आ गया है कि स्पष्ट रूप से सत्य कह दिया जाए और राष्ट्र के समक्ष एक सार्थक आदर्श प्रस्तुत किया जाए।

हमारे समक्ष संगठित रूप से मानवता की सेवा करने का आदर्श है; इस आदर्श की प्राप्ति तब तक नहीं हो सकती जब तक कि वह गुलाम है; जब तक कि वह ब्रिटिश भारत कहलाता है। भारत को अपने आदर्श की पूर्ति के लिए अपना एक अलग एवं स्वतन्त्र अस्तित्व बनाना होगा। यह स्वतन्त्रता कभी भी शान्तिपूर्ण एवं संवैधानिक उपायों द्वारा नहीं प्राप्त की जा सकती। एक बच्चा भी यह समझ सकता है कि ब्रिटिश भारत में जिन कानूनों द्वारा शासन किया जा रहा है न वे भारतीयों द्वारा निर्मित हैं और न ही उनका उन पर कोई नियन्त्रण है। ब्रिटिश कानूनों एवं संविधान द्वारा ब्रिटिश भारत को भारतीय संयुक्त राज्यों के संघीय गणराज्य के रूप में रूपान्तरित नहीं किया जा सकता। भारत के नौजवानो, अपने भ्रमों को छोड़ो, निर्भीक हृदय से यथार्थ का सामना करो, और संघर्षों, कठिनाइयों एवं बलिदानों से न कतराओ; जो अवश्यम्भावी है उसे होना ही है: अब और दिग्भ्रमित न हो। शान्तिपूर्ण एवं वैधानिक उपायों से अमन और शान्ति की प्राप्ति नहीं हो सकती। महान ब्रिटिश लेखक श्री राबर्टसन के निम्नलिखित स्मरणीय शब्द भारत के बुद्धिमान लोगों को और अधिक विवेकवान बनाने में सहायक होंगे—

> "सुधार का कार्यक्रम एवं आन्दोलन मुख्यत: आयरिश एवं प्रौटेस्टेंट नेताओं की उपलब्धि थी, जिन्हें ब्रिटेन के इस कथन से इस घातक तथ्य का रहस्योद्घाटन हो गया था कि इंग्लैंड को धमकाकर तो कुछ वसूल किया जा सकता है, लेकिन उससे न्याय एवं उदारता की बहस नहीं की जा सकती।"

(*'इंगलिश अंडर हैनोवेरियन्स'*, पृ. 197)

भारतीय जन नेता अब भी इस घातक तथ्य से या तो अनभिज्ञ हैं या वे जानबूझ कर मूर्खतापूर्ण विद्वता के शिकार हैं।

भारत के बुद्धिमानों का कहना है कि हथियारों की शक्ति द्वारा भारत को पुन: विजित करने की आशा संजोना अनर्गल है, यद्यपि वे यह भूल जाते हैं कि यह विश्वास उतना ही या उससे भी अधिक अनर्गल है कि मुट्ठी भर अंग्रेज हथियारों की शक्ति द्वारा सारी मानव जाति के पाँचवें हिस्से को अपने स्वामित्व में रखे रहे। *आनेवाली पीढ़ी इस तथ्य की प्रामाणिकता में सन्देह करेगी कि मुट्ठी भर अंग्रेजों ने कभी भारतवर्ष*

पर एक-एक शताब्दी तक शासन किया होगा। यह बहुत ही मुश्किल से सोचा जा सकता है।

आतंकवाद एवं *अराजकता* के बारे में कुछ शब्द और। ये दो शब्द आज भारतवर्ष में सर्वाधिक शरारतपूर्ण भूमिका निभा रहे हैं। जब कभी क्रान्ति की बात होती है, इन्हीं दो शब्दों का दुरुपयोग किया जाता है, *क्योंकि इन दो शब्दों की आड़ में क्रान्तिकारियों की निन्दा करना बहुत आसान हो जाता है।* भारत के क्रान्तिकारी न तो आतंकवादी हैं, न ही अराजकतावादी। उनका उद्देश्य देश में अराजकता फैलाना कभी भी नहीं रहा है। इसलिए उन्हें कभी भी सही अर्थों में अराजकतावादी नहीं कहा जा सकता।

आतंकवाद उनका उद्देश्य नहीं है इसलिए उन्हें आतंकवादी भी नहीं कहा जा सकता। *वे यह नहीं मानते कि अकेले आतंकवाद द्वारा ही स्वतन्त्रता प्राप्त की जा सकती है और वे मात्र आतंकवाद के लिए आतंकवाद नहीं चाहते,* यद्यपि वे जरूरत पड़ने पर बदले की कार्रवाई के लिए एक प्रभावकारी रूप में इसका सहारा भी ले सकते हैं। वर्तमान सरकार केवल इसलिए टिकी है *कि विदेशियों ने सफलतापूर्वक भारतीय जनता को आतंकित कर रखा है।* भारतीय जनता अपने अंग्रेज मालिकों को प्यार नहीं करती। वह उनकी उपस्थिति यहाँ नहीं चाहती, लेकिन वे उसकी सहायता केवल इसलिए करते हैं क्योंकि वे उनसे आतंकित हैं और इस डर के ही कारण भारत के लोग क्रान्तिकारियों की सहायता नहीं करते।

सरकारी आतंक का मुकाबला जवाबी आतंक द्वारा ही किया जाना है। समाज की हर सतह पर एक बेबसी का भाव विद्यमान है, और आतंकवाद द्वारा ही प्रभावशाली तरीके से समाज में वह वांछित उत्साह पुनर्जीवित किया जा सकता है, जिसके बिना प्रगति कठिन है। और इसके अतिरिक्त अंग्रेज मालिकों और उनके किराए के टट्टुओं को कभी भी बेरोक-टोक कुछ भी करने की अनुमति नहीं दी जा सकती। *हर सम्भव कठिनाई एवं प्रतिरोध उनके रास्ते में उत्पन्न किया जाना चाहिए।* आतंकवाद का अन्तर्राष्ट्रीय पहलू भी है क्योंकि आतंकवादी एवं क्रान्तिकारी प्रदर्शनों द्वारा इंगलैंड के शत्रुओं का ध्यान तुरन्त भारत की ओर जाता है। अपनी बहनों एवं माताओं पर अत्याचार जैसी गम्भीर उत्तेजनाओं के रहते हुए भी क्रान्तिकारी पार्टी ने अभी तक अपने को सशस्त्र अभियानों से जानबूझकर अलग रखा है, क्योंकि पार्टी अन्तिम वार की प्रतीक्षा में है। लेकिन जब औचित्य समझा जाएगा पार्टी बेहिचक तीव्र सशस्त्र अभियान प्रारम्भ करेगी और तब जो भी अधिकारी या व्यक्ति विदेशी शासन की मदद करेगा, वह चाहे भारतीय हो या विदेशी, बड़ा हो या छोटा उसका जीवन दूभर बना दिया जाएगा।

लेकिन तब भी पार्टी यह कभी नहीं भूलेगी कि आतंकवाद उसका उद्देश्य नहीं है और यह लगातार निःस्वार्थी एवं समर्पित कार्यकर्ताओं की टोलियों को संगठित करेगी, जो अपनी सारी शक्ति देश की राजनीतिक एवं सामाजिक मुक्ति की दिशा में लगाएगी।

वे सदैव यह स्मरण रखेंगे कि राष्ट्रों के निर्माण के लिए हजारों ऐसे अन्जाने पुरुषों एवं स्त्रियों के आत्मबलिदान की आवश्यकता होती है, जिन्हें अपने देश की चिन्ता

अपनी सुख-सुविधा, जीवन एवं उनके जीवन से अधिक रहती है, जिन्हें वे प्यार करते हैं।

हस्ताक्षर— विजय कुमार
अध्यक्ष, केन्द्रीय समिति
भारतीय क्रान्तिकारी पार्टी

विजय कुमार फर्जी नाम था। यह पर्चा बड़ी संख्या में यू.पी. के कई जिलों में दिनांक 28-31 जनवरी, 1925 के दौरान बाँटा गया साबित हुआ है। दूसरे प्रान्तों में भी यह पर्चा बाँटा गया प्रमाणित हुआ है। पुलिस इन्स्पेक्टर नैस्टोर ने ऐसे 306 पर्चे 18 जिलों में से प्राप्त किए हैं, जो अधिकतर स्कूली विद्यार्थियों को भेजे गए थे। किसी पर्चे पर भी भेजनेवाले की पहचान नहीं दी हुई थी।

डाके

इससे एक माह पहले 25 दिसम्बर, 1924 को शाहजहाँपुर जिले के साथ लगते पीलीभीत जिले के ***बमरौली*** गाँव में एक हथियारबन्द टोली ने बलदेव प्रसाद नाम के एक साहूकार के घर पर डाका डाला था। लगभग 20-25 हथियारबन्द व्यक्तियों ने सूर्य अस्त होने से एक घंटे के बाद यह वारदात की थी; कुछ के पास पिस्तौल-बन्दूकें थीं और डाके की शुरुआत गोली चलाने से की गई थी। बलदेव प्रसाद मकान की छत पर चढ़ गया और जब उसने देखा कि कुछ डाकू दालान वाली सीढ़ी से छत पर चढ़ रहे हैं, तो उसने उनको रोकने का प्रयास किया। जैसे ही वह डाकुओं को रोकने लगा, तो उस पर गोली चलाई जो उसकी गर्दन पर लगी; वह भागकर पड़ोस के घर की छत की ओर जा ही रहा था कि उसको एक और गोली लगी, परन्तु इन दोनों घावों में से कोई घाव घातक न था, इसलिए उसकी जान बच गई। इतने में गाँव के लोग इकट्ठे हो गए और उन्होंने डाकुओं पर ईंटें बरसाकर उनको खदेड़ने का यत्न किया तो उन पर भी कई फायर किए गए। इसी गाँव के मोहन नामक पहलवान ने उनको ललकारा कि छत से नीचे आओ और मेरे साथ दो-दो हाथ करो। इस पर एक डाकू ने उस पर गोली चलाकर उसकी हत्या कर दी। बलदेव प्रसाद के अलावा छः और गाँव वाले गोलियों के शिकार हुए लेकिन वे मरे नहीं। डाकू 1600 रुपए नकद और तीन-चार हजार रुपए के जेवर लूटने में सफल हुए।

दिनांक 9 मार्च, 1925 को इसी तरह की एक और वारदात इसी जिले (पीलीभीत) के ***बिचपुरी*** गाँव में हुई। यह डाका एक कुरमी जमींदार तोती के घर डाला गया था, जो 36 एकड़ जमीन का मालिक था और जिसके साथ उसका भाई बिहारी तथा इन दोनों के परिवार वाले घर में ही मौजूद थे। तकरीबन 15 हथियारबन्द व्यक्तियों की टोली ने रात के 9-10 बजे उस घर पर चढ़ाई की। टोली के कुछ लोगों के पास पिस्तौलें व बन्दूकें थीं। उन्होंने घरवालों को खूब पीटा और यातनाएँ दीं। उनमें से एक ने तोती

के नन्हे बच्चे को पकड़ उसके गले पर चाकू रखकर धमकी दी कि अगर उन्होंने नकदी आदि छुपाए जाने के स्थान नहीं बताए तो वह बच्चे का गला काट देगा। बच्चे को कोई खास चोट तो नहीं आई, परन्तु तोती का गला बुरी तरह घुट गया। उसकी आँखों के सामने चाकू तानकर उसे अन्धा कर देने की धमकियाँ भी दी गईं और उसकी एक आँख के नीचे मामूली सा जख्म भी आया। उसे और भी कष्ट दिए गए लेकिन फिर भी उसने ज्यादा कुछ नहीं बताया। डाकू 800–900 रुपए का माल लेते गए। इस वारदात में गोलियाँ तो कम ही चलाई गईं, फिर भी दो व्यक्ति घायल हो गए, जिनमें से एक शामलाल की बाद में मृत्यु हो गई, जबकि दूसरा (दुली) बच गया। डाकू बच निकलने में कामयाब हुए।

दिनांक 24 मई, 1925 को तीसरा हथियारबन्द डाका प्रतापगढ़ जिले के ***द्वारकापुर*** गाँव में शिवरत्न वैश्य के घर डाला गया, जहाँ आठ–नौ हथियारबन्द व्यक्ति रात के 8–9 बजे उसके घर में दाखिल हुए। शिवरत्न के बाजू और सिर पर कुल्हाड़ी से वार किए गए और तकरीबन 2,000/– रुपए की सम्पत्ति लूटी गई। डाकुओं ने फायर भी किए, जिससे एक व्यक्ति रामशरण की मौके पर ही मृत्यु तथा चार अन्य गाँव वाले घायल हुए।

काकोरी कांड

दिनांक 9 अगस्त, 1925 को चौथा डाका मारा गया। ऐसा डाका भारत में शायद ही कभी पड़ा हो। आठ नम्बर डाऊन गाड़ी ईस्ट इंडिया रेलवे की बड़ी लाइन पर लखनऊ की ओर जा रही थी। यह काकोरी स्टेशन जो लखनऊ से आठ मील है, से शाम के सात बजकर कुछ मिनट पर चली। जब गाड़ी बाहर वाले सिग्नल से एक मील आगे निकली तो किसी व्यक्ति ने सेकन्ड क्लास के डिब्बे में से खतरे (alarm) वाली जंजीर खींची और गाड़ी यकायक रुक गई। कुछ व्यक्ति जिनके पास पिस्तौल–बन्दूकें थी गाड़ी से बाहर कूदे। जब गाड़ी का गार्ड नीचे उतरकर गाड़ी को रोके जाने का कारण पता करने लगा तो कुछ हथियारबन्द व्यक्ति सामान वाले डिब्बे (Brake-van) में प्रवेश कर गए। उन्होंने गार्ड को धकेलकर नीचे गिरा दिया गया और उसे जान से मार देने की धमकी भी दी गई। रेलवे खजाने वाली पेटी सामान वाले डिब्बे से निकालकर रेलवे लाइन पर रख दी गई और उसे कुछ लोग तोड़ने लग पड़े, जिस उद्देश्य के लिए वे लोग हथोड़े आदि साथ लाए थे। जब इनमें से कुछ लोग पेटी को तोड़ने में लगे हुए थे तो उनके दूसरे साथी गाड़ी के दोनों तरफ पहरे पर खड़े थे। डाकू चीख–चीखकर यात्रियों को बता रहे थे कि वे केवल सरकारी माल पर ही हाथ डालेंगे तथा किसी भी व्यक्ति के निजी सामान को हाथ नहीं लगाएँगे; यह सम्पत्ति सरकार की या रेलवे कम्पनी की हो सकती है। उन्होंने यात्रियों को यह चेतावनी भी दी कि जो यात्री गाड़ी से नीचे उतरेगा उसकी जान को खतरा हो सकता है। वे रुक–रुककर गाड़ी के दोनों ओर फायर भी कर रहे थे, ताकि कोई व्यक्ति बाहर न निकले। लगभग सभी यात्री

अन्दर बैठे रहे, लेकिन एक यात्री, अहमद अली वकील बाहर निकला और गोली लगने से मर गया। लगभग आधे घंटे में पेटी तोड़कर खोल ली गई और इसके अन्दर की रकम, जो 4,553 रुपए, 3 आने और 6 पाई थी, निकाल ली गई। डाकू फिर बिना किसी रोक-टोक के वहाँ से रफू चक्कर हो गए और गाड़ी अपनी लखनऊ वाली मंजिल की ओर चली गई।

वास्तव में इस डाके के पश्चात् ही पुलिस को इन सभी डाकों के पीछे एक सोची-समझी साजिश का शक हुआ था, जिसकी शुरुआत 'दी रिवोल्यूशनरी' की प्रकाशना से हुई हो। परन्तु यह साजिश स्पष्ट रूप में तब ही प्रमाणित हुई, जब खुफिया पुलिस के सुपरिंटेंडेंट, मिस्टर आर.ए. हॉर्टन ने 9.8.1925 वाली वारदात की व्यापक जाँच कर ली थी, जो उसने 14.8.1925 को शुरू की थी। किसी कारण (जो, जैसा कि हम बाद में देखेंगे, उचित थे) उसने कुछ संदिग्ध व्यक्तियों के रंग-ढंग तथा अपने प्रान्त की खुफिया पुलिस के अलावा दूसरे प्रान्तों के खुफिया विभागों द्वारा डाक की छानबीन से प्राप्त सूचनाओं के आधार पर दिनांक 26.9.1925 को गिरफ्तारी के वारन्ट जारी किए थे। इन वारन्टों के आधार पर कुछ गिरफ्तारियाँ की गईं, जिनमें दो व्यक्ति, बनारसी लाल तथा बनवारी लाल और एक युवक, इन्दु भूषण मितरा भी पकड़े गए थे। बनारसी दास के बयानों के आधार पर मि. हॉर्टन ने राय बनाई कि बमरौली, बिचपुरी और रेलवे डकैती (काकोरी) वाले डाके, अंग्रेजी राज के विरुद्ध, साजिश के तहत ही डाले गए थे। इसके पश्चात् द्वारकापुरी वाले डाके को भी इसी टोली द्वारा डाला हुआ समझा गया। बनवारी लाल तथा इन्दु भूषण मितरा के बयानों से काकोरी डाके के बारे में उनकी राय की पुष्टि हो गई थी।

तब यू.पी. सरकार ने पहले 24, फिर 3, तथा 1 (एक) व्यक्ति के विरुद्ध मुकदमा दायर करने की आज्ञा, क्रमवार प्रदर्श पी.-2, पी.-7 और पी.-341 द्वारा दिसम्बर 1925 में दे दी। इस सपुर्दगी प्रक्रिया के लिए प्रथम श्रेणी मजिस्ट्रेट सय्यद अईनुद्दीन को स्पेशल मजिस्ट्रेट नियुक्त किया गया। उन्होंने इनमें से 21 व्यक्तियों को दोषी समझते हुए दिनांक 16.4.1926 को इन पर आरोप तय किए। तब इन 21 व्यक्तियों पर विशेष सेशन जज मि. हैमिल्टन को मुख्यत: इस प्रयोजन के लिए नियुक्त किया गया। उसने 6 अप्रैल, 1927 को अपना फैसला सुनाया। केस में गवाहों के बयान लेने में लगभग आठ महीने लगे। मि. हैमिल्टन ने निम्न आरोपियों को भिन्न-भिन्न अपराधों का दोषी पाया—

नं.	*नाम*	*धारा 121-ए अधीन दोष*	*धारा121-ए अधीन दोष*	*बमरौली डकैती (धारा 396)*	*बिचपुरी डकैती (धारा 396)*	*ट्रेन डकैती (धारा 396)*
1.	राम प्रसाद बिस्मिल	दोषी	दोषी	...	दोषी	दोषी
2.	राजेन्द्र नाथ लाहिड़ी	दोषी	दोषी	...	...	दोषी
3.	रोशन सिंह	दोषी	दोषी	दोषी	...	...
4.	जोगेशचन्द्र चटर्जी	दोषी	दोषी	...	...	...

5. सुरेशचन्द्र भट्टाचार्यजी	दोषी	दोषी	...	...	...
6. विष्णु शरण दुब्लिस	दोषी	दोषी	...	...	...
7. मनमथ नाथ गुप्त	दोषी	दोषी	...	दोषी	दोषी
8. गोविन्द चरण कार	दोषी	दोषी	...	...	दोषी
9. मुकन्द लाल	दोषी	दोषी	...	...	दोषी
10. रामकिशन खत्री	दोषी	दोषी	...	दोषी	...
11. प्रेमकिशन खन्ना	दोषी	दोषी	...	...	दोषी
12. राजकुमार सिन्हा	दोषी	दोषी	...	...	...
13. रामदुलारे त्रिवेदी	दोषी	दोषी	...	...	...
14. रामनाथ पांडे	दोषी	दोषी	...	...	...
15. प्रणवेश कुमार चटर्जी	दोषी	दोषी	...	...	...
16. शचीन्द्र नाथ सान्याल	दोषी	दोषी	...	...	...
17. भूपिन्द्र नाथ सान्याल	दोषी	दोषी	...	...	...
18. बनवारी लाल	दोषी	दोषी	...	...	दोषी

उसने हरगोविन्द व सचिन्द्र नाथ बिसवास को बरी कर दिया। एक व्यक्ति, दामोदर सरुप का मुकदमा उसकी बीमारी के कारण स्थगित कर दिया। मि. हैमिल्टन ने राम प्रसाद बिस्मिल, राजेन्द्र नाथ लाहिड़ी और रोशन सिंह को फाँसी की सजा सुनाई, जिसकी पुष्टि इस अदालत द्वारा की गई और दूसरी सजाओं के बारे में भी पुष्टि की गई। शचीन्द्र नाथ सान्याल को उम्र कैद काला पानी और शेष को विभिन्न अवधियों की कारावास की सजाएँ दी गईं।

राम प्रसाद, राजेन्द्र नाथ लाहिड़ी और रोशन सिंह ने अपनी सजाओं के विरुद्ध अपीलें दायर की हैं; इसी प्रकार जोगेशचन्द्र चटर्जी, सुरेशचन्द्र भट्टाचार्य, विष्णु शरण दुब्लिस, मनमथ नाथ गुप्त, गोविन्द चरण कार, मुकन्दी लाल, रामकिशन खत्री, प्रेमकिशन खन्ना, राजकुमार सिन्हा, रामदुलारे त्रिवेदी, रामनाथ पाण्डे, और प्रणवेश कुमार चटर्जी भी अपीलार्थी हैं।

दूसरी ओर यू.पी. सरकार ने तीन फाँसी वालों, और एक उम्र कैद वाले दोषियों को छोड़कर और सिवाय प्रणवेश कुमार के जिसने अब अपने ऊपर लगाए गए आरोप स्वीकार करते हुए स्वयं को अदालत के रहम पर छोड़ दिया है, सभी अपीलार्थियों की सजाओं में बढ़ोतरी की याचनाएँ की हैं।

तीन दोषियों (शचीन्द्र नाथ सान्याल व भूपिन्द्र नाथ सान्याल— ये दोनों भाई हैं और बनवारी लाल) ने अपीलें नहीं की हैं और उनकी अपील करने की अवधि भी समाप्त हो चुकी है।

अशफाकउल्ला खाँ, और *शचीन्द्र नाथ बख्शी* के विरुद्ध मुकदमा चलाए जाने की स्थानीय शासन ने आज्ञा दे दी थी। इन दोनों की गिरफ्तारी पहले केस की कार्रवाई शुरू होने के पश्चात हुई थी, जिसका ऊपर जिक्र किया गया है। इन दोनों की सपुर्दगी प्रक्रिया भी सय्यद अईनुद्दीन स्पेशल मजिस्ट्रेट की अदालत में ही सम्पन्न हुई और इनको क्रमवार 14 दिसम्बर, 1926 तथा 9 मार्च, 1927 को सेशन के सपुर्द किया गया,

जहाँ इन पर मि. जे.आर.डब्ल्यू. बैनिट, स्पेशल सेशन जज की अदालत में मुकदमा चला, जिसका फैसला दिनांक 13 जुलाई, 1927 को सुनाया गया।

अशफाकउल्ला खाँ को धारा 121-ए, 120-बी तथा 396 आई.पी.सी; के अधीन फाँसी की सजा (पुष्टि चीफ/हाई कोर्ट से) सुनाई गई, जबकि शचीन्द्र नाथ बख्शी को उन्हीं धाराओं के अधीन उम्र कैद-काले पानी की सजा सुनाई गई।

अशफाकउल्ला खाँ ने अपील की है, जिसकी सुनवाई इस अदालत में 3-4 अगस्त 1927 को हुई थी। शचीन्द्र नाथ बख्शी ने अपील नहीं की है, जबकि उसकी अपील करने की अवधि अभी है।

एक नई परम्परा

मि. हैमिल्टन की अदालत और इस अदालत में भी मुकदमे की सुनवाई के दौरान कुछ ऐसा होता रहा है, जो फौजदारी मुकदमे के निपटारे के दौरान शायद ही कभी देखने को मिला होगा; वो इस तरह कि चूँकि जिन व्यक्तियों पर मि. हैमिल्टन की अदालत में मुकदमा चला था, उन सभी पर मृत्यु दंड योग्य आरोप थे। यू.पी. सरकार ने कुछ साल पहले शुरू की गई परम्परा के अनुसार हरेक दोषी को निःशुल्क कानूनी सहायता की पेशकश की; उनमें से कुछेक ने तो इसका लाभ उठाया जबकि दूसरों ने अपने-अपने वकील किए, जिन्हें निजी तौर पर इसका खर्चा दे दिया गया था।

कुछेक आरोपियों ने वकील को कुछ समय के लिए तो अपने लिए पेश होने दिया, और फिर वकील बदल लिया या फिर अपना बचाव स्वयं करने लग गए। कई बार एक वकील को नकारकर फिर उसी को ही परवान कर लिया गया। इस प्रक्रिया को पसन्द नहीं किया गया, क्योंकि इससे अदालत को बहुत सी कठिनाइयाँ हुईं, जबकि स्वयं दोषियों का भी इसमें शायद ही कोई भला हुआ होगा। अतएव यह कहा जा सकता है कि कुल मिलाकर इसका प्रभाव खींचतान और मुकदमे के लटक जाने के रूप में ही निकला।

इसके अतिरिक्त, मि. हैमिल्टन की अदालत में मुकदमे के दौरान भूख हड़तालों के कारण भी केस आगे नहीं बढ़ सका था। इस दौरान उठाई गई आपत्तियाँ भी अधिकतर तर्कहीन ही होती थीं।

इन सब में सबसे जिद्दी तो *राम प्रसाद बिस्मिल* था; जब फाँसी वाले तीन दोषियों (बिस्मिल, लाहिड़ी व रोशन सिंह) की अपीलें सुनवाई के लिए पेश हुईं तो इन तीनों को ही यू.पी. सरकार की तरफ से उनके वकीलों की फीस दिए जाने की सुविधा उपलब्ध थी। बाकी दोषियों को यह सुविधा उपलब्ध नहीं थी, परन्तु विशेष परिस्थितियों के मद्देनजर बाकी दोषियों के वकीलों की फीस भी देने की व्यवस्था कर गई थी।

राम प्रसाद बिस्मिल ने याचना की कि वह केवल *गोविन्द वल्लभ पन्त नामी*

वकील को ही उनकी तरफ से पेश होने को राजी होंगे, और ऐसा नहीं हुआ तो वह स्वयं अपने बचाव की बहस करेंगे। सरकार ने *गोविन्द वल्लभ पन्त* को मुकदमे की जिम्मेवारी सौंपनी चाही, *परन्तु उसने इस केस को, जितनी फीस पर सरकार देने जा रही थी, स्वीकार करने से साफ इनकार कर दिया।*

तो फिर सरकार ने मि. एल.एस. मिश्रा, जो सात वर्षों के अनुभव वाले बैरिस्टर थे, उनको उसी फीस पर पेश होने को कहा। मि. मिश्रा तो राजी हो गए, परन्तु बिस्मिल ने अदालत से याचना की वह मि. मिश्रा को स्वीकार नहीं करेंगे। (हवाला: ए.आई.आर. 1927 ओ. 312 —सम्पादक) और उन्होंने अपनी वकालत स्वयं करने की आज्ञा माँगी। अदालती प्रक्रिया के अनुसार जो अपीलार्थी जेल कैदी हो उनको अपनी अपील की जिरह करने की आज्ञा नहीं दी जा सकती थी।

स्पष्ट है कि विधि एक सार होनी चाहिए, जो एक समान सभी पर लागू की जा सके; सो अगर एक व्यक्ति को ऐसी आज्ञा दे दी जाए तो सभी अपीलार्थियों को यही छूट उपलब्ध करानी होगी, जो व्यावहारिक न था। कुल मिलाकर एक साल के दौरान ऐसे अपीलार्थियों की संख्या कोई पाँच सौ होती है और उनको हरेक पेशी के लिए जेल से लाने और वापस ले जाने की व्यवस्था सम्भव नहीं हो सकती थी। वास्तव में जेली अपीलार्थियों को अपने मुकदमे की जिरह की आज्ञा न देने के पीछे मूल तर्क यह भी है कि ऐसा करना *उनके अपने हित में नहीं होगा।* हमारी राय में किसी आरोपी कैदी को ऐसा करने से कोई फायदा नहीं होगा; उन सबको अपनी तरफ से सब कुछ कह सकने का अवसर नीचे वाली अदालतों से मिल ही चुका होता है। परन्तु अगर उनको अपनी अपील के दौरान बहस करने का मौका दिया जाए तो साधारणत: उनको लाभ की बजाय हानि ही पहुँचेगी। जहाँ तक बिस्मिल का सम्बन्ध है, अगर उसको ऐसी छूट दी जाती, तो उसको उन आपत्तियों का उत्तर देना पड़ता जो उसका वकील अपने मुवक्किल को फँसाए बगैर देता रहा होगा। कुछ भी हो, आखिर बिस्मिल ने एल.एस. मिश्रा को अपना वकील स्वीकार करते हुए, उसको ही अपनी बात समझा देना उचित समझा। इसके अतिरिक्त उसने लिखित रूप में अपनी दलीलें 76 छपे हुए पन्नों के दस्तावेज के रूप में उपस्थित की हैं; हमने उन्हें भी ध्यान में रखा है।

राजेन्द्र नाथ लाहिड़ी ने पहले मि. आर.एफ. बहादुरजी बैरिस्टर का नाम सुझाया, परन्तु वह इन अपीलों की सुनवाई शुरू होने से पहले ही विदेश जा चुके थे। फिर उसने मि. एच.सी. दत्त का नाम सुझाया, और उन्होंने ही उसकी वकालत की। *रोशन सिंह* ने अपनी अपील याचना में निवेदन किया था कि डॉक्टर जे.एल. मिश्रा को उसका केस सौंपा जाए, और ऐसा ही किया गया। मि. एच.सी. दत्त और डॉक्टर मिश्रा दोनों ने ही रोशन सिंह और राजेन्द्र नाथ लाहिड़ी की अपीलों में वकालत की। उनकी फीस का भुगतान प्रान्तीय सरकार ने किया था, तथा इन दो माननीय वकीलों के अलावा कलकत्ता के प्रसिद्ध वकील मि. चटर्जी ने भी अपने सहायक मि. चौधरी के साथ इन दोषियों की अपीलों की पैरवी की थी।

अपीलार्थियों में *प्रेमकिशन खन्ना* की पैरवी लखनऊ के एक प्रसिद्ध वकील मि. जोन जैकसन ने, *विष्णु शरण दुब्लिस* की इलाहाबाद के मि. *कपिल देव मालवीय* ने की, जो इन मुलजिमों के निजी वकील थे। सरकारी मनोनीत *मि. एच.एस. मिश्रा, रामनाथ पाण्डे, सुरेशचन्द्र भट्टाचार्य, रामदुलारे, राजकुमार, मुकन्दी लाल और प्रणवेश* के वकील थे। (इसी तरह) मि. एन.सी. दत्त (सरकारी मनोनीत) *मनमथ नाथ गुप्त, रामकिशन, जोगेशचन्द्र और गोविन्द चरण कार* के वकील थे।

राम प्रसाद बिस्मिल ने सुझाया कि मनोनीत वकील को उनकी मिस्ल देखने का योग्य अवसर नहीं दिया गया, परन्तु इसमें जरा भर भी सच्चाई नहीं है; सम्बन्धित वकीलों को मिस्लें (files) देखने का पूरा अवसर दिया जाता रहा है जो इस बात से स्पष्ट है कि सुनवाई के दौरान हमें यह देखकर प्रसन्नता होती थी कि हरेक मोड़ और मुद्दे पर बहस के दौरान वकील महोदय तथ्यों से लैस और कानूनी दृष्टिकोण से पूरी तरह परिचित होते थे, जिसका श्रेय उनको मिलना ही चाहिए।

कुछ कानूनी मुद्दे

कुछ प्रारम्भिक कानूनी मुद्दे हैं, जिनको हम सुलझा सकने की स्थिति में हैं। यह मुद्दे माननीय वकील मि. चटर्जी ने उठाए थे—

(1) धारा 121-ए तथा धारा 120-बी का संयोजन (Joinder of charges under Sections 121-A and 120-B)—

हमारी राय में ऐसा किए जाने में भी अनियमता नहीं है। सारे दोषियों पर सम्राट को भारतवर्ष के राज अधिकार से वंचित करने की साजिश, सरकार के विरुद्ध युद्ध छेड़ने तथा आपराधिक शक्ति के बलबूते शासन को भयभीत करने के आरोप हैं। तथा उन पर मुकदमे की कार्रवाई के दौरान पेश किए प्रमाणों से पता चला कि साथ ही साथ इन्होंने उपरोक्त आरोपों के अलावा हत्याओं समेत या बगैर हत्याओं के डाके डालने की साजिश भी की थी, जिस आधार पर उन्हें इन आरोपों (जिसके लिए मृत्यु या आजीवन कारावास के दंड की व्यवस्था है) का धारा 120-बी तहत दोषी ठहराया जा सकता था। डकैती में वास्तविक रूप में भाग लेने के आधार पर उन पर सम्बन्धित धाराओं के तहत उन आरोपों का दोषी ठहराए जाने के अतिरिक्त इन आरोपों का शेष आरोपों में संयोजन वैधानिक है, क्योंकि ये भिन्न-भिन्न कार्य, एक ही कार्य के भाग साबित हो रहे थे।

कुछेक आपत्तियाँ कुछ गवाहों के न बुलाए जाने के बारे में भी थीं, जिनका निपटारा सम्बन्धित दोषी के व्यक्तिगत मामलों में किया जाएगा, परन्तु यहाँ पर यह कहना अनिवार्य है कि ये आपत्तियाँ आधारहीन ही पाई गई थीं।

यही वे आपत्तियाँ थीं, जो महोदय वकीलों ने उठाई थीं, जबकि शेष आपत्तियाँ वापस ले ली गई थीं।

राम प्रसाद बिस्मिल की आपत्तियाँ

परन्तु हमें उन आपत्तियों पर विचार करना है, जो उसने लिखित दलीलों द्वारा इस अदालत में प्रस्तुत की थीं, या फिर निचली ट्रायल अदालत में भी प्रस्तुत की गई थीं, परन्तु, जिन पर यहाँ जोर नहीं दिया गया था। उसकी लिखित दलीलों का निपटारा विस्तृत रूप में करने की आवश्यकता इसलिए नहीं रह जाती थी, क्योंकि उनके वकील मि. एल.एस. मिश्रा विस्तृत रूप में यह सब कुछ अदालत में प्रस्तुत कर ही चुके थे। कुल मिलाकर इन आपत्तियों का केन्द्र बिन्दु मि. हैमिल्टन, सेशन जज और पंडित जगत नारायण, माननीय वकील हैं जो सरकार की तरफ से निचली अदालत में और हमारे समक्ष अपील के दौरान भी पेश हुए थे; इनके अतिरिक्ति पुलिस और लगभग हर ऐसे व्यक्ति के विरुद्ध है, जिसका भी इस मामले में वास्ता रहा था। मि. हैमिल्टन को उन्होंने न केवल पक्षपाती ही कहा है, बल्कि उनकी नीयत पर भी किन्तु किया है; उसने किसी को भी नहीं बख्शा। हमने विस्तृत रिकार्ड, याचनाओं के ढेर तथा अदालती कार्रवाई के ब्यौरे, सभी की छानबीन करके निम्नलिखित मुद्दों की निशानदेही की है—

केस की तैयारी

जहाँ तक *पुलिस तफ्तीस* का सवाल है, यह सब मि. *हॉर्टन* की देख-रेख में होती रही है, जिसने स्वयं हरेक प्रमाण को जुटाने की जिम्मेवारी निभाई है। हम इस मामले में उसकी तनदेही और योग्यता के प्रशंसक हैं। इसी तरह अभियोग प्रक्रिया भी प्रशंसनीय थी जो लाला जगत नारायण जैसे वरिष्ठ और निपुण वकील के सुपुर्द की गई थी। जिस तरह से उन्होंने इस कार्य को निभाया है प्रशंसनीय है। परन्तु यह प्रशंसा केवल मात्र केस के प्रस्तुत करने में दिखाई गई योग्यता के लिए ही नहीं है; हमारी हृदय प्रशंसा इस प्रक्रिया में किसी भी दोषी के मामले में किसी तरह की चूक से परहेज करने के लिए है। इन्होंने (सरकारी पक्षों ने) किसी भी दोषी के विरुद्ध किसी ऐसे तथ्य को प्रस्तुत करने की तब तक चेष्टा नहीं की, जब तक कि उन्हें स्वयं उसके सही होने के बारे में पूरा विश्वास नहीं हो जाता था। मि. हैमिल्टन ने इस केस की सुनवाई के दौरान उदाहरणीय सहन-शक्ति और सम्पूर्ण निष्पक्षता का परिचय दिया है। उन्होंने प्रमाणों की छानबीन के मामले में उच्च-कोटि की योग्यता दिखाई है। मान्य जज और सरकारी वकील पर कुछ दोषियों ने जो कीचड़ उछाला है, जिसको हम अस्वीकार करने को बाध्य हैं। विशेष रूप में हमारे समक्ष लखनऊ के एक वकील द्वारा प्रस्तुत की हुई लिखित आपत्ति का एक परिच्छेद है, जिस दौरान उन्होंने एक वकील होते हुए मान्य जज के प्रति व्यवहार की परम्परागत सीमाओं का घोर उल्लंघन किया है। जहाँ तक बिस्मिल की आपत्तियों का सम्बन्ध है हमने उनको बिलकुल निराधार पाया है। इस दोषी द्वारा जिस अशिष्टता का परिचय दिया गया है वह उसकी दिनांक 26 जनवरी, 1927 की

याचिका में प्रकट है, जिस द्वारा उसने अपने वकील की वापसी की याचना की थी। यह प्रार्थना पत्र इस प्रकार है—

> ''श्रीमान,
>
> मैं हर रोज मुकदमे की कार्रवाई को देखता आ रहा हूँ, और हरेक दिन मुझे माननीय महोदय (your honour's) के घने पक्षपात की नई से नई उदाहरणें देखने में आती हैं। मैं हैरान तो इसलिए नहीं हुआ क्योंकि सरकार का व्यवहार सभी को साफ नजर आ गया था जब उसने आपको इस (काकोरी) केस का जज मनोनीत किया था। परन्तु फिर भी मैं सोचता था कि शायद इस बारे में मैं ही पक्षपाती हूँ; सम्भवत: मैं ही निर्णय करने में जल्दबाजी कर रहा हूँगा, हो सकता है, आज का दिन ही कड़वाहट का अन्तिम दिन होगा। परन्तु मेरी सब आशाओं पर पानी फिर गया। मुझे ऐसा लगने लगा जैसे आप हमारे विरुद्ध दोष सिद्ध करने में सरकारी पक्ष को भी पीछे छोड़ रहे हैं। यहाँ तक कि आपने कुछ सवाल ऐसे संकेतक अन्दाज से सुझाए कि सरकारी वकील भी उनको प्रस्तुत करने में ग्लानी अनुभव करता दिखाई दिया। आपने बार-बार बचाव पक्ष के वकील की जिरह में इस ढंग से टाँग अड़ाई कि या तो आपसे हाथापाई की जाती या फिर क्रोधी, लाल चेहरे और खौलते खून की अवस्था में आपके समक्ष घुटने टेक दिए जाते।''

इस तरह का और भी बहुत कुछ लिखा गया है। कानूनी महत्त्व वाला उसने केवल एक ही मुद्दा उठाया है, वह है सुपुर्दकारी प्रक्रिया के बारे में उसकी आपत्ति जिसके लिए सय्यद अइनुद्दीन, स्पेशल मजिस्ट्रेट को मनोनीत किया गया था। उनको जेल में शनाख्तों की देख-रेख करनी थी, जो उन्होंने निजी रूप में सम्पन्न करवाई थी। जैसा कि आशा की ही जा सकती थी कि आरोपी पहचान प्रक्रिया के दौरान नुक्ताचीनी अवश्य करेंगे, इसलिए सय्यद अइनुद्दीन के लिए अनिवार्य हो गया था कि वह स्वयं अदालत में शपथ अधीन बतौर साधारण गवाह के, पेश होकर इन शनाख्तों को प्रमाणित करें। साधारणत: यह गवाही सेशन अदालत में ही होनी थी, जहाँ इनको बतौर गवाह के तलब किया जाना था। परन्तु सय्यद अइनुद्दीन ने, बचाव पक्ष को जाँच प्रक्रिया के सम्बन्ध में उनकी आपत्तियों को निखारने का एक और अवसर प्रदान करने के उद्देश्य से, *सुपुर्ददारी प्रक्रिया के दौरान ही गवाह के तौर पर (अपने समक्ष) पेश होने का असाधारण कार्य किया।* यह असाधारण ही तो था। देखने में तो यह सचमुच योग्य नहीं लगता कि कोई गवाह स्वयं अपने ही समक्ष गवाह के तौर पर अपनी गवाही का मूल्यांकन करे, परन्तु यहाँ वह मजिस्ट्रेट जिसने केवल सुपुर्ददारी प्रक्रिया ही सम्पन्न करवानी थी, उसका ऐसा करना आपत्तिजनक नहीं ठहराया जा सकता, और यह स्पष्ट है कि ऐसा कार्य स्वयं दोषियों के हित में था, जिनके पक्ष को (मजिस्ट्रेट के उक्त कार्य से) लाभ ही हुआ माना जाएगा। हम नहीं समझते कि उक्त मजिस्ट्रेट के इस कार्य से सुपुर्दगी प्रक्रिया दूषित हुई होगी।

हम कानूनी मुद्दों के बारे में उठाई गई आपत्तियों के बारे में चर्चा यहीं छोड़ रहे हैं। जिक्र योग्य है कि शेष दूसरी कानूनी आपत्तियाँ आरोपों के संयोजन किए जाने तथा कुछ गवाहों को बुलाए न जाने से सम्बन्धित थीं। जैसा कि हम ऊपर कह चुके हैं, दूसरे (उक्त) मुद्दे का आगे चलकर निपटारा किया जाएगा।

इससे पहले कि शेष मुद्दों पर जाएँ, हम यह कहना योग्य समझते हैं कि जिस सराहनीय ढंग से अपीलें हमारे समक्ष प्रस्तुत की गई हैं, उसकी प्रशंसा करनी होगी। बचाव पक्ष के मान्य वकीलों ने सारी दलीलें योग्य ढंग से तथा योग्यता से पेश की हैं। सरकारी पक्ष का जवाबी व्यवहार जैसा रहा है, वह भी इससे बेहतर नहीं हो सकता था। हम उस सहयोग की प्रशंसा किए बगैर नहीं रह सकते जो हमें रिकार्ड/दस्तावेज प्राप्त करने और उनकी छानबीन करने में मि. खैरात नबी, राय साहिब दुर्गा प्रसाद तथा खान साहिब सय्यद हसन, जिनको खुफिया विभाग ने विशेष रूप से मनोनीत किया था, ने की है, जो खुली अदालत में दस्तावेजी साक्ष्यों की जाँच में हमारी सहायता करते रहे हैं।

अदालत द्वारा अपनाए गए कुछ तौर-तरीके

इनकी व्याख्या करने से पहले हम कुछ साधारण अवलोकन करना चाहेंगे— हम यहाँ विवादित मुद्दों पर चर्चा नहीं कर रहे; निम्नलिखित मुद्दों पर कोई विवाद है ही नहीं।

(1) साक्ष्य अधिनियम: धारा-10 (Joinder of charges under Sections 121-A and 120-B)—

इस धारा के अनुसार किसी एक साजिशी द्वारा दूसरे साजिशियों के साँझे मकसद के बारे में, साजिश की शुरुआत के बाद कुछ कहने, करने या लिखने के कार्यों को, उस व्यक्ति के साजिशी होने के सबूत के रूप में लिया जा सकता है, कि यह व्यक्ति इस साजिश में शामिल था। उदाहरण के तौर पर अगर यह साबित हो जाए कि एक व्यक्ति संदिग्ध साजिशी है, दूसरा हथियार और तीसरा धन की व्यवस्था करता पाया जाए, चौथा शेष व्यक्तियों को इसमें शामिल होने के लिए बहकाए, पाँचवाँ इसी मकसद के लिए लिखित रूप में प्रचार करे, छठा सातवें को पैसे भेजे, और आठवाँ एक चिट्ठी द्वारा इस साजिश को प्रकट करे तो यह चिट्ठी भी बतौर सबूत के उस (आठवें) व्यक्ति के विरुद्ध साक्ष्य के तौर पर जायज होगी, चाहे वह उसके चिट्ठी लिखने से पहले किए जा चुके कार्यों से अनजान ही क्यों न हों, और चाहे उसके लिए शेष व्यक्ति बिलकुल अपरिचित ही क्यों न हों।

अगला मुद्दा यह है कि हालाँकि किसी आरोपी को सहदोषी की अपुष्ट गवाही के आधार पर दोषी सिद्ध करना अवैद्य तो नहीं है, परन्तु सर्वप्रमाणित मतानुसार ऐसा करना साधारणत: अयोग्य ही ठहराया जाता है। तात्पर्य यह है कि सहदोषी की गवाही के आधार पर किसी आरोपी को दोषी ठहराते समय उसकी गवाही की स्वतन्त्र रूप से पुष्टि अनिवार्य है चाहे वह परिस्थिति साक्ष्य के रूप में ही हो।

कुछ जेल शनाख्तों के बारे में :

अभी जिस ढंग से जेल शनाख्तें हुई हैं, हम उस पर चर्चा करेंगे। अभी जो प्रक्रिया यहाँ अपनाई गई है वह यह थी कि जब कोई एक व्यक्ति साजिशी होने के सन्देह में गिरफ्तार किया जाता है, उसको तुरन्त जेल में भेज दिया गया जहाँ वह पुलिस की बजाय जेल हिरासत में होता है। कुछ समय पश्चात उसको कुछ अन्य व्यक्तियों के साथ कतार में खड़ा कर दिया जाता है, जिनमें कुछ संदिग्ध अपराधी और शेष साधारण व्यक्ति होते हैं। इन सबका पहरावा आदि कुछ इस तरह का होता है कि इनमें से किसी एक की केवल उसके पहरावे की विशेषता के आधार पर पहचान न की जा सकती हो। फिर सम्बन्धित गवाहों को एक-एक करके बुलाया जाता। सय्यद अइनुद्दीन इस पूरी प्रक्रिया के दौरान स्वयं मौजूद रहते। किन्हीं दो गवाहों को आपस में बातचीत करने नहीं दी जाती। जब एक गवाह अपना कार्य निपटा लेता है तो भी उसको किसी अन्य गवाह से मिलने नहीं दिया जाता। सम्भवत: आरोपी-दोषी के साथ खड़े किए जाने वाले व्यक्ति उसी रंग-ढंग वाले होते, जिनकी खड़े होने की तरतीब हर नए गवाह के आने से पहले आगे-पीछे कर दी जाती तथा उनको अपनी मर्जी से अपना पहरावा आदि बदलते रहने की छूट भी दी जाती। जब शनाख्त प्रक्रिया सम्पन्न होती और सय्यद अइनुद्दीन परिणामों का रिपोर्ट के रूप में उल्लेख करते थे। इस रिकार्ड को अदालत में किया गया था। सय्यद अइनुद्दीन गवाह के रूप में उपस्थित हुए हैं और उन पर कई सवाल भी किए गए हैं। इस सारी कार्रवाई के दौरान किसी माननीय वकील ने इन पर ऐसी आपत्ति व्यक्त नहीं की कि ये शनाख्तें अयोग्य थीं, परन्तु माननीय सेशन जज की अदालत में इन शनाख्तों को पानी पी-पी कर कोसा गया। इस बारे में हमारा निर्णय यह है कि यह प्रक्रिया सतर्कतापूर्वक और ईमानदारी से की गई थी, ताकि इनमें किसी प्रकार की हेराफेरी न हो सके जिससे दोषियों के हित को किसी तरह की हानि पहुँचे। बल्कि हम तो यह भी कहना चाहेंगे कि माननीय मजिस्ट्रेट ने वास्तविक रूप में दोषियों के हित का इस हद तक ख्याल रखा है कि सम्भवत: कुछ सच्चे गवाह भी मुश्किल से ही शनाख्त प्रमाणित कर पाए होंगे।

शनाख्तों के बारे में ही हमें कुछ और भी कहना है— कुछ ऐसा भी हुआ है कि एक गवाह ने एक दोषी को जेल परेड में तो शनाख्त कर लिया, परन्तु सुपुर्दकर्ता मजिस्ट्रेट की अदालत या फिर सेशन अदालत में किसी एक या दोनों में ही शनाख्त नहीं कर पाया, तथा निचली अदालतों में यह तर्क पेश किया गया कि शनाख्तों के साक्ष्य को मुकदमे के दौरान स्वतन्त्र प्रमाण नहीं माना जा सकता क्योंकि शनाख्त प्रक्रिया के दौरान किसी दोषी को आरोपी सिद्ध करने से सम्बन्धित कही गई या मान ली गई साक्ष्य वैद्य नहीं होगी, क्योंकि यह बिना शपथ के और न्यायिक प्रक्रिया रहित होते हुए दोष सिद्ध करने का योग्य आधार नहीं बन सकती; तथा ये केवल (उन गवाहों के) अदालत में दिए गए बयानों की प्रौढ़ता या किन्तु करने के लिए ही प्रयोग में लाई जा सकती है। हमारी राय में अगर एक विशेष डाके का शिकार व्यक्ति जेल शनाख्तों

के दौरान किसी तीसरे व्यक्ति के समक्ष उस दोषी की उस डाके में शमूलियत की प्रौढ़ता करता है, तो बाद में चलने वाली जाँच के दौरान उक्त शनाख्त को पुष्टि के रूप में मान लिया जाना उचित होगा, चाहे अदालत में वह गवाह दोषी की शनाख्त भले ही न कर पाए तो भी। कई परिस्थितियों में अदालती पेशी के दौरान दोबारा शनाख्त करना असम्भव भी हो सकता है; उदाहरणत: जेल शनाख्त के पश्चात कोई गवाह देख सकने की शक्ति गँवा भी सकता है, और इन हालात में उसका दोबारा दोषी को पहचान पाना असम्भव ही तो होगा।

जैसा कि इस केस में किया जा रहा है; जब एक गवाह जिसने जेल में तो शनाख्त कर ली, परन्तु अदालत में नहीं कर पाया, तो स्वतन्त्र प्रमाण जुटाए जा सकते हैं जो जेल शनाख्त को प्रमाणित करने योग्य हो; तथा इस प्रकार का साक्ष्य वैद्य होगा। जहाँ तक किसी प्रमाण की महत्तता का सवाल है यह किसी व्यक्ति विशेष की परिस्थितियों पर निर्भर करेगा। बेशक अगर कोई गवाह जेल में तो दोषी की शनाख्त कर ले परन्तु अदालत में न कर पाए, तो उसकी गवाही कमजोर पड़ जाएगी, परन्तु अनिवार्य परिस्थिति में जिसमें सविस्तार हो तो साक्ष्य स्वीकार्य होगा। इसकी महत्तता पर अलग से ध्यान दिया जाएगा।

लिखावटें (handwritings)

अन्त में हम बताने जा रहे हैं कि अपीलार्थियों के हस्तलेखों की जाँच के मामले में किस तरह की विधि अपनाई गई थी: यहाँ कई जगह हमने उन गवाहों के साक्ष्य पर निर्भर किया है जो यह कह सकने की स्थिति में हो कि वे दोषी के हस्तलेख से भली-भाँति परिचित हैं। परन्तु मुख्य रूप में हमने इस मामले में निपटारा हस्तलेखों के माहिर मि. स्कॉट, जो भारत सरकार द्वारा नियुक्त किए गए हैं, की रिपोर्टों के आधार पर ही किया है। इस तरह हमने स्वतन्त्र प्रमाणों से सिद्ध किया है कि यह विशेष दस्तावेज उस विशेष व्यक्ति की ही लिखावट है।

मि. स्कॉट ने सरकारी पक्ष की ओर से उपलब्ध कराई गई दस्तावेजों को उसी विशेष व्यक्ति की किसी प्रमाणित लिखावट को आधार मानकर उसकी जाँच रिपोर्ट दी है। मि. स्कॉट ने यह जाँच की तो स्वतन्त्र तौर पर थी, परन्तु उनसे हमने अदालत में सतर्कता से पूछताछ भी की है और हमें इस बारे में सन्तुष्टि है कि मि. स्कॉट वास्तव में इस कार्य के लिए पूर्ण रूप में योग्य हैं। फिर भी हमने मि. स्कॉट की राय को हरेक मामले में स्वीकार नहीं किया है; हरेक दस्तावेज को हम अदालत में स्वयं सरकारी पक्ष द्वारा प्रस्तुत दस्तावेज को अपीलार्थी की प्रमाणित लिखावट से मिलाकर ही निपटारा करते रहे हैं।

इस केस का साक्ष्य विस्तीर्ण है तथा मुद्दों को सुलझा पाना सहज नहीं है। तथ्य और कानून के बहुत से सवालों की चर्चा की गई है। सभी ऐसे मुद्दों को निचली

अदालत में उठाया जाता रहा है तथा दोनों पक्षों के माननीय वकीलों ने विस्तार से बहस भी की है। इनमें से कुछ का खुलासा तो हम ऊपर कर ही चुके हैं, शेष कई मुद्दों का खुलासा बाद में किया जाएगा, हालाँकि हम हरेक मुद्दे पर चर्चा नहीं कर रहे, क्योंकि ऐसा करने से तो यह फैसला अनुचित आकार का हो जाएगा। कुछ अस्थाई बातों पर चर्चा संक्षिप्त ही में की जाएगी।

जिक्रयोग्य है कि इस केस में जुबानी दलीलें पूरे 16 दिन तक चली थीं। यह बहस भी ठोस प्रकार की थी। इनमें दोहराव केवल नाम मात्र ही था। यद्यपि हम यहाँ हरेक दलील का उल्लेख तो नहीं कर रहे, परन्तु कोई ऐसी दलील नहीं होगी जिस पर हमने पूरा ध्यान न दिया हो।

II. व्यापक साजिश

जब-जब प्रमाण किसी सहदोषी के बयान पर आधारित होगा, हम उसकी स्वतन्त्र रूप से कुछ ना कुछ पड़ताल करके ही उसे स्वीकार करेंगे; जहाँ कहीं भी हमें किसी विशेष दोषी के विरुद्ध ऐसा कोई सबूत मिलता है, हम उसका निपटारा दोषी के व्यक्तिगत फैसले में ही करेंगे।

पहला सहदोषी जो पकड़ा गया था और जिसको बाद में माफी दे दी गई थी, वह था *बनारसी दास*। वह शाहजहाँपुर का एक बढ़ई जाति का है, हालाँकि उसने यह व्यवसाय वास्तविक रूप में कभी किया नहीं था, क्योंकि उसके पिता ने ठेकेदारी में धाक जमा रखी थी। अब यह 30 साल का है, और उसके पिता की मृत्यु 13 साल पहले हुई थी, जो अपने पीछे 50,000 रुपए नकदी और अचल सम्पत्ति छोड़ गए थे। यह फजूलखर्ची था और इसने स्वीकार किया है कि चार ही वर्ष में उसने यह सब कुछ ठिकाने लगा दिया था। 1921 में जब इसकी जेबें खाली हो गईं तो यह राजनीति में प्रवेश करके शाहजहाँपुर की स्थानिक कांग्रेस कमेटी का सचिव बन गया; वह राम प्रसाद और अशफाकउल्ला खाँ से परिचित हो गया। यहाँ हम यह कहना चाहेंगे कि हम इससे सम्बन्धित सबूतों का हवाला अशफाकउल्ला खाँ के मामले में देंगे।

चूँकि शचीन्द्र नाथ बख्शी ने अभी तक अपील नहीं की है और उसके अपील करने की मियाद अभी खत्म नहीं हुई, इसलिए हम उसके विरुद्ध ऐसे सबूतों की चर्चा यहाँ नहीं कर रहे हैं।

राम प्रसाद बिस्मिल अभी 28 साल का है। उनका पैतृक घर ग्वालियर रियासत में था, परन्तु कई सालों से वह शाहजहाँपुर में ही रह रहा था। हम उसके बारे में यह कहकर, कि वह राजसी कार्यों में भाग लेता था, उसको पूर्वधारणिक नहीं कर रहे हैं। उसने अदालत के समक्ष स्वयं जोर देकर कहा है कि वह विशाल रूप से राजसी कार्यों में सक्रिय रहा है और अपने ऊपर चलाए जा रहे मुकदमों का कारण अपनी राजसी गतिविधियाँ बताता है, जिनकी वजह से उस पर अकारण शक किया जा रहा है।

राम प्रसाद कुछ दिन पहले शाहजहाँपुर में एक रेशम की व्यापारिक संस्था में प्रबन्धक भी रहा है।

अशफाकउल्ला एक वरिष्ठ पठान परिवार से है, और लगभग राम प्रसाद का हम-उम्र है; वह शाहजहाँपुर में अपने साधनों पर ही, कोई कारोबार आदि किए बगैर रह रहा था। बनारसी दास के अनुसार उक्त दोनों अपीलार्थी और स्वयं वह अच्छे दोस्त थे; ये इकट्ठे ही 1921 में कांग्रेस के अहमदाबाद में हुए अधिवेशन में गए थे। राम प्रसाद बिस्मिल उन दोनों को पढ़ने के लिए पुस्तकें दिया करता था। ये पुस्तकें क्रान्ति के जीवन की कठिनाइयों का समाधान दर्शाती थीं। 1922 में ये तीनों गया में कांग्रेस की बैठक में भाग लेने गए थे; एक और 26 वर्षीय व्यक्ति ***प्रेमकिशन खन्ना*** **(अपीलार्थी)** भी वहाँ हाजिर था। यह एक इंजीनियर का बेटा है जो रेलवे का पदाधिकारी है; वह कुछ वर्षों से शाहजहाँपुर में ठेकेदारी कर रहा था।

बनारसी दास के अनुसार 1924 में लगभग जुलाई महीने में एक व्यक्ति, जिसे ***जोगेशचन्द्र चटर्जी— अपीलार्थी*** समझा जाता है, शाहजहाँपुर आया। उसने अपने आपको काल्पनिक नामों, जैसे 'राय महाशो', 'राय दादो' से परिचित कराया। यह व्यक्ति बंगाल के ढाका जिले के किसी गाँव से है। राम प्रसाद बिस्मिल के निवास पर एक बैठक की गई, जिसमें राम प्रसाद, रामदुलारे, अशफाकउल्ला, बनारसी लाल और एक लम्बा-सा आदमी जिसके बारे में विशेष जानकारी उपलब्ध नहीं है, मौजूद थे।

रामदुलारे एक युवक है जो कानपुर में रहता है। लगता है उसका अपना कोई कमाई का साधन नहीं है। बनारसी दास के कथनानुसार यह बैठक शाहजहाँपुर में क्रान्तिकारी पार्टी की शाखा खोलने के बारे में हुई थी। इस संस्था के संस्थापक जोगेशचन्द्र चटर्जी, रामदुलारे और लम्बा आदमी थे। *राम प्रसाद को प्रान्तीय प्रबन्धक* नियुक्त किया गया और *अशफाकउल्ला को उसका सहायक*। बनारसी दास को सहयोगी के रूप में मान्यता दी गई। बनारसी दास के अनुसार—

> 'राय महाशो' (जोगेश चटर्जी) ने कहा था कि अंग्रेजों को कत्ल करना और भारतवर्ष से बलपूर्वक खदेड़ना है और एक स्वतन्त्र भारतीय गणतन्त्र स्थापित करना है। उसने कहा कि समूचे भारतीयों को हथियारबन्द करना और इस क्रान्तिकारी दल के उद्देश्यों और नीतियों से परिचित करना है। उसने यह भी कहा कि उक्त उद्देश्य के लिए धन जुटाने के लिए डाके मारे जाएँगे; इस धन का प्रयोग हथियार प्राप्त करने और प्रचार करने के हित में किया जाएगा। प्रचार के माध्यम— पर्चे, पुस्तकें, इश्तिहार आदि होंगे। राम प्रसाद और रामदुलारे ने उसके कथन से सहमति प्रकट की। 'राय महाशो' ने कहा कि किसी को सदस्यों के नाम नहीं बताने चाहिए और किसी भी सदस्य द्वारा संस्था को हानि पहुँचाए जाने के लिए मृत्युदंड दिया जाएगा।

कुछ दिन पश्चात ***रोशन सिंह*** **(अपीलार्थी)** भी पार्टी में आ गया; वह एक ठाकुर है जिसकी कुछ जमीनी सम्पत्ति शाहजहाँपुर जिले के एक गाँव में है। वह लगभग

36 वर्ष का है। रोशन सिंह रामदुलारे को पहले से जानता था; वह बनारसी दास का पुराना मित्र था।

बनारसी दास की बात यहीं छोड़कर अभी हम *बनवारी लाल* के बयान पर चर्चा करेंगे। बनवारी लाल ने 3 जनवरी, 1926 को स्पेशल मजिस्ट्रेट के समक्ष विस्तृत इकबालीया बयान दर्ज करवाया था। वह बाद में इस बयान से 20 मार्च, 1926 को सुपुर्दता मजिस्ट्रेट की अदालत में मुकर गया था। वहाँ उसने कहा था कि उसने (इकबालीया) बयान माफी का भरोसा दिलाए जाने की शर्त पर दिया था, परन्तु वह उक्त माफी की शर्तों से सन्तुष्ट न होकर अभी ऐसा कर रहा है। उसने कहा कि उसका इकबालीया बयान कोरा झूठ है, जो उसने केवल केस से छुटकारा पाने के लिए दिया था। 18 दिसम्बर, 1926 को, सत्र न्यायाधीश की अदालत में वह उक्त बयान से भी मुकर गया और कहा कि उसका पहला बयान ही सही था; उसके उस बयान में केवल एक साजिशी व्यक्ति का नाम नहीं बताया था, क्योंकि वह स्वयं उस (व्यक्ति) का बचाव करना चाहता था। उसने कहा कि वह मजिस्ट्रेट के समक्ष दिए हुए इकबालीया बयान से राम प्रसाद के कहने पर मुकरा था, जिसने कहा था कि उसका ऐसा करना शेष दोषियों के हित में होगा। उसने आगे कहा :

"शुरू में ही मैं राजी नहीं था परन्तु जब राम प्रसाद ने कहा कि वकील का सुझाव है कि मुकरा जाए तो मैं मान गया। उसने यह भी कहा कि मुझे कोई उमीद नहीं थी कि बनारसी लाल मुकर जाएगा। परन्तु वह मेरे बारे में आशावादी था इसलिए मैं राजी हो गया। उसने यह भी बताया कि मि. चौधरी मेरे वकील होंगे; सो मैं मुकर गया।"

उसने स्वीकार किया कि मि. हॉर्टन के विरुद्ध उसके दोष झूठे हैं; आखिर उसको दोषी ठहराते हुए अदालत द्वारा उसे पाँच साल सख्त कैद की सजा सुनाई गई। उसने अपील नहीं की, और अब अपील की अवधि भी गुजर चुकी है।

यह (इकबालीया बयान) भारतीय साक्ष्य अधिनियम की धारा 10 के अनुसार सारे के सारे अपीलार्थियों के विरुद्ध स्वीकार करने योग्य है।

इसी प्रकार यह (इकबालीया बयान) इन सभी के विरुद्ध उक्त अधिनियम की धारा 30 के अधीन भी स्वीकार करने योग्य होगा। इस बयान के अनुसार वह एक कैस्थ है, जिसकी आयु लगभग 24 वर्ष, तथा ओसाह का वासी है जो राय-बरेली जिले में स्थित है। उसका पिता जागीर प्रबंधक है। 16 साल की उम्र में वह असहयोग आन्दोलन के प्रभाव के अधीन सरकारी हाई स्कूल छोड़कर राष्ट्रवादी संस्थाओं में सक्रिय हो गया था। उसने प्रतापगढ़ कांग्रेस में कार्य किया और इसी सम्बन्ध में छः महीने कैद भी काटी। उसके पश्चात वह इलाहाबाद आता जाता रहा। उसके (इकबालीया) बयान के अनुसार वह जोगेशचन्द्र चटर्जी को 1923 में मिला था। इलाहाबाद में उसे जोगेशचन्द्र चटर्जी ने बताया था कि क्रान्तिकारी संस्थाएँ संगठत हो रही हैं। बनवारी लाल लाहौर स्थित तिलक स्कूल ऑफ पॉलेटिक्स में जाना चाहता था परन्तु जोगेशचन्द्र की सलाह मानकर वह प्रतापगढ़ चला गया ताकि वहाँ पर क्रान्तिकारी पार्टी की शाखा स्थापित कर सके।

अब एक बार फिर हम *प्रेमकिशन खन्ना* के बारे में चर्चा करेंगे; 31 मार्च, 1924 को इसने जर्मनी में बने माउजर स्वयंचालक पिस्तौल का लाइसेंस लिया जिसमें 300 बोर के कारतूस 10 गोलियों वाली मैग्जीन थी। उसको यह लाइसेंस लेने में कोई बाधा नहीं आई, क्योंकि वह रेलवे के वरिष्ठ इंजीनियर का बेटा जो था।

यह साबित हुआ और कबूल किया गया है कि 7 अगस्त, 1924 को राम प्रसाद ने पी.एन. विश्वास एंड कम्पनी, जो हथियार-कारतूस के अधिकारित विक्रेता हैं, से 50 कारतूत कानपुर में खरीदे थे। उसने ये कारतूस प्रेमकिशन खन्ना के लाइसेंस के आधार पर ही प्राप्त किए थे। यह खरीद राम प्रसाद ने स्वयं की थी। उक्त 50 कारतूस 10-10 के कल्पि में जुड़े हुए थे। कारतूस जर्मनी के बने हुए 'DeutcheWaffen Fabric Mauser' मार्का थे। ये धातु के थे। हरेक के पैंदे पर ये अक्षर अंकित थे :

W

D M

K K

403

राम प्रसाद को नियमानुसार खरीद रजिस्टर में बतौर खरीददार हस्ताक्षर करने थे; यहाँ उसने अपने नाम की बजाय 'प्रेमकिशन' लिख दिया; यह स्वीकार किया गया है।

इस घटना का महत्त्व तब देखने में आएगा जब हम डकैतियों की चर्चा करेंगे।

18 अक्तूबर, 1924 को *जोगेशचन्द्र चटर्जी* को शकी हालात में कलकत्ता में गिरफ्तार किया गया। उसको कलकत्ता पुलिस ने पकड़ा था। जिन परिस्थितियों में वह पकड़ा गया उसकी समीक्षा तो हम उसके व्यक्तिगत फैसले के सन्दर्भ में करेंगे; अभी हम केवल यह जिक्र करना चाहेंगे कि उसकी गिरफ्तारी के समय उससे एक दस्तावेज (प्रदर्श पी.-198) बरामद हुआ था; यह दस्तावेज किसी अज्ञात व्यक्ति के हाथ का लिखा हुआ था—

> दिनांक 3 अक्तूबर, 1924 को पी.सी. (प्रान्तीय कमेटी) की मीटिंग (कानपुर में —सम्पादक) हुई जिसमें छः में से पाँच (सदस्य) हाजिर थे और निम्नलिखित प्रस्ताव पारित किए गए थे :
>
> (1) इस बात को ध्यान में रखते हुए कि यहाँ उल्लेख किए गए जिलों के संस्थापक लगभग ठीक ढंग से काम चला रहे हैं— बनारस, इलाहाबाद, प्रतापगढ़, फतेहपुर, जौनपुर, झाँसी, हमीरपुर, फर्रुखा-बाद, मेनपुरी, एटा, आगरा, अलीगढ़, मथुरा, बुलन्दशहर, मेरठ, दिल्ली, एटा, बरेली, पीलीभीत, शाहजहाँपुर, मुज्जफरनगर, शेष जिलों की देख-रेख के लिए योग्य संस्थापक नहीं मिले, उनकी जिम्मेदारी प्रान्तीय जिलों के संस्थापकों में बाँट दी जाए—

(क) बनारस, मिर्जापुर, गाजीपुर, बलिया, जौनपुर, आजमगढ़, बस्ती, गोरखपुर।

(ख) कानपुर, रायबरेली, गोरखपुर, उना-उनाउ।

(ग) झाँसी बाँदा।

(घ) अलीगढ़, अनूपसर।

(ङ.) मेरठ, सहारनपुर, देहरादून, अल्मोड़ा, बिजनौर, बदायूँ, मुरादाबाद।

(च) शाहजहाँपुर, नैनीताल, गढ़वाल, लखीमपुर, सीतापुर, हरदोई।

(छ) चूँकि इस मौके फैजाबाद डिवीजन जिसमें फैजाबाद, बहराइंच, गोंडा, बाराबंकी और सुल्तानपुर हैं में कोई भी सदस्य ऐसा नहीं है जो यहाँ का प्रतिनिधित्व कर सके। इसलिए यह निश्चय किया गया कि वहाँ कोई योग्य सदस्य भेजा जाए, जो उस केन्द्र का कार्यभार बिना देरी के सम्भाल सके।

(2) कम से कम एक सौ रुपए (अभी संकट की स्थिति में होना अवश्य हैं) इन केन्द्रों में सहानुभूति रखने वालों से जुटाए जाएँ: बनारस, कानपुर, झाँसी, अलीगढ़, मेरठ और शाहजहाँपुर, जिसके लिए सभी केन्द्र एक सा योगदान करें।

(क) कम से कम चार आने हरेक सदस्य से हर महीने लिए जाएँ।

(ख) उपरोक्त प्रस्ताव पर अमल दो माह के अन्दर-अन्दर कर लिया जाए।

(3) इस मीटिंग में स्वीकार किया गया कि इस समय सदस्यों की संख्या 100 के लगभग हो गई है। जैसे— बनारस केन्द्र : 19, कानपुर : 22, झाँसी : 15, अलीगढ़ : 12, शाहजहाँपुर : 8, मेरठ : अभी उपलब्ध नहीं।

(4) इस मीटिंग की राय में प्रचार की दृष्टि से, जहाँ तक अखबारों, रसालों का सम्बन्ध है, जिनका प्रयोग भिन्न-भिन्न केन्द्रों के सदस्य कर सकते हैं—

(क) सी.आई.डी. के विरुद्ध अभियान छेड़ा जाए।

(ख) दमनकारी कानूनों तथा नीतियों के विरोध में भी ऐसा ही किया जाए।

(ग) कांग्रेस की उन गतिविधियों की आलोचना की जाए जो हमारी संस्था के कामकाज में बाधा डालती हैं।

(घ) *सामाजिक क्रान्तिकारी विचार* और *साम्यवादी* विचारधारा का प्रचार किया जाए।

(ड.) प्रकाशन के लिए कहानियाँ, मार्मिक घटनाओं जैसी रोचक साम्रगी जुटाना।

(5) पैसे जुटाने वाला वित्तीय विभाग इस समय नं. 2, 4 और 6 के अधिकार क्षेत्र में है, जिसकी निगरानी पी.सी. करती है, भिन्न-भिन्न केन्द्र इस बारे में सूचना नं. 2, 4 और 6 को दें।

(6) संविधानिक प्रावधनों के अनुसार पाँच विभागों की बजाय अभी दो विभाग ही स्थापित किए जाएँ—

(क) प्रचार का प्रबन्ध नं. 1, 8 और 5 की देख-रेख में किया जाए।

(ख) धन और हथियार नं. 2, 4 और 6 द्वारा जुटाए जाएँ।

(7) सभी संविधानिक नियमों की पूर्ण रूप में पालना की जाए सिवाय प्रस्ताव नं. 6 के, जिसको कुछ संशोधन उपरान्त आज ही परवान किया गया है।

(8) संस्था के कामकाज के बारे में गोपनीयता के लिए हर सम्भव सर्तकता बरती जाए।

(9) हरेक जिला संस्थापक जहाँ तक सम्भव हो यह प्रयास करे कि स्थानिक क्लब तथा सभाएँ जो क्रान्ति के हित में सक्रिय हैं उनकी यथासम्भव सहायता की जाए और कांग्रेस के सदस्य बनकर उसकी सभी गतिविधियों में भाग लिया जाए जो हमारे उद्देश्य के अनुकूल हैं।

(10) हरेक जिला संस्थापक आस-पास के गाँव तथा मजदूर बस्तियों में जाते रहने का प्रयास करे ताकि उनकी सहानुभूति जुटाई जा सके।

(11) हरेक सदस्य को कार्य उपलब्ध कराने के लिए कार्यों को तीन भागों में बाँट दिया जाए—

(क) गाँव के कार्य

(ख) गुप्त कार्य

(ग) क्लब तथा स्थानिक संस्थाओं सम्बन्धी समाजी गतिविधियाँ

बंगाल पुलिस ने उक्त दस्तावेज में व्यक्त किए गए संकेतों की पैरवी नहीं की थी; यह दुर्भाग्य की बात थी कि उन्होंने ऐसा नहीं किया। उनके इस व्यवहार की व्याख्या हम इस तरह भी कर सकते हैं कि उक्त कागज में ऐसा कोई संकेत नहीं था कि यह पी.सी. (प्रान्तीय कमेटी) की मीटिंग कौन से स्थान पर हुई थी और न ही इसके सदस्यों की कोई पहचान दी हुई थी। उस समय बंगाल की सारी खुफिया पुलिस उनके अपने प्रान्त में ही क्रान्तिकारी गतिविधियों को ही तहस-नहस करने में जुटी हुई थी। इस (यू.पी.) प्रान्त को उक्त गिरफ्तारी की सूचना न देने का सम्भवत: यही कारण होगा।

अब हम एक और सहदोषी, बंगाली युवक ***इन्दु भूषण मितरा*** के बारे में चर्चा करेंगे। वह उस समय अपने पिता डॉ. एच.डी. मितरा के साथ रह रहा था जो शाहजहाँपुर

में हैल्थ ऑफिसर थे और वह स्थानिक हाई स्कूल में पढ़ता था। राम प्रसाद ने उसके साथ सम्पर्क बनाकर उसको पढ़ने के लिए कुछ पुस्तकें दीं: वह कहता है—

''वे किताबें पढ़ने का मुझ पर जो प्रभाव पड़ा वह यह था कि अंग्रेज भारत पर ताकत के जोर पर राज कर रहे हैं और इन्हें ताकत के जोर से ही यहाँ से खदेड़ा जा सकता है।''

राम प्रसाद ने उसे क्रान्तिकारी दल की नियमावली भी दिखाई। यह वही नियमा-वली है जिसे मि. हैमिल्टन ने 'यलो लीफलेट' (पीले पर्चे) का नाम दिया है। हम आगे चलकर बताएँगे कि वे क्या थे? उसने उसको 'दी रिवोल्यूशनरी' नामक पर्चा भी पढ़ने को दिया। यह सब कुछ सुन और पढ़कर उसने क्रान्तिकारी दल में शामिल होने का मन बना लिया। उसकी आयु कम होने के कारण उसे सदस्य ना बनाकर उसके नाम पते पर उसको आपत्तिजनक डाक मंगवाने का कार्य सौंपा गया। ऐसी चिट्ठियाँ मिलने पर वह उनको राम प्रसाद के हवाले कर देता। उसको उस संकेत से अवगत करवा दिया गया था; जो कि चिट्ठी के पते में जहाँ शाहजहाँपुर लिखा होना था, उसके नीचे एक विशेष चिन्ह निश्चित किया गया था, जिससे यह पता चल जाता था कि उक्त चिट्ठी राम प्रसाद के लिए ही है। ये चिट्ठियाँ इन्दु भूषण मितरा के नाम पर ही आती थी, और उसे ऐसी कई चिट्ठियाँ भेजी गई थीं।

बनारसी लाल के अनुसार पार्टी की शाहजहाँपुर शाखा के केवल वह (स्वयं), राम प्रसाद और अशाफाकउल्ला ही सदस्य थे। उसने यह भी बताया था कि प्रेमकिशन, रोशन सिंह, इन्दु भूषण तथा एक और व्यक्ति (जो बरी हो चुका है और जिसका जिक्र नहीं किया जा सकता), राम प्रसाद के दोस्त और सहयोगी थे, परन्तु इस (क्रान्तिकारी) संस्था के सदस्य न थे।

इसके विपरीत इन्दु *भूषण* के कथनानुसार वह स्वयं को, इसका सदस्य ही समझता था और प्रेमकिशन तथा रोशन सिंह भी सदस्य ही थे। उसने कहा कि मैं नहीं जानता था कि बनारसी लाल भी एक सदस्य है। बनारसी दास ने बताया था कि पार्टी सदस्यों ने फर्जी नाम रखे हुए थे। जैसे वह— 'बबुआ', राम प्रसाद— 'अन्नत प्रकाश', अशफाकउल्ला— 'कुंवरजी' या 'वारसी' करके जाना जाता था। उसने दो और सदस्यों का परिचय भी दिया जो उसके अनुसार पार्टी सदस्य थे, परन्तु वे शाहजहाँपुर के नहीं थे। उनमें से एक मनमथ नाथ गुप्त और दूसरा *रामकिशन खत्री* था। उसने बताया कि ये दोनों शाहजहाँपुर आया करते थे। *मनमथ नाथ* एक युवक है जो बनारस में रहता है और वहाँ के एक निजी स्कूल का विद्यार्थी है जहाँ *दामोदर स्वरूप* अध्यापक था। मनमथ का पार्टी नाम 'नवाब' था। *रामकिशन खत्री* मध्य प्रदेश का एक युवक है, जो चंडा का वासी है; उसने बयान दिया है कि वह अब धार्मिक संन्यासी बन गया है; उसका पार्टी नाम 'गंगा राम' था।

दस्तावेज पी.198 के अनुसार प्रान्त को आठ केन्द्रों में बाँटा गया था जिसका अपना-अपना मुख्य कार्यालय होता था। अभियोग पक्ष के अनुसार **बनारस** में ऐसा

ही एक केन्द्र था जिसके *राजेन्द्र नाथ लाहिड़ी* (अपीलार्थी), मनमथ नाथ गुप्त, रामनाथ पांडे (अपीलार्थी), राजकुमार सिन्हा (अपीलार्थी) और दामोदर स्वरूप सदस्य थे। ***राजेन्द्र नाथ लाहिड़ी*** 24-25 साल का युवक है। बनारस में वह अपना कुछ समय पढ़ाई और शेष समय अपने भाई की दुकान पर हाथ बँटाने में लगाता था; उसकी दवाइयों की दुकान है जिसका नाम 'स्टार एंड कम्पनी' है। मनमथ नाथ गुप्त के बारे में पहले ही बताया जा चुका है। *रामनाथ पांडे* बनारस का एक स्कूल विद्यार्थी है। *राजकुमार सिन्हा* कानपुर का है, परन्तु उस समय वह सेंट्रल हिन्दू कॉलेज में पढ़ रहा था। वह अभी 21 वर्ष का है। *दमोदर सरूप* एक निजी संस्था विद्यापीठ बनारस में अध्यापक है। मनमथ नाथ, जैसा कि पहले बताया जा चुका है, इस स्कूल का विद्यार्थी था।

हमें दमोदर सरूप के बारे में अभी चर्चा करनी होगी हालाँकि उसको इस केस में दोषी नहीं पाया गया; वास्तव में उसको न तो दोषी और न ही बेकसूर ठहराया गया है। केस की शुरुआत से ही उसने खाना छोड़कर अपने आपको इतना बलहीन कर रखा है कि उसके विरुद्ध केस चलाना ही उचित नहीं समझा गया। उसने अपनी मर्जी से अपनाई गई विधि से अपने ऊपर मुकदमा चलने तो नहीं दिया, परन्तु हम इस सारे मामले में उसकी भूमिका की अवहेलना नहीं कर सकते। तथा जहाँ तक सम्भव हो, हम उसके दोषी या दोषमुक्त होने सम्बन्धी कुछ न कहने का प्रयास अवश्य करेंगे। हमने दो और भी नाम शामिल करने हैं, *प्रणवेश कुमार चटर्जी* उनमें से एक है। वह जबलपुर का रहने वाला एक युवक है, जिसको सजा हुई है और उसने अपील भी की हुई है परन्तु बाद में उसने अपना बचाव त्याग दिया है। दूसरा है *कुँवर बहादुर* जो एक गवाह है। उसने बनवारी लाल के विरुद्ध गवाही दी है। हालाँकि उस पर मुकदमा नहीं चलाया गया है, पर वह स्वयं-स्वीकारित सहदोषी है। उसकी इस लहर के साथ सहानुभूति थी और बनवारी लाल की ओर से चिट्ठियाँ और मनीऑर्डर प्राप्त किया करता था।

जब प्रणवेश कुमार चटर्जी पकड़ा गया तो एक पोस्टकार्ड (प्रदर्श पी.-171) उसके पास से निकला। यह दिनांक 11 नवम्बर का है और नवम्बर 1924 में पहुँचा था, जो इस प्रकार है—

> ''प्रिय प्रणवेश,
>
> अभी-अभी आपकी चिट्ठी मिली। तुम्हारी आखरी चिट्ठी पढ़कर ऐसा लगा कि तुम्हारा मन अभी भी पश्चातापग्रस्त है। प्रिय प्रणवेश, यह ठीक नहीं है। हालात को देखते हुए मेरी स्थिति भी वैसी हो गई है। परन्तु इस निराशा में भी आशा की धुँधली सी किरण दिखने लगी है।
>
> मैंने एक बढ़ई का प्रबन्ध कर लिया है जो वस्तु को तैयार कर देगा। परन्तु अभी मैंने कशीदा को नहीं बताया। याद रहे हमने उसको उसकी मजदूरी और खर्चा देना है। एक (तो) 9-10 दिन में तैयार हो जाएगी। तथा मेरे पास कुछ भी नहीं है। किसी न किसी तरह पहली तो मैं खरीद ही लूँगा।

मैं सोच रहा हूँ आगे क्या होगा ? मुझे आपकी राय चाहिए। तुम एक व्यापारी हो। इसलिए मैं तुम्हें इस छोटी सी समस्या के बारे में लिख रहा हूँ। आशा करता हूँ आप बुरा नहीं मानेंगे। कशीदा से इस बारे में कुछ कहने का लाभ नहीं है क्योंकि वह खाली हाथ है। अभी तुम्हारा कार्य कैसे चल रहा है, इसके बारे में लिखना मत भूलना। अगर कुछ भी नहीं किया गया तो भी मुझे कुछ न कुछ लिख देना। मुझे आपकी लिखावट पढ़कर प्रसन्नता होती है। मेरा आपको प्यार।

आपका

अनिल।''

हमने इस पोस्टकार्ड को *मनमथ गुप्त* द्वारा लिखा हुआ पाया है। कुँवर बहादुर ने बताया है कि साजिशियों का नियम था कि लिखी गई शब्दावली का तात्पर्य लिखी हुई भाषा से बिलकुल भिन्न होता था। उसके कथनानुसार—

बनवारी लाल ने कुछ चिट्ठियाँ पढ़कर सुनाईं; मुझे याद है कि ''माताजी कैसे हैं'', ''पिताजी स्टेशन से गुजर रहे हैं मिल लेना।'' जैसे शब्दों का तात्पर्य कुछ इस तरह होता था 'माता'— क्रान्तिकारी दल, और 'पिता'— मुख्य संस्थापक के संकेत होते थे।

कुँवर बहादुर के कथन की रोशनी में हमारा यह अनुमान कि ऐसे दस्तावेजों का वास्तविक भाव कुछ और ही होता था, अप्रासंगिक नहीं होगा। यह स्पष्ट नहीं है कि '*बढ़ई*' की व्याख्या क्या होगी, परन्तु चूँकि इस पोस्टकार्ड के पहुँचने के छः सप्ताह पश्चात 'दी रिवोल्यूशनरी' प्रस्तुत किया गया था और (जैसे कि हम देखेंगे) यह भी पता चला कि इसको छपवाने के लिए धन की आवश्यकता थी 'बढ़ई' का संकेत सम्भवतः 'दी रिवोल्यूशनरी' के छपवाने की ओर संकेत हो सकता है। जैसा कि आगे चलकर देखेंगे, कि मनमथ नाथ गुप्त और प्रणवेश कुमार चटर्जी दोनों ही क्रान्तिकारी संगठन के दफ्तरी कामकाज की देख-रेख के लिए नियुक्त किए गए थे।

28 नवम्बर, 1924 को कुँवर बहादुर की ओर से बनवारी लाल को 10 रुपए का मनीऑर्डर (प्रदर्श पी.-96) भेजा गया। भेजने वाले का नाम एन. प्रसाद लिखा हुआ है। यह साबित हुआ है कि उक्त लिखावट *सुरेशचन्द्र भट्टाचार्य* की है जिसने अपनी पहचान 'एन. प्रसाद' व्यक्त की है; यह व्यक्ति 28 साल का है, जो कानपुर में रहता है और किसी अखबार का सहायक सम्पादक है।

25 दिसम्बर, 1924 को **बमरोली डाका** पड़ा था। इसके बारे में हम बाद में शेष डकैतियों की लड़ी में चर्चा करेंगे। 2 जनवरी, 1925 को बनवारी लाल की ओर से 15 रुपए का मनीऑर्डर बनारस के दासासुमेध के डाकघर से कुँवर बहादुर को भेजा गया था। यह बनारस के 'काशी नाथ बाजपाई' की ओर से भेजा गया दिखाया गया था। हमें लगता है कि इस (मनीऑर्डर) की लिखाई राजेन्द्र नाथ लाहिड़ी की है। *बनारसी दास* ने कहा है कि 1924 के अन्त या 1925 के शुरू में, भाव बमरोली डकैती के तुरन्त बाद, निम्नलिखित घटना हुई थी—

"मैं फिर राम प्रसाद को तब मिला, जब वह मेरे घर पर आया था। उसने मुझे कुछ जेवर दिए जो चाँदी और सोने के थे। उसने मुझे कहा कि मैं इनको पिघलाकर बेच दूँ और पैसे उसको दे दूँ। ये उसने मुझे इसलिए दिए थे कि मेरी सराफी की दुकान थी। मैंने ऐसा ही किया और यह साम्रगी 500 रुपए की बिकी थी। यह 1924 का अन्त या साल 1925 का आगमन था; न तो उसने ही मुझे यह बताया कि यह जेवर कहाँ से आए हैं, और न ही मैंने उससे यह पूछा। जब मैं बाद में अशफाकउल्ला को मिला, उसको मैंने इनका जिक्र किया तो उसने बताया कि ये (जेवर) एक डाके में मिले हैं, जहाँ से 500 रुपए नकद भी मिले हैं; शेष ब्यौरा न तो मैंने उससे पूछा तथा न ही उसने बताया; उसने स्वयं तथा राम प्रसाद के अलावा किसी और (आरोपी) का जिक्र नहीं किया।"

जैसा कि पहले कहा जा चुका है 'दी रिवोल्यूशनरी' का प्रसार 28-31 जनवरी, 1925 के दौरान हुआ था। बनारस शहर के कमाचा डाकघर के पोस्टमास्टर ने उल्लेख किया है कि दिनांक 21 जनवरी, 1925 को पाँच रजिस्ट्रर्ड पार्सल: एक— गोपीनाथ शुक्ला (कानपुर), दूसरा— बनारसी लाल कोकाश (शाहजहाँपुर), तीसरा— प्रणवेश चैटर्जी (जबलपुर), चौथा— कुँवर बहादुर श्रीवास्तव (राय बरेली) और पाँचवाँ— कुंदनलाल, सीतागंज, (जिला प्रतापगढ़) को उसके (कमाचा) डाकघर द्वारा भेजे गए थे। उसने इन (पार्सलों) का भेजे जाना अपने रजिस्टरों से प्रमाणित किया है। यह भी पाया गया है कि पहले पार्सल को सूरज बाली ने 24 जनवरी, 1925 को गोपीनाथ की तरफ से प्राप्त किया है (रसीद प्रदर्श पी.-53), दूसरे पार्सल की रसीद सहदोषी बनारसी लाल की, दिनांक 23 जनवरी, 1925 (प्रदर्श पी.-17) की, तीसरे की प्रणवेश चटर्जी (अपीलार्थी) की दिनांक 23 जनवरी, 1925 की (प्रदर्श पी.-134), चौथे की कुँवर बहादुर गवाह की दिनांक 24 जनवरी, 1925 (प्रदर्श पी.-61) की है जबकि पाँचवें (पार्सल) का षड्यंत्र से कोई सम्बन्ध नहीं दिखाई दिया।

'गोपीनाथ' और *'सूरज बाली'* के नामों के सम्बन्ध में गोपी नाथ के बयान को जाँचना होगा; वह भी सहदोषी है। गोपीनाथ (जिसको गोपी मोहन भी कहा जाता है) नाम का यह युवक कानपुर में रहता है और शिक्षक है। उसने खुलासा किया है कि वह रामदुलारे (अपीलार्थी) तथा सुरेशचन्द्र का जिगरी दोस्त है और वह रामदुलारे के लिए क्रियाशील था, जो उसकी जानकारी के अनुसार क्रान्तिकारी दल का उसी भाँति डाक-चिट्ठियों का प्राप्तकर्त्ता था जैसा कि राम प्रसाद के लिए इन्दु भूषण। ऐसे डाक प्राप्तकर्त्ता को क्रान्तिकारी *'पोस्ट आफिस' (डाकघर)* कहते थे। अभी हमें सूरज बाली की स्वतन्त्र गवाही से पता चला है कि उसने ही गोपी मोहन के नाम पर भेजा गया पार्सल प्राप्त किया था और गोपी मोहन के बयान से यह भी प्रमाणित हुआ है कि इस पार्सल में 'दी रिवोल्यूशनरी' पर्चे ही थे; बनारसी लाल स्पष्ट तौर पर कहता है कि उस पैकिट में 'दी रिवोल्यूशनरी' पर्चे ही थे। जहाँ तक प्रणवेश चटर्जी का सम्बन्ध है, उसके बारे

में कोई सबूत नहीं है कि उस वाले पार्सल में भी 'दी रिवोल्यूशनरी' पर्चे थे। परन्तु कुँवर बहादुर ने यह कहा है कि उसके पैकेट में 'दी रिवोल्यूशनरी' पर्चे थे। बनारसी दास के अनुसार उसने ये पर्चे बाँटने में भाग लिया है; इस पर्चे को इन प्रान्तों में बाँटे जाने की कई गवाहों ने पुष्टि की है।

III (i) दस्तावेज

लिखा किसने था 'दी रिवोल्यूशनरी'?

माननीय जज मि. हैमिल्टन ने अपने फैसले के पृष्ठ 100 पर इस बारे में चर्चा की है और इस नतीजे पर पहुँचे हैं कि *शचीन्द्र नाथ सान्याल* (जिसने अपील नहीं की है) ने इसे लिखा था। पंडित जगत नारायण ने अदालत के समक्ष भी इसी तथ्य की पुष्टि की है।

हमें इस बारे में कोई भी सन्देह नहीं है, कि यह उसी ने ही लिखा था। वैसे इस मुद्दे की अहमियत इसलिए नहीं है कि स्वयं शचीन्द्र सान्याल ने अपील ही नहीं की और बाकी अपीलार्थियों की कोई विशेष भूमिका इस मामले में है ही नहीं। हमारी पड़ताल के अनुसार इस बात में कोई भी सन्देह नहीं कि 'दी रिवोल्यूशनरी' कुछ दोषियों की ओर से साजिश को साकार करने के उद्देश्य से प्रस्तुत किया गया था। इसलिए उनके दृष्टिकोण से इसको किसने लिखा था, इसकी कोई महत्तता नहीं रह जाती। दिनांक 6 फरवरी, 1925 को कुँवर बहादुर ने 10 रुपए का मनीऑर्डर दासासमेध (बनारस) से बनवारी लाल की ओर से एक व्यक्ति (जिसका नाम के.पी. श्रीवास्तव लिखा हुआ था) के नाम से भेजा था। हमने देखा है कि उक्त मनीऑर्डर *राजेन्द्र नाथ लाहिड़ी* की लिखाई में था। दिनांक 19 फरवरी, 1925 को 15 रुपए का मनीऑर्डर बनवारीलाल की ओर से कुँवर बहादुर को भेजा गया था। इसी तरह मनीऑर्डर (प्रदर्श पी.-94) एक के.पी. श्रीवास्तव नाम के व्यक्ति की ओर से दासासमेध को भेजा गया था, जो *राजेन्द्र नाथ लाहिड़ी* की लिखावट में ही था।

25 फरवरी को *शचीन्द्र सान्याल* को कलकत्ता में गिरफ्तार किया गया था। उसके बाद उसे बंगाल की अदालतों ने दंडित किया था। जैसा कि हम पहले ही बता चुके हैं, उसने इस केस में अपील नहीं की है। *9 मार्च, 1925* को **बिचपुरी** डकैती हुई थी और 24 मार्च, 1925 को **द्वारकापुर** की। हम इनकी चर्चा सम्बन्धित पड़ाव पर करेंगे। बनारसीलाल ने गवाही दी कि जून 1925 के अन्त या जुलाई के शुरू में उसने *राजेन्द्र नाथ लाहिड़ी* को शाहजहाँपुर में राम प्रसाद बिस्मिल के घर देखा था। उसके अनुसार, जुलाई के अन्त या अगस्त 1925 के शुरू में मनमथ नाथ गुप्त तथा छ-सात अन्य व्यक्ति शाहजहाँपुर आए थे। राम प्रसाद बिस्मिल ने बनवारी को उनके ठहरने का प्रबन्ध करने के लिए कहा। उसके अपने घर में कोई कमरा खाली न था, किन्तु उसने किशन लाल नाम के व्यक्ति से एक मकान लिया। किशन लाल इस

तथ्य की पुष्टि करता है। बनारसी के कथनानुसार ये व्यक्ति थे— मनमथ नाथ गुप्त, *राजेन्द्र नाथ लाहिड़ी,* बनारसीलाल, *मुकन्दी लाल* और अन्य लोग। यह पहला अवसर है जब मुकन्दी लाल का जिक्र आया है। यह 30 वर्ष से कुछ बड़ी आयु का होगा। प्रत्यक्ष रूप में उसका कोई रोजगार नहीं है। वह इटावा जिला के औरेया का वासी है। दिनांक 3 अगस्त, 1925 को मुकन्दी लाल ने शाहजहाँपुर से एक मनीऑर्डर (प्रदर्श पी.-38) अपनी बीवी लक्ष्मी बाई को भेजा था, जो उस समय बनारस में रह रही थी। इस मनीऑर्डर की रसीद पर, जिसे प्राप्तकर्त्ता अपने पास रख लेता है, पर लिखा था—

> ''मैं कुशलपूर्वक हूँ। एक हफ्ता और लगेगा।
> तुम्हारा हितु, मुकन्दी लाल। चिन्ता बिलकुल मत करना।''

9 अगस्त, 1925 से कुछ पहले ही ये व्यक्ति, राम प्रसाद और अशफाकउल्ला के साथ शाहजहाँपुर से चले गए। गाड़ी में डाका 9 अगस्त, 1925 को डाला गया, जिसका उल्लेख आगे चलकर किया जाएगा।

जाँच-पड़ताल

जाँच-पड़ताल *मि. हार्टन* के हाथ में आ जाने के समय, उसका ध्यान शाहजहाँपुर की ओर आकर्षित हुआ चूँकि उसने सुन रखा था कि काकोरी डाके के दौरान हथियाए गए नोटों में से कुछ नोट वहाँ पाए गए हैं। शक की सूई राम प्रसाद की ओर गई और उसके बाद यह भी सन्देह हुआ कि इन्दु भूषण उसका 'पोस्ट आफिस' है। इसलिए मि. हार्टन ने शाहजहाँपुर के हाई स्कूल, जहाँ इन्दु भूषण पढ़ता था, के हैडमास्टर, खाँ साहिब इद्रीस अहमद के सहयोग से यह व्यवस्था की कि जो भी डाक स्कूल में इन्दु भूषण के नाम पर आए, वह उसे खोलकर उसकी नकल उतारकर रख लें, और लिफाफे को दोबारा उसी प्रकार बन्द करके इन्दु भूषण को दे दें। तथा जो भी उन चिट्ठियों में लिखा हो उसकी सूचना पुलिस को पहुँचाए। खाँ साहिब ने ऐसा ही किया; इस तरह प्राप्त हुए दस्तावेजों की विषय साम्रगी हमारे रिकार्ड पर लाई गई है—

''प्रदर्श पी.-138-ए, यह दिनांक 4 सितम्बर, 1925 का (पत्र) है और इस पर दासासमेध (बनारस) की मोहर है, यह इस प्रकार है—

> प्रिय दोस्त,
>
> तुम्हारा 1.9.1925 का पत्र मिला। मैंने परिचय पत्र पहले ही भेज दिए थे। मेरे ख्याल में इस समय तक ये आपको मिल गए होंगे। मैंने काली बाबू को समय पर आने को लिखा है। वह तो आएगा ही।
>
> आपने लालाजी के बारे में नहीं लिखा। मैं सचमुच हैरान हूँ। नं. सात का प्रतिनिधित्व करने के लिए योग्य व्यक्ति नहीं है और मेरा विचार है कि वह अति योग्य है क्योंकि उनके यहाँ पर साधन भी हैं। वह कुछ ही समय

में वहाँ कुछ सहायक भी जुटा पाएँगे। मैंने उनको यह सुझाया था और वह तैयार भी हैं। अभी वह *सभा* में जाने को उत्सुक हैं। अगर हम उनको साथ लेकर ना गए तो उन्हें ठेस पहुँचेगी तथा पहले ही उन्हें कुछ व्यक्तियों द्वारा ठेस पहुँचाई गई है। मैं भी डाँवाँडोल स्थिति में हूँ। अगर आपको कोई आपत्ति न हो तो मैं उसको भी साथ ले आऊँ।

कृपया जवाब शीघ्र देना, मैं सचमुच चिन्तित हूँ। बद्री अभी नहीं गया—वह जल्दी जाने की आशा रखता है। विद्यार्थी (नाम स्पष्ट नहीं) बहाना बनाकर अपने स्थान से लौट आया है। जब भी मैं तुम्हें मिलूँगा तो सब कुछ बताऊँगा। आप जिस नाम से सामान्यत: मुझे और दूसरों को लिखा करते हो उनका प्रयोग न करें। यह सम्बन्धित व्यक्तियों के ध्यान में आ चुका है; इसे बदल लें और किसी दूसरे नाम का प्रयोग करें।

आपका,
जवाहर लाल

प्रदर्श पी.-140 इस प्रकार है—

हरिद्वार

प्रिय भाई,

यहाँ ठीक-ठाक पहुँच गया हूँ। मेरी सेहत बढ़िया है। यदि आपने मुझसे मिलना हो तो जितना जल्दी हो सके आ जाओ, शायद मुझे एक सप्ताह में अपनी जमीनी सम्पत्ति प्राप्त करने के लिए जाना होगा।

आप आराम से मेरे बारे में पंडित आत्मास्वरूपजी के गुरु मंडल से पूछ सकते हो। मेरी आपको और दोस्तों को शुभ इच्छाएँ। इस जगह का वातावरण भी ठीक है।

कृपया जल्दी आएँ।

आपका
(हस्ताक्षर) नरेन्द्र"

प्रदर्श पी.-141

वैश्य अनाथालय, मेरठ
दिनांक 9 सितम्बर, 1925

मेरे प्रिय भाई,

सब ठीक-ठाक है। अनाथालय की कार्यकारिणी कमेटी सम्बन्धी सारी तैयारियाँ पूरी हैं। लाहौर वाले उपदेशक ने समागम में शामिल होने का वचन दिया है। आपसे निवेदन है कि आप अपने दोस्तों को भिन्न-भिन्न धर्म-शालाओं में ठहराने का सन्देश दे देवें। जैन धर्मशाला रेलवे स्टेशन के रास्ते में है। धर्म दास धर्मशाला घंटाघर के नजदीक है और गंगा राय की धर्मशाला कुएजा गंज के नजदीक है।

समागम मेरे स्थान पर होना निश्चित हुआ है।

आपका,
सुपरिंटेंडेंट,
वी.ओ.

यहाँ पर शीर्षक 'वैश्य अनाथालय मेरठ' स्पष्ट रूप में एक छपा हुआ शीर्षक है। 'उपदेशक' का भाव है भाषण देने वाला। कुएजा गंज का भाव (शायद) है मेरठ का एक प्रसिद्ध भाग 'कैसर गंज'।

प्रदर्श पी.-142, जिस पर तिथि नहीं है, जो दिनांक 12 सितम्बर को पहुँची थी वह इस प्रकार है—

मेरे प्रिय भाई,

आपका पत्र मिला। मैं कुशलपूर्वक हूँ। मेरे बारे में ज्यादा चिन्तित न होना। कृपया ध्यान दें, मैं आपकी आज्ञा लिए बगैर नहीं जाऊँगा। परन्तु जितना जल्दी हो सके पधारिए। अभी तक वह मेरे पास नहीं आए; (मेरे गुरु) वह आज या कल सुबह आएँगे।

उनको मिलकर ही मैं तय करुँगा कि मुझे अपनी सम्पत्ति को लेने जाना है कि नहीं। यदि वह मुझे अपने साथ चलकर मेरी सम्पत्ति लेने का आदेश देते हैं तो मेरी स्थिति बहुत नाजुक होगी। लेकिन फिर भी किसी न किसी तरह मैं रोकूँगा; किन्तु आप 16 सवेरे जरूर यहाँ आ जाओ।

(आपको जरूर 15 की रात को देहरादून मेल लेनी चाहिए; मैं उस सुबह स्टेशन प्लेटफार्म पर हूँगा।)

मेरी ओर से मेरे सब दोस्तों को नमस्कार बोलना।

आपका,
नरेन्द्र

याद रहे कि ये सब चिट्ठियाँ *राम प्रसाद* के लिए होती थीं। मि. हॉर्टन को किसी पुलिस मुखबिर (जिसका नाम उन्होंने बताना योग्य नहीं समझा) ने उसको प्रदर्श पी.-482 पहुँचाई, जो इस प्रकार थी—

शाहजहाँपुर
8 सितम्बर, 1925

मेरे प्रिय उण्डेल,

हम ठीक-ठाक हैं। शायद आप जानते होंगे कि आपके दादा का श्राद्ध इस मास की दिनांक 13 (रविवार) को होगा और वहाँ आपकी हाजिरी अति आवश्यक है तथा आप नं. एक पर नियत समय पर पहुँचने का कृतार्थ करें।

सदीवी आपका,
रुदरा।

नोट : कृपया 12 को दिल्ली के लिए चल पड़ें। वहाँ से आपको आराम से गाड़ी मिल जाएगी। मुझे आप अनाथालय में पाएँगे।

यह पत्र *राम प्रसाद* का हस्तलिखित सिद्ध हुआ है। उसी समय कलकत्ता का खुफिया विभाग (सी.आई.डी.) भी उस डाक को रोककर जाँच कर रहा था, जो के.सी. गुप्ता इंजीनियर— ठेकेदार, 48 संकरीपारा रोड, भवानीपुर, कलकत्ता के पते पर पहुँच रही थी। उन्होंने उसकी नकल भी की तथा फोटो-चित्र भी लिए। तीन महत्त्वपूर्ण चिट्ठियाँ जो पाई गईं, वे थीं प्रदर्श पी.-210, 211 और 212 जो प्रदर्श पी.-200, 202 और 204 का अनुवाद थीं। के.सी. गुप्ता ने भी गवाही दी थी। उसने ऐसी किसी चिट्ठी को प्राप्त होने से साफ इनकार किया था। उसके एक पी.सी. गुहा नाम का रिश्तेदार जो कलकत्ता में विद्यार्थी था, ने कहा कि वह ऐसी चिट्ठियाँ ले जाकर कुछ व्यक्तियों को दिया करता था, जिनको वह पहचान नहीं सकता। ये दोनों व्यक्ति उसे सड़क पर मिले थे और उसने उनसे पैसे लेकर यह चिट्ठियाँ जो के.सी. गुप्ता के पते पर आती थीं, उनको पहुँचाना स्वीकार कर लिया था। उसे 20-25 रुपए मिले थे और तदनुसार प्रदर्श पी.-210, 211 और 212 स्पष्ट रूप में उन्हीं चिट्ठियों में से तीन हैं। ये चिट्ठियाँ बँगला भाषा में थीं।

इन चिट्ठियों और लिफाफों के फोटो-चित्रों की जाँच से सिद्ध हुआ है कि ये *राजेन्द्र नाथ लाहिड़ी* की लिखाई में हैं—

प्रदर्श पी.-210

मेरे प्रिय,

यहाँ से जाने के पश्चात इतने लम्बे अर्से में आपने कोई चिट्ठी नहीं लिखी; यह अफसोस की बात है। परन्तु अगर आप इस चिट्ठी का जवाब शीघ्र दे देंगे, तो मेरा गुस्सा कुछ ठंडा पड़ जाएगा।

आपने यह तो लिखा ही नहीं कि *साड़ियाँ* खरीदी गई हैं कि नहीं तथा आपने दवाइयों की शीशियों के नमूने प्राप्त कर लिए हैं कि नहीं। मैं बयान नहीं कर सकता कि घर की मालकिन 'साड़ियों' के लिए कितनी चिन्तित है। शायद आप और कामनी 'काका' दोनों एक और समाचार सुनकर दुःखी होंगे; आँटी (चाची, फूफी, मौसी) की बीमारी बिगड़ गई है। उसको कुछ राहत मिलेगी अगर आप कामनी काका को इस चिट्ठी के पहुँचते ही दो हफ्ते की छुट्टी पर तुरन्त भेज देवें। अगर वह नहीं आ सकते तो आप ही सारे परिवार का समाचार लेकर आ जाइए। अगर आपने 'साड़ियाँ' ले ली हैं तो लेकर आ जाइए, नहीं तो बिना साड़ियों के आ जाएँ। भाई साहिब मेरे बेटे की पाठ्य पुस्तकें लाना न भूलना, जिसके लिए आपको मैंने पैसे पहले से दे रखे हैं। लड़कों की स्कूल में पढ़ाई सुचारू ढंग से चल रही है परन्तु मेरा लड़का किताबों के बगैर ही काम चला रहा है। मैं ठीक ठाक हूँ। आप कैसे हैं? मेरा आपको हार्दिक प्यार। चिट्ठी के पहुँचते ही चले आओ या

कामनी चाचा को भेज दो; आप अपने आने और जाने का खर्चा लेते आना; आँटी की हालात ठीक नहीं है, आने में ज्यादा विलम्ब मत करना।

समाप्त।

तुम्हारा निताई मामू,
भवानीपुर
3 सितम्बर, 1925
10 बजे सवेरे, कलकत्ता

डाक निशान मोहर
दासासमेध, 2 सितम्बर
12½ बजे, बेना

प्रदर्श पी.-211

4 सितम्बर, 1925

मेरे प्रिय,

मैंने आपको एक-दो दिन पूर्व आँटी की बीमारी के बारे में सूचित किया था। मैंने आपको तुरन्त आने को भी लिखा था, परन्तु अभी मुझे ऐसा नजर आ रहा है कि अगर आप कुछ दिन बाद भी आ जाएँ तो काम चल जाएगा। इसलिए कामनी 'काका' या आप इस महीने की 10 तारीख तक जरूर पहुँच जाएँ। याद रहे कि आपके न आने से बहुत हानि पहुँचेगी। देखना भाई, जो मैंने आपको चीजें लाने को पिछली चिट्ठी में कहा था, वे लाना नहीं भूलना, भाव मेरे बेटे की पाठ-पुस्तकें, मेरी पत्नी की 'साड़ियाँ' और दवाइयों के नमूनों की छोटी शीशियाँ। अगर आप साड़ियाँ या दवाई के नमूने नहीं ला सकते तो भी आप यहाँ उस तारीख पर परिवार का समाचार लेकर पहुँच जाना। आप अपने भाई (चिट्ठी लिखने वाले) की आर्थिक स्थिति से परिचित हैं, इसलिए अपने आने और जाने का खर्चा तथा इसके अलावा कुछ जेब खर्च भी लेते आना। मेरी बेटी की हालत अच्छी नहीं है। मेरी पत्नी ठीक ठाक है। हमें आपकी राजी खुशी जानकर प्रसन्नता होगी। मेरी आपको नमस्कार।

समाप्त।

आपका अति आज्ञाकारी,
(अजय) निताई
भवानीपुर 5 सितम्बर, 1925,10 बजे सवेरे कलकत्ता

निशान डाक मोहर, दासासमेध
4 सितम्बर, 1925
बनारस

प्रदर्श पी.-212

7 सितम्बर, 1925

भाई,

मुझे, मेरी पहली चिट्ठी का उत्तर मिल गया है; मुझे खेद है कि आप मेरी चिट्ठी का तात्पर्य नहीं समझे। आपको मैंने एक और चिट्ठी लिखी है शायद उससे भी मेरा विचार आपको स्पष्ट न हो, इसलिए यह पत्र लिख रहा हूँ।

इस मौके पर तो 'साड़ियों' के बगैर काम चल सकता है। आप या 'काका' को यहाँ 10 तारीख तक पहुँच जाना होगा। यहाँ एक मीटिंग है, जिसमें आपकी या 'काका' की हाजिरी जरूरी है। इस बैठक में कई महत्त्वपूर्ण मुद्दों पर विचार-चर्चा होगी; आप में से एक को आना ही होगा।

आज 7 तारीख है; सम्भवतः आपको (यह) पत्र 9 को मिलेगा। अगर आप उसी दिन चल पड़े तो भी 10 को यहाँ पहुँच जाएँगे; आप एक्सप्रेस (गाड़ी) से आ जाएँ जो मुगलसराए रात को 10 बजे पहुँचती है। मैं ठीक-ठाक हूँ और आप की राजी खुशी के बारे सुनकर प्रसन्नता होगी। मेरा आपको प्यार।

समाप्त।

आपका,

(हस्ताक्षर) निताई चन्द

निशान डाक मोहर

दासासमेध,

8 सितम्बर, 1925

12½ बजे, बनारस

इन चिट्ठियों की जाँच-पड़ताल के उपरांत मि. हॉर्टन ने अनुमान लगाया कि दिनांक 13 सितम्बर, 1925 को प्रान्तीय केन्द्रीय कमेटी की मीटिंग वैश्य अनाथालय मेरठ में होगी। तदनुसार उसने सब-इन्स्पेक्टर ब्रह्म सिंह, सी.आई.डी.; को मेरठ के पुलिस कप्तान के पास यह कहकर भेजा कि वह किसी साधारण व्यक्ति (पुलिस अफसर को नहीं) को उसके साथ भेजे, जो उक्त अनुमानों की पुष्टि करा सके। स्थानिक पुलिस कप्तान ने *फेरू सिंह* जाट को ब्रह्म सिंह के साथ भेज दिया। ब्रह्म सिंह को आदेश दिया गया था कि वह वैश्य अनाथालय पर निगरानी रखे, यह जाँचने के लिए कि क्या सचमुच ही वहाँ कोई गुप्त मीटिंग हो रही है, और अगर हो रही है, तो उसमें कौन-कौन व्यक्ति भाग ले रहे हैं; इसी तरह सब-इन्स्पेक्टर ब्रह्म सिंह ने दिनांक 13 सितम्बर, 1925, सवेरे आठ बजे मेरठ पहुँचकर स्थानिक सहायक पुलिस कप्तान से सम्पर्क किया, जहाँ से उक्त फेरू सिंह को उसके साथ भेजा गया जो उसको वैश्य अनाथालय ले गया। ये दोनों अनाथालय के मुख्य द्वार के समक्ष, सावधानी से, परन्तु चोरी-चुपके उस स्थान पर तीखी नजर रखे खड़े रहे। इस दौरान वह निरन्तर इकट्ठे

भी नहीं रहे; कभी एक तो कभी दूसरा कुछ खाने-पीने के लिए इधर-उधर भी हो जाता। सारा दिन उनको कोई असाधारण गतिविधि नजर नहीं आई, परन्तु सूर्य अस्त होने से कुछ पहले अनाथालय के *सुपरिंटेंडेंट विष्णु शरण दुब्लिस* (अपीलार्थी) के घर से आठ व्यक्ति निकले और मुख्य सड़क पर उत्तर की ओर चल पड़े। वे कोई डेढ़ घंटे पश्चात लौट आए। उस समय ब्रह्म सिंह और फेरू सिंह दोनों ही वहाँ मौजूद थे। इन आठ में *राम प्रसाद, राजेन्द्र नाथ लाहिड़ी, दामोदर स्वरूप और विष्णु शरण दुब्लिस* भी थे। जब वे आठों व्यक्ति विष्णु शरण दुब्लिस के रिहायशी मकान में चले गए तो ब्रह्म सिंह और फेरू वहाँ से चले गए। अगली सवेर ब्रह्म सिंह वहाँ पहले पहुँचा और द्वार के बाहर निगरानी करता रहा; लगभग छः बजे, फेरू सिंह के आने से पहले ही राम प्रसाद बिस्मिल और *राजेन्द्र नाथ लाहिड़ी* सुपरिंटेंडेंट के घर से कुछ पल के लिए बाहर आकर फिर वापस अन्दर चले गए। फेरू सिंह उस वक्त मौजूद नहीं था। जब वह आया तो ब्रह्म सिंह कुछ देर के लिए वहाँ से चला गया। इस दौरान फेरू सिंह ने राम प्रसाद को निकलते और शहर की ओर जाते हुए देखा। वह वापस नहीं आया। ब्रह्म सिंह के वापस पहुँचने के पश्चात उन्होंने दो और व्यक्तियों को शहर की ओर से आकर सुपरिंटेंडेंट के मकान में जाते देखा। इनमें से एक था *सुरेश चन्द्र भट्टाचार्य* (अपीलार्थी)। ब्रह्म सिंह (बाद दोपहर) साढ़े चार बजे रेलवे स्टेशन चला गया। फेरू सिंह वहीं रहा। इसी दौरान पाँच बजे अन्दर से पाँच व्यक्ति निकले जिनमें एक *राजेन्द्र नाथ लाहिड़ी* था; वे वापस नहीं आए।

सब-इन्स्पेक्टर ब्रह्म सिंह और फेरू सिंह के अलावा एक और गवाही है वैश्य अनाथालय के संयुक्त सचिव, *शिव चरण सिंह की,* जिसने प्रमाणित किया कि 13 या 14 सितम्बर को अनाथालय में किसी कमेटी की मीटिंग नहीं हुई थी। ट.ट.इ. (travelling ticket eaminer), बलवन्त राय ने बताया कि एक यात्री मेरठ से अपनी टिकट पर आगे सफर करने का इच्छुक था, जिसने अपना नाम दामोदर सिंह बताया था। हैड-कांस्टेबल सरजू दयाल और सब-इन्स्पेक्टर हरी किशन की गवाहियों के अनुसार *सुरेशचन्द्र भट्टाचार्य* जो उस समय पुलिस की निगरानी में था; वह 13 सितम्बर को मेरठ गया, जहाँ वह 14 सितम्बर साढ़े सात बजे सवेरे पहुँचा था; सुरेशचन्द्र ने स्वयं स्वीकार किया है कि वह उस दिन मेरठ में ही था।

मि. हॉर्टन ने पर्याप्त प्रमाणों के आधार पर कुछ व्यक्तियों के विरुद्ध ***24 सितम्बर, 1925 को वारन्ट जारी करना उचित समझा।*** *तदनुसार 26 सितम्बर को ये अपीलार्थी गिरफ्तार किए गए— (1) गोविन्द चरण कार, (2) राम प्रसाद, (3) मनमथ नाथ गुप्त, (4) सुरेशचन्द्र भट्टाचार्य, (5) रामदुलारे, (6) रोशन सिंह और (7) विष्णु शरण दुब्लिस।* शेष वारन्टों की तामील ना हो सकी, क्योंकि सम्बन्धित व्यक्ति पकड़े नहीं जा सके थे। रामकिशन खन्ना का वारन्ट तो जारी नहीं किया गया था, परन्तु शाहजहाँपुर पुलिस द्वारा राम प्रसाद के घर की तलाशी के आधार पर उसको भी गिरफ्तार कर लिया गया।

अभी तक ***गोविन्द चरण कार*** का जिक्र नहीं आया। उसके बारे में कोई सबूत नही मिला कि वह शाहजहाँपुर, बनारस या कानपुर गया था। वह 30 साल का ढाका जिले का एक बंगाली है। काकोरी डाके से कुछ सप्ताह पूर्व वह लखनऊ शहर के अमीनाबाद मुहल्ले में स्थित *रामेश्वर हिन्दू होटल में डी.एन. चौधरी के फर्जी नाम* पर ठहरा हुआ था। वह कथित तौर पर जर्मनी के उस्तरों आदि जैसी चीजों का आढ़ती था। स्थानिक चर्च मिशन स्कूल का *जादूनाथ सिंह* नाम का एक विद्यार्थी भी उसी होटल में रह रहा था। गोविन्द चरण कार ने उस युवक से जान-पहचान कर उसे कुछ पुस्तकें पढ़ने को दीं जो क्रान्तिकारी विचारधारा वाली थीं। जादूनाथ सिंह, गोविन्द चरण कार का 'पोस्ट आफिस' बन गया। जब रेलवे डकैती के वारन्ट जारी हुए तो वह घबरा गया। उसने अपने स्कूल के *अध्यापक जगननाथ प्रसाद* को इस डाके के बारे में कुछ तथ्य बताए, जो सम्बन्धित अधिकारियों के ध्यान में आ जाने के पश्चात *गोविन्द चरण कार* के वारन्ट जारी किए गए। उसको सब इन्स्पेक्टर, अशफाक हुसैन ने *25 सितम्बर सवेरे 8 बजे* मि. लाहिड़ी के अमीनदौला पार्क के निकट स्थित दवाखाने से गिरफ्तार कर लिया; कुछ चीजें उससे बरामद हुईं। उनमें से एक अपोलो *मार्का पैन था*। जैसा कि हम देखेंगे कि *यह पैन राजेन्द्र नाथ लाहिड़ी का* था जिसके आधार पर गोविन्द चरण कार का उसके (लाहिड़ी के) साथ सम्बन्ध व्यक्त हुआ है। गिरफ्तारी के बाद उसको, उसके रामेश्वर हिन्दू होटल स्थित कमरे में ले जाया गया, जहाँ अन्य पाई गई चीजों में एक पर्चा प्रदर्श पी.-280 भी कमरे की एक अलमारी में पाया गया। यह वही दस्तावेज था जिसको मि. हैमिल्टन ने *'यलो लीफलेट' कहा है।* यह पीले कागज पर छपे हुए छः पृष्ठों का था; इस पर किसी मुद्रक का नाम नहीं था। इसका विषय-वस्तु इस प्रकार था—

हिन्दुस्तान रिपब्लिकन एसोसिएशन का संविधान

नाम— 'हिन्दुस्तान रिपब्लिकन एसोसिएशन'

उद्देश्य— एसोसिएशन का उद्देश्य एक सुनियोजित सशस्त्र क्रान्ति के द्वारा 'फेडरल रिपब्लिक आफ द यूनाइटेड स्टेट्स ऑफ इंडिया' की स्थापना करना होगा।

रिपब्लिक के संविधान के अन्तिम स्वरूप का निर्माण और उसकी घोषणा जनता के प्रतिनिधियों के द्वारा उस समय की जाएगी जब वे अपने निर्णयों को लागू कर सकने की स्थिति में होंगे।

रिपब्लिक का मूलभूत सिद्धान्त होगा सार्वभौम मताधिकार तथा ऐसी समस्त व्यवस्थाओं का उन्मूलन जिनके अन्तर्गत मनुष्य के द्वारा मनुष्य के शोषण को परिश्रेय मिलता हो।

संविधान : गवर्निंग बाडी— भारत के प्रत्येक प्रान्त के प्रतिनिधियों द्वारा निर्मित *'सेन्ट्रल काउंसिल'* एसोसिएशन की गवर्निंग बाडी होगी। 'सेन्ट्रल काउंसिल' का प्रमुख

कार्य विभिन्न प्रान्तों के क्रियाकलाप— जिसकी पूरी जानकारी काउंसिल को रहेगी— उनमें तालमेल बैठाना, उसका निरीक्षण और समायोजन करना होगा। भारत के बाहर अन्य देशों में किए जाने वाले कार्य का सीधा उत्तरदायित्व सेन्ट्रल काउंसिल का होगा।

प्रान्तीय संगठन— सामान्यत: प्रत्येक प्रान्त में एसोसिएशन के पाँच विभिन्न विभागों का प्रतिनिधित्व करने वाले पाँच व्यक्तियों की एक कमेटी होगी। यह कमेटी प्रान्त में एसोसिएशन के समस्त क्रिया-कलाप को नियंत्रित करेगी।

कमेटी के समस्त निर्णय निर्विरोध सहमति द्वारा सम्पन्न होंगे।

विभाग— प्रत्येक प्रान्तीय संगठन में निम्नलिखित विभाग होंगे—

(1) प्रचार

(2) आदमियों को एकत्रित करना

(3) धन एकत्र करना और ऐक्शन करना

(4) अस्त्र-शस्त्र एकत्र करना और उनका भंडारण

(5) विदेशी सम्बन्ध।

(1) प्रचार का संचालन होगा—

(क) खुले और गुप्त प्रेस के द्वारा, (ख) व्यक्तिगत वार्तालाप के द्वारा, (ग) सार्वजनिक मंच के द्वारा, (घ) सुनियोजित कथाओं की एक परिपाटी के द्वारा, (ङ.) मैजिक लैंटर्न और स्लाइड प्रदर्शन के द्वारा।

(2) **आदमियों को एकत्रित करने** का कार्य विभिन्न जिलों के संगठन-कर्ताओं के द्वारा किया जाएगा।

(3) **धन-संचय का कार्य सामान्यत :** स्वेच्छापूर्वक दिए गए चंदों के द्वारा और यदा-कदा बलपूर्वक वसूल किए गए चंदों द्वारा किया जाएगा। किसी विदेशी सरकार के दलाल या दलालों द्वारा किए गए दमन के घोरतम मामलों में एसोसिएशन का यह कर्तव्य होगा कि वह जिस प्रकार ठीक समझे बदले की कार्यवाही करे।

(4) एसोसिएशन के प्रत्येक सदस्य को शस्त्रों से लैस करने की हर तरह की कोशिश की जाएगी; परन्तु समस्त शस्त्र विभिन्न केन्द्रों पर जमा किए जाएँगे और *केवल प्रान्तीय कमेटी के निर्देशानुसार* ही उनका प्रयोग किया जाएगा।

(5) **विदेशी सम्बन्ध :** यह विभाग अपना कार्य सीधे केन्द्रीय समिति के निर्देशानुसार करेगा।

जिला संगठनकर्ता - उनके कर्तव्य

जिला संगठनकर्ता अपने जिले के सदस्यों का एकनिष्ठ प्रभारी होगा।

वह अपने जिले के प्रत्येक भाग में एसोसिएशन की शाखाएँ स्थापित करने का प्रयत्न करेगा। सदस्यों की उत्कृष्ट भर्ती के लिए वह अपने जिले की विभिन्न जन समितियों और संस्थाओं के सम्पर्क में रहेगा।

जिला संगठनकर्ता पूर्ण रूप में प्रान्तीय कमेटी के अधीन होंगे, जो उनके सम्पूर्ण क्रिया-कलाप की देखरेख और संचालन करेगी।

जिला संगठनकर्ता को देखना होगा कि सदस्य अलग-अलग टोलियों में बाँटे जाएँ और विभिन्न टोलियाँ एक-दूसरे को न जान सकें।

जहाँ तक सम्भव हो सके किसी भी प्रान्त के जिला संगठनकर्ताओं को एक-दूसरे के क्रिया-कलाप के बारे में जानकारी प्राप्त न हो और यदि सम्भव हो तो उन्हें एक-दूसरे के बारे में व्यक्तिगत रूप से या नाम से भी नहीं जानना चाहिए।

कोई जिला संगठनकर्ता अपने वरिष्ठ कार्यकर्त्ता को पूर्व सूचना दिए बिना अपना स्थान नहीं छोड़ेगा।

जिला संगठनकर्ता की योग्यताएँ

(1) उसमें विभिन्न मनोवृत्ति वाले आदमियों का दिशा निर्देशन करने और उनसे काम लेने के लिए अपेक्षित योग्यता और कौशल होना चाहिए।

(2) उसके अन्दर वर्तमान समय की राजनीतिक, सामाजिक और आर्थिक समस्याओं को अपनी मातृभूमि के विशिष्ट सन्दर्भ में ग्रहण कर सकने की सामर्थ्य होनी चाहिए।

(3) उसमें भारत में विकसित संस्कृति विशेष के विशिष्ट सन्दर्भ में भारत के इतिहास की आत्मा ग्रहण कर सकने की क्षमता होनी चाहिए।

(4) उसे मानव क्रिया-व्यापार के विभिन्न पक्षों— आध्यात्मिक और भौतिक दोनों ही में एकसारता का सूत्रपात करने वाले एक स्वतन्त्र भारत के भविष्य और उसके सन्देश में आस्था होनी चाहिए।

(5) उसे साहसी और आत्म-बलिदानी होना चाहिए जिसके अभाव में उसके समस्त उज्ज्वल गुणों का कोई वास्तविक मूल्य नहीं होगा।

प्रान्तीय काउंसिल और केन्द्रीय काउंसिल

प्रान्तीय और केन्द्रीय काउंसिल के सदस्यों को यह देखना चाहिए कि इस एसोसिएशन के प्रत्येक सदस्य को अपनी व्यक्तिगत क्षमता के विकास और प्रयोग के लिए पूर्ण क्षेत्र और पर्याप्त अवसर उपलब्ध हो अन्यथा एसोसिएशन में विघटनशील प्रवृत्ति उत्पन्न हो जाएगी।

प्रोग्राम

एसोसिएशन का समस्त क्रिया-कलाप दो भागों में विभाजित किया जाएगा: पब्लिक और प्राइवेट।

पब्लिक

(1) क्लबों, पुस्तकालयों, सेवा समितियों आदि के रूप में संस्थाओं को आरम्भ करना।

(2) मजदूरों और किसानों के संगठन बनाना। विभिन्न कारखानों, रेलों और कोयले की खानों में मजदूरों को संगठित और नियन्त्रित करने के लिए एसोसिएशन की ओर से उपयुक्त व्यक्तियों को लगाना और उनके मन में यह भावना उत्पन्न करना कि *वे क्रान्ति के लिए नहीं बल्कि क्रान्ति उनके लिए है।* इसी प्रकार किसानों को भी संगठित किया जाना चाहिए।

(3) एक स्वतन्त्र भारतीय रिपब्लिक के विचार को प्रचारित करने के लिए प्रत्येक प्रान्त में साप्ताहिक पत्र का प्रकाशन आरम्भ करना।

(4) भारत के *बाहर के देशों में प्रचलित विचारधाराओं और घटनाक्रमों* के सम्बन्ध में जन सामान्य को प्रबुद्ध करने के विचार से पुस्तिकाओं और पर्चों को प्रकाशित करना।

(5) जहाँ तक सम्भव हो सके कांग्रेस तथा जनता के अन्य कार्यक्रमों का उपयोग करना और उन्हें प्रभावित करना।

प्राइवेट

(क) एक गुप्त प्रेस की स्थापना करना और इसके द्वारा ऐसे साहित्य को प्रकाशित करना जो आसानी से खुलेआम प्रकाशित नहीं किया जा सकता।

(ख) इस प्रकार के साहित्य को वितरित करना।

(ग) इस एसोसिएशन की शाखाओं को जिलेवार देश के प्रत्येक भाग में स्थापित करना।

(घ) जितने तरीकों से सम्भव हो सके धन एकत्रित करना।

(ङ.) उपयुक्त व्यक्तियों को *विदेशों में भेजना जहाँ वे फौजी और वैज्ञानिक प्रशिक्षण प्राप्त कर सकें* जिससे कि वे खुले विद्रोह के समय फौजी और वैज्ञानिक विशेषज्ञ बनकर फौजों का और युद्ध-सामग्री के कारखानों का संचालन कर सकें।

(च) शास्त्रों का और युद्ध-सामग्री का आयात करना और जहाँ तक सम्भव हो सके देश में *उनका निर्माण करना।*

(छ) भारत से बाहर के भारतीय क्रान्तिकारियों के निकट सम्पर्क में रहना और उनसे सहयोग करना।

(ज) एसोसिएशन के सदस्यों को *वर्तमान सेना* में दाखिल कराना।

(झ) यदा-कदा बदले की कार्रवाई और प्रचार के द्वारा अपने उद्देश्य के लिए जनता की सहानुभूति अर्जित करना और इस प्रकार सहानुभूति रखने वालों का एक दल तैयार करना।

सदस्यता

प्रत्येक प्रान्त में विभिन्न जिलों के प्रभारी संगठनकर्ताओं के द्वारा समस्त सदस्यों की भर्ती की जाएगी। प्रत्येक सदस्य को एसोसिएशन के लिए अपना पूरा समय देने के लिए और आवश्यकता पड़ने पर अपने *जीवन को भी खतरे में डालने के* लिए तैयार रहना चाहिए।

उसे जिला संगठनकर्ता के आदेशों का *निर्विवाद रूप* से पालन करना होगा।

उसे स्वयं अपने अन्दर *नेतृत्व की भावना* का विकास करना चाहिए और याद रखना चाहिए कि व्यक्तिगत रूप से सदस्यों की उद्योगशीलता, नेतृत्व और कर्तव्यबोध की भावना पर ही एसोसिएशन की सफलता बहुत कुछ निर्भर करती है।

उसका व्यवहार इस प्रकार का होना चाहिए जो उस उद्देश्य के लिए अहितकारक न हो जिसके लिए एसोसिएशन कृतसंकल्प है तथा जो प्रत्यक्ष या अप्रत्यक्ष रूप से उसके संगठन को किसी प्रकार की हानि न पहुँचाए।

इस एसोसिएशन का कोई सदस्य जिला प्रभारी की सहमति के बिना किसी दूसरे संगठन में सम्मिलित नहीं होगा।

कोई सदस्य जिला संगठक को सूचित किए बिना अपना स्थान नहीं छोड़ेगा।

प्रत्येक सदस्य को इस बात का प्रयत्न करना चाहिए कि पुलिस या पब्लिक में से कोई भी उस पर क्रान्तिकारियों से सम्बन्धित होने के बारे में शक न करने पाए।

प्रत्येक सदस्य को याद रखना चाहिए कि उसका व्यक्तिगत व्यवहार और उसकी गलतियाँ सम्पूर्ण संगठन को विनाश की ओर ले जा सकती हैं।

कोई सदस्य, जहाँ तक उसके सार्वजनिक जीवन का सम्बन्ध है, जिला संगठक से कोई भी बात नहीं छिपाएगा।

जो सदस्य गद्दारी करेंगे उन्हें निष्कासन या मृत्युदंड दिया जाएगा।

दंड देने का अधिकार पूर्णत: *प्रान्तीय काउंसिल* में अधिष्ठित होगा।

जब राम प्रसाद को शाहजहाँपुर में गिरफ्तार किया गया तो अन्य चीजों के अतिरिक्त एक उसके हाथ की लिखी हुई चिट्ठी प्रदर्श पी.-41 भी मिली थी, जो कि उसके मकान

में एक बिस्तरे के सिरहाने के नीचे रखी हुई थी, जिसको प्रत्यक्ष रूप में राजेन्द्र नाथ लाहिड़ी को भेजा जाना था। यह इस प्रकार थी—

"25 सितम्बर, 1925

मेरे प्रिय भाई,

आप जानते ही हैं कि मेरा स्कूल पूजा की छुट्टियों में बन्द होने पर मैं अवकाश पर हूँ। यदि आपको काली बाबू से कोई समाचार मिले तो मुझे सीधा मेरे कार्यालय के पते पर ही सूचित करना; मुझे अपने स्थान पर वहीं से बुला लेना। मैं चल पड़ूँगा। आपको विस्तार में जाने की जरूरत नहीं है, तथा मुझे तिथि की सूचना देते हुए बुला लेना।

नीचे दी हुई पुस्तकें; साथ ही दिए हुए पते पर रजिस्टर्ड पार्सल द्वारा भेज देना—

(1) *इंडिया इन ट्रांजिशन,* (2) *मुक्ति कौन पथ्य,* (3) *बिपलचर बली,* (4) *बिपलबर चतर समाज,* (5) *बन्दी जीवन, प्रथम भाग (हिन्दी),* (6) *हिन्दोस्तान गुलाम कैसे बना,* तथा शेष अंग्रेजी पुस्तकें जो साम्यवादी विचारधारा के अनुकूल हों वे भी साथ भेज देना। ये पुस्तकें एक मास उपरांत वापस कर दी जाएँगी। हमें इनकी शीघ्र आवश्यकता है। कृपा वापसी डाक से इन्हें भेज देवें। मेरा स्कूल इसी मास की 29 को खुलेगा।

पता— जगदीशचन्द्र जौहरी

कक्षा दसवीं, सरकारी स्कूल।

यदि आपने मुझे 29 से पूर्व लिखना हो तो सीधे ही लिख देना। *नवाब साहिब* कैसे हैं? कृपा मेरी पिछली चिट्ठी का विस्तृत जवाब दें।

आपका,
(हस्ताक्षर) रुदरा"

बनारस स्थित मनमंथ नाथ गुप्त के मकान में एक सन्दूक से दो दस्तावेज प्रदर्श पी.–153 और 154 बरामद हुए थे; पहले दस्तावेज में प्रदर्श पी.–280 (पीले पर्चे) के कुछ चुनिन्दा अंश टाइप किए गए पाए गए हैं, जबकि दूसरी दस्तावेज (प्रदर्श पी.–154) उन्हीं नियमों का हिन्दी अनुवाद है— इसमें केवल संविधान के वही अंश हैं जो सदस्यों के आचरण से सम्बन्धित हैं।

एसोसिएशन के संविधान की आवश्यक टिप्पणियों सहित

उद्देश्य

एसोसिएशन का उद्देश्य एक सुनियोजित सशस्त्र क्रान्ति के द्वारा 'फेडरल स्टेट्स ऑफ इंडिया' की स्थापना करना होगा।

रिपब्लिक (गणतन्त्र) के संविधान के अन्तिम स्वरूप का निर्माण और उसकी

घोषण। जनता के प्रतिनिधियों के द्वारा उस समय की जाएगी जब वह अपने नियमों को लागू कर सकने की स्थिति में होंगे। रिपब्लिक का मूलभूत सिद्धांत होगा सर्वभौम मताधिकार तथा ऐसी समस्त व्यवस्थाओं का उन्मूलन जिनके अन्तर्गत मनुष्य के द्वारा मनुष्य के शोषण को परिश्रेय मिलता है।

सदस्यता

प्रत्येक प्रान्त में विभिन्न जिलों के प्रभारी संगठनकर्ताओं के द्वारा समस्त सदस्यों की भर्ती की जाएगी। प्रत्येक सदस्य को एसोसिएशन के लिए अपना पूरा समय देने के लिए और आवश्यकता पड़ने पर अपने जीवन को भी खतरे में डालने के लिए तैयार रहना चाहिए।

उसे जिला संगठनकर्ता के आदेशों का निर्विवाद रूप से पालन करना होगा।

उसे स्वयं अपने अन्दर नेतृत्व की भावना का विकास करना चाहिए और याद रखना चाहिए कि व्यक्तिगत रूप से सदस्यों की उद्योगशीलता, नेतृत्व और कर्तव्यबोध की भावना पर ही एसोसिएशन की सफलता बहुत कुछ निर्भर रहती है।

उसका व्यवहार इस प्रकार का होना चाहिए जो उस उद्देश्य के लिए अहितकारक न हो जिसके लिए उसका एसोसिएशन कृत संकल्प है या जो प्रत्यक्ष या अप्रत्यक्ष रूप से उसके संगठन को किसी प्रकार की हानि न पहुँचाए।

इस एसोसिएशन का कोई सदस्य जिला संगठक की सहमति के बिना किसी दूसरे संगठन में सम्मिलित नहीं होगा।

कोई सदस्य जिला प्रभारी को सूचित किए बिना अपना स्थान नहीं छोड़ेगा।

प्रत्येक सदस्य को इस बात का प्रयत्न करना चाहिए कि पुलिस या पब्लिक में से कोई भी उस पर क्रान्तिकारियों से सम्बन्धित होने के बारे में शक न करने पाए।

प्रत्येक सदस्य को याद रखना चाहिए कि उसका व्यक्तिगत व्यवहार और उसकी गलतियाँ सम्पूर्ण संगठन को विनाश की ओर ले जा सकती है।

कोई सदस्य, जहाँ तक उसके सार्वजनिक जीवन का सम्बन्ध है, जिला संगठक से कोई भी बात नहीं छिपाएगा।

जो सदस्य गद्दारी करेंगे उन्हें निष्कासन का या मृत्युदंड दिया जाएगा।

दंड देने का अधिकार पूर्णत: प्रान्तीय काउंसिल में अधिष्ठित होगा।

जब *रामदुलारे* गिरफ्तार हुआ था, तो उसके कमरे में एक पोस्टकार्ड प्रदर्श पी.-59, जो उसको वादामाफ गोपीनाथ की ओर से उस समय भेजा गया था, जिस दौरान कि रामदुलारे इलाहाबाद में एक स्काउट रैली में उपस्थित था। इस पोस्टकार्ड में *निरंजन* की ओर से भेजी गई एक चिट्ठी का जिक्र है जो लेखक अनुसार अति आवश्यक है परन्तु वह (लेखक) उसको भेज नहीं सकता। यह चिट्ठी बंगाल से आई थी। *27 सितम्बर, 1925 को रामदुलारे त्रिवेदी* गिरफ्तार किया गया और उसके घर की

तलाशी ली गई। 'पीले पर्चे' नाम के दो अंक वहाँ पाए गए। उपरांत प्रदर्श पी.-162 भी मिला। यह राजेन्द्र नाथ लाहिड़ी की लिखाई में था। इसको 'बारा बिन्दु' (Twelve Points) बताया गया था जो इस प्रकार थे—

(1) जिले के असहयोगियों की सूची बनाई जाए और उनके मौजूदा व्यवहार पर नजर रखी जाए।

(2) जिले की कुल जनसंख्या, उसके गाँवों की संख्या तथा हरेक गाँव की क्रमवार आबादी, इनमें अगर कोई संस्थाएँ हों तो वह, जिले में धनवान व्यक्ति और उनका पेशा, तहसीलें, थाने, जिले को दूसरे जिलों से जोड़ने वाली तथा वहाँ से गुजरने वाली सड़कों का ब्यौरा; नदियों, रेलवे लाइनों, स्टेशन और नदियों के पुल (नक्शा बनाकर इनकी निशानदेही भी की जाए) अस्पताल और उनके स्थान।

(3) हरेक थाने में और उसके अधीन चौकियों में पुलिस वालों की गिनती, कितने हथियारबन्द और कितने बे-हथियार; हथियारों और बारूद आदि का ब्यौरा, तथा वे कहाँ पर रखे हुए हैं। पुलिस वालों के गाँव।

(4) अगर जिले मे *फौजी हैं* तो कितने, उनमें *गोरे* कितने हैं और कितने भारतीय, उनके पास हथियार और गोली बारूद का ब्यौरा तथा कहाँ-कहाँ रखे हुए हैं। भारतीय सिपाहियों के नाम और गाँव।

(5) गुप्तचर कर्मचारियों के नाम और घर-मकान; मुखबिरों के नाम और गतिविधियाँ ।

(6) जिले में किन-किन व्यक्तियों के पास कौन-कौन से हथियार हैं; अगर हथियारों व कारतूसों की दुकानें हैं तो कहाँ-कहाँ स्थित हैं, उनके हथियारों व गोला बारूद का ब्यौरा, उनके मालिकों के नाम तथा निवास स्थानों का ब्यौरा।

(7) सभाएँ, समितियाँ, क्लब, संघ, आदि कितने हैं, उनमें कितने-कितने सदस्य हैं, उनके संचालक तथा उद्देश्य।

(8) स्कूलों-कॉलेजों के नाम और हरेक में विद्यार्थियों की संख्या— कितने हाई, मिडल, प्राइमरी, म्यूनिसिपल या लड़कियों के और रात्री।

(9) कारखाने क्या-क्या बनाते हैं, कितने-कितने मजदूर हैं; दूसरे व्यापारिक संस्थानों में लगे मजदूरों के बारे में भी।

(10) डाकघर, तारघर तथा कार्यालय और बैंक। उनके नाम और स्थान तथा उनके कर्मचारियों के नाम और पते।

(11) मोटर गाड़ियों तथा दूसरे वाहनों की संख्या; इनके मालिकों के नाम और पते।

(12) सरकारी पदाधिकारियों के नाम और पते, उनके पद; गोरे (असैनिक), उनके नाम और पते।

रामनाथ पांडे की गिरफ्तारी के बाद, उसकी लिखी हुई एक चिट्ठी मिली, जिसको राय बहादुर जे.के. मुखर्जी डी.एस.पी. ने जाँचा (प्रदर्श पी.-43)। इसका विषय-वस्तु था—

प्रिय भाई,

रुदरा (आर.पी.) के मकान की तलाशी हुई है और उसको आज सवेरे गिरफ्तार कर लिया गया है। कई दस्तावेज, पते, जिसमें इस चिट्ठी का पता भी शामिल है पाए गए हैं। आपको लिखा गया एक पत्र भी पुलिस ने प्राप्त किया है जिसमें आपने ये पुस्तकें माँगी थीं—

(1) *इंडिया इन ट्रांजिशन*

(2) *मुक्ति कौन पथ्य*

(3) *बिपलबर बली* आदि।

इन्दु भूषण मितरा स्वीकार करता है कि यह चिट्ठी उसकी लिखी हुई है। उसने यह भी बताया है कि उसने किन परिस्थितियों में यह पत्र भेजा था; वह कहता है कि वह (इन्दु भूषण) *राम प्रसाद की गिरफ्तारी के समय वहाँ मौजूद था* और राम प्रसाद ने उसको (पुलिस वालों से) चोरी-चोरी सूचित कर दिया था कि वह प्रदर्श पी.-41 के प्राप्तकर्ता को सूचित कर देवे; तदनुसार उसने यह पत्र लिख भेजा था।

30 सितम्बर, 1925 को *इन्दु भूषण स्वयं गिरफ्तार* हुआ। प्रदर्श पी.-45 दस्तावेज जिसमें उसने अपने तौर पर बनाए जाने वाली संस्था की रूपरेखा लिखी हुई थी, तथा बड़ी मात्रा में क्रान्तिकारी साहित्य उसके घर में पाया गया। प्रदर्श पी.-142 के मिलने और इन्दु भूषण की गिरफ्तारी के दौरान, उसको राम प्रसाद के 'पोस्ट ऑफिस' के तौर पर जो चिट्ठियाँ भेजी गई थीं, खाँ साहिब इदरीस अहमद (हैड मास्टर) ने खोल कर उनकी नकलें उतारी थीं। ये चिट्ठियाँ प्रदर्श पी.-143 से पी.-145 थीं; वे इस प्रकार थीं—

प्रदर्श पी.-143

मेरे प्रिय दोस्त,

जिस अनाथ को मैं बढ़ई की सिखलाई के लिए भेजना चाहता था वह अपने घरेलू काम-काज में व्यस्त होने के कारण कार्यशाला में नहीं जा सका। मुझे या आपको वहाँ जाना होगा। कार्यशाला के मालिक *काली बाबू* ने अभी तक कोई चिट्ठी नहीं भेजी। जब भी उसकी चिट्ठी आई, मुझे या आपको जाना होगा। इसलिए कृपया जल्दी फैसला करके जवाब दें। अगर आप को फुर्सत नहीं है तो मैं चला जाऊँगा क्योंकि मेरे पास लम्बी छुट्टियों में काफी फुर्सत होगी। हम यहाँ ठीक-ठाक हैं, कुशल और स्वस्थ। मेरा आपको प्यार।

आपका,

(हस्ताक्षर) मथुरा प्रसाद

प्रदर्श पी.-144

मेरे प्रिय भाई,

मैं सुबह मुरादाबाद से चल पड़ा था और हाथरस में एक दोस्त से मिलने के लिए रुक गया। उसको मलेरिया बुखार रहता था और वह काफी दुर्बल हो गया था। वह मेरे साथ बहुत नाराज था कि मैंने उसका साथ छोड़ ही दिया है, जिसका तात्पर्य था कि मैंने उससे कोई काम नहीं लिया; उसने यह सब कुछ इस हद तक कहा कि मुझे उसको बिना देरी के कोई काम देने का वचन देना पड़ा। वह कुछ ही दिनों में हृष्ट-पुष्ट हो जाने की आशा रखता है, इसलिए आपसे निवेदन है कि टुर्नामेंट की तारीख से पन्द्रह दिन पहले उसको स्पष्ट दिशा-निर्देश भेज दें ताकि वह ठीक स्थान पर पहुँच सके। मैं दो-तीन खिलाड़ी भेजूँगा जिनमें से कम से कम एक तो निपुण व्यक्ति है। वह आपके बहुत काम आएगा। सब ठीक-ठाक है। आशा करता हूँ कि आप मुझे सूचित करना नहीं भूलेंगे।

आपका भाई,
(हस्ताक्षर) ब्रिज किशोर
या ब्रिज किशन

प्रदर्श पी.-145

मेरे प्रिय दोस्त,

मुझे आज रात आपका पत्र मिला, आपका पत्र और *काली बाबू* का, एक ही साथ पहुँचे। उसने, उसके पास, हमें 26 सवेरे पहुँचने को लिखा है। मेरे ख्याल में आपको मेरा पत्र 24 को मिल जाएगा और अगर आप उसी दिन डाक गाड़ी पकड़ लें तो उसी दिन यहाँ पहुँच सकते हो, और उसका पता लेकर तुम 25 को सवेरे चलकर ठीक समय पर उसके पास पहुँच सकते हो।

कार्य की महत्तता को देखते हुए मैं आपका 24 शाम तक इन्तजार करूँगा; अगर आप उस वक्त तक नहीं आए तो मैं 25 की सुबह चल पड़ूँगा, नहीं तो हम कारोबार का मुनाफा नहीं ले पाएँगे; और सम्भवत: हम किताब की जाँच-पड़ताल करके 15-20 दिन बाद वापस आ जाएँगे। इस दौरान अगर आप यहाँ पधारें तो आप, लालाजी, नवाब और 'कुइक सिल्वर' (चन्द्रशेखर आज़ाद: सम्पादक) से मिलकर इस जगह के बारे में पूरी जानकारी ले लेना। 'कुइक सिल्वर' को आपसे कुछ काम है, जो तुम उससे मिलने पर पूछेंगे तो वह बता देगा।

उसके कथनानुसार कारोबारी केन्द्र बढ़िया ढंग से चल रहे हैं और भी हमें बहुत लाभ प्राप्त होगा। मूलराम ने कहा है कि उसके इन्टरव्यू का समय नहीं आया; उसे आशा है कि उसमें 15-20 दिन लग जाएँगे।

उसने कहा कार्तिक (मास) सामान्य समय है। उसने रोजगार स्वीकार कर लिया है। 'कुइक सिल्वर' दो सप्ताह के लिए बाहर गया है। अगर आप यहाँ आएँ तो *लालाजी* के पास ठहर जाएँ, जो आपके लिए अच्छा और योग्य स्थान है।

मुझे बदरी का पुराना पता भूल गया है। मैं नवाब से पूछूँगा, शायद उसको मालूम हो; वह आपको समय पर लिख देगा।

जो चीजें विद्यार्थी लाया था वह एक ताला लगाकर एक सत्कारित व्यक्ति के कमरे में रख दी गई हैं, जिसकी अगले मास के मध्य में लौट आने की उम्मीद है।

यदि मेरे जाने के बाद यहाँ आए तो चौधरी से मेरी कमीज और कलम लेते आएँ।

बुजुर्ग पंडितजी यहाँ से गैर-हाजिर हैं। रेवा वाले महोदय अपने पिता के पास गए हैं और वह जल्दी ही लौटकर हमें सब कुछ बताएँगे। अगर लालाजी तैयार हुए तो जल्दी ही आपको बन्दूक के लिए लिखेंगे; कृपया इसे वक्त पर भेज दें, ताकि हमारे पास हो। नवाब साहिब अब मुझ पर बहुत मेहरबान हैं। वह ठीक-ठाक हैं। जैसा कि आप जानते हैं मेरे दादाजी को इन्फुलूएन्जा है। अपने परिवार के इन बूढ़े-बूढ़ियों का झंझट मेरा पीछा नहीं छोड़ता; इसलिए मैं आपके लिए वक्त नहीं निकाल पाता। सब राजी-खुशी है।

आपका सप्रेम,

(हस्ताक्षर) मथुरा

जिक्र योग्य है कि इनमें से कोई भी पत्र, नीचे बताए हुए हालात की वजह से, राम प्रसाद को नहीं पहुँचा। दशहरे की छुट्टियों की वजह से स्कूल बन्द ही था कि इतने में राम प्रसाद गिरफ्तार हो गया। प्रदर्श पी.-143 और 145, *राजेन्द्र नाथ लाहिड़ी* द्वारा भेजे हुए साबित होते हैं। जैसा कि हम आगे चलकर देखेंगे, *राजेन्द्र नाथ लाहिड़ी* बाद में कलकत्ता के एक मकान से पकड़ा गया, जहाँ बम फैक्टरी थी। प्रदर्श पी.-143 से सिद्ध होता है कि *राजेन्द्र नाथ लाहिड़ी,* कलकत्ता से किसी अज्ञात व्यक्ति को, वहाँ बमसाजी की सिखलाई को भेजना चाहता था। चूँकि यह व्यक्ति जा नहीं पाया, तो उसने राम प्रसाद या स्वयं का वहाँ जाना सुझाया। चूँकि राम प्रसाद का कोई जवाब नहीं आया, वह स्वयं चला गया। प्रदर्श पी.-145 में दो अनुच्छेद महत्त्वपूर्ण हैं— उनमें से एक अनुच्छेद तो इस चिट्ठी का राजेन्द्र नाथ लाहिड़ी से सम्बन्ध व्यक्त करता है—

"अगर आप मेरे जाने के बाद यहाँ आए तो चौधरी से मेरी कमीज और कलम लेते आवें।"

हमने पहले यह देखा है कि जब *गोविन्द चरण कार* (फर्जी डी.एन. चौधरी) गिरफ्तार हुआ था तो उसके पास से एक पैन भी मिला था, और ऐसा प्रमाण है (जिसकी बाद में चर्चा करेंगे) जो साबित करते हैं कि यह पैन *राजेन्द्र नाथ लाहिड़ी* का था। दूसरा महत्त्वपूर्ण अनुच्छेद था—

जो चीजें विद्यार्थी लाया था वह ताला लगाकर एक सत्कारित व्यक्ति के कमरे में रख दी गई है, जिसके अगले मास के मध्य में लौटने की उम्मीद है।

हम यह देखेंगे कि उक्त 'चीजें' दो राइफलें और एक छेद करने वाले यन्त्र के संकेतक नाम हैं जो *राजकुमार सिन्हा* द्वारा लिए गए कमरे में तालाबन्द थे। इन्दु भूषण मितरा की गिरफ्तारी के बाद, उसके नाम पर एक चिट्ठी आई, जो खान साहिब इन्द्रीस अहमद (हैडमास्टर) ने पुलिस को दे दी। यह चिट्ठी है—

प्रदर्श पी.–147

मेरे प्रिय भाई,

मैं यहाँ ठीक–ठाक पहुँच गया हूँ। मेरी चिन्ता मत करना। मेरी सेहत बहुत अच्छी है। इस जगह प्रगति हर रोज बढ़ रही है। मैंने अन्य कालेज विद्यार्थियों से भी मेल–मिलाप कर लिया है। मैं अपने ठिकाने पर इसी सप्ताह पहुँच जाऊँगा। महोदय! मुझे वहाँ पहुँचने पर आपको दस रुपए और भेजने होंगे। अभी मेरी चिट्ठी का जवाब नीचे लिखे हुए पत्ते पर देवें। कृपया सारे दोस्तों को मेरी नमस्कार कह दें।

सदैव आपका,
(हस्ताक्षर) नरेन्द्र
चन्दा

1 अक्तूबर, 1925

(पिछली तरफ)

मेरा पता—

मारफत एम.एस. खत्री
कपड़ा व्यापारी
चन्दा।

यह चिट्ठी *रामकिशन खत्री* (अपीलार्थी) के हाथों लिखी गई साबित हुई है। प्रदर्श पी.–140 तथा पी.–142 से यह सिद्ध होता है कि वह 'नरेन्द्र' के नाम का प्रयोग करता व रामकिशन से मिलता था। 31 अक्तूबर, 1925 को *राजकुमार सिन्हा* कानपुर में पकड़ा गया। गिरफ्तारी के समय उसके पास चार चिट्ठियाँ अस्पष्ट बंगाली भाषा में लिखी थीं, जो पुलिस के हाथ लगी थीं। वे हैं—

प्रदर्श पी.–309

31 अक्तूबर, 1925

मेरे प्रिय मदोक,

मैं जा रहा हूँ; अभी इस वक्त मेरे घर की तलाशी हो रही है। मेरा भाई यह चिट्ठी लेकर आपके पास आएगा। आपने उसको मेरे कमरे के बारे में सब कुछ समझाना होगा। मेरे ख्याल में अब उस कमरे को खाली ही कर देना अच्छा होगा। प्रहलाद दास के पास मेरे 10 रुपए हैं। आपको सब जानकारी *किरण दा* से मिल जाएगी। कृपया ध्यान रखें कोई चीज न तो गुम हो और न ही हानि पहुँचे। मेरा भाई वहाँ एक–दो दिन ठहरेगा। मैं अपने उस कमरे के बारे में बहुत चिन्तित हूँ, और जब तक मुझे उस कमरे के बारे में सूचना नहीं मिल पाती, मैं अति फिक्रमंद ही रहूँगा।

नमस्कार।
राजकुमार

प्रदर्श पी.-309-ए

31 अक्तूबर, 1925

सुशील भाई,

आज अचानक ही मुझे आप सबको छोड़कर जाना पड़ गया। अगर मैं कहूँ कि मैं जेल जा रहा हूँ तो आप हैरान हो जाओगे। परन्तु यह सच है। मुझे जेल किस लिए ले जाया जा रहा है मैं खुद भी नहीं जानता। ऐसा मत समझ लेना कि तुम्हारा राजू इस बारे में चिन्तित है; मेरी चिन्ता केवल यह है कि घर में माता को कुछ घबराहट होगी। अगर हो सके तो कृपया कानपुर आ जाओ और माताजी को कुछ ढाढ़स दो।

(दो लाइनें खुर्ची हुई हैं।)

मेरी नमस्कार स्वीकार करें।

(हस्ताक्षर) राजकुमार

प्रदर्श पी.-309-सी

31 अक्तूबर, 1925

मेरे सभी दोस्तो,

भाइयो! आज अचानक मुझे आप सबको छोड़कर जाना पड़ रहा है, जिसका कारण सम्भवत: आप जानते हो।

प्रदर्श पी.-309-डी

31 अक्तूबर, 1925

मेरे सभी दोस्तो,

भाइयो, आज अचानक मुझे आप सबके दरमियान से जाना पड़ रहा है। पता नहीं अब मैं आपसे कब मिल पाऊँगा। आप सभी मेरा प्यार स्वीकार करें।

भाइयो, अपने दोस्त को भुलाना नहीं।

तो अलविदा।

राजकुमार

उसकी कानपुर में गिरफ्तारी से पहले बनारस की पुलिस ने एक कमरे की तलाशी ली थी, जो उसने किराए पर लेकर उसको ताला लगा रखा था। पुलिस का ध्यान इस कमरे की तरफ चिट्ठी प्रदर्श पी.-145 के उस परिच्छेद को देखते हुए हुआ, जहाँ विद्यार्थियों द्वारा लाई गई चीजों का उल्लेख है। इसी कमरे में एक शेरवुड राइफल और एक विन्चैस्टर राइफल अथवा एक (फौजी) छेद करने वाले यन्त्र का हैन्डल मिले थे।

रामकिशन खत्री पहले ही दिनांक 18 अक्तूबर, 1925 को *पूना* में गिरफ्तार हो चुका था।

राजेन्द्र नाथ लाहिड़ी के वारन्ट गिरफ्तारी जारी हुए, लेकिन तामील न हो सकी; उसका कुछ अता-पता न था। आखिर वह दिनांक *10 नवम्बर, 1925 को कलकत्ता में दक्षनेशवर नाम के मकान में पकड़ लिया गया।* वह सवेरे साढ़े पाँच बजे गिरफ्तार हुआ था; उस समय वह मकान के दरवाजे और छत्त को जाने वाली सीढ़ियों के बीच खड़ा था। पुलिस ने काकोरी के संदिग्धों की भाल में छापा मारा था। पुलिस को यह शंका नहीं थी कि वह मकान अपने तौर पर क्रान्तिकारी गतिविधियों का अड्डा होगा। तलाशी लेने पर वहाँ एक अनचला बम, एक बम का खोल, एक भरा हुआ पिस्तौल, एक और पिस्तौल, कारतूस, बारुद, विस्फोटक पदार्थ और कुछ नकाब बरामद हुए। *राजेन्द्र नाथ लाहिड़ी* को इस मामले में सजा सुनाई जा चुकी है, तथा सम्बन्धित फैसले हमारे रिकार्ड पर लाए जा चुके हैं। हमारा मत है कि वह फैसले हमें इस केस में उसके विरुद्ध प्रयोग में नहीं लाने चाहिए; हम यहाँ यह कहने तक ही सीमित रहेंगे कि वह उस मकान में पकड़ा गया था जहाँ भारी मात्रा में विस्फोटक पदार्थ पाए गए थे। वास्तव में इस मकान को बम फैक्टरी कहना भी गलत नहीं होगा। परन्तु हमने इस बारे में दिए गए अदालती फैसले की अपेक्षा करना ही योग्य समझा है, नहीं तो हमारे समक्ष इस केस से हटकर अन्य सम्बन्धित मुद्दों को सुलझाना— निपटाना होता।

22 नवम्बर, 1925 को इलाहाबाद में एक धमाका हुआ। शचीन्द्र नाथ सान्याल का छोटा भाई *भूपिन्द्र नाथ* उस समय इलाहाबाद में विद्यार्थी था। उसको इस केस में सजा हुई है और उसने अपील नहीं की है। इस धमाके के बारे में प्रमाण यह हैं कि भूपिन्द्र नाथ अपने कुछ दोस्तों को क्रान्तिकारी दल में लाने का यत्न करता रहा था और एक दिन कुछ को बाहर घुमाने-फिराने ले गया था और उनको विस्फोटक पदार्थ दिखाए। इसमें से कुछेक पदार्थ उसने एक दोस्त को पकड़ा दिए थे और जब वह पैदल जा रहे थे तो बम के अचानक फट जाने से उनका मित्र गम्भीर रूप से जल गया। *11 दिसम्बर, 1925 को प्रणवेश कुमार चटर्जी जुब्बलपुर में गिरफ्तार हुआ।* उससे दो रूपरेखाएँ बरामद हुईं, जो थीं प्रदर्श पी.-166 और 167; वह भी क्रान्तिकारी नियमावली 'यलो लीफलेट' का ही बदला हुआ रूप थीं, परन्तु *प्रदर्श पी.-166* में एक महत्त्वपूर्ण परिवर्तन था; वह यह कि नियमावली (प्रदर्श पी.-280) के अनुसार धन जुटाने के लिए सदस्यों से लिए गए चन्दे या स्वेच्छा से दिए गए पैसे का प्रावधान था, जबकि कभी-कभार किसी से जबरदस्ती भी पैसे वसूल किए जा सकते थे, परन्तु प्रदर्श पी.-166 के अनुसार अगर सामान्य साधनों द्वारा जुटाए गए धन से काम न चलता दिखे तो *डाके भी डाले जाएँगे।*

प्रदर्श पी.-166 और 167 अधिकतर टाइप किए हुए अक्षरों में हैं। उसमें कुछ हाथ से किए हुए संशोधन भी हैं। प्रणवेश कुमार चटर्जी के कब्जे से एक कैरोना टाइप मशीन भी बरामद हुई है। हमें विश्वास है कि प्रदर्श पी.-163, 166 और 167 इसी टाइप मशीन द्वारा टाईप किए हुए हैं। *प्रणवेश कुमार* और *मनमथ नाथ* में यह सम्बन्ध इस तथ्य से भी प्रमाणित होता है कि प्रदर्श पी.-171 वाला पोस्टकार्ड जो

मनमथ गुप्त के हाथ की लिखाई है, जो प्रणवेश की तलाशी के दौरान उससे बरामद हुआ था।

11 दिसम्बर, 1925 को *भोलानाथ* ने पुलिस अधिकारियों को एक सन्दूक सौंपा था जो उसके पास *बनवारी लाल* छोड़ गया था। इस सन्दूक में एक राईफल, एक पिस्तौल और कुछ कारतूस थे। बनवारी लाल 12 दिसम्बर, 1925 को गिरफ्तार हुआ था।

मुकन्दी लाल 6 जनवरी, 1926 को पकड़ा गया था।

IV. सर्वव्यापक साजिश के अन्य प्रमाण

सर्वव्यापक साजिश के शेष प्रमाण आंशिक रूप में वादामाफ गवाहों और सहयोगियों के बयान हैं जिनका उल्लेख पहले किया जा चुका है तथा दूसरे लोगों की आंशिक गवाहियाँ व आंशिक प्रमाणों से भी इनकी पुष्टि हो चुकी है। हम *कुँवर बहादुर* के बयानों की चर्चा पहले कर चुके हैं; उसकी गवाही राजेन्द्र नाथ लाहिड़ी को *बनवारी लाल* से जोड़ती है। *जगदीशचन्द्र* भी एक महत्त्वपूर्ण गवाह है। यह युवक शाहजहाँपुर में राम प्रसाद के मकान के सामने रहता है। राम प्रसाद ने उससे सम्पर्क किया तथा उसे उत्तेजक साहित्य पढ़ने को दिया; परन्तु वह राम प्रसाद की गिरफ्तारी होने तक क्रान्तिकारी दल में शामिल नहीं हुआ। बेशक राम प्रसाद को पूरी आशा थी कि वह दल में शामिल होगा, जैसा कि उसने चिट्ठी प्रदर्श पी.-41 में सुझाया है कि उसको उक्त युवक की मार्फत डाक भेजी जा सकती है। जगदीशचन्द्र ने बताया कि वह अशफाकउल्ला को और *प्रेमकिशन खन्ना* को राम प्रसाद के घर जाते देखा करता था और उनके अन्दर जाते ही दरवाजे पर ताले लगा दिए जाते थे। राम प्रसाद शाहजहाँपुर में बनारसी लाल के मकान में रहता था। उसने *मनमथ नाथ* और *रामकिशन खत्री* को बनारसी लाल के यहाँ आते देखा था। *गौरी शंकर* शाहजहाँपुर में एक मन्दिर का पुजारी है। उसने मनमथ गुप्त और रामकिशन खत्री को बनारसी लाल के साथ देखा है। *रामलाल* शाहजहाँपुर का रहने वाला है, जो टीकासर/विश्राम गृह का प्रबंधक है; उसने मनमथ गुप्त के इस विश्राम गृह में ठहरने की पुष्टि की है।

गोविंद चरण कार को साजिश में जोड़ने के लिए *महेश नारायण सिन्हा* को *जादूनाथ सेन* के कथन की पुष्टि करने के लिए बुलाया गया। वह संकेतक लिपि के व्यवसाय में है और वह किसी समय रामेश्वर हिन्दू होटल में रहता था। गोविन्द चरण कार ने उसको क्रान्तिकारी दल में लाने की चेष्टा की परन्तु सफल नहीं हुआ। उसने *बनवारी लाल* को गोविन्द चरण कार के साथ देखा है। कुँवर बहादुर ने *राजेन्द्र नाथ लाहिड़ी* को बनवारी लाल से जोड़ने सम्बन्धी द्वारका दास की गवाही की पुष्टि की है। *भूपिन्द्र नाथ सान्याल* को साजिश से जोड़ने सम्बन्धी रामचन्द्र चटर्जी, गोपी पांडा शास्त्री, और ऋषिकेश भट्टा गवाह हैं।

डकैतियों सम्बन्धी प्रमाण

अभी हम डकैतियों सम्बन्धी प्रमाणों की चर्चा करेंगे। पहला डाका 25 दिसम्बर, 1924 को **बमरौली** में पड़ा था; जो *जिन्दपुरा* रेलवे स्टेशन (जो शाहजहाँपुर और *पीलीभीत* की छोटी लाइनों पर स्थित है) से चार-पाँच मील की दूरी पर एक बड़ा गाँव है। जिन्दपुरा शाहजहाँपुर से 19 मील है। बमरौली गाँव की महत्तता का प्रमाण, इसका पीलीभीत जिले के गजेटीयर में विशेष उल्लेख व्यक्त करता है। किसी जमाने में यह एक छोटा कस्बा होता था, लेकिन अब न तो उतना खुशहाल और न ही उतनी चहल-पहल वाला है। इसकी आबादी इस समय भी दो हजार से अधिक है, जिससे यह अनुमान आसानी से लगाया जा सकता है कि यह ऐसा स्थान नहीं है जहाँ हरेक बमरौली वासी हर दूसरे स्थानिक व्यक्ति से परिचित होगा। यहाँ की डकैती के बारे में प्रमाण बड़े ठोस हैं। मुख्य गवाह बलदेव प्रसाद है, जिसके घर डाका पड़ा था। दूसरे गवाह हैं ललिता प्रसाद जो बलदेव प्रसाद के साथ वाले मकान में रहता है। *जगननाथ* सुपुत्र बलदेव प्रसाद, *कालका प्रसाद,* और *कन्हाई* जो डाके के मौके पर पहुँचे थे। गाँव के *चौकीदार रामदयाल* ने मौके को नजदीक से नहीं देखा था। परन्तु थाने में सूचना उसी ने दर्ज कराई थी जो प्रदर्श पी.-388 है। उसने घटना को कुछ दूरी से देखा था। उक्त रिपोर्ट का अन्तिम वाक्य है—

> ''कभी-कभी छत के ऊपर भी रोशनी इतनी होती है जैसे घर में आग जल रही हो।''

इसकी पुष्टि के लिए, कि यह डाका क्रान्तिकारी दल की साजिश की ही कड़ी थी, और इसी अनुसरण को कार्य में लाने के लिए यह डाका मारा गया था, इस प्रकार यह *सब इन्स्पेक्टर चत्तर सिंह* की गवाही से साबित हुआ है कि निम्नलिखित चीजें वारदात के स्थान से मिली थीं—

सात .300 बोर के खाली कारतूस जिन पर निशान इस प्रकार थे :

D W M
K K
403

पाँच खाली कारतूस .450 बोर के, दो भरे हुए .450 बोर के कारतूस एक उक्त बोर का अध-चला कारतूस।

इन चीजों (कारतूस आदि) के वहाँ पाए जाने का विशेष महत्त्व यह है कि यू.पी. में डाके तो अक्सर पड़ते ही रहते हैं, लेकिन जिनमें पिस्तौल-बन्दूकों से काम लिया जाए, ऐसे कम ही होते हैं। वह इसलिए कि आम डाकू गाँव के रहने वाले होने के कारण उनको न तो ऐसे हथियार आसानी से मिल ही सकते हैं, और इससे भी मुश्किल कारतूसों की उपलब्धता है। यहाँ पर स्पष्ट रूप से इस तरह के हथियार और गोली सिक्का का उपयोग खूब हुआ है। उससे भी बड़ी बात यह कि खाली कारतूसों की पुष्टि पर उसी

तरह के चिन्ह (मार्क्स) हैं जैसे कि राम प्रसाद द्वारा 7 अगस्त, 1924 को 'पी.एन. विश्वास एंड कम्पनी' *कानपुर* से खरीदे गए कारतूसों पर थे। ऐसे मार्के वाले कारतूस पूरे यू.पी. में प्राप्त करने आसान नहीं हैं; वे एक जर्मन कम्पनी द्वारा विशेष तौर पर बनाए हुए थे और अधिक संख्या में नहीं रखे जाते थे।

गाँव वालों के अनुमान के अनुसार कुछ डाकू किसी गाँव आदि के न होकर शहरी मूल के लगते थे। *बलदेव प्रसाद* के अनुसार उनमें से कुछ तो गाँव वालों की तरह बात करते थे जबकि शेष शहरी ढंग से बोलते थे और जिनका पहरावा खाकी रंग का था, और जिनमें से कुछ ने विलायतियों की तरह जूते तथा निक्करें और पट्टियाँ पहनी हुई थीं। *ललता प्रसाद* तथा *कालका प्रसाद* ने डाकुओं की पहचान भी लगभग इसी प्रकार की ही बताई है; पहरावे और बातचीत के अतिरिक्त बालों की कटाई की विशेषता के आधार पर भी उक्त अनुमानों की ही पुष्टि होती है।

डाकुओं ने वारदात के दौरान जैसी रोशनी का प्रयोग किया है वह भी विशेष ढंग की थी। *बलदेव प्रसाद* ने बताया कि मोहन लाल पर एक रोशनी डाली गई जो देखने में मोमबत्ती जैसी थी, परन्तु जिसकी चमक आँखों को धुँधला देने वाली थी। *ललता प्रसाद* ने कहा कि जो 'मोमबत्ती जैसी' रोशनियाँ डाकुओं ने जलाई थीं, वे दीया-सिलाई के बगैर ही जल जाती थीं। *कालका प्रसाद* ने बयान दिया है कि जो रोशनी वह जलाते थे, वह चमकदार थी। *कन्हाई* ने यह कहा कि जो रोशनी प्रयोग में लाई जा रही थी वह कभी कम और कभी अधिक हो जाती थी। *चौकीदार* की गवाही का हम ऊपर उल्लेख कर ही चुके हैं कि बीच-बीच में छत के ऊपर इस प्रकार की रोशनी दिखती थी जैसा कि मकान में आग जलाई जा रही हो। इन गाँव वालों ने शायद ही कभी बिजली की टार्च देखी होगी। वे जो ब्यौरे रोशनी के बता रहे हैं, वे बिजली/टार्च की ओर ही संकेत करते हैं। बनारसी ने बयान किया है कि डाके में टार्चें उपयोग में लाई गई थीं।

बनारसी दास के उस बयान की हम चर्चा कर ही चुके हैं जिसमें उसने उल्लेख किया था कि 25 दिसम्बर, 1924 से कुछ ही दिन बाद राम प्रसाद ने उसे सोने-चाँदी के जेवर ढालने को दिए थे। हमारे पास राम प्रसाद के *इलाहाबाद बैंक* में खाते का रिकार्ड भी है (प्रदर्श पी.-191 और 192); इनसे यह साबित होता है कि जहाँ राम प्रसाद ने 22 मई, 1924 से लेकर 25 दिसम्बर, 1924 तक इस खाते में कोई रकम जमा नहीं कराई वहाँ दूसरी ओर उसके बाद उसने 29 दिसम्बर, 1924 को 100 रुपए, और 2 जनवरी, 1925 को देवकी नन्दन के जरिए, 100 रुपए तथा 5 जनवरी को 550 रुपए नकद खाते में जमा कराए थे।

कुल मिलाकर हमने इस मामले में यह पाया है कि *रोशन सिंह* ने इस डाके के संचालन में भाग लिया है और हमने *अशफाकउल्ला* की 1927 की अपील 380 में भी यह पाया (जिसका निपटारा हम इन अपीलों के साथ कर रहे हैं) कि *अशफाकउल्ला* भी इस डकैती के संचालन में भागीदार था।

अब हम *बिचपुरी डाके* सम्बन्धी सबूतों की चर्चा करेंगे, जो 9 मार्च, 1925 को डाला गया था। इस डाके के बारे में भी ठोस सबूत मौजूद हैं। हम केवल, *तोती कुरमी* जिसके घर यह डाका पड़ा था, उसके भाई बिहारी अथवा एक स्त्री (रानी) के बयानों के आधार पर यह कह सकते हैं कि यह डाका उसी टोली ने ही डाला था जो उन्हीं साजिशकारों की ही थी और जो उनके (साजिशी) उद्देश्य की पूर्ति के लिए ही डाला गया था।

बनारसी लाल ने बयान दिया है कि वह इसमें शामिल था, और राम प्रसाद ने उसे बताया था कि धन जुटाने के लिए डाका डालना होगा। बनारसी लाल के यह पूछने पर कि उस धन का क्या हुआ जो पिघलाए हुए सोने-चाँदी के जेवरों को बेचकर प्राप्त किया हुआ था, तो *राम प्रसाद* ने जवाब दिया था कि वे *'दी रिवोल्यूशनरी'* पर्चे के प्रकाशन में लगाए गए हैं। बनारसी लाल ने आगे बताया कि उसके साथ राम प्रसाद, अशफाकउल्ला, मनमथ नाथ, रामकिशन खत्री और अन्य व्यक्ति शाहजहाँपुर से गाड़ी पकड़कर *शेरगंज* रेलवे स्टेशन पर पहुँचे, जो शाहजहाँपुर—पीलीभीत वाली छोटी लाइन पर स्थित है। बाकी भी उनके साथ गए थे। शेरगंज (गाड़ी से) उतरने के बाद वे 10 या 12 स्थानिक बदमाशों से मिले जिन्हें इस डाके में शामिल किया जाना था। पहले तो इस टोली का निशाना कोई और गाँव था, परन्तु वहाँ पहुँचने पर देखा कि वहाँ कोई बड़ा समागम चल रहा था जिसमें कई लोग मौजूद थे, इसलिए उस मौके पर वहाँ डाका मारना खतरनाक समझा गया, तथा एक व्यक्ति के सुझाने पर बिचपुरी में तोती कुरमी के यहाँ डाका डालना निश्चित हुआ। बनारसी लाल के बयानों से यह पुष्टि पहले ही हो चुकी है, जैसा कि हम बाद में देखेंगे। अभी तो हम केवल यही कहेंगे कि हमें इन अपीलों के निपटारे के दौरान सबूत मिले हैं कि राम प्रसाद, मनमथ नाथ तथा रामकिशन खत्री ने इस डकैती के संचालन में हिस्सा लिया था, तथा हमने 1927 की अपील 380 में पाया कि *अशफाकउल्ला* ने भी इस डकैती के संचालन में हिस्सा लिया था।

अभी हम **द्वारकापुर** डाके की चर्चा करने जा रहे हैं, जो 24 मई, 1925 को पड़ा था। *शिवरत्न,* जिसके घर यह डाका डाला गया था उसके, तथा अन्य गवाहों ने भी उक्त तथ्य की पुष्टि की है। हालाँकि किसी भी अपीलार्थी को इसमें दंडित नहीं किया जा रहा, किसी की पहचान भी नहीं हुई, परन्तु हमारे पास ऐसे सबूत हैं जिनसे यह साबित होता है कि इस डाके में भी साजिशी ही शामिल थे। यह भी पाया गया है कि मौके पर ये चीजें पाई गई थीं—

DWM
- K   K निशान वाला एक भरा हुआ माउजर पिस्तौल का कारतूस।
403

- एक .300 बोर का के.बी. निशान वाला अध-चला कारतूस।
- एक .300 बोर का जी.जी. एंड कम्पनी 763 का खाली कारतूस।
- एक इसी कम्पनी का खाली कारतूस, और

एक चला हुआ .765 बोर का कारतूस जिस पर

D W M
K K
479A

के निशान थे।

इस गोली सिक्के के अतिरिक्ति एक फौजियों द्वारा छेद करने वाले यन्त्र का एक दस्ता भी मौके पर पाया गया, जो एक तरफ से कुदाली और दूसरी तरफ से बेलचे का काम देने योग्य था। डाकू इससे मकान के फर्श और दीवारें खोदते और सम्पत्ति ढूँढ़ निकालने का प्रयास किया करते। हम देख चुके हैं कि इसी यन्त्र का दस्ता *राजकुमार सिन्हा* के कमरे से भी मिला था। मि. हॉर्टन ने इन दोनों को फिट करके देखा था तो ये दोनों एक ही आकार के पाए गए तथा हमने भी ऐसा करके देखा है और इनको ऐसा ही पाया है। यद्यपि यह सच है कि यह यन्त्र भारत में आसानी से प्राप्त किया जा सकता है, जैसे कि यह युद्ध के दौरान बड़ी संख्या में उपलब्ध रहा था, परन्तु फिर भी यह तथ्य विचारणीय है।

काकोरी कांड

अब हम रेलवे डकैती की चर्चा करेंगे जो 9 अगस्त, 1925 को हुई थी। इसकी वास्तविकता सम्बन्धी ठोस सबूत तो मौजूद हैं ही; केवल एक मात्र गवाह (रेलवे) *गार्ड जगननाथ प्रसाद* की गवाही ही काफी होगी, जिसकी पुष्टि अहमद अली की हत्या, मिर्जा अहमद शाह, सय्यद जॉन और पुलिस कांस्टेबल *लक्ष्मण राम* की गवाहियों से भी होती है।

यह साक्ष्य सिद्ध करता है कि यह डाका साजिशी टोली ने, और साजिश के हितों की पूर्ति के लिए ही डाला था। इसके सबूत इस प्रकार हैं—

> *बनवारी लाल* के इकबालिया बयान में जिससे उसने मुकर कर फिर उसी की पुष्टि की थी, उसने स्पष्ट तौर पर खुलासा किया है कि उसने इस वारदात में हिस्सा लिया था जिसमें और साजिशी भी शामिल हुए थे, और यह डाका साजिश के हितों की पूर्ति के लिए ही डाला गया था; इसके कुछ और ब्यौरे इस तरह हैं—
>
> *राधेलाल अमीनाबाद* लखनऊ के *छेदीलाल धर्मशाला* का प्रबंधक है; यह शहर में आते-जाते लोगों के लिए अस्थाई विश्राम गृह है। ऐसे लोग विजिटर रजिस्टर में अपने हस्ताक्षर करते हैं। राधेलाल ने साबित किया है कि 7 अगस्त, 1925 को छ: आदमी उसकी धर्मशाला में ठहरे थे, जो अगले रोज चले गए थे। उनमें से एक आदमी ने *दीन दयाल* सुपुत्र राममनोहर चन्द्रा मनोहर, ब्राह्मण, मूलगंज कानपुर तथा 'पाँच युवक' लिखकर हस्ताक्षर किए हुए हैं। आने का *मकसद 'तालीम' (विद्या)* अंकित किया है; यह लिखित

प्रदर्श पी.-476-बी है। बाद में 8 अगस्त को उसी पार्टी के उक्त व्यक्ति ने पहले वाली लिखित (प्रदर्श पी.476-ए) दोहराई हुई है; वे 9 अगस्त के बाद नहीं लौटे। हमने यह प्रमाणित किया है कि ये दोनों ऐंट्रियाँ *राम प्रसाद* की हस्तलिखित हैं।

***आलमनगर* रेलवे स्टेशन,** ईस्ट इंडिया रेलवे की बड़ी लाइन पर लखनऊ स्टेशन से तीन मील की दूरी पर है; काकोरी उससे पाँच मील और आगे की तरफ है; दोनों ही स्टेशन लखनऊ से थोड़ी-थोड़ी दूरी पर हैं; और दोनों जगहों को पक्की सड़कें जाती हैं, तथा वहाँ जाने के लिए सवारी आसानी से मिल सकती है। *मेंद लाल* जो आलमनगर स्टेशन पर नियुक्त है, और *बीजू,* जो वहाँ कुली का काम करता है, ने बयान किया है कि 8 अगस्त, 1925 को विलायती पहरावे वाले तीन आदमी साढ़े सात और आठ बजे शाम के बीच स्टेशन के कर्मचारियों से बातचीत करते देखे गए थे। इसकी पुष्टि शीतल प्रसाद सहायक स्टेशन मास्टर ने की है। *कलन,* जो एक ताँगे वाला है उस मौके आलमनगर स्टेशन पर सवारियों की तलाश में था। उसने बताया कि तीन भारतीय जिन्होंने *विलायती* पहरावे पहन रखे थे उसके पास (आलमनगर स्टेशन पर) आए और उसको लखनऊ शहर के एक प्रमुख स्थान 'चौक' को ले जाने को कहा। उसने एक रुपया भाड़ा माँगा, जबकि उन्होंने छः आने बताए, जिस पर उसने उन्हें ले जाने से इनकार कर दिया। उसने इन तीन को *राम प्रसाद, बनवारी लाल* और *सुरेशचन्द्र भट्टाचार्य* के रूप में पहचान चुका है। उक्त टाँगेवाला उनको ले जाने से इनकार करने के बाद लखनऊ की ओर चला गया। रास्ते में उसने पुलिस कांस्टेबल *राम सुन्दर* को देखा जो सड़क पर गश्त लगा रहा था। उसने उस कांस्टेबल को बताया कि उसे उन लोगों की चाल-ढाल अच्छी नहीं दिखी तथा जिन्होंने उसे उनको ले जाने के लिए कहा था। पुलिस कांस्टेबल के बयान अनुसार उसने आठ या दस आदमी सड़क से गुजरते हुए देखे थे। उसने उनसे पूछा कि वे कौन हैं और कहाँ जा रहे हैं? उन्होंने बताया कि वे किंग जार्ज मेडिकल कॉलेज में मेडिकल के विद्यार्थी हैं; उसने बनवारी लाल को उनमें से एक होने के तौर पहचाना है। ऐसा लगता है कि पहले वाले तीन व्यक्तियों के साथ पाँच और आदमी मिल गए थे।

काकोरी के नजदीक वाले गाँव *अमेथिया* के दो चरवाहे, *देसी* और *जोधा हैं*; उन्होंने बताया है कि कुछेक भारतीय नवयुवक, जो विलायती पहरावे में थे, डकैती से एक दिन पहले अमेथिया के आस-पास थे, हालाँकि उनको उस तारीख के बारे में कुछ अन्दाजा नहीं था।

हम अभी 9 अगस्त, 1925 वाली वारदात की और चर्चा करेंगे। उक्त गाँव (अमेथिया) के ही तीन और लड़के *बबलू, कलवा तथा शीतलवा* काकोरी स्टेशन

से एक मील दूर पशु चरा रहे थे, जब उन्होंने 10 या 12 आदमियों को इकट्ठे पुल के पास देखा, जिनकी चाल–ढाल से लग रहा था कि वे छुप–छुपा रहे थे; समय कोई 2 बजे का होगा। वे वहाँ लगभग चार बजे तक इधर–उधर फिरते रहने के बाद काकोरी की ओर चले गए।

सरजू प्रसाद लखनऊ के *कश्मीरी हिन्दू होटल* का प्रबंधक है। यह होटल रामेश्वर हिन्दू होटल से लगभग 200 गज की दूरी पर तथा छेदीलाल धर्मशाला से लगभग 100 गज है। 10 अगस्त, 1925 को एक आदमी उक्त कश्मीरी होटल में आया और अपना नाम शाहजहाँपुर कतिया के *बनारसी लाल अग्रवाल* बताकर पंजीकृति कराई; उसने व्यक्त किया कि वह लखनऊ में इलाज के लिए आया है। वह सवेरे 8 बजे पहुँचा और एक–दो दिन वहाँ ठहरा; रजिस्टर में एंट्री प्रदर्श पी.–26 है। यह साबित हो चुका है कि बनारसी लाल तो लखनऊ में मौजूद नहीं था तथा यह लिखित *मुकन्दी लाल* (अपीलार्थी) की पाई गई है।

हमारे पास इस बारे में प्रमाण हैं कि डाकुओं को पक्की जानकारी थी कि पैसे किस किस्म की पेटी में होंगे और उसको तोड़ने–खोलने के लिए कौन–कौन से औजार चाहिए। यह पेटी भी एक विशेष प्रकार की थी जो ईस्ट इंडिया रेलवे वर्कशाप लखनऊ की बनाई हुई थी। इसका वजन एक किवंटल (100 कि.ग्रा.) से भी ऊपर था; इसको विशेष डिब्बे में से रेलवे लाइनों पर उतार–रखना भी साधारण व्यक्तियों के बस का काम न था। घटनास्थल से दो लोहारों वाली चिमटियाँ, दो छैनियाँ और एक भारी हथौड़ा भी पड़ा हुआ पाया गया था। जिस ढंग से इस पेटी को तोड़ा गया था उसमें अधिक बल का प्रयोग किया गया होगा। सम्भवत: डाकुओं के पास उक्त यन्त्रों के अतिरिक्त और औजार भी होंगे जो कि वे साथ ले गए होंगे। जिस ढंग से यह सारा काम किया गया दिख रहा है, इसमें कम से कम आधा घंटा जरूर लगा होगा।

डाकुओं ने ठीक शुरू से ही यह ऐलान कर दिया था कि उनका इरादा केवल सरकारी खजाने को लूटने का है, न कि किसी साधारण व्यक्ति को। *बनवारी लाल* का इकबालिया बयान अगर दुरुस्त मान लिया जाए (जैसा कि हम आगे चलकर देखेंगे) तो सारी स्थिति स्पष्ट हो जाएगी। उस (बयान) के अहम तथ्यों की पुष्टि वास्तविक तथ्यों से भी होती है। उसने यह खुलासा किया है कि डाके की वारदात के बाद अशफाकउल्ला ने उसे बताया था कि डाका खुद उसने और उसकी टोली के बाकी साथियों ने मिलकर डाला था; वैसे इसका महत्त्व, इसी मुद्दे पर इसके अतिरिक्त दूसरे मौजूद सबूतों को ध्यान में रखते हुए ज्यादा नहीं रह जाता; वास्तव में जहाँ तक वारदात के ब्यौरे का सम्बन्ध है, वह दूसरे उपलब्ध सबूतों से कई तरह से भिन्न हैं। परन्तु इस लिहाज से हमारा तात्पर्य यह बिलकुल नहीं है कि सचमुच अशफाकउल्ला ने बनवारी लाल को सही बात बताई होगी या बनवारी इन बातों को ठीक तरह से याद रख पाया होगा।

अभी हम *घटनास्थल से पाई गई चीजों* का जिक्र करेंगे। पीतल का एक भरा

हुआ कारतूस और ग्यारह खाली कारतूस मिले थे, जिन

DWN

पर K K अंकित था; वहाँ छः .300 बोर वाले खाली कारतूस एक

403

RMS निशान वाले, और दो खाली .300 बोर वाले 1914 निशान वाले कारतूस भी पाए गए थे।

आखिर में हम राम प्रसाद, राजेन्द्र नाथ लाहिड़ी, मनमथ गुप्त, गोविन्द चरण कार, मुकन्दी लाल, राजकुमार सिन्हा, और बनवारी लाल की अपीलों के परिपेक्ष्य में उलपब्ध सबूतों की रोशनी में इनको वारदात में शामिल हुआ समझते हैं तथा दूसरी अपील (नं. 380/1927) में अशफाकउल्ला को भी इस वारदात का दोषी ठहरा रहे हैं।

काकोरी कांड में शामिल, श्री शचीन्द्र नाथ बख्शी की याद पटारी से

क्रान्तिकारी और रेलवे गार्ड

9 अगस्त, 1925 के दिन 8 डाउन पैसेन्जर ट्रेन गार्ड *जगन्ननाथ प्रसाद* के चार्ज में थी। ट्रेन डकैती से सम्बन्धित सरकारी गवाहों में जिसने सर्वाधिक समय तथा क्रान्तिकारियों को देखा था, वह था गार्ड जगन्नाथ प्रसाद, जो डकैती शुरू होने के वक्त से लगातार पैंतीस मिनट तक सब कुछ देखता रहा। शेष गवाहों में से किसी ने भी हमें दो-चार सेकन्ड से ज्यादा नहीं देखा। कुछ लोगों ने डकैती शुरू होने से पहले हमें साधारण यात्री की स्थिति में कुछ क्षणों तक देखा था।

वस्तुत: घटना इस प्रकार थी—

> सन् 1925 तक उत्तर प्रदेश में क्रान्तिकारी संगठन मजबूत हो गया था और संगठन कार्यों में तेजी भी आ गई थी। जुलाई के अन्त में हमें खबर मिली कि जर्मनी से पिस्तौलों का पार्सल आ रहा है; कलकत्ता बन्दरगाह पहुँचने से पहले ही नकद रुपया देकर उसे प्राप्त करना था: एतदर्थ काफी रुपयों की आवश्यकता पड़ी और पार्टी के सामने डकैती के अलावा कोई अन्य चारा नहीं था।
>
> चूँकि पार्टी निर्णय कर चुकी थी कि भविष्य में किसी की व्यक्तिगत सम्पत्ति नहीं लूटी जाएगी, इसलिए लखनऊ के पास ट्रेन रोककर सरकारी खजाना लूटने की योजना बनाई गई। इसकी रूपरेखा सुनकर नौजवानों की तबीयत फड़क उठी। उन दिनों नौजवान साथी बहुत चंचल हो उठे थे और कुछ कर गुजरने के लिए उतावले हो रहे थे। 'सरफरोशी की तमन्ना अब हमारे दिल में है...' वे गाने लग गए थे और उनका मन उसी ऊँचे सुर से बँध गया था। मुझे स्पष्ट याद है कि साथियों में मन्मथनाथ गुप्त, कुन्दनलाल,

चन्द्रशेखर 'आज़ाद' आदि ने मेरे सामने प्रश्न उठाया था कि अगर रेल का गार्ड अंग्रेज हुआ, तो क्या उसे जिन्दा छोड़ा जाएगा ? मेरा उत्तर था— नहीं, उसके लिए एक कारतूस खर्च किया जाएगा। जब साथियों ने खुशियाँ जाहिर करनी शुरू कीं, तब मैंने अपने होंठों पर एक उँगली रख उन्हें रोककर कहा था, "चुप, यह बात अपने में ही रखनी चाहिए। यदि राम प्रसाद को इसका पता चल गया और कहीं उसने मना कर दिया, तो सब करा-कराया बंटाधार हो जाएगा।"

यहाँ पर मैं यह बता देना उचित समझता हूँ कि हम क्रान्तिकारी लोग इतने खूँखार नहीं थे; बात दरअसल यह थी कि अंग्रेजी हुकूमत के खिलाफ हमारे मन में संवेदना इतनी तीव्र थी कि बदला लेने की भावना सदा प्रबल रहती थी।

केवल अकेले अशफाकउल्ला खाँ ने इस योजना का विरोध किया और आखिर तक करते रहे। उनका कहना था कि हमारा दल अभी इतना मजबूत नहीं है कि हम ब्रिटिश साम्राज्य को खुली चुनौती दे सकें। लेकिन कोई यह चेतावनी सुनने के मूड में नहीं था। अशफाक यही रट लखनऊ तक लगाते रहे और काकोरी स्टेशन तक पहुँचकर भी राम प्रसाद से बोले, "मान जाओ राम, अब भी लौट चलो, यह काम नहीं होना चाहिए।"

नतीजा यह हुआ कि डकैती का काम शुरू करने का भार राम प्रसाद ने मेरे ऊपर डाला। मैंने राम प्रसाद को बताया कि अशफाक और राजेन्द्र लाहिड़ी को साथ लेकर मैं सेकन्ड क्लास की जंजीर खींचकर ट्रेन रोक दूँगा तथा उतरकर गार्ड को पकड़ लूँगा। राम प्रसाद ने इस सुझाव को पसंद किया और बताया कि वह बाकी साथियों को लेकर तीसरे दर्जे में बैठेंगे और ट्रेन रुकने पर हम लोगों से आ मिलेंगे।

जब मैंने काकोरी स्टेशन पर लखनऊ के लिए तीन सेकन्ड क्लास के टिकट खरीदने के लिए नोट बढ़ाया, तो असिस्टेंट स्टेशन मास्टर घूमकर मेरे चेहरे को गौर से देखने लगा। उसे महान आश्चर्य हुआ कि इस-छोटे से स्टेशन से तीन सेकन्ड क्लास के टिकट खरीदने वाला यह व्यक्ति कौन है! मेरे हाथ में रूमाल था और मैं अनायास दूसरी ओर मुँह फेरकर रूमाल से मुँह पोंछने लगा। जब उसने मुझे तीन टिकट और बचे पैसे लौटाए उस वक्त भी वह मुझे घूर-घूर कर देखता रहा, किन्तु मैंने उसे फिर भी मौका नहीं दिया और मुँह पोंछते हुए ही एक हाथ से टिकट और पैसे लेकर मैं चल दिया। मैंने प्लेटफार्म पर जाकर अशफाक और राजेन्द्र को इशारे से बुलाकर अपने साथ रहने के लिए कहा।

पैसेन्जर ट्रेन आई। हम तीनों सेकन्ड क्लास का खाली डिब्बा देखकर बैठ गए; गाड़ी चल दी। इतने में एक यात्री डिब्बे में आकर मेरे पास बैठ गया।

मैं फौरन घूमकर जंगले के बाहर देखने लगा। सामने के बर्थ पर अशफाक और राजेन्द्र बैठे थे। डिब्बे में बिजली की रोशनी जल रही थी। जब ट्रेन डिस्टेंट सिग्नल (distant signal) के पास पहुँच गई, मैंने अपने साथियों की तरफ मुखातिब होकर पूछा, ''जेवरों का बक्सा कहाँ रह गया है?''

अशफाक ने तुरन्त जवाब दिया, ''ओ हो, वह तो काकोरी में ही छूट गया है।'' इतने में मैंने अपने पास लटकती हुई जंजीर खींच दी। मेरे बाद राजेन्द्र लाहिड़ी ने भी अपने पास की जंजीर खींच दी। जंजीर खींचने के बाद मैंने फौरन उठकर दरवाजा खोला और बाहर खड़ा हो गया।

गाड़ी रुक गई। हम तीनों उतर पड़े तथा काकोरी की ओर चल पड़े। तीन-चार डिब्बों को पार करने के बाद गार्ड साहब मिले, जो हमारी तरफ आ रहे थे। उन्होंने पूछा, ''जंजीर किसने खींची?''

मैंने चलते-चलते बताया कि मैंने खींची है। गार्ड मेरे साथ हो लिया और उसने मुझे रुकने को कहा। उत्तर में मैंने बताया, ''काकोरी में हमारा जेवरों का बक्सा छूट गया है, हम उसे लेने जा रहे हैं।''

इतने में हम लोग गार्ड के डिब्बे तक पहुँचकर रुक गए। तब तक हमारे अन्य साथी भी वहाँ पहुँच गए थे। हमने पिस्तौल के फायर के साथ यात्रियों को आगाह किया कि कोई यात्री नीचे न उतरे, क्योंकि हम सरकारी खजाना लूट रहे हैं।

इतने में मेरी निगाह गार्ड साहब पर पड़ी, जो मेरे बगल में ही खड़े थे और इंजन की तरफ हरी बत्ती दिखा रहे थे। मैंने उनकी पसली में पिस्तौल की नली लगा दी और एक हाथ से उनकी बत्ती छीन ली। बत्ती को जमीन पर पटकते हुए एक ठोकर मारकर मैंने गार्ड से कहा, ''गोली मार दूँगा। हरी बत्ती क्यों दिखा रहा था?''

गार्ड जगन्ननाथ प्रसाद ने हाथ जोड़ते हुए गिड़गिड़ाकर कहा, ''हुजूर! मेरी जान बख्श दीजिए।''

मैंने उसे डाँटकर कहा, ''घास पर लेट जाओ। तब तक घास से न उठो जब तक मैं न कहूँ। यदि बीच में उठे तो जहन्नुम रसीद कर दिए जाओगे।''

गार्ड तुरन्त घास पर लेट गया।

तब तक लोहे का सन्दूक गार्ड के डिब्बे से ढकेलकर नीचे गिरा दिया गया और उसे तोड़ा जाने लगा। मैं डिब्बे के पायदान का सहारा लेकर गार्ड की ओर पिस्तौल ताने खड़ा रहा।

मेरे ऐसे पाँच मिनट तक खड़ा रहने के बाद राम प्रसाद ने एकाएक मेरा हाथ पकड़कर अँधेरे में खींच लिया और कहा, ''क्या कर रहे हो? सारी रोशनी तुम्हारे चेहरे पर पड़ रही है और गार्ड तुमको पहचान रहा है, जबकि और सब साथी अँधेरे में हैं।''

मैं तब गार्ड के डिब्बे में चढ़ गया और बत्तियाँ बुझाने की कोशिश करने लगा, किन्तु स्विच मुझे ढूँढ़ने पर भी नहीं मिला। तब मैंने पिस्तौल के कुन्दे से सारे बल्ब फोड़ डाले और नीचे उतर आया।

राम प्रसाद की यह बात कि गार्ड तुम्हें पहचान रहा है, मेरे मन में चुभ गई।

लोहे का सन्दूक बड़ी मुश्किल से टूटा; यह अशफाकउल्ला खाँ की ताकत की करामात थी। ऐक्शन शुरू होने के पहले तक हर तरह से विरोध करने के बावजूद अशफाक ने डकैती शुरू होने पर पूरी तरह साथ दिया।

इन कामों में करीब 35 मिनट लग गए। जब चलने की तैयारी हुई, तब मैंने राम प्रसाद से कहा, ''सूबेदार साहब, आप लोग बढ़ें। सौ-सवा सौ गज जाकर रुक जाइएगा और सीटी बजाइएगा। मैं आ जाऊँगा। तब तक मैं जरा गार्ड से निपट लूँ।''

सभी साथी चले गए। मैं अकेला गार्ड जगन्नाथ प्रसाद के पास खड़ा था। सामने ट्रेन खड़ी थी। सारी फिजा शान्त और नि:स्तब्ध। मैं दो-तीन मिनट चुप खड़ा रहा। हमारे सब साथी अँधेरे में ओझल हो गए थे। उनके पैरों की आहट भी धीरे-धीरे मद्धिम हो चली थी। जब मैंने खामोशी को भंग कर शान्त स्वर में अंग्रेजी में कहा, *''वेल गार्ड साहब, डेड मैन कैन नॉट स्पीक।''* जिसका मतलब था— मुर्दा आदमी बोल नहीं सकता। मैंने गार्ड से यह भी कहा, ''आपने मुझे बिजली की रोशनी में बहुत देर तक देखा है और पहचाना भी है। पुलिस कार्यवाही में आप मुझे पहचानेंगे, इसलिए आपको क्यों न खत्म कर दूँ, ताकि पहचानने का झंझट ही खत्म हो जाए।'' मैं ये सब बातें धीरे-धीरे बहुत शान्ति से बोलता रहा। गार्ड साहब अपने सामने मौत का नजारा देखकर हाथ जोड़कर गिड़गिड़ाने लगे और बोले, ''हुजूर। मैं आपको कतई नहीं पहचानता हूँ, मुझे मत मारिए।''

मैंने कहा, ''सिर्फ एक कारतूस का खर्च है और सब संकट खत्म हो जाएगा।''

गार्ड साहब बड़ी आजिजी से बोले, ''मैं आपको कैसे समझाऊँ कि मैं आपको कभी नहीं पहचानूँगा।''

मैंने पूछा, ''पुलिस के जोर देने पर भी नहीं?''

उन्होंने कहा, ''कभी भी नहीं।''

मैंने फिर पूछा, ''यह आपकी प्रतिज्ञा है?''

उन्होंने जोर देकर कहा, ''जी हुजूर, यह मेरी प्रतिज्ञा है और अटल प्रतिज्ञा है।''

मैंने कहा, ''ठीक है, ऐसी परिस्थिति में मैं आपकी जान बख्शने को तैयार हूँ, लेकिन क्या सबूत है कि आप इस प्रतिज्ञा को भंग नहीं करेंगे।''

गार्ड साहब बहुत जोर देकर बोले, "हुजूर, कुछ भी हो जाए मैं इस प्रतिज्ञा पर अटल रहूँगा और आपको नहीं पहचानूँगा।"

मैंने कुछ सोचा और पूछा कि वह ईश्वर को मानते हैं कि नहीं?

उनके हामी भरने पर और 'जी हाँ' कहने पर मैंने कहा, "इस वक्त मेरे और आपके बीच जो कुछ बात हुई, उसका साक्षी आपका ईश्वर है। आपने ईश्वर को साक्षी करके यह प्रतिज्ञा की है कि आप मुझको नहीं पहचानेंगे।"

इतने में साथियों की सीटी सुनाई दी। मैंने कहा, "*ऑल राइट,* गार्ड साहब, आपकी जान बख्श दी। मेरे जाने के बाद उठिएगा और *आधे घंटे* बाद गाड़ी को आगे बढ़ाइएगा।" यह कहकर मैं चल दिया।

इस घटना के एक साल छः महीने बाद मैं बिहार प्रान्त के *भागलपुर* शहर में गिरफ्तार हुआ। इस बीच में मेरे बहुत से साथी गिरफ्तार हो गए थे। मेरा भी वारन्ट निकल चुका था और मैं फरार हो गया था। मुझे गिरफ्तार कराने वाले को कई हजार इनाम देने की घोषणा की जा चुकी थी। लखनऊ में काकोरी षड्यंत्र का मुकदमा चल रहा था, जिसमें मुखबिरों के बयानों से बहुत से भेद खुल चुके थे। इकबाली मुलजिम *बनवारीलाल* बता चुका था कि ट्रेन डकैती में सेकन्ड क्लास में अशफाकउल्ला, राजेन्द्र लाहिड़ी और मैं था। बनवारी भी ट्रेन डकैती के दस व्यक्तियों में था। बनवारीलाल के बयान से यह जाहिर हो चुका था कि सेकन्ड क्लास से उतरने के बाद गार्ड से किया गया मेरा वार्तालाप उसने सुन लिया था। रेलवे का डॉक्टर चंद्रपाल गुप्ता, जो हमारे डिब्बे में आ गया था, राजेन्द्र लाहिड़ी और अशफाक की शनाख्त कर चुका था। एक मैं ही बाकी बचा था।

मेरी गिरफ्तारी के बाद मैं *भागलपुर से सेंट्रल जेल,* लखनऊ लाया गया। लखनऊ में राजनीतिक कैदी के विशेष व्यवहार के अधिकार पर जेलवालों से मेरा झगड़ा हुआ। इस सिलसिले में मैंने भूख हड़ताल प्रारम्भ कर दी।

गिरफ्तारी के पहले फरारी हालत में बीमारी के कारण मैं काफी दुर्बल हो चुका था। इस अनशन ने मुझको और भी कमजोर बना दिया। अनशन के पाँचवें या छठें दिन मेरी शनाख्त कराने की कार्यवाही की गई।

मजिस्ट्रेट को मालूम था कि मैं अनशन कर रहा हूँ। उन्होंने आकर मुझसे पूछा, "क्या शनाख्त की कार्यवाही स्थगित की जाए?"

मुझको मजिस्ट्रेट से मालूम हुआ कि सवा सौ या डेढ़ सौ आदमियों से शनाख्त कराने में घंटा-सवा घंटा से ज्यादा नहीं लगेगा। मैंने अन्य सब परिस्थितियों का विचारकर मजिस्ट्रेट से कहा, "तमाम स्टेशनों से इतने आदमी इकट्ठे होकर परेशान हो रहे हैं। मैं इनके लिए घंटा-सवा घंटा तकलीफ झेल लूँगा। शनाख्त की कार्यवाही खत्म क़रा दीजिए।"

इस कार्यवाही के लिए जेल के एक अहाते में मजिस्ट्रेट के सामने 5 या 6 कैदियों के साथ मुझको खड़ा किया गया।

मैं लाइन में खड़ा-खड़ा मजिस्ट्रेट से हँसी-मजाक कर ही रहा था कि मुखबिर बनारसी लाल आया और मुझे पहचान लिया। उसके पीछे इकबाली मुलजिम बनवारीलाल आया और उसने भी मुझे हँसते हुए पहचान लिया। तब मैं बहुत गम्भीर हो गया। दो-चार और गवाह आए, लेकिन कोई भी मुझे पहचान नहीं सका। मुखबिर इन्दुभूषण आया। उसने भी कई चक्कर काटे। सबके चेहरे बहुत गौर से अध्ययन करने के पश्चात् भी मुझको पहचान नहीं सका। उसकी आँखों में देखकर मैंने महसूस किया, वह सचमुच मुझे नहीं पहचान रहा है। मेरे जिस चेहरे से वह परिचित था, उसमें और वर्तमान में असमानता के कारण वह भी मुझे नहीं पहचान सका।

और कई गवाहों के गुजरने के बाद *जगन्नाथ प्रसाद* मेरे सामने आए। उनके आते ही मैंने उन्हें पहचान लिया। जब वह मेरे सामने से गुजरे तब उसकी आँखों में भी पहचानने की झलक सी देखी, लेकिन वह मुझे न पहचानने का अभिनय करते हुए आगे बढ़ गए। दो चक्कर लगाने के बाद उन्होंने मजिस्ट्रेट से कहा, ''इनमें तो नहीं है।''

मजिस्ट्रेट ने फिर से गौर करने को कहा। उसने और दो चक्कर मेरे सामने लगाए। इस बार मैंने उसकी आँखों में पहचानने की झलक देखी, लेकिन उन्होंने *मेरे बगल वाले व्यक्ति* का हाथ पकड़ा। फिर गार्ड साहब बाहर भेज दिए गए।

गार्ड जगन्नाथ प्रसाद के चले जाने के साथ-साथ मेरे मानस-पटल पर चलचित्र की भाँति 9 अगस्त, 1925 की सारी घटनाएँ रह-रहकर उभरने लगीं।

काकोरी सप्लिमेंटरी षड्यंत्र केस में अशफाक को फाँसी दे दी गई और मुझको उम्रकैद की सजा मिली। जमाना गुजर गया। यू.पी. की सेंट्रल जेलों में बहुत-सी लड़ाइयाँ लड़ने के बाद और बहुत सारी भूख-हड़तालें करने के बाद मैं रिहा हुआ। मेरे सह साथी भी रिहा हुए।

उस वक्त अपने प्रान्त में कांग्रेस की मिनिस्ट्री थी, जिसने हमें रिहा किया। मैं कांग्रेस में शामिल हुआ और धीरे-धीरे यू.पी. सूबा कांग्रेस कमेटी, लखनऊ में आफिस सेक्रेटरी हो गया।

सन् 1938 की बात है; मैं प्रान्तीय कांग्रेस कमेटी के सभापति पं. जवाहरलाल नेहरू के कहने से रायबरेली के कांग्रेसियों के आपसी झगड़े को तय कराने वहाँ गया हुआ था और वहाँ के सब झगड़ों की जाँच करके लखनऊ लौटने के लिए रायबरेली स्टेशन पर बैठा था। प्लेटफार्म पर पंजाब मेल का इंतजार करते हुए एक बेंच पर बैठकर मैं अखबार पढ़ रहा था।

इतने में एक रेलवे अफसर मेरे सामने आकर खड़ा हो गया। उसके सफेद सूट को मैं देख रहा था। मेरा नाम पुकार कर नमस्ते करने पर जब मैंने सिर उठाया, तब देखा कि वही चिर-परिचित गार्ड जगन्नाथ प्रसाद खड़े हैं।

14 वर्ष बीत जाने पर भी मैंने उन्हें फौरन पहचान लिया। उनकी मूँछें और बढ़ गई थीं तथा उनमें कुछ सफेदी भी आ गई थी। मैंने हँसकर कहा, "हैलो गार्ड साहब, आप मुझे भूले नहीं हैं।"

गार्ड जगन्नाथ प्रसाद ने उस पुराने लहजे में उत्तर दिया, "नहीं हुजूर, इस जिन्दगी में मैं आपको कभी नहीं भूल सकता।"

(क्रान्तिकारी शचीन्द्र नाथ बख्शी की पुस्तक *वतन पे मरने वालों का....* से साभार (ग्लोबल हारमनी पब्लिशर्स, नई दिल्ली, उनके बेटे श्री राजेन्द्र बख्शी के अमूल्य सहयोग द्वारा प्राप्त —सम्पादक)।

(ii) व्यापक साजिश के समर्थक सबूत : कुछ गवाहियाँ

पहला गवाह जिसके बयान की हम चर्चा करेंगे, वह है *बनारसी लाल* उसमें हमें साजिश की रूपरेखा की झलक नजर आ रही है, जिसमें *जोगेशचन्द्र चटर्जी* की अहम भूमिका है, तथा जिसकी पुष्टि गिरफ्तारी के वक्त उसके कब्जे से दस्तावेज (प्रदर्श पी.-198) की बरामदगी से होती है। यह बनारसी दास ही तो था जिस द्वारा व्यक्त किए गए संकेतों से यह जानकारी मिली थी कि 'दी रिवोल्यूशनरी' पर्चा बनारस से ही भेजा गया था, जैसा कि हम *सब-पोस्ट मास्टर कालका प्रसाद* के बयान और दस्तावेजी इन्दराज (एंट्रीज) से भी इसी बात की पुष्टि कर चुके हैं। उसी (बनारसी दास) ने बताया था कि उसने इस पर्चे की कई प्रतियाँ कुछ जगहों को भेजी थीं, जो लिफाफों पर लगी हुई डाकघर की मोहरों से भी जाहिर है। उसने यह खुलासा भी किया कि उसने मकान किराए पर लेकर उसमें वे व्यक्ति ठहराए थे जिन्होंने काकोरी में डाका डालना था। उस मकान के मालिक, *किशनलाल* ने भी इसी बात को दोहराया है; उसने ही बताया है कि पार्टी के कुछ सदस्य उम्मीनुदौला पार्क, अमीनाबाद में भी ठहरे थे; उसने धर्मशाला का तो नाम नहीं बताया था जो *बनवारीलाल* ने बताया था। यह यहीं छेदीलाल धर्मशाला थी, जिसके रजिस्टर से साबित हुआ है कि *राम प्रसाद, अपने पाँच और साथियों समेत दीन दयाल* के नाम पर वहाँ ठहरा था। उसने पुलिस को यह भी बताया था कि उसका नाम कश्मीरी होटल में दर्ज है। इस तथ्य की पड़ताल करने से इस बात की पुष्टि हुई कि सचमुच जहाँ तक बमरौली डाके का सवाल है पुलिस वालों ने तो कभी सपने में भी नहीं सोचा होगा, कि यह भी क्रान्तिकारियों का काम है, तो यह इसी की दी हुई सूचना के आधार पर ही पुलिस इस वारदात के बारे में बाकी सबूत जुटाने योग्य हुई थी। इसके बयान से पहले किसी को यह ख्याल तक नहीं था कि **बिचपुरी डाका**

क्रान्तिकारियों ने ही मारा था और यह कि वह स्वयं इस डाके में शामिल था, जिसकी पुष्टि सय्यद अइनुद्दीन स्पेशल मजिस्ट्रेट की गवाही से होती है। जब उसने इस डाके में शामिल होना स्वीकार किया, तो सय्यद अइनुद्दीन मजिस्ट्रेट 10 नवम्बर, 1925 इसको बिचपुरी ले गए। बनारसी लाल उनको शेरगंज से बिचपुरी ले गया, और उसने रास्ते में पड़ रहा वह मकान भी बताया जिसे पहले क्रान्तिकारी लूटना चाहते थे, फिर बिचपुरी पहुँचकर उसने वहाँ के महत्त्वपूर्ण लक्ष्यों की निशानदेही की, जो कि बगैर डाके में शामिल हुए, सम्भवत: वह नहीं कर पाता। इसके अलावा उसने राजकुमार सिन्हा के कमरे में पाई गई कुछ राइफलों में से वे दो राइफलें पहचान निकालीं, जिन्हें बिचपुरी डाके में इस्तेमाल किया गया था। उसने यह भी कहा है कि बिचपुरी डाके से वापसी के बाद वह शाहजहाँपुर के एक वकील को मिला था, जिसने उसके साथ रेल यात्रा की थी; *शामलाल* वकील ने इसकी पुष्टि की है।

इन्दु भूषण मितरा वाले सबूतों में प्रमुख पुष्टि उन चिट्ठियों द्वारा होती है, जो 'पोस्ट बाक्स' के तौर पर उसके नाम पर आईं थीं। इससे ज्यादा सबूत उसकी चिट्ठी (प्रदर्श पी.-43) में मिले हैं जो खुद उसने राजेन्द्र नाथ लाहिड़ी के 'पोस्ट बाक्स' रामनाथ को लिखी थी। उसके साक्ष्य की पुष्टि इस तथ्य से भी हो जाती है कि उसके पास क्रान्तिकारी साहित्य की कई पुस्तकें थीं तथा जगदीशचन्द्र का बयान भी इसी की पुष्टि करता है।

कुँवर बहादुर के कथन की पुष्टि इस तथ्य से होती है कि क्रान्तिकारी पार्टी के सदस्यों की ओर से भेजे गए मनीऑर्डर उसने बनवारी लाल की ओर से प्राप्त किए थे। इस तथ्य की आगे पुष्टि इस तथ्य से भी होती है कि उसने बनारस से भेजे गए एक पार्सल की रसीद (प्रदर्श पी.-61) पर हस्ताक्षर किए थे। उसके बयान की पुष्टि भोलानाथ की गवाही से भी होती है।

गोपीनाथ के अपने बयान की पुष्टि इस तथ्य के आधार पर हुई कि उसके द्वारा इन्दु भूषण के भाई को लिखी हुई चिट्ठियाँ व एक पोस्ट कार्ड इन्दु के घर से मिले हैं। ये प्रदर्श पी.-48, पी.-49 और पी.-50 हैं। उसकी गवाही की ताईद रामदुलारे के पास से मिले पोस्ट कार्ड (प्रदर्श पी.-59) से भी होती है जो उसे गोपी नाथ द्वारा भेजा गया था। आगे इस तथ्य से भी यह पुष्टि होती है कि सूरज बाली ने कानपुर से भेजे गए पार्सल की रसीद (प्रदर्श पी.-53) पर गोपी नाथ के पक्ष में अपने हस्ताक्षर किए हैं।

जादूनाथ सेन के बयान की ताईद उसके हैडमास्टर जगननाथ द्वारा की गई है तथा आगे सीताराम और महेश नारायण सिन्हा ने भी पुष्टि की है।

अब हम *बनवारीलाल* के साक्ष्य पर आते हैं। हमारा मानना है कि उसने सभी कुछ नहीं बताया, तथा उसने कुछ व्यक्तियों के बचाव के उद्देश्य से कई तथ्यों पर पर्दा डाले रखा है। परन्तु, कुल मिलाकर, उसके बयान व्यापक साजिश की वास्तविकता को बखूबी पुष्टि करते नजर आते हैं। *जोगेशचन्द्र चटर्जी* सम्बन्धी उसकी गवाही की

पुष्टि दस्तावेज (प्रदर्श पी.-198) की जोगेशचन्द्र चटर्जी के पास से बरामदगी और उस द्वारा की गई जोगेशचन्द्र चटर्जी की शनाख्त से भी होती है, जो कि किसी तरह भी सम्भव नहीं हो सकती थी, जब तक कि वह उससे परिचित न होता।

कुछ तथ्य जो उसने अपने इकबालिया बयान में बताए, वह पहली बार ही जाहिर हुए थे। इन सभी की पुष्टि बाद में मिली जानकारी से बखूबी हुई है। राजेन्द्र नाथ लाहिड़ी ने इसको कुँवर बहादुर के नाम पर पैसे भेजे थे। बनवारी लाल बनारस में तारा सिंह के फर्जी नाम से रह रहा था। यह प्रदर्श पी.-480-ए से सिद्ध होता है। राम प्रसाद जून के पहले सप्ताह के दौरान बनारस में ही था जब ये पैसे राजेन्द्र नाथ लाहिड़ी को दिए गए थे।

जहाँ तक ट्रेन डकैती की वारदात का सम्बन्ध है उसके इकबालिया बयान की पुष्टि नीचे लिखे तथ्यों से होती है—

(1) यह उस द्वारा दी हुई सूचना ही थी, जिससे यह पता चला था कि मनीऑर्डर (प्रदर्श पी.-92) उसी ने ही हिम्मत बहादुर को भेजा था।

(2) ...कि मुकन्दी लाल ने शाहजहाँपुर से अपनी पत्नी को मनीऑर्डर भेजा था।

(3) ...कि राम प्रसाद ने छेदीलाल धर्मशाला के रजिस्टर में अपना नाम 'दीन दयाल' लिखा था।

(4) ...कि डाके के दौरान बरामद हुई वस्तुओं के टूटे हुए टुकड़े लखनऊ के विक्टोरिया पार्क स्थित एक कुएँ में फेंक दिए गए थे। उक्त मुद्दे पर *इन्स्पेक्टर गोविन्द बिहारी* की गवाही है, जिसकी पुष्टि *मिस्टर हॉर्टन* ने की है। इन्स्पेक्टर गोविन्द बिहारी ने बताया है कि कई चीजें जो वारदात के दौरान डाकुओं के हाथ लगी थीं, और जिनकी उन्हें कोई जरूरत नहीं थी, वे बनवारी लाल की सूचना के आधार पर विक्टोरिया पार्क के कुएँ से मि. हॉर्टन की हाजरी में निकाली गई थीं।

इन सहदोषियों की गवाहियों की प्रौढ़ता अन्य तथ्यों से भी हो जाने के मद्देनजर इसके वास्तविक महत्त्व पर भी ध्यान देना उचित होगा। हम यहाँ इन गवाहियों के परिप्रेक्ष्य में यह कहने में संकोच नहीं करेंगे कि *बनारसी दास* एक भरोसेयोग्य गवाह है। वह काफी हद तक पार्टी के कई अति गुप्त तथ्यों से परिचित था, भले ही वह दल के मुखियों की टोली का सदस्य न भी रहा हो। हम उसको कोई मान्य तथा आदर्शनीय शख्स न मानते हुए उसकी बेगुनाही या पछतावों के दावों से प्रभावित नहीं हुए हैं। हमारा यह मत है कि उसने जो (इकबालिया बयान आदि) दिए हैं वह केवल खुद को बचाने के उद्देश्य से ही दिए हैं, और उसका बार-बार यह कहना कि क्रान्तिकारियों द्वारा अपनाए गए ढंग-तरीके उसकी अन्तर-आत्मा को परवान नहीं थे, *केवल पाखंड* ही लगता है। परन्तु उसके पक्ष में हम यह अवश्य कह सकते हैं कि जो सूचनाएँ उसने उपलब्ध कराई हैं वे किसी और स्रोत से नहीं मिल सकती थीं। उसे यह बताने में कोई

लाभ नहीं था कि बमरौली और बिचपुरी वाले डाके क्रान्तिकारियों ने ही डाले थे। यह स्पष्ट है कि काकोरी डाके में वह शामिल नहीं था। हमारा यह मानना है कि उसने ऐसे बयान सम्भवत: इसलिए दिए होंगे कि मुकन्दी लाल ने उसका (बनारसी लाल का) नाम कश्मीरी होटल में दर्ज किया था। हमारे लिए यह कह पाना अति कठिन है कि दल के सदस्य एक-दूसरे के प्रति कैसी भावनाएँ रखते थे, तथा हो सकता है बनारसी लाल उन घटनाओं से दु:खी ही हो, जिनके बारे में हम पहले कुछ भी नहीं जानते थे। हम उसकी गवाही को दुरुस्त ही मान रहे हैं। वह लम्बी जिरह के दौरान लड़खड़ाया नहीं। *भले ही वह एक बुरा व्यक्ति है, किन्तु हम उसकी गवाही को भरोसेयोग्य समझते हैं।*

इन्दु भूषण मितरा, उस समय एक छोटा लड़का ही था जब वह क्रान्तिकारियों की ओर आकर्षित हुआ; हम भरोसे से नहीं कह सकते कि वह सचमुच पश्चातापी है; बल्कि हमारे ख्याल में उसका राम प्रसाद की गिरफ्तारी के बाद राजेन्द्र नाथ लाहिड़ी को सचेत कर देना किसी नई शुरुआत की दिशा में कोई रचनात्मक संकेत नहीं है। इकबालिया बयान देने में उसका मुख्य उद्देश्य तो अपनी चमड़ी को बचाना ही था, परन्तु हमें उसकी गवाही पर विश्वास करने में कोई हिचक नहीं है; वह लम्बी जिरह के दौरान भी लड़खड़ाया नहीं, जो उसे कलंकित करने में असफल रही।

कुँवर बहादुर, इन्दु से कुछ बड़ा है: वह भी लगभग उसी भाँति का युवक है। वह भी जिरह के दौरान लड़खड़ाया नहीं और हमें उसके बयानों पर विश्वास न करना अनुचित लगता है। *गोपीनाथ* एक निर्बल व्यक्ति है जो लगभग अन्धा है। वह किसी हालत में भी पार्टी का मूल्यवान सदस्य नहीं हो सकता था। वह भी जिरह के दौरान दृढ़ ही रहा, तथा हमें उसकी गवाही को दुरुस्त ठहराना होगा। *जादूनाथ सेन* हमें एक आर्दशवादी युवक लगता है जिसने सच बताया है। हालाँकि कहने को वह सहदोषी ही है, परन्तु वह इस दिशा में शायद ही कुछ कर पाया होगा, तथा उसकी गवाही की पुष्टि की आवश्यकता नहीं रह जाती; वह भी जिरह के दौरान स्थिर ही रहा था। *बनवारी लाल* की दोष स्वीकृति भी भरोसेयोग्य है।

अभियोग पक्ष की गवाहियों को निपटाने के बाद हम मुलजिम पक्ष की ओर आते हैं।

(iii) मुलजिम पक्ष

बचाव पक्ष के आठ मान्य वकीलों में से एक ने भी व्यापक साजिश की वास्तविकता सम्बन्धी अभियोग पक्ष द्वारा जुटाए गए सबूतों पर बहस की ही नहीं; हमने यह मुद्दा प्रत्यक्ष रूप में उनमें से हरेक (वकील) के समक्ष उभारा और खास तौर पर मि. एच.एन. मिश्रा के (जो निचली अदालत में भी पेश हुए थे) कि वह अभियोग पक्ष की ओर से इस परिप्रेक्ष्य में पेश किए गए गवाहों के बयानों पर बहस करें। उन्होंने इस मुद्दे

पर कुछ कहा भी, परन्तु वह कुछ खास आलोचना नहीं कर पाए, और न उन्होंने यह कहने का प्रयास ही किया कि ये गवाहियाँ व्यापक साजिश को साबित करने योग्य नहीं हैं। *कुल मिलाकर उनकी सब दलीलों का तात्पर्य यही था मेरा मुवक्किल इस साजिश में शामिल नहीं था।* आलोचना की भी गई तो वह यह थी कि वैश्य अनाथालय, मेरठ में की गई मीटिंग की, जिसके बारे में यह दलील पेश की गई कि शनाख्तों वाले सबूत भरोसेयोग्य नहीं हैं, और अगर ये भरोसेयोग्य हों तो भी अन्य सबूत यह स्थापित करने के लिए काफी नहीं हैं कि वास्तव में मेरठ में जो मीटिंग हुई थी, वह क्रान्तिकारी भाँति की ही थी।

मि. चटर्जी और डॉ. जे.एन. मिश्रा की ओर से रोशन सिंह के बचाव में यह दलील दी गई कि बमरौली डकैती को क्रान्तिकारियों द्वारा ही की गई वारदात, होने के कोई ठोस सबूत नहीं हैं। उन्होंने इस तथ्य पर अधिक जोर दिया कि (इस वारदात की) पुलिस जाँच के आधार पर चलाए गए केस में तत्कालीन सेशन जज (जो अभी सेवामुक्त हो चुके हैं) ने सभी मुलजिमों को बरी कर दिया था। उन्होंने यह मुद्दा भी उभारा कि डकैती में कुछ डाकू शहरी मूल के व्यक्ति थे और बिजली की टार्च के प्रयोग वाला तथ्य मूल विथ्या में था ही नहीं। इसके अलावा यह भी दलील दी गई कि रोशन सिंह को तत्काल गिरफ्तार नहीं किया गया था यद्यपि उसका नाम (डाकुओं में एक के रूप में) दिया गया था। डकैती क्रान्तिकारियों का काम नहीं था। तो भी, यह दलील नहीं दी गई कि बिचपुरी, द्वारकापुर और ट्रेन डकैती क्रान्तिकारियों का काम नहीं है। अथवा इस मुद्दे पर अभियोग पक्ष की ओर से जुटाए गए प्रमाणों को झुठलाने की ओर ध्यान नहीं दिया गया।

व्यापक साजिश के उपलब्ध सबूतों के बारे में हमारी धारणा है कि—

यह साबित हुआ है कि यू.पी. प्रान्त में जुलाई 1924 के दौरान सम्राट शहंशाह को भारत के साम्राज्य से वंचित करने के उद्देश्य से, साजिश रची गई तथा इन्हीं साजिशों के रचेताओं ने इस उद्देश्य की पूर्ति के लिए हथियार, गोली बारुद खरीदने, क्रान्तिकारी प्रचार का कार्य निभाने के लिए धन जुटाने के उद्देश्य से घातक हथियारों से लैस होकर डाके डालने की साजिश भी की थी। हमने यह भी पाया है कि उपलब्ध सबूत यह स्थापित करते हैं कि उन व्यक्तियों का ऐसे हथियार इस्तेमाल करने का संकल्प उनके द्वारा डाले जाने वाले डाकों को अधिक लाभकारी बनाने तथा उनका अपना बच निकलना सुनिश्चित करने के लिए था; उन्हें यह अनुभव भी था कि सम्भवत: इन वारदातों में हत्या भी करनी पड़ सकती है, जिससे सम्राट–शहंशाह को भारत के साम्राज्य से वंचित करने के उद्देश्य से डाकों, कत्लों की साजिश रचित होना स्थापित होता है।

जहाँ तक *वैश्य अनाथालय, मेरठ* वाली मीटिंग का सवाल है, हमने माननीय वकीलों की दलीलों तथा उपलब्ध सबूतों के आधार पर यह पाया है कि क्रान्तिकारी दल के कुछ सदस्य जैसे राम प्रसाद, राजेन्द्र नाथ लाहिड़ी, सुरेशचन्द्र भट्टाचार्य ने विष्णु सरण दुब्लिस के मेरठ वाले रिहायशी मकान मेरठ अनाथालय में पूरी सावधानी के साथ

छुप-छुपाकर गुप्त बैठक की थी। हम विश्वास करते हैं *सब इन्स्पेक्टर, ब्रह्म सिंह* तथा *फेरू सिंह* भरोसेयोग्य गवाह हैं। शनाख्ती प्रक्रिया दौरान सम्बन्धित जेल में मौजूद कई और कैदियों के दरमियान दोषियों की सही पहचान करने और फिर अदालत में उन्हें पहचान पाने से उनकी गवाहियों की वास्तविकता और भी यकीनी हो गई थी। उपलब्ध दस्तावेजी सबूत भी इस मीटिंग को क्रान्तिकारी दल की पूर्व-संयोजित बैठक होने के बारे में कोई शक की गुंजाइश नहीं छोड़ते। हमने देखा है कि इस मीटिंग को अनाथालय की कार्य समिति की कथित मीटिंग जाहिर करने का प्रयास भी किया गया है, हालाँकि वास्तव में ऐसी किसी मीटिंग का कोई प्रस्ताव नहीं था। हम *राजेन्द्र नाथ लाहिड़ी* की एक चिट्ठी का उल्लेख करते हैं जो कलकत्ता के एक गुमनाम व्यक्ति को मीटिंग में भाग लेने की याचना है। इस चिट्ठी के पकड़े जाने से मिली जानकारी को भी हम इसी मीटिंग से ही जोड़ते हैं। एक और चिट्ठी (प्रदर्श पी.-482) जो *राम प्रसाद* की लिखाई में थी, जिसमें प्राप्तकर्ता को मीटिंग में आने की याचना, मेरठ अनाथालय में 13 सितम्बर, 1925 को दादाजी के श्राद्ध पर पहुँचने की आड़ में की गई थी। पूर्वजों की स्मृति में परिवार के तत्कालीन सदस्य श्राद्ध का आयोजन हर वर्ष करते हैं, ऐसा कोई समागम हो ही नहीं सका है जिसमें राम प्रसाद और उसके अन्य सहयोगी 'अनाथालय' में शामिल हों, बे-बुनियाद है। हम आगे चलकर इस मीटिंग के बारे में सम्बन्धित व्यक्तियों की अपीलों के निपटारे के दौरान और चर्चा करेंगे।

इस बात में कोई सन्देह नहीं है कि *बमरौली, बिचपुरी, द्वारकापुर और काकोरी* में डाके डाले गए थे। बिचपुरी तथा काकोरी वाले डाके क्रान्तिकारियों से सम्बन्धित थे, इसमें कोई शक की गुंजाइश नहीं है। हमारा यह मत है कि द्वारकापुर वाला डाका भी इसी साजिश की श्रृंखला का ही एक मनका था। इस मुद्दे का किसी अपीलार्थी से कोई लेना-देना नहीं है, क्योंकि उनमें से किसी एक को भी इसके लिए दोषी नहीं ठहराया गया तथा जहाँ तक हमारे इस मत का सवाल है कि बिचपुरी और काकोरी डाके साजिश की श्रृंखला के ही मनके थे, इसमें कोई शक की गुंजाइश नहीं रह जाती।

अन्त में हमें **बमरौली** डाके के बारे में यह तय करना है कि क्या यह डाका भी साजिशी कड़ी का ही अंग था? *रोशन सिंह* की अपील के सिलसिले में इस मुद्दे की भी अहमियत है, तथा हम इस बारे में उसकी अपील के निपटारे के दौरान ही विस्तार से चर्चा करेंगे। यहाँ केवल उसके वकील की इस बारे में सुझाई गईं मोटी-मोटी दलीलों का जिक्र किया जा रहा है— यह तर्क कि चूँकि रोशन सिंह के अतिरिक्त कुछ और दोषियों को इस मामले में पीलीभीत के जज ने बरी कर दिया था, बेतुका और असंगत है। हम इस दलील को अहमियत इसलिए नहीं देते, क्योंकि इसमें कोई दम नहीं है। इस केस के हमारे पास उपलब्ध रिकार्ड से यह स्पष्ट हो जाता है कि पीलीभीत में मुकदमे के दौरान अदालत के समक्ष किसी ने भी यह स्पष्ट रूप से नहीं कहा था कि कुछ डाकू शहरी मूल के थे व सेशन जज के सामने किसी ने इस तथ्य का उल्लेख करने की कोशिश ही नहीं की कि डाकुओं द्वारा बिजली की टार्च इस्तेमाल की गई थी। परन्तु

इन तथ्यों का जिक्र वहाँ न किए जाने के आधार पर यह कह देना कि इस प्रकार के मनगढ़त तथ्य बाद में वारदात से जोड़ना, वारदात के मूल वर्णन से छेड़छाड़ करने तुल्य हैं, हम नहीं मानते। इन तथ्यों का जिक्र पहले केस में न पाया जाना पीलीभीत पुलिस की नालायकी का ही सूचक हो सकता है। पीलीभीत पुलिस की जाँच में ही नुक्स थे। पहला बिन्दु तो इस बारे में यह है कि किसी पुलिस अधिकारी ने घटनास्थल से सात .300 बोर के, पाँच .450 बोर के, खाली कारतूसों के पाए जाने को कोई अहमियत नहीं दी; यह अवहेलना सम्बन्धित अधिकारियों की कार्यकुशलता की कमजोरी दर्शाती है। इन (कारतूसों) के पाए जाने के मद्देनजर ही पुलिस अधिकारियों को चौकन्ने हो जाना चाहिए था कि यह डाका कोई साधारण वारदात नहीं है; यह इस तथ्य का स्पष्ट संकेत था कि डाकुओं में कुछ के पास वे हथियार थे जो ऐसी वारदातें करने वाले आम मुलजिमों के हाथ शायद ही कभी लगे होंगे। इसके अतिरिक्त उनको कुछ आगे भी देखना चाहिए था— कि अगर (मान लो) .300 और .450 बोर की राइफलों जैसे हथियार अगर आम मुलजिमों के हाथ आ भी जाते तो वे गोली सिक्का कहाँ से जुटाते? कुछ मात्रा में तो यह चुराया भी जा सकता है, परन्तु इस तरह के बारुदी-कारतूस दीर्घकालीन नहीं होते और कुछ ही वर्षों में बेकार हो जाते हैं। कुल मिलाकर, आम मुलजिमों के लिए ऐसे कारतूस हासिल करना इतना कठिन होता है, जिसके मद्देनजर इन डाकुओं का किसी विशेष वर्ग से सम्बन्धित होना साफ नजर आ जाना चाहिए था कि ये वही लोग थे, जिनको साधारण गाँव वाले 'शहरी' कहते हैं। परन्तु मौके के गवाहों से इस भाँति का कोई प्रश्न पूछने का प्रयास किया ही नहीं गया।

यहाँ पर ही बस नहीं, हालाँकि जिस चौकीदार ने प्रथम सूचना लिखाई थी और जिसने इस वारदात को कुछ दूरी से देखा हुआ भी था, उसने भी इसी (प्रथम सूचना) में अजीब तरह की रोशनी का उल्लेख किया हुआ है— 'जो कभी मध्यम और कभी तेज होती थी।' पुलिस अधिकारियों ने इसे डाकुओं द्वारा प्रयोग में लाई गई रोशनी बतलाया है। हालाँकि थोड़ी बहुत सूझबूझ वाले किसी भी व्यक्ति को डाकुओं का वारदात के दौरान *मोमबत्तियों* को रोशनी के लिए इस्तेमाल करना जचेगा नहीं। जिस गाँव वाले ने कभी बिजली टार्ज देखी ही न हो तो वह साधारणत: ही किसी नई तरह की रोशनी को 'मोमबत्ती' भी कह सकता है। इसके अतिरिक्त उस पूरी जाँच के दौरान 'मोमबत्ती' का कोई भी टुकड़ा घटनास्थल से नहीं मिला, और न ही जली हुई दीया-सिलाई ही मिली, तो फिर कोई उन (पुलिस अधिकारियों) को पूछता कि वे किस आधार पर इन रोशनियों को 'मोमबत्ती' का प्रकाश मान लेते हैं। इसलिए हम यह कहने को मजबूर हैं कि अगर मौके के गवाहों से डाकुओं की चाल-ढाल, पहरावे तथा रोशनी के साधनों के बारे में सूझबूझ से पूछ-पड़ताल की गई होती, तो ऐसा कुछ कभी न होता, जैसा कि दर्शाया गया है।

यदि हमें मि. चटर्जी और डॉ. जे.एन. मिश्रा की, *रोशन सिंह* के बमरौली डाके में दोषी ठहराए जाने के सिलसिले में, सुझाई गई दलीलों को स्वीकार करने को कहा

जाए तो हमें यह मानना पड़ेगा कि इस वारदात की इस नई जाँच में बेईमानी से (फर्जी) सबूत जोड़ दिए गए हैं, परन्तु हम मि. हॉर्टन और उनके अधीन पुलिस अधिकारियों द्वारा की गई जाँच के बारे में पूर्ण रूप से सन्तुष्ट हैं, कि यह प्रक्रिया बिलकुल बेदाग थी; इसलिए रोशन सिंह के वकीलों की ओर से प्रस्तुत की गई इन दलीलों को हम रद्द करते हैं। पहले केस में रोशन सिंह को दोषी न ठहराए जाने के बारे में और चर्चा हम उसके व्यक्तिगत मामले को निपटाने के दौरान करेंगे; यहाँ हम केवल यही कहेंगे, कि उस डाके की पहली जाँच के दौरान दोषी न ठहराया जाना, हालाँकि उन पुलिस अफसरों की कार्यकुशलता पर धब्बा है, परन्तु यह तथ्य किसी तरह भी उसको निर्दोष सिद्ध करने की दिशा में संकेत नहीं है। कुछ भी हो हम बमरौली डाके को क्रान्तिकारी दल द्वारा अपने साजिशी उद्देश्यों की प्राप्ति के लिए की गई कार्रवाई समझते हैं।

व्यक्तिगत निर्णय

सजाएँ—

भूमिका :

इससे पहले कि दोषियों की सजाएँ निश्चित की जाएँ हम कुछ पर्याप्त तथ्यों पर विस्तार से चर्चा करने जा रहे हैं।

यह देखा गया है कि **1924** के दौरान **बंगाल** में कुछ व्यक्तियों, जिनमें *शचीन्द्र नाथ सान्याल और जोगेशचन्द्र चटर्जी* भी शामिल थे, द्वारा एक क्रान्तिकारी किस्म की साजिश रची गई थी। इसके उद्देश्यों की पूर्ति के लिए जोगेशचन्द्र यू.पी. आया ताकि वह सदस्य भर्ती करके वहाँ (क्रान्तिकारी) आन्दोलन का आयोजन कर सके। तदनुसार *पहली मीटिंग लगभग जुलाई 1924 दौरान शाहजहाँपुर* में की गई थी। इस तरह की बैठकें यू.पी. में और जगहों पर भी की गई होंगी; लगता है कि जुलाई 1924 के बाद वाले दिनों तक यह आन्दोलन यू.पी. में जड़ें पकड़ गया था, परन्तु इसका *केन्द्रीय स्थान बंगाल* ही रहा, जहाँ से जगह-जगह दिशा-निर्देश भेजे जाते थे। बहुत से अधिकार प्रान्तीय इकाइयों को भी सौंप दिए गए थे, जिनके दो मुख्य केन्द्र— शाहजहाँपुर और बनारस थे। ऐसी ही प्रान्तीय शाखा की एक मीटिंग यू.पी. के किसी स्थान (कानपुर: सम्पादक) पर अक्तूबर 1924 में भी हुई थी। इस मीटिंग की कार्रवाई की रिपोर्ट *जोगेशचन्द्र चटर्जी* से कलकत्ता में गिरफ्तारी के समय पकड़ी गई थी। प्रान्तीय समितियों की ऐसी कई बैठकें हुई होंगी। दूसरी इस तरह की मीटिंग जिसकी पुष्टि हो पाई है, वह 13-14 सितम्बर, 1925 को *विष्णु शरण दुब्लिस* के वैश्य अनाथालय मेरठ स्थित रिहायशी क्वार्टर में हुई थी। 25 सितम्बर, 1925 की गिरफ्तारियों के बाद यू.पी. में ये गतिविधियाँ बन्द हो गई थीं।

'दी रिवोल्यूशनरी' पर्चे द्वारा अपने उद्देश्यों और ढंग-तरीकों की व्याख्या करते वक्त काफी सर्तकता बरती गई है, जबकि बाद में जाकर पार्टी नियमावली (पीले पर्चे)

द्वारा उक्त ढंग-तरीकों की व्याख्या की गई थी। इन उद्देश्यों तथा तौर-तरीकों को और भी स्पष्ट रूप में प्रस्तुत किए जाने के प्रमाण भी देखने में आते हैं, जैसा कि अन्तिम उद्देश्य की यह व्याख्या:

> सभा का उद्देश्य संगठित सशस्त्र क्रान्ति द्वारा भारतीय संघीय संयुक्त प्रान्तीय गणराज्य स्थापित करना है।

तौर-तरीके

(1) सदस्यों की **भर्ती के लिए व्यक्तियों को** निजी रसूख और निजी वार्तालाप द्वारा तथा **'जनतक' समूह** को प्रकाशनाओं के भिन्न-भिन्न माध्यमों, जिनमें *रियायती* दरों पर साप्ताहिक अखबार, गुप्त छापाखाने, खुले भाषण, धार्मिक भावनाओं वाली कविताएँ, और जादुई लालटैन द्वारा चित्र प्रदर्शित करने जैसे साधन सुझाए हुए थे। कुछ सदस्य गाँवों, कारखानों, और कोयले की खानों में जाकर मजदूरों व किसानों को क्रान्तिकारी आन्दोलन में लाने के उद्देश्यों से उन्हें संगठित करें। इसी प्रकार सदस्यों को कांग्रेस तथा दूसरे दलों को भी क्रान्तिकारी कार्यक्रम अपनाने के लिए राजी करें।

(2) दल के लिए आवश्यक आक्रामक शक्ति जुटाने के उद्देश्य से हथियार गोली सिक्का प्राप्त करने के साथ-साथ इनका निर्माण भारत में ही करना होगा। कुछ सदस्यों को हथियार-गोली सिक्के के निर्माण कर सकने वाले विशेषज्ञ बनाने के उद्देश्य से उनको विदेश भेजा जाए ताकि खुले विद्रोह के समय वे गोली सिक्के के कारखानों का निर्माण कर सकें। कुछ शेष सदस्य (अंग्रेजी) भारतीय फौज में भर्ती हो जाए। सभी सदस्यों को हथियार उपलब्ध हों।

(3) आवश्यक धन की व्यवस्था करने के लिए सदस्यों तथा हमदर्दों से चंदे लिए जाएँ; परन्तु जब भी आवश्यक हो, बल का सहारा भी ले लिया जाए।

(4) केन्द्रीय समिति के पास सम्पूर्ण अधिकार हों और इसका मुख्य कर्तव्य—

भारत के भिन्न-भिन्न प्रान्तों में जारी गतिविधियों की भरपूर जानकारी रखते हुए (इनकी) देख-रेख करना और तालमेल बिठाना तथा भारत से बाहर चलाई जा रही गतिविधियों पर इसका सीधा नियन्त्रण होगा।

प्रस्तावित सशस्त्र क्रान्ति को साकार करने के लिए उठाए जाने वाले कदमों का उल्लेख तो नियमावली में नहीं किया गया परन्तु एक सम्भावित परिस्थिति की व्यवस्था की गई हुई है—

> विदेशी शासन या इसके अधिकारियों द्वारा हद से ज्यादा दमन की परिस्थिति में इसका मुँहतोड़ जवाब देना इसका कर्तव्य होगा।

इन्दु *भूषण मितरा* के शब्दों में, इस आन्दोलन के उद्देश्य थे—

> सशस्त्र क्रान्ति द्वारा विदेशी शासन का तख्ता पलट कर इसकी बजाय आजाद हिन्दुस्तानी सरकार स्थापित करना। साधन होगा विद्रोह, जिसमें पुरुषों, हथियारों व गोली-सिक्के की आवश्यकता होगी। पुरुष होंगे भारत के युवक जो सभाओं, पुस्तकालयों, सेवा-समितियों, खेलकूद क्लबों, आदि द्वारा प्रेरित किए जाएँगे। धन सदस्यों के चन्दों और डकैतियों से प्राप्त किया जाएगा, जिससे पुस्तकालय आदि स्थापित किए जाएँगे, प्रचार-संचार किया जाएगा, तथा हथियार व गोली-सिक्का खरीदा जाएगा।

क्या यह सब कुछ वास्तव में हो पाना सम्भव था?

हमने इस मामले पर भी विचार-चर्चा की है कि क्या सचमुच ही इस क्रान्तिकारी कार्यक्रम को साकार किया जा सकता था, या कि इसको कुछ मनचले युवकों के शेखचिल्लियों जैसे सपने ही समझ लें, जो उनके भारत में सब अच्छा न होने की निराधार परन्तु निष्कपट धारणाओं से प्रेरित है। परन्तु हम इस आन्दोलन को हानिरहित ठहरा नहीं पाए।

हालाँकि यह आन्दोलन केवल एक साल से कुछ ऊपर (जुलाई 1924-सितम्बर 1925) तक ही कार्यशील रह पाया था, जो इसके प्रचंड रूप धारण कर सकने के लिए काफी नहीं था। फिर भी इन *14 महीनों में ही इसने हलचल मचा दी थी;* हथियार, गोली, बारूद जुटा लिए थे, बम बनाए जा रहे थे, और चार योजनाबद्ध डाके भी डाले गए थे, जिनमें खून-खराबा भी हुआ था। यदि आन्दोलन को थाम न लिया गया होता, तो हालात खतरनाक हद तक बिगड़ सकते थे। *सशस्त्र क्रान्ति से पहले के कई पड़ाव होते हैं जिनमें स्थिति और भी ज्यादा भयानक हो सकती थी।*

हमारे समक्ष प्रस्तुत किए गए साक्ष्य के अनुसार क्रान्तिकारियों द्वारा युवकों को भर्ती करने के तरीके, और फिर इन भर्ती किए गए युवकों को भर्ती करने वाले बना लेने के लिए अपनाए गए ढंग निन्दनीय हैं; जैसे यह साबित हुआ है कि राम प्रसाद बिस्मिल ने इन्दु भूषण मितरा से सम्पर्क किया, और इस लड़के के कथनानुसार—

> आर्य समाज भवन के पास ही एक खेल का मैदान है (जिसका मैंने जिक्र किया है)। मैं वहाँ हाकी खेला करता था। राम प्रसाद बंगाली सीख रहा था तथा वह मुझसे कुछ शब्दों के अर्थ पूछता था। राम प्रसाद बंगाली बोल और समझ तो लेता था परन्तु ठीक प्रकार से लिख नहीं पाता था। पहले-पहल वह मुझे बंगाली के जासूसी उपन्यास पढ़ने को दिया करता था। फिर मुझे अन्य पुस्तकें भी पढ़ने को देने लगा। शुरू में तो मुझे यह पुस्तकें वह स्वयं ही दिया करता था, परन्तु बाद में धीरे-धीरे मैं उससे माँगकर पढ़ने लग गया। ये पुस्तकें थीं—
>
> कन्हाई लाल, *'बन्दी जीवन'*, (दूसरा खंड) *'बँगला बिपलोबाद'*

(बंगाल में क्रान्ति, बंगाली भाषा में) *'बौलशविक की करतूत'* (हिन्दी में) और *'रूस क्रान्ति की दादी— कैथरीन... '*। इन पुस्तकों का प्रभाव मेरे पर यह हुआ कि अंग्रेज भारत पर दमन के बल पर राज कर रहे हैं और इनको विद्रोह द्वारा खदेड़ना चाहिए।

इसके पश्चात, इन्दु भूषण मितरा जो अभी चौदह साल का भी नहीं हुआ था, अगले पड़ाव पर पहुँचने योग्य हो गया। उसने युवकों के लिए एक व्यायाम क्लब की योजना बनाई ताकि उनको शारीरिक अभ्यास द्वारा अधिक योग्य क्रान्तिकारी बनाया जा सके। वह क्रान्तिकारी गतिविधियों में उत्साहपूर्वक भाग लेने लगा और उसने राम प्रसाद का 'पोस्ट आफिस' बन जाना परवान कर लिया, परन्तु ज्यों ही वह सोलह साल का हुआ, उसकी गतिविधियाँ समाप्त हो गईं।

राम प्रसाद ने इसी तरह 13 साल की कच्ची (तरुण) आयु के बच्चे *जगदीशचन्द्र* को बहकाया; जगदीशचन्द्र के अनुसार :

मैं पिछले दो साल के दौरान राम प्रसाद का दोस्त रहा हूँ। मेरा उसके पास तब जाना शुरू हुआ जब मैं नौंवी कक्षा में था। मेरी सेहत तब कमजोर थी। राम प्रसाद ने मुझे सुझाया कि मुझे कसरत करनी चाहिए तथा वह मुझे यह सिखा सकता है। मैं इससे पहले कभी उसके घर नहीं गया था, और इस प्रकार ही मेरा उसके घर जाना शुरू हुआ। जब मैं उसके घर गया तो उसने मुझे राम मूर्ति वाली कवायद समझाई, परन्तु यह मुझे कठिन सी लगी। फिर उसने मुझे डंड-बैठकें लगाने का ढंग बताया, जो मैं अपने घर में लगाता रहा। इस तरह हमारा मेल-जोल बढ़ता गया। राम प्रसाद का मुझसे यह पूछने पर कि क्या मैं स्कूली किताबों के अलावा और किताबें भी पढ़ता हूँ? मैंने बताया कि मैं स्कूल लाइब्रेरी की किताबें भी पढ़ता हूँ। उसने मुझे बताया कि वह मुझे एक किताब देगा, जो मुझे पढ़नी चाहिए; अत: उसने मुझे 'स्वतन्त्रता के पुजारी' नामक पुस्तक दी, जो मैंने पढ़ी और लौटा दी, जैसा कि उसने मुझे करने को कहा था। मेरे किताब वापस करने पर उसने पूछा कि मुझ पर इसका क्या प्रभाव पड़ा? मैंने जवाब दिया कि मुझे ऐसे दिखने लगा कि हरेक व्यक्ति को देश सेवा करनी चाहिए; इस पुस्तक में गांधी, तिलक, गोखले, आदि की जीवनियाँ थीं।

फिर राम प्रसाद ने सुझाया कि मैं एक क्लब खोलकर इसमें किताबें-अखबारें मँगवाऊँ। उसने कहा कि किताबें ऐसी हो जो देश सेवा को उत्साहित करें। इन्दु भूषण क्लब शुरू करेगा और मैं उसकी सहायता करुँगा। इन्दु को मैं जानता ही था क्योंकि हम सहपाठी थे, वह इस केस में गवाह भी है।

छुट्टियों में, मैं शाहजहाँपुर से बाहर, मुरादाबाद, बरेली आदि में रहा था जहाँ से मैं जुलाई 1925 में लौटा।

मैं राम प्रसाद से मिला और उसने मुझे फिर कहा कि मेरी सेहत कमजोर

> है तथा मुझे कसरत करनी चाहिए। उसी दिन उसने मुझे अंग्रेजी पुस्तक *Grandmother of the Russian Revolution* ('रूसी क्रान्ति की दादी') दी, जिसको मैंने एक-दो मास में पढ़ लिया।
>
> *कैथरीन* (इस पुस्तक की नायिका) गाँव-गाँव में जार के विरुद्ध और गणतन्त्र राज्य के हक में प्रचार करती थी। उसको जेल जाना पड़ा था। जब मैंने किताब वापस की तो उसने कहा कि भारत में भी गणतन्त्र स्थापित करने के लिए क्रान्ति की जरूरत थी।

मैंने कहा कि भारत में क्रान्ति असम्भव थी क्योंकि न तो हमारे पास हथियार थे और न ही फौज। उसने जवाब दिया कि उनका संगठन हथियार जुटा रहा था और पूरा बन्दोबस्त कर लिया जाएगा। जब मैंने पूछा कि हथियार कैसे प्राप्त किए जा रहे हैं तो उसने बताया कि जबरदस्ती, भाव जिन लोगों के पास हैं, उनसे छीनकर। मैंने उससे संगठन के बारे में जब और जानना चाहा तो उसका जवाब था कि तुम अभी बच्चे हो, इसलिए तुमसे बताया नहीं जा सकता। उसने मुझे यह बात किसी को बताने से यह कहकर मना कर दिया कि ऐसा करना स्वयं मेरे लिए अच्छा नहीं होगा।

जगदीशचन्द्र को भर्ती करने से पहले ही राम प्रसाद गिरफ्तार हो गया। इन्दु भूषण ने भी जगदीशचन्द्र से सम्पर्क किया था।

गोविन्द चरण कार (चौधरी) ने एक अन्य स्कूल विद्यार्थी *जादूनाथ सेन* के साथ इस तरह का मेल-जोल बढ़ाया था :

> मैं छुट्टियों से लौट आने पर अगले रोज चौधरी को नमस्कार बोलने के लिए गया और दो-तीन दिन बाद हमारी बातचीत हुई। शुरुआत ऐसे हुई कि वह मेरे कमरे में आया और मेरे बारे में पूछने लगा। मैंने बताया कि मैं चर्च मिशन स्कूल का विद्यार्थी हूँ और अपने पिताजी के बारे में भी बताया। मैंने उससे पूछा कि वह क्या करता है तो उसने कहा कि वह चाकू, उस्तरों और वस्त्रों का एजेंट है।
>
> पहले दिन उसने पूछा कि क्या मैं उपन्यास पढ़ता हूँ तो मैंने बताया कि मेरे पास वक्त नहीं होता। उसने मुझे कुछ वक्त निकालने का सुझाव दिया और कहा मुझे *भाषण देना* भी सीखना चाहिए।
>
> मैंने जवाब दिया कि मुझे भाषण देने की क्या जरूरत है जबकि मैं केवल एक विद्यार्थी ही तो हूँ; उसने मुझे कहा कि तुम्हें बिना देरी से यह सीख लेना चाहिए। फिर उसने मुझे सुझाया कि मैं गंगा प्रसाद *लाइब्रेरी* में जाकर *अखबार* और *उपन्यास* पढ़ा करूँ। मेरा जवाब था कि मेरे पास वक्त नहीं है और जब होगा, चला जाऊँगा। पहले रोज हमारी इस तरह की बातचीत हुई थी।
>
> दूसरे या तीसरे दिन हम फिर मिले; इस बार मेरे कमरे में आकर उसने देश के हालात पर चर्चा की। उसने बताया कि आजादी कैसे हासिल की जा सकती है। कई रोज वह मुझे इस बारे में समझाता रहा। इसी दौरान उसने

> मुझे एक किताब *'देश उधार'* दी, जो हिन्दी में थी और इसी के साथ ही मिलती-जुलती एक और रचना थी *'गुलामी का नशा'*। उसने मुझे 'देश उधार' के दो पन्ने पढ़ लेने को कहा। फिर उसने मुझे यह किताब अपने पास रख लेने को कहा और कहा कि अगर कोई बात समझ न पाऊँ तो उससे पूछ लूँ। उसने बाद में *स्वदेशी और विदेशी* (कपड़ों) के संकल्प की व्याख्या की, और मुझे सुझाया कि मैं विदेशी की बजाय स्वदेशी कपड़े ही पहना करूँ क्योंकि वह सस्ते हैं, और हमें घरेलू दस्तकारी को बढ़ावा देना चाहिए। मैंने कहा कि मैं तो वहीं पहनूँगा, जो मेरे पिताजी मुझे देंगे। उसने यह भी कहा कि हमारा बहुत सा अनाज बाहर भेजा जा रहा है तथा हिन्दुस्तानी भूखे मर रहे हैं।

हमने देखा है कि 19 साल का भूपिन्द्र नाथ सान्याल (जिसने अपील नहीं की है) भी इलाहाबाद में अपने सहपाठियों को बहकाने का प्रयास किया करता था।

डाके

परन्तु इस साजिश के दौरान जो कुछ डकैतियों के मामले में हुआ है, (जब हम चार डाकों की घटनाओं को देखते हैं) तो हमें बाकी सब कुछ इतना परेशान नहीं कर पाया जितना कि यह सब कुछ। यह अपराध 'कभी-कभार चंदा जबरदस्ती लिए जाने' के कार्य को दर्शाता है।

बमरौली में डाका पीड़ित एक ब्राह्मण था जिसको केवल इसलिए लूटा गया कि उसके पास धन उपलब्ध था। लुटेरों ने वहाँ अंधाधुंध गोलियाँ चलाईं; *मोहन* मारा गया और सात व्यक्ति घायल हुए। मोहन की हत्या के बारे में गवाह बलदेव प्रसाद कहता है—

> *मोहन लाल* मेरे गाँव में उसी रात को मारा गया था। वह एक किसान और पहलवान था, तथा वह उस मौके मेरा साथ देने वालों मैं से एक था। उसने लुटेरों को ललकारा कि या तो हथियार छोड़कर मेरे से दो हाथ कर लो, नहीं तो मुझे भी हथियार दे दो, और मैदान में आ जाओ। छत के ऊपर वाले डाकुओं ने उसको सामने आने को कहा; वह जब सामने आया तो उस पर एक मोमबत्ती जैसी रोशनी डालने के साथ ही उसको गोली मार दी गई। वह वहीं गिरकर मर गया।

बिचपुरी डाके में पीड़ित का चुनाव ऐन मौके पर ही किया गया था; वैसे वास्तव में उनके निशाने पर कोई और गाँव का व्यक्ति था, परन्तु उनको स्थानिक बदमाश सहयोगियों ने वहाँ वारदात करने में सम्भावित खतरे के बारे में सचेत कर दिया था। इस तरह *तोती और बिहारी* उनकी लूट का निशाना बने, वह भी केवल इसीलिए कि उनके पास धन था, और उनसे कोई खतरा भी नहीं था। यहाँ पर डाके की शुरुआत अत्याचार से हुई। *तोती* कहता है—

> तब *बिहारी* को घसीटकर वहाँ लाया गया, जहाँ मैं था। फिर मुझे एक कमरे में ले जाकर कहा कि मैं बताऊँ कि मैंने रुपए वगैरा कहाँ रखे हुए हैं? मेरे चुप रहने पर उन्होंने मुझे मारना-पीटना शुरू कर दिया। डाकुओं ने मेरे बेटे के गले पर चाकू रखते हुए कहा, "इसका गला काट दो वरन् यह हमें नहीं बताएगा"; मेरी गर्दन भी मरोड़ी गई और मेरी आँखों को चाकू दिखाते हुए कहा कि बता दो नहीं तो तुम्हारी आँखें निकाल देंगे। जब मैंने यह चाकू हटाना चाहा तो मेरे हाथ को चोट आई। मेरे बच्चे को कोई हानि नहीं हुई क्योंकि शोभा के मकान की छत पर से किसी और डाकू ने ऐसा करने से रोक दिया।

दो व्यक्तियों को गोलियाँ लगीं, उनमें एक *(शामलाल)* तो मर गया। *शोभा* के अनुसार इसकी मृत्यु इस तरह हुई थी—

> मैंने *शामलाल* को घर से निकलते हुए देखा और उसने पूछा कि मैं वहाँ किस लिए खड़ा था, मैंने कहा कि उनके पास बन्दूकें हैं और हम मार दिए जाएँगे। शाम लाल ने कहा यह तो पटाखे हैं, बन्दूकें नहीं; शाम लाल आगे बढ़ा और सामने वाले (डाकू) को कहा कि मैंने तुम्हें पहचान लिया है। "अगर तुमने मुझे पहचान लिया है तो यह ले, शामलाल मुड़ने ही लगा था तो उसकी पीठ में गोली लगने से वह वहीं गिर गया। मैं डर के मारे खेतों की ओर भाग गया।

इसी तरह ही **द्वारकापुर** के शिओरत्न बनिए ने भी उसके घर डाले गए डाके का कारण उसके पास धन होना ही बताया है। उसके बाजू को (दाँतों से) काटा गया और उस पर कुल्हाड़ी से तीन वार भी किए गए थे; एक गाँव वाला मारा गया था और 4 अन्य घायल हुए थे।

गाड़ी वाले (काकोरी) डाके में लुटेरे गाड़ी के दोनों तरफ से गोलियाँ बरसाते रहे। बदकिस्मत अहमद अली के मारे जाने को, उसके दोस्त मिर्जा अहमद शाह ने इस तरह बयान किया है—

> *अहमद अली* यह कहकर नीचे उतरा कि वह अपनी बीवी का पता करने जा रहा है, जो दूसरे (जनाना) डिब्बे में थी। मैंने उसको जाने से रोका, परन्तु उसने जवाब दिया कि वह शीघ्र ही लौट आएगा। हमारे और उस (जनाना) डिब्बे के बीच दो-तीन डिब्बे और थे। गाड़ी चल पड़ने तक भी अहमद अली वापस नहीं लौटा।

जाहिर है कि उसको बाहर निकलते ही गोली मार दी गई थी।

इस तरह साल भर के समय में ही डाकों के दौरान चार जानें गोलियों का शिकार बनीं, अन्य 12 घायल हुए और एक को बुरी तरह मारा-पीटा गया था।

इन निन्दनीय कार्रवाईयों को यह कुछ कहकर *योग्य ठहराने के कुछ प्रयास भी किए* गए हैं कि साजिशियों का कत्ल करने का कोई इरादा नहीं था, वे तो उन्हें केवल उनके धन हथियाने में रोड़ा अटकाने या अपने आपको अज्ञात रखने के लिए ही करने

पड़े थे; यह भी कह दिया गया था कि इसके अगर उनमें कुछ मानवता का अंश नहीं होता तो *और भी गम्भीर परिणाम* हो सकते थे जैसा कि *तोती* के बयान में दूसरे डाकू ने बच्चे को हानि पहुँचाने से रोक दिया था।

बनारसी लाल के अनुसार—

> जब मैं अन्दर गया तो मकान के दालान में एक झोंपड़ी में खाट पर मियाँ-बीवी सोए हुए थे; और मैंने उन्हें धमकाया। उस (आदमी) ने मुझे कुछ नहीं बताया और मैं दूसरी ओर चला गया। वहाँ मैंने देखा कि एक बदमाश एक औरत को उसके बालों से घसीट रहा था और कुइक सिल्वर एक बच्चे के गले पर चाकू रखे हुए राम प्रसाद से पूछ रहा था कि उसे बच्चे का गला काट देने दिया जाए नहीं तो औरत कुछ नहीं बताएगी। राम प्रसाद उस समय छत पर था; उसने कहा कि ऐसा मत करो, औरत वैसे ही बता देगी। गंगाराम और नवाब कमरों से सम्पत्ति निकाल रहे थे। मुझे यह कुछ बुरा लगा और मैं दूसरी ओर चला गया। एक कमरा चारे से भरा हुआ था जहाँ एक औरत छुपी बैठी थी, जिसकी गोद में एक बच्चा था और पास ही एक और बड़ा बच्चा भी था। एक बदमाश उस औरत की छातियाँ पकड़े हुए था। मैंने डाकू को धमकी दी कि मैं तेरी शिकायत 'कप्तान' (राम प्रसाद) से करने लगा हूँ तो वह बदमाश औरत को छोड़कर दूसरे कमरे में चला गया और मैं घर से बाहर निकल आया।
>
> जब मैं दोबारा अन्दर गया तो वहाँ क्या देखता हूँ कि कुछ बदमाश मजे से शीरा खा रहे हैं (मैंने ये कमरे उप-मजिस्ट्रेट को दिखाए थे): घर वालों के बाहर निकलकर शोर मचाने पर लोग इकट्ठे होकर चीखने लगे, तो राम प्रसाद के आदेश पर बदमाशों और अशफाकउल्ला ने छत पर से गोलियाँ चलाईं। राम प्रसाद ने कहा, "हवलदार! इन लोगों को तीन बार चेतावनी दो और अगर पीछे नहीं हटते तो गोली मार दो।"
>
> राम प्रसाद छत से चिल्लाया कि जिसने मरना हो वही आगे आए; छत से और जमीन पर से भी गोलियाँ चलाई जाती रहीं, परन्तु किसी व्यक्ति पर पिस्तौल या राइफल नहीं चलाई गई क्योंकि राम प्रसाद का आदेश था कि *जब कोई हमला करे, तब ही इनको इस्तेमाल में लाना है।*

यह भी सुझाया गया कि ये डाके किसी *निजी लाभ* के लिए नहीं बल्कि केवल अपने आदर्श की पूर्ति के लिए धन जुटाने के उद्देश्य से ही डालने पड़े थे। हमारी राय में ऐसी बातों का ऐसे दोषी की सजा के मामले में कोई महत्त्व नहीं है। हमारी नजरों में एक कातिल जो किसी को मार डालने के मन्तव्य से उसकी जान लेता है, और दूसरा जो किसी बेगुनाह को इसलिए मार देता है कि वह उसको डाका डालने से न रोके, एक ही जैसे दोषी हैं; या फिर केवल इसलिए कि यह कुछ क्रान्तिकारी उद्देश्यों की पूर्ति हेतु, पैसे जुटाने के उद्देश्य से किया गया था।

यह साबित हो चुका है कि हरेक डाके के मौके पर दोषी घातक हथियारों का प्रयोग करते थे ताकि अगर कोई उनकी लूटपाट में बाधा डाले तो उस पर गोली चलाई जाए और या फिर किसी के उनको पहचान लेने की आशंका व्यक्त हो तो भी इन घातक हथियारों का प्रयोग करते हुए, मनुष्य जीवन की बिलकुल परवाह न की जाए।

हमारा मानना है कि यह साजिश अति गम्भीर तरह की थी, जिसके दो व्यापक परिणाम थे— *कच्ची आयु के युवकों को बिगाड़ कर* उनका जीवन बर्बाद करना और ऐसे देशवासियों को *लूट, कत्ल* और मारपीट का निशाना बनाना, जिन्होंने उनका कुछ भी बिगाड़ा नहीं था: इनके मुख्य नेता जिनकी भीतरी साँठ-गाँठ के फलस्वरूप यह सब कुछ होता रहा है, उनको तो अनुकरणीय सजा मिलनी ही चाहिए। तथा, जब यह आरोपी साथ ही उन वारदातों में स्वयं भाग लेने के दोषी भी पाए जाए कि जिनमें हत्याएँ हुई हैं, तो उनको और भी कड़ी सजा मिलनी चाहिए; उन आरोपियों को जो भीतरी साँठ-गाँठ में शामिल न भी रहे हों, परन्तु जिन्होंने वास्तव में ही ऐसे निन्दनीय कार्यों में बढ़-चढ़कर हिस्सा लिया है, उनको भी उसी तरह की ही कड़ी सजाएँ मिलनी चाहिए; परन्तु वह जिनकी भूमिका दूसरी पंक्ति वाली रही हो, उनको कुछ छूट दी जा सकती है।

हमें इनकी सजाओं के मामले में हरेक व्यक्ति की युवक अवस्था को भी ध्यान में रखना सुझाया गया है, और हम ऐसा कर भी रहे हैं। परन्तु जिक्रयोग्य है कि दुष्टतम अपराधी प्रौढ़ उम्र के ही हैं; जैसे राम प्रसाद 28, राजेन्द्र नाथ लाहिड़ी 24, रोशन सिंह 36, जोगेशचन्द्र चटर्जी 30, सुरेशचन्द्र भट्टाचार्य 28, विष्णु शरण दुब्लिस 26, गोविन्द चरण कार 30, मुकन्दी लाल 33, शचीन्द्र नाथ सान्याल 32 वर्ष के हैं।

हमें कुछ व्यक्तियों के पश्चाताप करने को भी ध्यान में रखने को कहा गया है; जो हम कर रहे हैं, परन्तु यह छूट उसी को दी जाएगी जो वास्तव में पश्चातापी है न कि उन दोषियों को भी जिन्होंने केवल औपचारिक तौर पर ही पश्चातापी पाया गया है।

सजाओं के मामले में अन्तिम सुझाव यूँ प्रस्तुत किया गया है कि दुष्टतम अपराधी होते हुए भी यह भटके हुए निष्कपट मनुष्य हैं, जिन्होंने *उलट-पुलट धारणाओं* के प्रभाव अधीन उक्त कार्यों को अपना *कर्तव्य* मानकर अंजाम दिया है परन्तु नम्रता वाले बर्ताव के फलस्वरूप सम्भवत: वे सार्थक जीवन व्यतीत कर सकते हैं। इसके विपरीत इन्हीं में से एक उदाहरण ऐसे भी है जो उक्त धारणा को नकारता है, और वह है *शचीन्द्र नाथ सान्याल* का जिसको बनारस साजिश केस में आजीवन कारावास की सजा सुनाई गई थी और जिसे कुछ ही देर पश्चात दया के आधार पर बिना-शर्त रिहा कर दिया गया था। 1920 में अपनी रिहाई के बाद उसने अपनी आत्मकथा के रूप में एक पुस्तक लिखी थी, जो *'बन्दी जीवन'* के नाम से प्रसिद्ध हुई है। इसमें उसने अपनी पिछली गतिविधियों की भरपूर प्रशंसा की हुई है, और जो पढ़ने वालों को भी उसी प्रकार के अपराध करने के लिए प्रेरित करने वाली एक रचना है। इस साजिश में भी उसकी मुख्य रचेता (Promoter) की भूमिका थी।

अभी हम पंद्रह अपीलार्थियों की अपीलों को निपटाने जा रहे हैं :

(1) राम प्रसाद बिस्मिल

जैसा कि हम ऊपर कह चुके हैं, यह एक प्रौढ़ व्यक्ति है, जो गिरफ्तार होने तक शाहजहाँपुर में कारोबार चलाता था। साजिश के मामले में उसके विरुद्ध *बनारसी लाल* और *इन्दु भूषण* की गवाहियाँ ही अहम सबूत हैं। अगर इन गवाहियों को समर्थक पुष्टियों द्वारा प्रमाणित किया गया मान लिया जाए तो वह न केवल साजिशियों में से ही एक था, बल्कि *प्रान्तीय संगठनकर्ता तथा शाहजहाँपुर शाखा का मुखी* भी था। इस सिलसिले में जुटाए गए सबूतों की चर्चा की यहाँ आवश्यकता नहीं, जो पहले ही की जा चुकी है, अभी तो हमें सिर्फ यह तय करना है कि यह आरोप उसके विरुद्ध साबित हुए मान लिए जाएँ या कि नहीं।

उक्त दोनों सहदोषियों की गवाही की पुष्टि का पहला सबूत यह है कि (जैसा राम प्रसाद ने खुद भी स्वीकार किया है) उसने *7 अगस्त, 1924 को कानपुर की पी.एन. बिसवास नामी दुकान से पचास कारतूस,* प्रेमकिशन खन्ना के लाइसेंस के आधार पर खुद ही *'प्रेमकिशन'* के हस्ताक्षर करके खरीदे थे। अतिरिक्त समर्थक पुष्टि यह है कि इस तरह के ही सात कारतूसों के खौल बमरौली डाके वाले घटनास्थल से और एक भरा हुआ कारतूस द्वारकापुर से तथा इसी भाँति के ग्यारह खाली और एक भरा हुआ कारतूस रेल डाके (काकोरी) के घटनास्थल से भी मिले थे। उसको बमरौली डकैती मामले में बरी तो कर दिया गया था, लेकिन बनारसी लाल के कथन अनुसार राम प्रसाद ने डाके के कुछ ही दिन बाद उसको *ढालने के लिए जेवर दिए थे,* जिसका दूसरा सबूत इसी वारदात के तुरन्त बाद, इलाहाबाद बैंक शाहजहाँपुर वाले खाते में (प्रदर्श पी.-191) *750 रुपए जमा कराना* भी उपलब्ध है।

बनारसी लाल का राम प्रसाद के विरुद्ध यह आरोप कि उसकी 'दी रिवोल्यूशनरी' पर्चे के बाँटे जाने में महत्त्वपूर्ण भूमिका थी, की समर्थक पुष्टि नहीं हुई है लेकिन *इन्दु भूषण मितरा* की गवाही के अनुसार उसके इस पर्चे के बाँटे जाने से जुड़े होना साबित होता है; इसी (पर्चे) की इन्दु भूषण द्वारा शनाख्त भी इसी बात की सूचक है। इन्दु भूषण की गवाही की पुष्टि मुख्य रूप में उन सबूतों की मौजूदगी से हो जाती है, जो इन्दु भूषण के किसी व्यक्ति के 'पोस्ट आफिस' होने को प्रमाणित करते हैं, और उसके पास ऐसी चिट्ठियाँ आती रही थीं, जिनके विषय-वस्तु की हम समीक्षा कर ही चुके हैं: प्रदर्श पी.-138-ए सम्भवत: *राजेन्द्र नाथ लाहिड़ी* ने भेजा था; जो दासासमेध डाकखाने से भेजा गया था (राजेन्द्र नाथ लाहिड़ी वहीं रहता है) इसमें यह अनुच्छेद दर्ज हैं :

> आपने लालाजी के बारे में नहीं लिखा। मैं सचमुच हैरान हूँ। नं. सात का प्रतिनिधित्व करने के लिए योग्य व्यक्ति नहीं है और मेरा विचार है कि वह

अति योग्य हैं क्योंकि उनके यहाँ पर साधन भी हैं। वह कुछ ही समय में वहाँ कुछ सहायक भी जुटा पाएँगे। मैंने उनको यह सुझाया था और वह तैयार भी हैं। अभी वह सभा में जाने को उत्सुक हैं। अगर हम उनको साथ लेकर न गए तो उन्हें ठेस पहुँचेगी तथा पहले ही उन्हें कुछ व्यक्तियों द्वारा ठेस पहुँचाई गई है। मैं भी डाँवाँडोल स्थिति में हूँ। अगर आपको कोई आपत्ति न हो तो मैं उसको भी साथ ले आऊँ।

भले ही ये खत *राजेन्द्र नाथ लाहिड़ी* ने न भी लिखें हों, इसके विषय-वस्तु के मद्देनजर यह पत्र अवश्य ही किसी साजिशी का लिखा हुआ लगता है; यह सुझाया गया है कि 'लालाजी' वास्तव में दमोदर सरूप है; चाहे वह 'लालाजी' न भी हो फिर भी यह संकेत किसी साजिशी का ही लिखित होना व्यक्त करता है। 'सभा' तो वैश्य अनाथालय मेरठ वाली बैठक ही हो सकती है। चिट्ठी (प्रदर्श पी.-140) उस व्यक्ति की है जो हरिद्वार में रहस्यपूर्ण गतिविधियों चला रहा था तथा जो खुद को 'नरेन्द्र' लिखता है। बाद में एक और चिट्ठी पुलिस के हाथ लगी जो रामकिशन खत्री की लिखाई में है जिसमें उसने अपना नाम *'नरेन्द्र'* लिखा है, (कुछ भी हो) हम हरिद्वार से चिट्ठी (प्रदर्श पी.-140) भेजने वाले को कोई एक साजिशी होने के अतिरिक्त कुछ भी मानने को तैयार नहीं है। चिट्ठी (प्रदर्श पी.-141) *जाहिरा* तौर पर वैश्य अनाथालय के सुपरिंटेंडेंट के हस्ताक्षरों वाली है। इसमें अनाथालय की संचालक समिति की मीटिंग का हवाला है, जबकि किसी ऐसी मीटिंग की न तो कोई तजवीज थी और न ही कभी यह वास्तव में की ही गई थी।

प्राप्तकर्ताओं को भिन्न-भिन्न धर्मशालाओं में ठहराना तथा मीटिंग स्थान लेखक का रिहायशी मकान तय होना सुझाया गया था। 'नरेन्द्र' की भेजी हुई एक और चिट्ठी (प्रदर्श पी.-142) है जिसमें यही मीटिंग 16 सितम्बर, 1925 को आयोजित करने को कहा गया है। इसके अतिरिक्त एक और चिट्ठी (प्रदर्श पी.-143) है जिसका हवाला हम पहले किसी *अनाथ* के सिलसिले में दे चुके हैं जो *बढ़ई* की सिखलाई लेना चाहता है— जिसका मतलब हमने किसी व्यक्ति को बमसाजी की सिखलाई के लिए कलकत्ता भेजा जाना निकाला है। वह आदमी या तो चिट्ठी का लेखक (जो हमारे ख्याल में राजेन्द्र नाथ लाहिड़ी था) या फिर खुद राम प्रसाद। प्रदर्श पी.-144 चिट्ठी भी किसी साजिशी की ही लिखी हुई है, जिसमें लिखा है—

मुझे लगता है कि मैं दो-तीन खिलाड़ी भेज सकूँगा, जिनमें से एक तो दक्ष व्यक्ति है।

यह संकेत या तो डाकुओं को या फिर बमसाजों को ही व्यक्त करता होगा। चिट्ठी (प्रदर्श पी.-145), *'मथुरा'* की है जो उपलब्ध रिकार्ड की रोशनी में *राजेन्द्र नाथ लाहिड़ी* ही हो सकता है, जो इस (चिट्ठी के) लेखक और प्राप्तकर्त्ता दोनों के साजिशी होने का पक्का सबूत है, तथा एक और चिट्ठी (प्रदर्श पी.-147) जो *इन्दु भूषण* की गिरफ्तारी के बाद पहुँची थी, रामकिशन खत्री की लिखी हुई साबित हुई है। अन्य एक

चिट्ठी (प्रदर्श पी.-41) भी है, जिसको आगे चलकर हम राम प्रसाद की लिखाई होना साबित करेंगे, जो उसकी गिरफ्तारी के वक्त उसके तकिए के नीचे से मिली थी। यह चिट्ठी बेशक राजेन्द्र नाथ लाहिड़ी के लिए ही थी, जो रामनाथ पांडे को उसके 'पोस्ट आफिस' के नाते उसके पते पर भेजी गई थी, जिसकी शुरुआत इस तरह थी—

> आप जानते हैं कि मैं पूजा की छुट्टियों का आनन्द ले रहा हूँ, क्योंकि मेरा स्कूल बन्द है।

अब राम प्रसाद का तो स्कूल से कोई लेना देना नहीं था, क्योंकि वह तो एक दूध की दुकान का प्रबंधक था। आगे लिखा है—

> अगर आपको *काली बाबू* से कोई समाचार मिले तो सीधा मुझे मेरे दफ्तर में ही सूचित करें; या मुझे अपने पास बुला लेना जहाँ से मैं रवाना हूँगा।

'*काली बाबू*' बेशक एक साजिशी है; बताई गई कुछ किताबें भेजने को भी चिट्ठी में कहा गया है, जिनमें कुछ रचनाएँ क्रान्तिकारी भाँति की हैं,

> तथा अंग्रेजी की अन्य पुस्तकें भी जो आप मुनासिब समझें; जहाँ तक हो सके यह *साम्यवादी विचारों* वाली हों।

इसी (चिट्ठी) में *जगदीशचन्द्र* (वह लड़का जो राम प्रसाद के सामने वाले मकान में रहता था) का भी नए 'पोस्ट आफिस' के तौर पर जिक्र मौजूद है। उसके पास एक कागज का टुकड़ा (प्रदर्श पी.-259) भी पाया गया था, जिस पर हिन्दी में अशफाक-उल्ला, बनारसी लाल और प्रेमकिशन आदि के नाम लिखे हुए थे। तथा उसके पास से पैसे के हिसाब-किताब वाला स्मारक पत्र (प्रदर्श पी.-260) भी मिला था।

इससे पहले कि हम प्रदर्श पी.-482 में राम प्रसाद के विरुद्ध व्यक्त किए गए आरोपों की तरफ आएँ, हम उन दलीलों का उल्लेख करेंगे, जिनके मद्देनजर हमें कुछ *विशेष दस्तावेजों के उसी की लिखित* में होने में कोई सन्देह नहीं रह जाता। हमने इस बारे में मि. स्टॉट की गवाही पर गौर किया तो है, लेकिन इन दस्तावेजों के मामले में लिखावटी दक्ष की सहायता की कोई जरुरत नहीं थी क्योंकि भिन्न-भिन्न लिखावटों में इतनी प्रत्यक्ष समानताएँ थीं कि हमें इस बारे में स्वतन्त्र तौर पर उक्त निर्णय पर पहुँचने में कोई कठिनाई नहीं हुई। अभियोग पक्ष को किसी ऐसे दस्तावेज को जुटाने में काफी कठिनाई हुई, जो प्रमाणित रूप में उसकी लिखावट हो। राम प्रसाद गिरफ्तारी के बाद से ही अपनी लिखावट का नमूना देने में टालमटोल करता रहा था; हालाँकि अपने मुकदमे के दौरान उसने कई याचनाएँ दायर कीं, परन्तु उसने सावधानी के तौर पर यह कभी भी अपने हाथ से नहीं लिखी थीं, और अगर लिखी भी थीं, तो वह भी उर्दू में; (क्योंकि) कोई विवादित लिखाई उर्दू में नहीं थी। जब उससे लिखाई उपलब्ध कराने से इनकार का कारण पूछा जाता तो उसका जवाब होता कि चूँकि कुश्ती लड़ते समय उसकी कलाई में चोट लगी थी, इसलिए कई सालों से उसको लिखने में बहुत कठिनाई हो रही है। उसकी कलाई को स्थाई चोट वाले मुद्दे का निर्णय भली-भाँति इस आधार पर किया जा सकता है कि दोषी ठहराए जाने के बाद उसने अपने पक्ष में व्यक्त दलील

अंग्रेजी भाषा में लगभग 76 छपे पन्नों के आकार के दस्तावेज के रूप में अदालत को सौंपी थी, हालाँकि फिर भी *एक बार उससे चूक* हो चुकी थी; गिरफ्तारी के तुरन्त बाद जब उसे शाहजहाँपुर जेल में रखा गया था, तो उसने एक याचिका दिनांक 6 सितम्बर, 1925 (प्रदर्श पी.-512) को सब-डिविजनल ऑफिसर को भेजी थी जो उसकी अपनी लिखाई प्रमाणित हुई है। इस याचिका में उसने जेलबन्दी के दौरान एकान्त बन्दीकरण में रखे जाने तथा उसके जेल टिकट पर 'खतरनाक' लिखे जाने के विरोध में शिकायत की थी। इस याचना की लिखाई उसी के हाथ की प्रमाणित होने पर हमने चिट्ठी (प्रदर्श पी.-482) को भी उसी के हाथ की लिखी हुई ठहराया है; यह वह चिट्ठी है जो किसी अज्ञात व्यक्ति ने मि. हॉर्टन को सौंपी थी; इसका जिक्र हम पहले भी कर चुके हैं। राम प्रसाद ने यह किसी *'उनडेल'* नाम के व्यक्ति को यह याचना करते हुए लिखी थी कि वह उसके दादाजी के श्राद्ध उत्सव पर 13 सितम्बर, 1925 को अनाथालय में पधारें।

प्रदर्श पी.-601 में राम प्रसाद की इलाहाबाद बैंक, बनारस के साथ पत्राचार में पाई गई है। उसने बनारस शहर से एक चिट्ठी 2 जून, 1925 को लिखी थी, जो दासा-समेध के मकान नं. 78 से भेजी गई थी जिस द्वारा शाहजहाँपुर शाखा को उसके बनारस शाखा वाले खाते में 60 रुपए भेजने को कहा गया था। ये तथ्य स्पष्ट रूप से दूसरे साक्ष्य से सिद्ध हुए हैं। इस जाँच की खास अहमियत इसलिए अधिक है कि *राजेन्द्र नाथ लाहिड़ी* मकान नं. 78, दासासमेध में ही रहता था। राम प्रसाद को मेरठ के साथ जोड़ने का आधार सब इन्स्पेक्टर ब्रह्म सिंह तथा फेरू सिंह की गवाहियों के अतिरिक्त वे दस्तावेज भी हैं जिनका पहले जिक्र हो चुका है। इसकी अतिरिक्त पुष्टि जगदीशचन्द्र की गवाही से भी होती है।

अभी हम **बिचपुरी** तथा **ट्रेन** डकैतियों की चर्चा करेंगे जिनमें राम प्रसाद दंडित है। जहाँ तक **बिचपुरी कांड** का सवाल है, *बनारसी लाल* की गवाही, समर्थक प्रमाणों द्वारा इसकी पुष्टि हो जाने पर राम प्रसाद के इसमें शामिल होने का निर्णायक आधार होगी। हमें *बिहारी* (*डाके* का पीड़ित) और *लीला*, जो बिचपुरी के पड़ोस में डकैती की रात पशु चरा रहा था और उसने कुछ व्यक्तियों को वहाँ इकट्ठे हुए देखा था, के बयानों के मद्देनजर किसी और सबूत की आवश्यकता नहीं रह जाती। शनाख्त परेड के दौरान *बिहारी* ने राम प्रसाद को जेल कैदियों के समूह के बीच में से डाकुओं की टोली में शामिल व्यक्ति के तौर पर पहचाना था। उसने उसे दोबारा अदालत में भी पहचाना। जिस ढंग से यह जेल शनाख्तें हुई थीं, उसकी चर्चा हमें दोबारा करने की जरूरत नहीं है। *लीला* ने राम प्रसाद को जेल परेड में तो पहचाना, लेकिन अदालत में ऐसा नहीं कर पाया।

काकोरी कांड के मामले में हमारे समक्ष पहले तो *बनारसी लाल* का ही बयान है जो कुछ डाकुओं के शाहजहाँपुर में इकट्ठे होने तथा राम प्रसाद की मेहमानदारी की पुष्टि करता है। बनारसी दास ने भी एक मकान इनको ठहराने के लिए उपलब्ध कराया था; इन मुद्दों पर *किशनलाल* उसकी प्रौढ़ता करता है।

फिर हमारे सामने *राधेलाल* की गवाही है, जो यह साबित करती है कि पाँच और व्यक्तियों के साथ एक व्यक्ति छेदी धर्मशाला, लखनऊ में 7 अगस्त, 1925 से 8 अगस्त तक और फिर 8 अगस्त से 9 अगस्त तक ठहरा था, तथा इनके मुखी ने कानपुर के *'दीन दयाल'* के नाम से धर्मशाला के रजिस्टर (प्रदर्श पी.-476-बी, 476-ए) में हस्ताक्षर किए थे। हमें इसमें कोई शक नहीं है कि ये दोनों हस्ताक्षर राम प्रसाद के ही हैं। *कल्लन,* ताँगेवाले ने राम प्रसाद को जेल में कैदियों की भीड़ में उन व्यक्तियों में से एक के तौर पर शनाख्त किया जिन्हें उसने 8 अगस्त, 1925 को काकोरी के पास वारदात से पहले देखा था। यही पहचान उसने अदालत में भी दुहराई। बदलू, जो डाके वाले रोज अमेठीया गाँव के पास गाय-भैंस चरा रहे लड़कों में से एक था, ने भी राम प्रसाद को जेल के अन्दर उस रोज आस-पास शकी हालात में घूम-फिर रहे व्यक्तियों में से एक के तौर पर पहचाना और फिर अदालत में भी पहचाना। (क्या एक ताँगेवाला और चरवाहा, उक्त परिस्थितियों में किसी व्यक्ति की एक झलक मात्र से ही परिचित होते हुए, उसको इतने लम्बे समय के पश्चात् पहचान सकते हैं? सोचने की बात है —सम्पादक)

इन सभी के अतिरिक्त राम प्रसाद के खिलाफ **अब्दुल वादूद** की गवाही भी है। हमने अभी तक इस गवाही का हवाला नहीं दिया है। वह चलती गाड़ी में *सोडा वाटर की बोतलें बेचने का धन्धा* करता है। इस वारदात के दौरान वह 8 नं. 'डाऊन' गाड़ी में ही था और जब गाड़ी रोक ली गई थी, तो वह यह देखने को डिब्बे से बाहर निकला था कि क्या मामला है। वह मौके पर मौजूद डकैतों को पहचान पाने के लिहाज से सभी से बेहतर स्थिति में था, (क्योंकि आसमान में रोशनी भी थी, और उसके रोजाना गाड़ी में सफर करते रहने के लम्बे अनुभव ने उसको भिन्न-भिन्न प्रकार के यात्रियों में अन्तर समझने के लिए अधिक योग्य तो बना ही दिया होगा) इसलिए वह बाकी गवाहों से कहीं अधिक व्यापक पहचान कर पाया था। हमारा उसकी पहचान करने की योग्यता को बाकी के सभी गवाहों से ज्यादा महत्त्व देने का आधार यह है कि रेलगाड़ियों में सोडा-वाटर बेचने वाले को एक डिब्बे से दूसरे में (चलती गाड़ी में ही) बार-बार, बहुत कम रोशनी में भी जाना-आना पड़ता है— कभी खाली गिलास लेने तथा कभी पैसे वसूल करने, तो ऐसा व्यक्ति स्वाभाविक ही ज्यादा चेतन्य हो जाता है। अब कुल मिलाकर उसने आठ व्यक्तियों को डाकुओं के तौर पर पहचाना है, उनमें से चार की शनाख्त हमें ठीक नहीं लगी, जिनमें से तीन को उसने गलत पहचाना था, और चौथे के मामले में वह किसी हद तक इसलिए ठीक नहीं था कि वह व्यक्ति राजेन्द्र नाथ लाहिड़ी से काफी मिलता-जुलता था। (नोट : क्या अब्दुल वादूद पहचान करने के मामले में सचमुच ही उतना निपुण था जैसी कि जज ने उसकी प्रशंसा की है? —सम्पादक) उसने राम प्रसाद को ठीक पहचान लिया था, जिसको उसने जेल परेड में कई कैदियों के बीच तथा फिर अदालत में भी पहचाना था।

इसके अतिरिक्त, राम प्रसाद को *बनवारी लाल* ने डाकू टोली के मुखियों में से एक बताया है। हमारे समक्ष *इलाहाबाद बैंक,* शाहजहाँपुर के एक सब-एजेंट,

श्री राम पांडे की गवाही भी है, जिसमें कहा गया है कि काकोरी रेल डाके के कुछ ही दिन बाद राम प्रसाद के पास काफी पैसे थे।

तो ये थे राम प्रसाद के खिलाफ *काकोरी डाके* के मामले में सबूत।

राम प्रसाद का पक्ष

मि. हैमिल्टन की अदालत में, सी.आई.डी., स्पेशल जज तथा अभियोग पक्ष के वकीलों के विरुद्ध दुष्टबाजी के अतिरिक्त उसने लगभग सभी मामलों में अपने को निर्दोष ही बताया था। सुपुर्दकर्ता मजिस्ट्रेट के समक्ष तो उसने कोई बयान देने से ही इनकार कर दिया था। मि. हैमिल्टन की अदालत में उसने विस्तार में बयान दिया। उसने यह स्वीकार किया कि वाकई उसने प्रेमकिशन के नाम पर कारतूस खरीदे थे, लेकिन उसी के आग्रह पर ही; बस यही था उसका स्पष्टीकरण।

उसने *बनारसी लाल* पर कुछ इस तरह की नुक्ताचीनी की कि वह कांग्रेस कमेटी का सचिव था और लेखा परीक्षक भी उसने 1921 में ठाकुर इन्द्रा विक्रम से कुछ विलायती कपड़े जला देने के उद्देश्य से लिए थे (जो विदेशी पहरावे के बाईकॉट का सूचक था) लेकिन उसने उनमें से कुछ कपड़े जलाए नहीं बल्कि अपने निजी इस्तेमाल के लिए (बईमानी से) छुपाकर रख लिए थे। उसने उस पर यह भी दोष लगाया कि बनारसी लाल ने कांग्रेस के *अहमदाबाद अधिवेशन* के दौरान एक *बाल्टी* और एक लालटेन *चुराई* थी। राम प्रसाद ने यह खुलासा भी किया कि उसने इन आरोपों के बारे में कांगेस पार्टी के सदस्यों को बताया था, जिसकी वजह से बनारसी लाल काफी बदनाम हो गया था: बल्कि राम प्रसाद ने तो यहाँ तक कह डाला कि वह खुद डाकुओं की एक टोली का मुखी है तथा वह डाकाजनी भी करता है; सो बनारसी लाल को उससे दुश्मनी है। अन्त में उसने बनारसी लाल को पुलिस वालों के हाथ में कठपुतली बताया।

इन्दु भूषण मितरा के बारे में उसका कथन था कि उसका बाप एक सरकारी स्कूल के हैडमास्टर होने के नाते सरकारी जासूस है।

सी.आई.डी. को उसने जी भर के कोसा है और यह दावा किया कि उसे इस मामले में इसलिए फँसाया गया है कि वह अखबारों में इस महकमे की पोल खोलता रहा है कि ये लोग झूठे मामले दायर करके अमन कानून की बिगड़ती हालात इस उद्देश्य से दर्शाते रहते हैं, ताकि इस महकमें में छांटी न हो पाए; सो केवल इस छांटी से बचाव के लिए ये लोग झूठे मामले पर मामले दायर कर रहे हैं; यह सब कुछ उसे मजा चखाने के लिए ही किया जा रहा है और इसी कड़ी में उसने विभाग के प्रमुख अधिकारी खान बहादुर तसदक हुसैन को अपना कट्टर दुश्मन बताया। *मि. हॉर्टन* के बारे में उसका कथन था कि वह था तो ईमानदार परन्तु कम सूझबूझ होने की वजह से सच्चाई की तह तक पहुँच नहीं पाता था। उसने *मि. हैमिल्टन* की अदालत से किसी इन्साफ दिए

जाने की सम्भावना को सिरे से रद्द कर दिया। अपनी लिखावट के बारे में उसका यह कहना था कि शाहजहाँपुर जेल अधिकारियों को भेजी गई दरख़्वास्त उसने लिखी ही नहीं थी; जेल अधिकारियों ने हेराफेरी करके मेरी दरख़्वास्त निकालकर उसकी जगह किसी अज्ञात व्यक्ति के हाथों लिखी हुई याचिका लगा दी थी।

जब उसने जेल से **इस अदालत में अपील** की तो पहले, (जैसा कि हम पहले बता चुके हैं) *पंडित गोविन्द वल्लभ पंत* को वकील मनोनीत किया था, अथवा अगर ऐसा न हो सके तो उसे खुद अपनी अपील पर बहस करने की इजाजत दी जाए। 13 मई, 1927 को उसने इस अदालत से *कई दस्तावेजों* की नकलें प्राप्त करने की दरख़्वास्त दी; 14 जून, 1927 को उसने दरख़्वास्त दी कि उसको नकलें मिल गई हैं। 28 जून, 1927 को उसने एक याचिका पेश की जिसमें उसने खुद को गोरखपुर जेल में भेजे जाने को कहा था। 7 जुलाई, 1927 को उसने अपने केस में खुद पेश होने की इजाजत माँगी थी। 18 जुलाई को उसने *मि. एल.एस. मिश्रा* को उसके वकील मनोनीत किए जाने की आलोचना करते हुए खुद पेश होने की इजाजत माँगी थी। अदालत की इस बेंच ने उसको ऐसा करने की इजाजत देने से इनकार कर दिया था (हवाला : ए.आई.आर. 1927, अवध, 312)। 20 जुलाई को उसने उसी तरह की एक और दरख़्वास्त दी जिसके साथ उसने लिखित रूप में अपना पक्ष प्रस्तुत किया हुआ था, जो 76 छपे हुए पन्नों के आकार का था। 21 जुलाई को फिर उसने यह लिखकर दिया कि उसे मि. एल.एस. मिश्रा की योग्यता और ईमानदारी के बारे में कोई शिकायत नहीं है, परन्तु कोई भी वकील इतने थोड़े समय में सारे रिकार्ड को नहीं घोख सकता। उसकी यह दलील भी बेतुकी थी। 25 मई को उसने यह कहा था कि अब उसको मि. एल.एस. मिश्रा पर पूर्ण भरोसा है और (उसकी)अपील की पैरवी उसी को सौंप दी जाए; मि. मिश्रा को तो पहले ही वह अपनी ओर से सब कुछ बता-समझा चुका था। 6 अगस्त को, अपने बचाव पक्ष को वापस लिए बगैर, उसने किसी मनुष्य को उसके वंश द्वारा लग सकने वाली बीमारियों से परहेज के बारे में, और इस विषय से सम्बन्धित और किताबों के हवाले देते हुए एक और याचिका इस उद्देश्य से पेश की कि उसको किसी भी हालत में फाँसी की सजा न दी जाए। इस याचिका में उसने यह भी लिखा था—

> आपका (यह) नम्र प्रार्थी केवल इस आधार पर दया की याचना करता है कि वह *पश्चातापी* है। यह पश्चाताप की भावना उसने 5 जून, 1927 को, यू.पी. के गवर्नर को भेजी गई दरख़्वास्त में व्यक्त की है। इस याचिका की नकल अदालत को भी भेज ही दी जाती, लेकिन उसको अंदेशा था कि ऐसा करने से दस्तावेज सार्वजनिक हो जाएँगे जो इस पड़ाव पर मुनासिब नहीं होगा।

उसने इसके बाद और भी दरख़्वास्तें पेश की हैं, लेकिन वे इस सम्बन्ध में नहीं हैं। स्पेशल सेशन जज के समक्ष उसने अपने पक्ष के सभी गवाहों के नाम वापस ले लिए। हम उस द्वारा प्रस्तुत की गई भिन्न-भिन्न परस्पर विरोधी बातों, गलत-बयानियों,

बे-तुके कथनों, जो उसने अपने बचाव के सिलसिले में जुटाए हैं (जबकि उसने अपने किए हुए कार्यों के बारे में चुपी नहीं तोड़ी) इसकी बजाय हम उसके वकील *मि. एल.एस. मिश्रा* द्वारा पेश की गई दलीलों को ध्यान में रखते हुए (उसकी) अपील का निपटारा करने जा रहे हैं।

मि. मिश्रा ने उसके खिलाफ जुटाए गए प्रमाणों की भरपूर आलोचना करने में काफी समय लगाया है। उसने यह स्वीकार किया है कि बनारसी लाल की गवाही के मामले में, उस पर थोपे गए निजी आरोपों को उसकी जिरह द्वारा प्रकट हुई बातों के परिप्रेक्ष्य में, उन आरोपों को वह (मि. मिश्रा) दुरुस्त नहीं ठहरा सकते। यह तो जाहिर ही है कि अगर राम प्रसाद द्वारा बनारसी लाल पर लगाए गए आरोपों में सच्चाई होती तो उनकी पुष्टि के लिए सबूत जुटाए जा सकते थे। राम प्रसाद ने अपने बचाव के पक्ष में यह दलील भी दी हुई है कि उसको इस केस में इसलिए घसीटा गया है कि वह *हिन्दू धर्म का कट्टर समर्थक* होने के कारण मुसलमान उसके दुश्मन बन गए हैं। इस तथ्य में कोई भी सच्चाई तो है ही नहीं, लेकिन बनारसी दास जैसा व्यक्ति तो भारतीय राजनीति से पूरी तरह सम्बन्धित है और उसकी हमदर्दी हिन्दुओं से है। अगर उसके ऊपर (व्यक्त की गई) दलील में सच्चाई होती तो यह साबित करना कठिन नहीं था कि वह कौमी गद्दार है, लेकिन राम प्रसाद ने यह साबित करने के लिए कोई प्रयास नहीं किया; तथा शुरू में यह कहकर कि वह कई गवाह पेश करने जा रहा है उसने (बाद में) सभी के नाम वापस ले लिए, और उसके बाद कभी यह शिकायत नहीं की कि उसको अपने गवाह पेश नहीं करने दिए गए, क्योंकि उसकी अपनी मर्जी से ही तो ऐसा हुआ था।

इन्दु भूषण मितरा, बनवारी लाल और बाकी दूसरे गवाहों पर आरोप निराधार थे, लेकिन (फिर भी) उसके वकील ने जहाँ कहीं भी ऐसा अवसर मिला, जहाँ कि वह किसी वाक्य को अपने मुवक्किल के हक में उपस्थित कर सकने की स्थिति में था, उसने कोई कसर नहीं छोड़ी। लिखाई के मुद्दे पर उसको कुछ कहते नहीं बना। अपीलार्थी की दलील कि दरख़्वास्त (प्रदर्श पी.-512) जाली थी, कोरा झूठ है और दोनों हस्तलेखों में तुलना करने पर उसका वकील कुछ कह नहीं पाया।

उसने (मि. मिश्रा) हमें यह भी सुझाया था कि बनारसी लाल के बयान के अनुसार उसको 'दी रिवोल्यूशनरी' पर्चे की प्रतियाँ 26 जनवरी सवेरे दी गई थीं और इस सिलसिले में एक पुलिस रिपोर्ट (प्रदर्श डी.-23) का हवाला देते हुए कहा है कि राम प्रसाद उसी रोज सवेरे पाँच बजे की गाड़ी से लखनऊ के लिए रवाना हो गया था। यह रिपोर्ट (प्रदर्श डी.-23) एक पुलिस कांस्टेबल, *अब्बास खाँ* ने दर्ज कराई थी, क्योंकि उन दिनों राम प्रसाद पुलिस निगरानी में था और अब्बास खाँ की उस पर निगाह रखने की जिम्मेवारी थी। अब्बास खाँ इस रिपोर्ट के भेजने को स्वीकार करता है। उसने यह रिपोर्ट उसी दिन शाम के पाँच बजे भेजी थी, परन्तु यह जाहिर है कि किसी ने भी राम प्रसाद को सवेरे पाँच बजे शाहजहाँपुर छोड़ते देखा नहीं था और जाहिर तौर पर उसने (कांस्टेबल) किसी और द्वारा दी गई इत्तला के आधार पर यह रिपोर्ट दर्ज की

होगी। यह साबित करने को कुछ भी नहीं कि यह सूचना दुरुस्त थी और हम नहीं समझते कि बनारसी दास की गवाही इस आधार पर किसी तरह प्रभावित होती है। जहाँ तक शनाख्तों का सवाल है, यह सुझाया गया है कि यह नाजायज ढंग से करवाई गई थीं। उसके वकील ने अधिक बल इस मुद्दे पर दिया था कि दोषी ने बिचपुरी और काकोरी डाकों में भाग लिया ही नहीं था।

हम संतुष्ट हैं कि ये शनाख्तें पूर्ण रूप से योग्य थीं, और इन (शनाख्तों) तथा हस्तलेख सम्बन्धी प्रमाणों के आधार पर हमें इन दोनों अपीलों पर निर्णय प्रस्तुत करने में कोई अड़चन नहीं है। बनारसी लाल अवश्य ही बिचपुरी डाके में शामिल था; उसका यह कथन कि इस टोली का राम प्रसाद मुखी था, केवल अपने पाँव सहारे तो खड़ा नहीं रह सकता; लेकिन इसको सीधा खड़ा रखने को उपलब्ध है *बिहारी* (बिचपुरी डाके के पीड़ित) द्वारा राम प्रसाद की डाके में शामिल व्यक्ति के रूप में की गई शनाख्त। साथ ही है इसी तथ्य की पुष्टि लीला की गवाही द्वारा और हमें विश्वास है कि राम प्रसाद ने वाकई **बिचपुरी** डाके में हिस्सा लिया था। **काकोरी** डाके में उसके शामिल होने के बारे में तो और भी पक्के सबूत मौजूद हैं। दोषी किसी तरह भी यह नहीं सुझा पाया कि छेदीलाल धर्मशाला के रजिस्टर में उसके हाथों हाजिरी (एंट्री) क्यों और कैसे दर्ज की गई थी। केवल इस आधार पर ही राम प्रसाद की 8 और 9 अगस्त को लखनऊ में मौजूदगी साबित होती है। वह *कलन, अब्दुल वादूद और बदलू द्वारा* उसकी की गई शनाख्तों के बारे में भी कोई स्पष्टीकरण नहीं दे पाया। ये शनाख्तें ही उसके काकोरी डाके में भाग लेने को प्रमाणित कर देती हैं। पहले व्यक्त किए गए सबूतों के आधार पर हम मान्य स्पेशल सेशन जज के इसको भिन्न-भिन्न अपराधों के लिए इस अपीलार्थी को दोषी ठहराए जाने के फैसले को दुरुस्त ठहराते हैं।

सजा

साक्ष्य के आधार पर इसको **सबसे खतरनाक दोषी** कहा जा सकता है। वह यू.पी. के संगठन का संचालक था; राजेन्द्र नाथ लाहिड़ी और ये दोनों पार्टी का भीतरी गुट थे। यही था जो डाकों की योजनाएँ बनाता था और जो यह तय करता था कि कब हत्या की जाए और कब न की जाए? हम मान्य सेशन जज के इस निर्णय से सहमत हैं कि **बिचपुरी** डाके का यही सरदार था, और यह ही गोली चलाने की आज्ञा देता था, जिसने खुद भी गोली चलाई थी। *गाड़ी (काकोरी)* डाके में भी इसकी इसी प्रकार की भूमिका थी। वह प्रौढ़ आयु का पूरी सूझबूझ रखने वाला व्यक्ति है। उसकी यह सूझबूझ दुष्टतम मन्तवों में व्यस्त हुई रही थी। अब जबकि सारी न्यायिक प्रक्रिया समाप्त होने को आई है तो वह दया की याचना करता है। उसने सुझाया है कि अगर उसको सभी आरोपों से मुक्त कर दिया जाए तो वह एक अच्छा, वफादार और उपयोगी नागरिक सिद्ध होगा। उसने सम्बन्धित अधिकारियों पर लगाए गए सभी आरोप वापस ले लिए हैं और काफी

हद तक अपने बचाव (आधार) को रद्द कर दिया है, परन्तु यहाँ तक सचेत रहकर कि वह उसमें से एक ही शब्द वापस नहीं लेता। हमें उसके पश्चाताप और उसकी ईमानदारी पर *भरोसा* नहीं है। हमारी राय में *अगर इस व्यक्ति को छोड़ दिया जाए तो फिर दोबारा यही कुछ करेगा।* उसने अपनी दलीलों के दौरान यह भी सुझाया है कि वह इस आधार पर दया का हकदार है कि किसी तरह भी यह साबित नहीं होता कि किसी व्यक्ति की हत्या उसी ने ही की थी। परन्तु हम इस दलील को कोई महत्त्व नहीं देते; उसने खुद फायर किए, दूसरों को फायर करने के आदेश दिए। हम यही मानकर चल रहे हैं कि जब वह उक्त कार्य कर रहा था तो उसको पता था कि इसका परिणाम क्या होगा और यह भी कि जब उसने गोली चलाई होगी, तो निशाने पर ही मारने का प्रयास किया होगा। निशाने का लग जाना या चूक जाना कोई महत्त्व नहीं रखता। इस व्यक्ति के कार्यों की मुख्य विशेषता केवल इसी में ही नहीं है कि वह अंग्रेजी राज को खदेड़ने का साजिशी ही था, बल्कि इससे भी बढ़कर वह एक बेरहम कातिल भी है जो किसी भी निर्दोष सह-नागरिक को अपने हित के लिए बलि का बकरा बना सकता है। मान्य स्पेशल सेशन जज ने ठीक ही इसको फाँसी की सजा सुनाई है। हम उसके विरुद्ध लगे सभी आरोपों की पुष्टि करते हैं और उसको बिचपुरी तथा काकोरी वाली हत्याओं सहित डाकों का आरोपी होने के नाते फाँसी की सजा की प्रौढ़ता करते हैं। तथा शेष सजाएँ, फाँसी दिए जाने के फलस्वरूप रद्द समझ ली जाएँ।

(2) राजेन्द्र नाथ लाहिड़ी

जैसा कि पहले कह चुके हैं, कि वह एक प्रौढ़ व्यक्ति था जो बनारस शहर में 1924-25 के दौरान अपने भाइयों द्वारा चलाए जा रहे औषधालय में हाथ बँटा रहा था और साथ ही साथ *हिन्दू कॉलेज* का विद्यार्थी भी था। उसको व्यापक साजिश से जोड़ने को हमारे समक्ष *बनारसी लाल, इन्दु भूषण मितरा और कुँवर बहादुर के बयान हैं।* वह *बनारसी लाल* का सहयोगी था। उसका *राम प्रसाद* के साथ तालमेल था जो बनारस में उसके पास आया था और *मेरठ अनाथालय* वाली बैठक में भी हाजिर था। आखिर वह *कलकत्ता* में जिस मकान से गिरफ्तार हुआ, वह बम-कार्यशाला थी।

सहदोषियों ने उसके विरुद्ध उपलब्ध प्रमाणों की पुष्टि की है। पहले *बनारसी लाल* और *कुँवर बहादुर* ने उसको जेल के अन्दर कैदियों के समूह के बीच और फिर अदालत में पहचाना है; और फिर उसने अपनी प्रमाणित लिखावट को अपनी लिखत माना है। इस सिलसिले में सम्बन्धित दस्तावेजों की पड़ताल करने पर, हम *मि. स्कॉट* की राय से पूरी तरह सहमत हैं कि ये *दस्तावेज इसी की ही लिखतें हैं* और ये उसके साजिशी होने की भरपूर पुष्टि करती हैं।

हम अभी यह भी देखेंगे कि उसने तीन बार *कुँवर बहादुर को मनीऑर्डर* के द्वारा पैसे भेजे थे; ये तीनों ही उसने अपने असली नाम की बजाय *काशी नाथ बाजपाई* या

कुँवर बहादुर श्रीवास्तव के काल्पनिक नामों से भेजे थे। यह भी साबित हुआ है कि इसने राय बरेली से एक संदिग्ध तार (प्रदर्श पी.-110) बनारस भेजा था, जिसमें लिखा था—

अगली सूचना तक शादी टाल दी गई है।

यह (तार) *जुगल किशोर* के काल्पनिक नाम से भेजी गई थी। यह भी साबित हुआ है कि 'बारह बिन्दू' (प्रदर्श पी.-162) वाला दस्तावेज भी इसी की लिखाई में है, जो व्यक्त कर रहा है कि वह *रामनाथ पांडे* को कुछ बिन्दू सौंप गया होगा, जिन पर सूचना चाहिए थी। ये बिन्दू थे (जैसे) जिले के असहयोगियों की सूची, आबादी, पुलिस वालों की गिनती, आदि जिनमें किसी साधारण व्यक्ति को कोई दिलचस्पी नहीं हो सकती थी। इस तरह इसको *गोविन्द चरण कार* के साथ जोड़ने को *बनवारी लाल* के इकबालीया बयान के अलावा *महेश नारायण सिन्हा* द्वारा की गई पुष्टि भी उपलब्ध है। यह भी प्रमाणित हुआ है कि *के.जी. गुहा* को लिखे हुए पत्र, जो कलकत्ता में पकड़ लिए गए थे, वे भी उसी के लिखे हुए हैं।

कुछ और पकड़े गए पत्र *राम प्रसाद* को भेजे गए थे, और विशेष तौर पर प्रदर्श पी.-145 में टिप्पणी है—

कृपया चौधरी से मेरी कमीज और पान लेते आए।

जब *गोविन्द चरण कार* (जो डी.एन. चौधरी का असली नाम था) पकड़ा गया तो उसके पास से एक 'अपोलो' पैन भी मिला था जिसके बारे में बनारस के चार गवाहों (बटुक नाथ डेय, शर्तचन्द्र मुखर्जी, कमल इन्दु सान्याल और अमर नाथ चक्रवर्ती) का कथन है कि यह पैन राजेन्द्र नाथ लाहिड़ी का ही था। इसकी *मेरठ अनाथालय* की 13 सितम्बर, 1925 वाली बैठक के लिए निमन्त्रित व्यक्ति के रूप में भी पहचान हुई है। *इन्स्पेक्टर भूपिन्द्र नाथ सरकार* की गवाही यह साबित करती है कि इसको कलकत्ते से एक *बम कार्यशाला* से गिरफ्तार किया गया था। इस तरह सहदोषियों की गवाहियों की पूर्ण तौर पर पुष्टि होती है। वैसे तो इन (सहदोषियों) की गवाहियों के बगैर भी उसको साजिशी सिद्ध करने के लिए दूसरे सबूत ही काफी हैं। उसके मान्य वकील मि. चटर्जी और मि. एच. सी. दत्त ने इस अपीलार्थी को व्यापक साजिश से जोड़ने वाले सबूतों पर कोई विशेष किन्तु नहीं किया; उन्होंने हालाँकि उसके साजिशी होने को स्वीकार तो नहीं किया, लेकिन दूसरी ओर उन्होंने इस बारे में प्रस्तुत किए गए प्रमाणों की आलोचना करने का प्रयास भी नहीं किया।

अभी हम उसके *काकोरी डकैती* से सम्बन्ध के बारे में चर्चा करेंगे। *बनारसी लाल* और *इन्दु भूषण मितरा* की गवाहियों के अनुसार वह वारदात से पहले शाहजहाँपुर में इकट्ठे हुए व्यक्तियों में शामिल था; हालाँकि यह इस तथ्य का अपने आप में कुछ खास महत्त्व नहीं है, परन्तु *बनवारी लाल* के इकबालिया बयान के अनुसार वह उस डकैती में शामिल था, हालाँकि यह भी समर्थक पुष्टि के बगैर अधूरा सबूत ही होगा।

चाहे कुछ भी हो उसको इस मामले में दोषी सिद्ध करने के लिए ऐसे सबूत मौजूद हैं जिनको किसी तरह की पुष्टि की जरूरत ही नहीं है; जैसा कि पहले कहा गया है

कि 8 डाऊन गाड़ी किसी सेकन्ड क्लास यात्री द्वारा खतरे की जंजीर खींचने से गाड़ी एकदम रुक गई थी। *डॉ. चन्द्रपाल गुप्ता,* जो ईस्ट इंडिया रेलवे के मेडिकल आफिसर हैं, जिनको अक्सर बीमार रेलवे कर्मचारियों की देख-रेख के लिए इधर-उधर जाना होता है, उस वक्त उसी सेकन्ड क्लास डिब्बे में सवार थे; वह *बालमान* (स्टेशन) से लखनऊ जा रहे थे। काकोरी स्टेशन पर कुछ पलों के लिए वह गाड़ी से नीचे उतर जाने के बाद जब अपने डिब्बे में वापस आए तो तीन भारतीय युवक अपने डिब्बे में मौजूद पाए गए जो खाकी कमीजें, खाकी निकरें और खाकी जुराबें पहने हुए थे। यह डिब्बा सेकन्ड क्लास का था (नोट: सेकन्ड क्लास आज वाला 'सेकन्ड क्लास' नहीं था बल्कि तत्कालीन सेकन्ड क्लास का था जो आज के फर्स्ट क्लास जितना महँगा होता था —सम्पादक) गाड़ी काकोरी से चल पड़ी और अभी वह मील-डेढ़ मील ही गई होगी कि खतरे की जंजीर खींच दी गई, और खींचने वाले थे वही तीन युवक। गाड़ी रुकने पर वे तीनों नीचे उतर गए और उन्होंने डकैती में भाग लिया। डॉ. चन्द्रपाल गुप्त ने शनाख्त परेड के दौरान *राजेन्द्र नाथ लाहिड़ी* को जेल कैदियों की भीड़ के बीच में और फिर अदालत में भी उन तीन युवकों में से एक बताते हुए पहचान लिया था। मान्य वकील की दलील थी कि डॉ. चन्द्रपाल गुप्ता इस मामले में गलती भी तो कर सकते थे।

इस शनाख्त परेड प्रक्रिया में डॉ. चन्द्रपाल गुप्ता ने जाते ही राजेन्द्र नाथ लाहिड़ी को यह कहते हुए हाथ लगाया था कि यह सम्बन्धित व्यक्तियों में से एक था। फिर उसने (मजिस्ट्रेट) सय्यद अइनुद्दीन को बताया कि उसको इस बारे में सोचना होगा क्योंकि राजेन्द्र नाथ लाहिड़ी का जेल में पहरावा उसके वारदात के दौरान वाले लिबास से भिन्न था तथा जब गवाह (डॉ. गुप्ता) ने उसको (पहले) देखा था तो उसकी मूँछें थीं जो अभी गायब हैं। गवाही के दौरान उसने जज को बताया कि—

> मैं उसको यहाँ पहचानता हूँ। डाके के बाद मैंने उसे पहली बार जेल शनाख्त में देखा। उसकी अब कोई मूँछ नहीं है। डकैती के वक्त उसकी छोटी-छोटी मूँछें थीं। जब मैंने उसको जेल परेड में हाथ लगाया था तो उसका पहरावा डकैती वाले पहरावे की तरह नहीं था और मूँछ भी नहीं थी। मुझे पूरा यकीन है कि मैंने उसको डाके की वारदात में देखा है।

तदनुसार हमारे समक्ष इस गवाह का बयान है जिसने जेल में देखते ही इसको पहचान लिया था बाद में उसने दोबारा अच्छी तरह से सोचा कि वाकई उसकी यह पहचान दुरुस्त थी और इस तरह पूरी सूझ-बूझ के बाद अपनी पहचान को उसने ठीक ठहराया। चूँकि यह गवाह होशियार भी है, और ईमानदार भी, इसलिए हमारे ख्याल में इससे बेहतर शनाख्त की व्यवस्था करना कठिन ही होगा।

इस सबूतों के मद्देनजर हमें विश्वास है कि राजेन्द्र नाथ लाहिड़ी ने वाकई काकोरी डाके में हिस्सा लिया था और इस मामले में मान्य स्पेशल सेशन जज का फैसला दुरुस्त है।

सजा

दुष्ट मानसिकता के लिहाज से यह राम प्रसाद का उत्तराधिकारी कहा जा सकता है, इन दोनों ने पार्टी के भीतरी गुट की भूमिका निभाई है। यह गुट डाकों और कत्लों की रणनीति के लिए उत्तरदायी था। वह राम प्रसाद से कम आयु का होते हुए भी प्रौढ़ व्यक्ति है जबकि यह पच्चीस साल का हो चुका है। इसने साजिश के सिलसिले में सभी गतिविधियों में बढ़-चढ़ कर भाग लिया है। यह काकोरी डाके में भी शामिल था जहाँ उसने गोली भी चलाई थी; इस वारदात में वह नेताओं में से एक था। हम यह तो नहीं कह सकते कि अहमद अली की मृत्यु किस की गोली द्वारा हुई होगी, परन्तु हर वह व्यक्ति जिसने उक्त वारदात में गोली चलाई थी, हर लिहाज से फाँसी का हकदार है। हम समझते हैं कि मान्य सेशन जज ने ठीक ही इसको फाँसी की सजा सुनाई है। हम इसकी अपील को खारिज करते हुए इसकी फाँसी की पुष्टि करते हैं, तथा बाकी की सजाएँ इसको फाँसी दिए जाने के फलस्वरूप रद्द समझ ली जाएँ।

(3) रोशन सिंह

जैसा कि हम पहले कह चुके हैं, यह व्यक्ति लगभग चालीस वर्ष का होगा, जो शाहजहाँपुर जिले में कुछ जमीनी जायदाद का मालिक है, जो यह भी मानता है कि *बनारसी लाल* उसका दोस्त है और वह राम प्रसाद से भी परिचित है। बनारसी लाल का उसके बारे में कथन है कि रोशन सिंह राम प्रसाद का दोस्त तो था, परन्तु उसके क्रान्तिकारी पार्टी के सदस्य होने को वह नहीं जानता। जहाँ तक इन्दु भूषण का सवाल है, वह उसकी क्रान्तिकारी पार्टी की सदस्यता की प्रौढ़ता इस तरह करता है—

> मेरा यह कहना कि रोशन सिंह क्रान्तिकारी पार्टी का सदस्य था, इस तथ्य पर आधारित है कि जब मैं एक दिन राम प्रसाद से एक किताब लेने गया था तो रोशन सिंह वहाँ ही था और जो किताब मैंने ली थी, उसका नाम था *'बॉलशविकों की करतूत'*। उसने (रोशन सिंह) मजाक में मुझे कहा कि 'बच्चे तुम ऐसी किताबें किस लिए ले जा रहे हो! इनको पढ़ना मत।' वह राम प्रसाद के पास अक्सर आया करता था, तथा वह दोनों बन्द कमरे में काफी समय गुजारते थे। ...मैंने एक किताब *'मैजिनी की जीवनी'* रोशन सिंह से ली थी, जो मैं अभी तक बता नहीं पाया था; यह मुझे अभी याद आया है। यह किताब मैंने जनवरी/फरवरी 1925 में ली होगी। मैंने राम प्रसाद से यह किताब ही माँगी थी, और उसने ही मुझे बताया था कि यह रोशन सिंह से ले लेना। रोशन सिंह अंग्रेजी नहीं जानता। जब मैंने यह किताब रोशन सिंह से ली थी, तो वह उस वक्त राम प्रसाद के घर के सामने खड़ा था। मैंने यह किताब एक सप्ताह पहले माँगी थी। मैंने कुछेक बार रोशन सिंह को राम प्रसाद के साथ बन्द कमरे में मौजूद देखा है, परन्तु मैं यह नहीं

कह सकता कि कितनी बार देखा होगा। वह अक्सर रात को सो भी वहीं जाता था। मैं इन गुप्त बैठकों की कोई तारीख या महीना नहीं बता सकता। एक बार मैंने *हरगोविंद* को भी इन दोनों के साथ गुप्त बातचीत करते देखा था। ऐसा एक ही बार मैंने देखा जब कोई तीसरा व्यक्ति भी इन दोनों के साथ गुप्त बातचीत में शामिल हुआ हो। मुझे यह याद नहीं है कि कितनी बार मुझे वहाँ से चले जाने को कहा गया होगा। मैजिनी के बारे में जो किताब मुझे रोशन सिंह ने दी थी, वह हिन्दी में थी और उसका नाम था *'मैजिनी के लेख'*।

रोशन सिंह के क्रान्तिकारी पार्टी के सदस्य होने के बारे में उसके बमरौली डाके में शामिल होने के अलावा यही एक सबूत है। **बमरौली डाके** से उसके शामिल होने की पुष्टि, शनाख्त के पुख्ता आधार से होती है। *ललता प्रसाद* ने जो उसको पहले से जानता था, ने बयान दिया है कि उसने रोशन सिंह को इस डाके में हिस्सा लेते देखा है। *कालका प्रसाद* और *कन्हई* जो पहले से ही उसको जानते थे उन्होंने, उसको जेल के अन्दर बड़े समूह के बीच में, उस डाके में शामिल डाकू के रूप में पहचान लिया था, और यही कुछ उन्होंने अदालत में भी दोहराया था। *पुट्टू सिंह* जो उसको पहले से जानता था, उसने भी उसको डाके के दौरान देखा था।

मि. चटर्जी और डॉ. जे.एन. मिश्रा *उसके* वकील थे। मि. चटर्जी ने पहला मुद्दा जो उभारा वह यह था कि इस मामले में केवल यही साबित करना काफी नहीं है कि रोशन सिंह बमरौली डाके में शामिल था, बल्कि *यह भी साबित करना होगा कि वह क्रान्तिकारी पार्टी का सदस्य भी था* और बमरौली डाका पार्टी के हितों की पूर्ति के उद्देश्य से ही डाला गया था; दूसरी ओर हम इसी फैसले के पूर्व भाग में यह साबित कर ही चुके हैं कि बमरौली डाका पार्टी ने ही डाला था, तदनुसार अगर रोशन सिंह के पार्टी सदस्य होने की पुष्टि न भी हो तो भी हम उसके बारे में यही कहते, जो हम अभी कह रहे हैं। फिर भी हम मि. चटर्जी की इस धारणा से इस लिहाज से सहमत हैं कि जब तक हम यह साबित नहीं कर पाते कि रोशन सिंह क्रान्तिकारी पार्टी का सदस्य था, उसको (सिर्फ) बमरौली डाके में शामिल होने के लिए दंडित करना इस अदालत के अधिकार क्षेत्र में नहीं पड़ता था।

इन मुद्दों की बाबत पर्याप्त सबूत एक-दूसरे के साथ इतनी बुरी तरह उलझे हुए हैं, कि इनमें किसी एक को अलग करके देखना आसान नहीं है; जैसे कि *इन्दु भूषण की गवाही,* अगर इसकी पुष्टि होने पर भरोसेयोग्य मान ली जाए तो यही रोशन सिंह के पार्टी सदस्य होने का पर्याप्त सबूत होगी। इन्दु भूषण ने रोशन सिंह को पार्टी सदस्य साबित करने के लिए जो आधार प्रस्तुत किए हैं, हमारी राय में वे काफी हैं, परन्तु इन्दु भूषण के कथन प्रौढ़ता के मोहताज हैं। हमें उसकी गवाही पर कोई किन्तु नहीं है; जिरह के दौरान वह अडिग ही रहा था, और न ही कोई ऐसा संकेत ही सामने आया है कि इन्दु भूषण किसी कारण जानबूझकर रोशन सिंह को झूठ-मूठ ही फँसा रहा था।

रोशन सिंह (के पार्टी सदस्य होने) के बारे में प्रौढ़ता की कसौटी भी हमारा उसके बमरौली डाके में शामिल होने या न होने के बारे में निर्णय ही होगा। उसने अपने बचाव में सबूत जुटाए हैं। दूसरी ओर उसके *विरुद्ध* जुटाए सबूतों की उसके वकीलों ने भरपूर *आलोचना* की है, जिसका तात्पर्य यही था कि उनका मुवक्किल (रोशन सिंह) इसी वारदात के मामले में पहले केस में आरोपी नहीं था और बाद में उस डाके के सारे के सारे मुलजिम बरी हो गए थे, जिसमें रोशन सिंह को आरोपी ठहराना भी योग्य नहीं समझा गया था। इस बारे में हम पहले ही विस्तारपूर्वक चर्चा कर, इस दलील को खारिज कर चुके हैं।

वास्तव में रोशन सिंह का नाम तो उस डाके में आया था, परन्तु उसको दोषियों के कठघरे में खड़ा इसलिए नहीं किया गया था कि उसका नाम किसी निजी दुश्मनी की वजह से लिया जा रहा समझ लिया गया था। वह जाँच थानेदार *रामचन्द्र शर्मा* ने की थी, जो इस केस में गवाह भी है। उसने रोशन सिंह के बेकसूर ठहराए जाने के जो आधार व्यक्त किए हैं, वे बे सिर-पैर के हैं। वह कहता है—

> मैंने रोशन सिंह को न तो गिरफ्तार ही किया और न उस पर मुकदमा ही चलाया। ऐसा मैंने इसलिए किया था कि लोग कहते थे कि दुश्मनी का मामला है। इस वारदात से पहले मैंने ऐसी (किसी) दुश्मनी के बारे में नहीं सुना था।

हमने कभी भी किसी ऐसे मुलजिम को बेकसूर ठहराने के हक में इस तरह की दलीलें नहीं सुनीं जिसके खिलाफ ऐसी गवाहियाँ उपलब्ध हों कि वह डाके में शामिल था। हमारे ख्याल में तो जब कुछ मौके पर मौजूद व्यक्तियों ने किसी व्यक्ति के डाके में शामिल हुआ व्यक्त किया था, तो थानेदार का मूल कर्तव्य था कि मामले की तह तक जाकर ही यह कह पाता कि वाकई, वह निर्दोष था तथा न सिर्फ इसलिए कि वह मुलजिम अपने बचाव में कुछ इस तरह की दलीलें दे सकेगा; (थानेदार) अपनी उक्त धारणा की प्रौढ़ता का कोई भी आधार प्रस्तुत नहीं कर सका। कुल मिलाकर, वह इस कथित दुश्मनी के बारे में कोई भी ठोस दलील पेश नहीं कर पाया।

रोशन सिंह से दुश्मनी होने के बारे में उसके वकील ने इस मुद्दे का खुलासा करते हुए अन्त में यही कहा, कि बमरौली गाँव में कुछ समय पहले वहाँ गजराज सिंह नामक आदमी के कुछ रिश्तेदारों और कुछ दूसरे लोगों के साथ झगड़ा हो गया था। गवाह *ललता प्रसाद* की गजराज सिंह के सम्बन्धियों के साथ बनती नहीं थी; तो यही था तात्पर्य उसके वकील की इस बारे में बहस का; तथा थानेदार रामचन्द्र शर्मा भी कोई ठोस सबूत जुटा नहीं पाया, कि उसने रोशन सिंह को दोषी क्यों नहीं ठहराया।

रोशन सिंह ने अपने बचाव में उसकी (अबकी बार) इस मामले में लपेटे जाने की जो व्याख्या की है, उसका कोई आधार न होते हुए भी हम उसे दोहरा रहे हैं। वह कहता है कि मैं विशेष पुलिस के लिए एक मुखबिर की जिम्मेवारी निभा रहा था जिसको पीलीभीत और शेष जिलों में डाकाजनी की वारदातों को रोकने का कार्य सौंपा गया

हुआ था तथा जिसकी वजह से स्थानिक पुलिस और सी.आई.डी. उसके पीछे पड़ गई थी। हमें तो (इसके उल्ट) ऐसा लगता है कि स्थानिक पुलिस ने जहाँ तक हो सका, उसको फँसाने की बजाय, उसके विरुद्ध सबूतों की मौजूदगी में भी उसको बचाए रखने में कोई कसर नहीं छोड़ी; न ही किसी तरह की कोई ऐसी दलील पेश की गई है कि आखिर सी.आई.डी. किसी (अपने) जासूस को झूठे मामले में क्यों फँसा रही थी। रोशन सिंह के पुलिस मुखिबर होने का कोई भी सबूत नहीं है। हमने अभी इस मुद्दे पर भरपूर चर्चा कर ली है कि पहली जाँच में उसे छोड़ कैसे दिया गया था। हमारी राय में थानेदार रामचन्द्र शर्मा के व्यवहार की पड़ताल करनी होगी, और हमें यकीन है कि पुलिस विभाग ऐसा जरूर करेगा।

अगला मुद्दा जो रोशन सिंह के हक में उठाया गया है वह (पर्याप्त) साक्ष्य की गलत व्याख्या से उत्पन्न हुआ है— यह कि बमरौली डाके वाले दिन वह व्यक्ति कोई और ही था जिसको कि रोशन सिंह कह दिया गया था। इस सम्बन्ध में जिक्रयोग्य है कि बीते दिनों में रोशन सिंह की बमरौली गाँव में रिश्तेदारी थी। वह बमरौली का नहीं, बल्कि शाहजहाँपुर के किसी गाँव का वासी है जो पीलीभीत जिले के बमरौली गाँव से कई मीलों की दूरी पर है। *पुटू सिंह* ने बयान किया है कि रोशन सिंह बमरौली के इर्द-गिर्द के बारे में किसी हद तक परिचित था, परन्तु पिछले कुछ वर्षों से वहाँ नहीं आया था; वह डाके वाले दिन बमरौली आया था जहाँ उसने उसे सवेरे आठ बजे देखा था। पुटू सिंह और *गजराज सिंह* के घर पास-पास हैं। रोशन सिंह गजराज के घर आया था। *बलदेव प्रसाद* ने कहा है कि वह डाके के दिन सवेरे पुटू सिंह से गाड़ी उधार लेने उसके घर गया था जहाँ उसने किसी और गाँव के व्यक्ति को देखा, जिसको वह नहीं जानता था। इस परिप्रेक्ष्य (रोशन सिंह के बचाव) में यह सुझाया गया है कि दरअसल उक्त व्यक्तियों ने, जिससे बलदेव प्रसाद अपरिचित था, डाके में भाग लिया था न कि रोशन सिंह ने। यह सुझाव बिलकुल निराधार है। *ललता प्रसाद* ने साफ कहा है कि उसने रोशन सिंह को सवेरे बमरौली में देखा था, तथा उसी रात डाके के दौरान भी उसे देखा था। इसी व्यक्ति ने ही रोशन सिंह का नाम पुलिस को उपलब्ध कराया था; उसने यह भी कहा है कि उसने उसी सुबह रोशन सिंह को गजराज के बेटे शंकर के साथ देखा था।

जहाँ तक चौथे बिन्दु का सवाल है हमें इस बारे में कोई शंका नहीं कि पहचान (शनाख्त) करने के परिप्रेक्ष्य में रोशनी योग्य मात्रा में उपलब्ध थी। उन दिनों गुड़ पकाने की प्रक्रिया चल रही थी। जिसकी जलती आग की रोशनी तथा आगे बिजली की टार्च की रोशनी उपलब्ध थी।

रोशन सिंह के अपने पक्ष में जुटाए गए साक्ष्य उसका बचाव नहीं कर पाए। उसने यह साबित करने के लिए कि वह बमरौली में डाके के दिन नहीं, बल्कि उससे एक दिन पहले वहाँ मौजूद था, गजराज सिंह को बतौर गवाह पेश किया है। हमने इस गवाही को परवान नहीं किया। तदनुसार हमारा निश्चय है कि *रोशन सिंह बमरौली डाके* में

शामिल था। हम पहले देख ही चुके हैं कि बमरौली डाका क्रान्तिकारी साजिश के उद्देश्यों की पूर्ति के लिए डाला गया था; हमने यह भी पाया है कि रोशन सिंह की राम प्रसाद के साथ गहरी दोस्ती थी। इन्दु *भूषण मितरा* की गवाही से इस तथ्य की भी पुष्टि हुई है कि ये दोनों बन्द कमरे में मिल-बैठा करते और उनके मिलने से यह मालूम होता है कि वह उस साजिश में एक भागीदार था। अपील (न. 380/1927) जो अशफाकउल्ला की है, और जिसने बमरौली डाके में हिस्सा लिया था, उसको ध्यान में रखते हुए हम यह कह सकते हैं कि इन्दु भूषण मितरा के साक्ष्य की पुष्टि हो पाई है, और रोशन सिंह को मान्य सेशन जज द्वारा उसके विरुद्ध लगाए गए सभी आरोपों के दोषी पाए जाने के फैसले को हम सही ठहराते हैं।

सजा

यह व्यक्ति भीतरी गुट में शामिल नहीं था; यह 36 साल से भी अधिक आयु का है। वह बुद्धिमान न होकर एक (साधारण) गाँववासी है, परन्तु साबित हुआ है कि **बमरौली** डाके में इसकी मुख्य भूमिका थी, जो निरन्तर गोली चलाने वालों में से एक था, जिसके फलस्वरूप एक व्यक्ति की मृत्यु हो गई और सात अन्य घायल हुए थे। हमारी राय में ऐसे व्यक्ति को फाँसी की सजा देना अयोग्य नहीं होगा, हालाँकि ऐसे हरेक व्यक्ति के मामले में ऐसा नहीं किया गया है। बमरौली डाके में हिस्सा लेने के आधार पर दोषी ठहराए जाने वाला यही एक आरोपी है। उसे ठीक ही फाँसी की सजा सुनाई गई है। हम उसकी अपील को खारिज करते हुए उसके विरुद्ध फाँसी की सजा की पुष्टि करते हैं तथा फाँसी लगाए जाने के फलस्वरूप उसकी अन्य सजाएँ रद्द समझ ली जाएँ।

(4) जोगेशचन्द्र चटर्जी

जैसा कि पहले जिक्र किया जा चुका है, इसकी आयु तीस साल से कुछ ऊपर होगी। उसके साजिशी होने का गवाह *बनारसी लाल* है, जिसने अपने इकबालीया बयान में उसका भी जिक्र किया है। अगर उक्त साक्ष्य को दुरुस्त मान लिया जाए तो उसकी क्रान्तिकारी पार्टी की सदस्यता के बारे में कोई शक की गुंजाइश रह नहीं जाती। इस तथ्य की प्रौढ़ता इन दोनों (गवाहों) द्वारा उसकी जेल में बड़े समूह में सम्बन्धित व्यक्ति के तौर पर पहचान होने से हो रही है। फिर भी उसको साजिशी पार्टी का सदस्य साबित करने के लिए मुख्य साक्ष्य 18 अक्तूबर, 1924 को उसकी गिरफ्तारी के समय *उससे बरामद हुआ दस्तावेज प्रदर्श पी.-198 है,* जिसमें क्रान्तिकारी पार्टी की एक महत्त्वपूर्ण बैठक की कार्रवाई का ब्यौरा दिया गया हुआ है। यह साक्ष्य उसकी क्रान्ति पार्टी की सदस्यता की केवल पुष्टि ही नहीं करता, बल्कि इसको दुरुस्त मान लिए जाने पर, उसको दोषी सिद्ध करने के लिए अपने आप में सक्षम प्रमाण है; यह इस प्रकार है :

बंगाल गुप्तचर विभाग के *इन्स्पेक्टर, मुहम्मद इस्माईल* ने बयान किया है कि वह 18 अक्तूबर, 1924 को कलकत्ता के हावड़ा पुल के आस-पास डयूटी पर था। उसने जोगेशचन्द्र चटर्जी को हावड़ा रेलवे स्टेशन की हद में देखा। (जोगेशचन्द्र चटर्जी के अनुसार पुलिस ने मद्रास (चेन्नई) से कलकत्ता के लिए उसके गाड़ी में बैठते ही निगरानी शुरू कर दी थी, जिसके उसको भी कुछ संकेत मिले थे : Ch. III, "In Search of Freedom" —सम्पादक) मैंने उसका नाम तो सुन रखा था, लेकिन कभी उसे देखा नहीं था। उसका व्यवहार शकी लगने पर मैंने हावड़ा ब्रिज पार करके हैरीसन रोड तथा स्टरैंड रोड के संगम की तरफ जाते हुए उसका पीछा किया, जहाँ से उसको मैं शक के आधार पर पकड़ कर पास की एक दुकान पर ले गया जहाँ मौजूद पाए गए दो व्यक्तियों की हाजिरी में उसकी तलाशी ली गई; जोगेश को दुकान के सामने रखी हुई मेज पर बिठा दिया गया था। जिस दौरान पुलिस इन्स्पेक्टर उसकी तलाशी ले रहा था, उसने अपनी बाईं ओर नीचे वाली जेब से एक कागज खिसका कर तख्त के नीचे गिरा दिया।

यह था दस्तावेज प्रदर्श पी.-1981: हम इसका विषय-वस्तु पहले ही प्रस्तुत कर चुके हैं। अगर ऊपर वाली गवाही को दुरुस्त मान लिया जाए, तो जोगेशचन्द्र के दोषी होने में कोई शक की गुंजाइश नहीं रह जाती। तलाशी के एक गवाह *कबीराज भूबन मोहन दास* को जब इस दस्तावेज के पाए जाने की प्रौढ़ता के लिए तलब किया गया, तो उसने इन्स्पेक्टर मुहम्मद इस्माईल के बयान की भरपूर पुष्टि कर दी थी। सेशन अदालत में दोषी ने अपने बचाव में यह कहा था कि उक्त दस्तावेज उससे बरामद नहीं किया गया था। उसका कहना था कि पुलिस अधिकारियों ने जब उसे पकड़ा था तो यह दस्तावेज उनके पास पहले से था, जिसको कि मेरे से बरामद होना बताया जा रहा है। उसने तलाशी के दूसरे गवाह *कालीदास घोष* को अपने बचाव के लिए पेश किया था। वैसे उसने दो और गवाह भी यह साबित करने को बुलाए थे कि कुछ खास तारीखों पर वह यू.पी. में मौजूद ही नहीं हो सकता था। उसके वकील मि. एन.सी. दत्त की बहस का केन्द्र बिन्दु था अभियोग पक्ष द्वारा पेश किए गए प्रमाण। वह यह बता पाने में असफल रहा कि दोनों गवाह, शाहजहाँपुर का *बनारसी लाल* और रायबरेली का *बनवारीलाल* उसको बगैर कभी उसके देखे हुए भला कैसे पहचान सकते थे। जहाँ तक दस्तावेज (प्रदर्श पी.-198) का सवाल है, मि. दत्त अभियोग पक्ष के गवाहों द्वारा प्रस्तुत किए हुए विवरण को झुठला नहीं पाया। बरामदगी के गवाह कालीदास घोष, जिसको उसने बचाव की दृष्टि से पेश किया था, वह भी उसके पक्ष में नहीं गया। उसने बताया है कि वह उक्त दस्तावेज को अपीलार्थी की जेब से गिरते हुए देख सकने की स्थिति में था ही नहीं, क्योंकि वह उसकी उल्टी (दूसरी) तरफ खड़ा था। *कबीराज भूबन मोहन दास* ने कहा है कि उसने अपीलार्थी की उक्त दस्तावेज नीचे गिराते देख लिया था, और उसने ही इसे नीचे से उठाया था—

"इन्स्पेक्टर द्वारा तलाशी के दौरान जोगेश ने एक कागज उस तख्त पर गिराया

जिस पर हम बैठे हुए थे, जिसको मैंने उठा लिया जबकि (उक्त) इन्स्पेक्टर ने भी उसको उठाने की कोशिश की थी।''

यह प्रदर्श पी.-198 ही थी। अपीलार्थी ने कहा है कि जब यह कागज पाया गया था तो उसने ऊँची आवाज में विरोध व्यक्त किया था। जहाँ तक बाकी के दो गवाहों *प्रफुल चन्द्र भट्टाचार्य* और *जतिन्द्र चन्द्र भट्टाचार्य* का सवाल है, दोनों ही भरोसेयोग्य नहीं पाए गए, तदनुसार उनकी गवाही की कोई विशेष महत्ता नहीं है। एक मुद्दे पर अपीलार्थी ने बहुत नाराजगी प्रकट की है वह यह कि एक गवाह जिसको वह पेश करना चाहता था, बुलाया नहीं गया। हम इसे निराधार समझते हैं क्योंकि उस गवाह को तलब किया गया तो था परन्तु उसने डॉक्टरी सर्टिफिकेट भेजते हुए कह भेजा था कि वह अस्वथ्य होने के कारण हाजिर नहीं हो पाएगा; अपीलार्थी ने दोबारा उसको बुलाने का कोई प्रयास ही नहीं किया। यह सुझाव कि पी.-198 उस पर थोपी गई, न कि उसके पास से मिली है, गम्भीरता से नहीं लिया जा सकता।

18 अक्तूबर, 1924 को न ही यू.पी. में कोई ऐसा संकेत या शंका थी कि यू.पी. में कोई ऐसी संगठित क्रान्तिकारी पार्टी है, जो बैठकें आयोजन करने के दौर तक विकसित हो चुकी है; जैसा कि पहले ही व्यक्त किया जा चुका है कि प्रदर्श पी.-198 की उस वक्त मुनासिब पैरवी नहीं की गई। यह सच है कि डिप्टी सुपरिंटेंडेंट, खुफिया पुलिस, राय साहिब *दुर्गा प्रसाद* (जो इस केस में गवाह था) के अनुसार, उसने काफी पहले, जुलाई 1924 में सुना था कि कोई क्रान्तिकारी भाँति की सोसायटी थी और एक 'रॉय' नाम का व्यक्ति (जो अपीलार्थी का फर्जी नाम था), यू.पी. में पधार रहा है। तथा उसने अपनी इस टिप्पणी को काफी पछड़कर भाव अपनी 19 नवम्बर, 1924 की गुप्त डायरी में ही प्रस्तुत किया, जब तक कि अपीलार्थी की गिरफ्तारी को भी एक महीना हो चुका था। तब उसने प्रदर्श पी.-658 द्वारा शाहजहाँपुर के पुलिस सुपरिंटेंडेंट को उसके जिले में राजसी भाँति की डकैतियों की सम्भावना व्यक्त की थी। हम *बनारसी लाल* और *बनवारीलाल,* के साक्ष्य को दुरुस्त मानते हैं तथा *इन्स्पेक्टर मुहम्मद इस्माईल* और *कबीराज भुबन मोहन दास* को प्रदर्श पी.-198 की बरामदगी के भरोसेयोग्य गवाह स्वीकार करते हैं, और तदनुसार जोगेश चन्द्र चटर्जी को जिन आरोपों का सेशन जज द्वारा दोषी ठहराया जाना सही ठहराते हैं।

(नोट : भगत सिंह, आज़ाद, सुखदेव और उनके शेष साथियों पर चलाए गए लाहौर साजिश केस 1929 में, इसी कैदी को जेल बदली के दौरान जबरदस्ती रिहा करवाने के प्रयास करने के आरोप भी आयद किए गए थे : देखें, भगत सिंह को फाँसी: 1, राजकमल प्रकाशन, 2010, पृष्ठ 105-106—सम्पादक)

सजा

हमारे समक्ष साक्ष्य के अनुसार यह आरोपी इस साजिश के उन रचयिताओं में से था जिन्होंने इसकी शुरुआत की थी तथा बंगाल स्थित पार्टी की केन्द्रीय समिति का सदस्य

भी था। तदनुसार, वह साजिश के फलस्वरूप हुई वारदातों के लिए उत्तदायी है। हमारी राय में सजा के मामले में मान्य सेशन जज ने इसकी *रियायत* ही की है। हम उक्त *सजाओं को बढ़ाकर,* उसके विरुद्ध सभी आरोपों के मामले में आजीवन कारावास की सजा दे रहे हैं, परन्तु यह (कैद की) सजाएँ उसके विरुद्ध सभी आरोपों के मामले में एक साथ चलने वाली सजाएँ समझी जाएँ।

(5) सुरेश चन्द्र भट्टाचार्य

जैसा कि पहले कहा गया है, यह व्यक्ति कानपुर का है और किसी अखबार का सब-एडीटर है। उसको व्यापक साजिश का दोषी तो पाया गया है, परन्तु काकोरी डाके का नहीं। उसके विरुद्ध किसी हद तक *गोपीमोहन* की गवाही है जिसने अपीलार्थी *रामदुलारे* के साथ इसके सम्बन्ध व्यक्त किए हैं। हमें विश्वास है कि गिरफ्तारी के वक्त उसके पास पाई गई नोट बुक में जो लिखतें हैं, वह उसी की लिखावट में ही हैं, और इसी कापी की लिखावट के आधार पर हम मनीऑर्डर (प्रदर्श 96), जिस द्वारा 28 नवम्बर, 1924 को दस रुपए *कुँवर बहादुर को बनवारी लाल को देने के लिए* 'एन. प्रसाद' के फर्जी नाम से भेजे गए थे, इसी की लिखावट समझते हैं। परन्तु इसके विरुद्ध सबसे महत्त्वपूर्ण सबूत इसकी *वैश्य अनाथालय की बैठक में शमूलियत है* जहाँ वह अनाथालय में 13 सितम्बर, 1925 को तो हाजिर नहीं था। पुलिस कान्स्टेबल सरजू दयाल जो इसकी निगरानी पर था, उसका कथन है, (जिसकी शेष स्रोतों द्वारा प्रौढ़ता भी हो रही है) कि वह कानपुर से 13 सितम्बर, 1925 को रवाना होकर अगली सवेर साढ़े सात बजे मेरठ पहुँचा था। इसकी राजसी गतिविधियों में संदिग्ध होने के मद्देनज़र उक्त कॉन्स्टेबल को उस पर निगाह रखने को कहा गया हुआ था। उसने बताया है कि वह इसी सिलसिले में उसका *पीछा करते हुए मेरठ तक गया था,* जहाँ दोषी एक *धर्मशाला* में चला गया और फिर वह उसको दोपहर के बाद ही नजर आया जब वह रेलवे स्टेशन को जा रहा था, जहाँ से मैं उसका पीछा करते हुए (वापस) कानपुर आ गया था। *थानेदार ब्रह्म सिंह और फेरु सिंह* ने बयान दिए हैं कि अपीलार्थी 14 सितम्बर, 1925 को अनाथालय सुपरिंटेंडेंट के रिहायशी क्वार्टर में सवेरे 10 बजे दाखिल होने वालों में एक था। फेरु सिंह ने यह भी कहा है कि वह (भट्टाचार्य) उक्त क्वार्टर से दो बजे बाद दोपहर चला गया था। थानेदार ब्रह्म सिंह और फेरु सिंह (दोनों) ने दोषी को जेल में कैदियों के समूह के बीच और फिर अदालत में भी पहचाना था।

मि. एच.एन. मिश्रा उसके वकील थे, जिन्होंने यह तो स्वीकार किया कि वह सचमुच 13 सितम्बर, 1925 को कानपुर से चलकर अगली सवेरे मेरठ पहुँचा था परन्तु उसका वैश्य अनाथालय में हाजिर होना स्वीकार नहीं किया। उसने कुछ गवाह भी पेश किए, *जैसे डॉ. एस.एन. सेन, शीतल प्रसाद, मोहित कुमार मुखर्जी और हरी गोपाल राय,*

यह साबित करने के लिए कि काकोरी डकैती के रोज अपीलार्थी कानपुर में ही था। चूँकि वह इस मामले में पहले ही बरी कर दिया गया है, इसलिए हम इस मुद्दे पर और चर्चा नहीं कर रहे।

उसके कुछ बाकी गवाहों ने यह सिद्ध करने का प्रयास किया है कि गोपी मोहन झूठ कह रहा है परन्तु *गोपी मोहन* की इसके विरुद्ध साक्ष्य की (वैसे) कोई महत्ता नहीं है। कुछ भी हो, हमें इन गवाहों पर भरोसा नहीं है। उसने यह भी आपत्ति जताई है कि उसके भाई, जिसको वह अपनी सफाई के लिए पेश करना चाहता था, को मान्य सेशन जज ने सुनने से इनकार कर दिया था; सच तो यह है कि अपीलार्थी ने अपने भाई को बाकी गवाहों के साथ तलब कराने की बजाय उस वक्त बुलाने की चेष्टा की जब सब गवाहियाँ निपटाई जा चुकी थीं। हम समझते हैं कि इन परिस्थितियों में मान्य सेशन जज का उक्त निर्णय योग्य था; यह वह पड़ाव था जब गवाहियाँ निपट चुकी थीं और बहस की शुरुआत होने को थी।

हमारे ख्याल में गोपी मोहन की गवाही पर अविश्वास करने की कोई गुंजाइश नहीं है, हालाँकि यह अपने आप में मुलजिम के विरुद्ध कोई विशेष आरोप व्यक्त नहीं करती। हम थानेदार ब्रह्म और फेरु सिंह की इसके खिलाफ गवाहियों को दुरुस्त मानते हुए, यह समझते हैं कि वह 14 सितम्बर, 1925 को सवेरे 10 बजे से दोपहर बाद 2 बजे तक मेरठ अनाथालय के सुपरिंटेंडेंट विष्णु शरण दुब्लिस के रिहायशी क्वार्टर मे हाजिर रहा था। जैसा कि हम पहले ही तय कर चुके हैं कि उक्त समय पर क्रान्तिकारियों की गुप्त बैठक उस क्वार्टर में आयोजित की गई थी। अपीलार्थी हमें यह नहीं सुझा पाया कि वह उस वक्त मेरठ में उस जगह पर क्या करने गया था, और यह गौर करने वाली बात है कि हालाँकि जहाँ उसने कई गवाह पेश किए हैं, परन्तु मेरठ में अपनी गतिविधियों के सम्बन्ध में एक भी गवाह पेश नहीं किया है। तथा वह यह भी नहीं बता पाया कि आखिर किस वजह से एक मनीऑर्डर कुँवर बहादुर को भेजते हुए फर्जी नाम का प्रयोग किया था। हम समझते हैं कि मान्य सेशन जज ने ठीक ही उसके विरुद्ध आयद किए गए आरोपों का उसको दोषी पाया है।

सजा

यह एक प्रौढ़ व्यक्ति है जो किसी 'भारती' अखबार में जिम्मेवार पद पर है। हम संतुष्ट हैं कि वह दल के भीतरी गुट में था, तदनुसार मान्य सेशन जज द्वारा इसको जो सजा सुनाई गई है वह जितनी होनी चाहिए थी *उससे कम* है। इसके मद्देनजर हम हरेक अपराध में इसको सुनाई गई दस-दस साल कठोर कारावास की सजाओं को *बढ़ाकर* आजीवन कारावास में बदल रहे हैं, परन्तु ये सब (कैद की) सजाएँ एक साथ ही चलेंगी।

(6) विष्णु शरण दुब्लिस

यह एक प्रौढ़ आयु का व्यक्ति है जो *वैश्य अनाथालय* का *सुपरिंटेंडेंट* है। इसमें कोई शक नहीं कि वह 13 और 14 सितम्बर, 1925 को अनाथालय में ही था, और अगर हम *थानेदार ब्रह्म सिंह* और *फेरु सिंह* की उसके खिलाफ गवाहियों पर यकीन कर लें, तो वह अपने रिहायशी क्वार्टरों को साजिशियों को उनकी मीटिंग के लिए उपलब्ध कराने और (उसको) गुप्त रखने का कसूरवार है; तदनुसार उसको साजिशी ठहराना उचित होगा, जब तक कि वह उक्त मामले में कोई संतोषजनक व्याख्या न करे। हम पहले तय कर चुके हैं कि थानेदार ब्रह्म सिंह और फेरु सिंह सच्चे गवाह हैं और हर लिहाज से भरोसेयोग्य हैं।

इन गवाहों के बारे में कसूरवार व्यक्तियों की आपत्तियों का निपटारा करने के लिए हम मौजूदा पड़ाव की इन्तजार में थे। बचाव पक्ष ने निचली अदालत में इनकी गवाहियों को हर सम्भव दृष्टि से नकारने का प्रयास किया; यहाँ तक कहा गया था कि *थानेदार ब्रह्म सिंह* तो मेरठ गया ही नहीं। फेरु सिंह के बारे में सुझाया गया कि वह दरअसल पुलिस में भर्ती होना चाहता था इसीलिए उसने घड़े-घड़ाए बयान दे डाले हैं। परन्तु हमारे समक्ष कुछ नर्मी अख्तियार करते हुए उनको *पूरे बेईमान ठहराने की बजाय नीम-बेईमान* ही कहा गया है जिन्होंने तथ्यों को बढ़ा-चढ़ाकर पेश किया है; यह कहा गया है कि उन्होंने *अनाथालय की इतनी कड़ी निगरानी नहीं की थी जितनी कि व्यक्त की गई है।* यह भी सुझाया गया है कि रात के अँधेरे में पहचान होने योग्य *रोशनी* मौजूद नहीं थी, और जिस स्थान पर वह अपने आपको खड़ा बताते हैं वहाँ से तो कुछ नजर ही नहीं आता होगा। हम सोच समझ कर इन *आपत्तियों को नकारते हैं।*

विष्णु शरण दुब्लिस मेरठ शहर के सत्कारित व्यक्तियों में से है, और उसे अपने हक में गवाह भुगताने में कोई रुकावट नहीं थी। इस तरह उसने एक *छिंदा* नाम के कुली को यह बताने को पेश किया है कि जिस खास मौके पर थानेदार ब्रह्म सिंह और फेरु सिंह उसके घर की (कथित तौर पर) निगरानी कर रहे थे, उस वक्त उसके घर के बाहर वाला लैम्प टूटी हालत में था; यह 13 सितम्बर, 1925 से कुछ समय पहले टूटा था और कुछ महीनों के बाद जाकर इसको ठीक किया गया था। इस बारे में हम यही कहना चाहते हैं कि हम छिंदा पर यकीन नहीं कर रहे।

इस अपीलार्थी के वकील थे इलाहाबाद से *मि. कपिल देव मालवीय,* जिन्होंने बड़ी सूझबूझ के साथ बहस की, परन्तु वह मुवक्किल के खिलाफ जुटाए गए तथ्यों का कोई स्पष्टीकरण नहीं दे पाए। जहाँ तक बचाव साक्ष्य का सवाल है, हम इसको दो हिस्सों में बाँट सकते हैं, एक तो यह कि जिनको अगर दुरुस्त मान भी लिया जाए तो मामले में कोई फर्क नहीं पड़ता, दूसरे वह जिनका सिद्ध हो जाना अपीलार्थियों के हित में जा सकता है। अति मान्य व्यक्ति जो बचाव पक्ष ने पेश किए हैं वे हैं *पंडित देबी सहाय,* महाबीर प्रसाद, *हर सरूप, अमर सिंह और निर्मल सरूप,* लेकिन इनकी

गवाहियों में कुछ भी ऐसा नहीं है जो इस बात को झुठला पाए कि अपीलार्थी ने अपने रिहायशी मकान में चोटी के क्रान्तिकारियों की मीटिंग आयोजित की थी; अगर उनके बयानों को बिलकुल सच भी मान लिया जाए तो भी वह ज्यादा से ज्यादा यही साबित कर पाएँगे कि वह हर वक्त अपने साथियों के साथ नहीं रहता था और दफ्तर के घंटों में वह सुपरिंटेंडेंट के कर्तव्य ही निभाता था। यह इस बात की सम्भावना को नहीं नाकारता कि वह दफ्तर के घंटों के पश्चात अपने घर में दोस्तों के साथ मिल बैठा होगा। *बलदेव चौबे, मोहन लाल, दुर्गा प्रसाद, मुरारी लाल और छिंदा* ने जो कुछ कहा है, वह अगर सच मान लिया जाए, तो अपीलार्थी के हित में जाएगा; परन्तु इस परिप्रेक्ष्य में हम इन पर अविश्वास करते हुए, *थानेदार ब्रह्म सिंह और फेरु सिंह को ही दुरुस्त ठहराएँगे।*

इस तरह हम गवाहियों का निपटारा करके मि. मालवीय द्वारा पेश की गईं दूसरी दलीलों की चर्चा करने जा रहे हैं। मि. मालवीय का कहना है कि अगर थानेदार ब्रह्म सिंह और फेरु सिंह की गवाहियों को दुरुस्त मान भी लिया जाए तो भी उसके मुवक्किल को किसी दोष का कसूरवार नहीं ठहराया जा सकता। उनका *पहला* बिन्दु था कि यह भी हो सकता है कि उसको इन व्यक्तियों के उसके घर मिल बैठने की जानकारी ही न हो; वैसे मि. मालवीय की दलीलें आम तौर पर इससे बेहतर ही हुआ करती थीं। खैर अपने मुवक्किल के बचाव के लिए हर सम्भव दलील पेश करने के मि. मालवीय के प्रयास की आलोचना तो नहीं कर रहे, परन्तु उक्त दलील को गम्भीरता से लेना हमारे बस की बात नहीं है। उसका रिहायशी मकान (जैसा कि मकान के नक्शे से लगता है) काफी खुली जगह में है, उसके साथ ही दफ्तर की इमारत जुड़ी हुई है जिसमें दफ्तर के कार्य समाप्त होने के बाद मेहमानों को भी ठहराया जा सकता है, और जहाँ रिहायशी मकान से आना–जाना बिलकुल आसान है। इस तरह वहाँ सात व्यक्ति आराम से रह सकते हैं, लेकिन कुल मिलाकर यह स्थान इतना भी विशाल नहीं है कि उक्त मकान में अपने परिवार के साथ रह रहे अपीलार्थी को उनके वहाँ ठहरने की जानकारी भी न हो।

मि. मालवीय का *अगला बिन्दु* यह था कि मान लो कि (जिस तरह थानेदार ब्रह्म सिंह और फेरु सिंह कह रहे हैं) वहाँ जो व्यक्ति ठहरे थे उनमें राम प्रसाद बिस्मिल, राजेन्द्र नाथ लाहिड़ी, सुरेश चन्द्र भट्टाचार्य और दमोदर सरूप भी थे, लेकिन हो सकता है कि वह *साधारणत: ही वहाँ मिल बैठे हों।* हम इस दलील को परवान नहीं करते। यह तय कर पाने के बाद कि

(1) राम प्रसाद बिस्मिल, राजेन्द्र नाथ लाहिड़ी (सुरेश चन्द्र भट्टाचार्य और दमोदर सरूप के साथ), न केवल साजिशी ही थे बल्कि क्रान्तिकारी दल के चोटी के आगू भी थे।

(2) दस्तावेजी स्त्रोतों के आधार पर क्रान्तिकारी दल की इस मीटिंग का 13 सितम्बर 1925 को विष्णु शरण दुब्लिस के घर पर आयोजित की गई साबित होना, तथा

(3) थानेदार ब्रह्म सिंह और फेरु सिंह की गवाहियाँ।

उक्त मीटिंग को विष्णु शरण दुब्लिस के घर में क्रान्तिकारी दल की एक महत्त्वपूर्ण बैठक ठहराने के ये तीन ठोस आधार हैं।

हमने दस्तावेज प्रदर्श पी.-141 को अपीलार्थी की लिखत नहीं ठहराते, परन्तु यह चिट्ठी जाहिर तौर पर वैश्य अनाथालय से ही आई थी। इस पर उस व्यक्ति के हस्ताखर थे जो अपने आपको सुपरिंटेंडेंट कहता है, और वह (चिट्ठी) कुछ स्पष्ट संकेत भी व्यक्त करती है: जैसे यह लिखे होना कि फलाँ तारीख को अनाथालय की प्रबन्धक कमेटी की मीटिंग है, जो कि सरासर झूठ था। इसमें लिखा था कि लाहौर के किसी *'उपदेशक'* या भाषणकार ने इस (बैठक) में उपलब्ध होने का वायदा किया है और निमंत्रित व्यक्तियों के विश्राम की व्यवस्था तथा मीटिंग स्थान व्यक्त करते हुए यह भी कहा गया है कि काफी सोच-विचार के बाद सुपरिंटेंडेंट ने अपने मकान को ही मीटिंग के लिए उचित स्थान समझा है; हम पहले ही इस चिट्ठी की चर्चा कर चुके हैं, और दूसरी चिट्ठियों की भी, जो मेरठ में क्रान्तिकारियों की मीटिंग किए जाना व्यक्त करती है। थानेदार ब्रह्म सिंह और फेरु सिंह के बयान— रात हो जाने पर कुछ व्यक्तियों का, (जिनमें राम प्रसाद बिस्मिल, राजेन्द्र नाथ लाहिड़ी और विष्णु शरण दुब्लिस थे) विष्णु शरण दुब्लिस के घर से बाहर निकलकर डेढ़ घंटा बाहर रहकर फिर लौटना तथा जाहिर तौर पर वहाँ पूरी रात ठहरना और अगले रोज सुरेश चन्द्र भट्टाचार्य का एक और व्यक्ति के साथ पहुँचकर कुछ घंटे वहाँ रहना, इस बात के ठोस सबूत हैं कि वाकई यह क्रान्तिकारी दल की महत्त्वपूर्ण बैठक थी।

राजेन्द्र नाथ लाहिड़ी के वकील मि. चटर्जी तथा विष्णु शरण दुब्लिस के वकील मि. मालवीय दोनों ने हमें सुझाया कि आठ स्वयंसेवक जो अनाथालय से सम्बन्धित थे उन्हीं को थानेदार ब्रह्म सिंह और फेरु सिंह ने उक्त मकान से निकलते देखा होगा। हमने इस बिन्दु पर गौर करने के बाद इसे निराधार पाया है, क्योंकि 13 सितम्बर, 1925 रविवार, छुट्टी के रोज उक्त आठ स्वयंसेवकों का रात को अँधेरे में सुपरिंटेंडेंट के घर से निकलना असम्भव लगता है। मि. मालवीय की दलीलें सुन लेने तथा उन पर अच्छी तरह ध्यान देने के बाद भी हम फिर अपना मत दुहराएँगे कि विष्णु शरण दुब्लिस के घर 13-14 सितम्बर, 1925 को क्रान्तिकारी दल की एक महत्त्वपूर्ण बैठक आयोजित किए जाने के ठोस सबूत मौजूद होने के मद्देनजर हमें उक्त तथ्य की सच्चाई में कोई शक नहीं है। हम सन्तुष्ट हैं कि विष्णु शरण दुब्लिस को इस मामले की पूरी जानकारी थी और उसने खुद उस मीटिंग में हाजिर होकर उसमें भाग लिया था। हमने यह पाया है कि वह इन आरोपों की कोई भी संतोषजनक व्याख्या नहीं कर पाया; तदनुसार हम मान्य सेशन जज द्वारा उसे दोषी ठहराए जाने को दुरुस्त ठहराते हैं।

सजा

हम सन्तुष्ट हैं कि यह व्यक्ति प्रान्तीय समिति के अन्तरीय गुट का सदस्य था तथा सुरेश चन्द्र भट्टाचार्यजी की भाँति का था। इसलिए हम उसको हरेक आरोप के तहत

सजा बढ़ाते हुए दस, दस साल सख्त कैद कर रहे हैं, जो साथ-साथ चलेंगी।

(7) मनमथ नाथ गुप्त

यह बंगाली नौजवान अपने पिता के साथ मकान नं. 62, गणेश महल, बनारस में रहता है। वह 1924-1925 के दौरान वहाँ किसी निजी स्कूल का विद्यार्थी था। गिरफ्तारी के वक्त वह अठारह साल से कुछ ही बड़ा होगा। *बनारसी लाल* और *इन्दु भूषण मितरा* उसको साजिश में शामिल हुआ बताते हैं। इस प्रमाण को अगर दुरुस्त मान लिया जाए तो यह पूर्ण रूप से साबित हो जाता है कि वह साजिशी था।

दल में उसको 'नवाब' के (फर्जी) नाम से जाना जाता था। दो दस्तावेजों प्रदर्श पी.-156, 449 के उसके हाथ में लिखे होने की पुष्टि हो चुकी है। सहदोषियों के उसके खिलाफ बयानों की *राम चरण, गौरी शंकर* और *राम लाल* (जो सभी शाहजहाँपुर के हैं) के द्वारा, जिन्होंने उसको शाहजहाँपुर में देखा था, यह पुष्टि हुई है। तथा यह भी साबित हो चुका कि पोस्ट कार्ड (प्रदर्श पी.-171) जो कि प्रणवेश कुमार चटर्जी से बरामद हुआ था, वह भी इसी की लिखत था। यह पुष्टि तो अपने आप में काफी थी, परन्तु इसके अलावा कुछ ऐसे और अहम सबूत हैं जो न सिर्फ सहदोषियों के बयानों की प्रौढ़ता ही करते हैं, बल्कि किसी अन्य सबूत की गैर-मौजूदगी में, यही उसको दोषी ठहराने योग्य हैं।

जैसा कि ऊपर कहा गया है, उसकी गिरफ्तारी पर प्रदर्श पी.-153 (दस्तावेज) उसके पास पाई गई थी, जो चुनिन्दा क्रान्तिकारी नियमावली (Revolutionary Rules) की टाइप हुई नकल थी, और इसका हिन्दी अनुवाद (प्रदर्श पी.-154) इसी की ही लिखत थी। यह भी साबित हुआ है कि प्रदर्श पी.-153 को कैरोना अंग्रेजी टाइप मशीन, जो कि *प्रणवेश कुमार चटर्जी* से बरामद हुई है, उसी के द्वारा टाइप किया गया था। *बनारसी लाल* ने उसके बिचपुरी डाके में हिस्सा लेने का उल्लेख किया है जिसकी प्रौढ़ता मौके के गवाहों *गोकुल* और *लीला* के उसको जेल में कैदियों के समूह में बतौर डाकू के शनाख्त कर पाने से होती है हालाँकि वह उसको अदालत में नहीं पहचान सके। **काकोरी** डाके में भी उसका शामिल होना साबित हुआ है।

बनारसी लाल ने कहा है कि दोषी शाहजहाँपुर में उस जगह पर मौजूद था जहाँ उस (काकोरी) डाके में हिस्सा लेने वाले इकट्ठे हुए थे। *बनारसी लाल* ने मान्य सेशन जज की अदालत में बताया था कि मनमथ नाथ ने उक्त डाके में हिस्सा तो लिया हुआ था, लेकिन मैंने पहले उसका नाम उसके बचाव के हित में नहीं लिया था। उसके इस डाके में शामिल होने के और सबूत भी हैं— (गाड़ी में सोडा-वाटर बेचने वाले) गवाह *अब्दुल वादूद* ने उसको जेल के अन्दर और फिर अदालत में भी बतौर डाकू के पहचाना था। छेदीलाल धर्मशाला के प्रबंधक *राधेलाल* ने भी उसको उसकी धर्मशाला में 7-8-9 अगस्त, 1925 के दौरान ठहरने वाले व्यक्तियों में से एक के रूप में पहचाना

था। *कल्लू, देसी और शीतलवा* ने जेल में उसको उन व्यक्तियों में से एक के तौर पर पहचाना था, जो उस रोज उनके गाँव अमेथिया के आस-पास घूमते देखे गए थे परन्तु वह अदालत में उसकी शनाख्त नहीं कर सके।

अपीलार्थी ने मान्य सेशन जज की अदालत में इस बात पर जोर दिया कि प्रदर्श पी.-153 और प्रदर्श पी.-154 दोनों उस पर तलाशी के दौरान थोपे गए थे। परन्तु न तो उसने इसकी प्रौढ़ता के लिए कोई गवाह ही पेश किया और न ही सम्बन्धित गवाहों से जिरह में कोई त्रुटी ही व्यक्त करा पाया। उसने साजिश तथा डाको में अपनी शमूलियत से इनकार किया है। हमारे समक्ष उसके बचावी वकील मि. एन.सी. दत्त ने बिचपुरी डाके के सम्बन्ध में एक गवाह राम लाल पर उसके इस कथन पर टिप्पणी की कि उसने मनमथ नाथ को टिकासार में 'परेवा' के मौके पर रामलाल के मकान में देखा था। चूँकि बिचपुरी डाका 9 मार्च, 1925 को पड़ा था; मि. दत्त का सुझाव था कि 10 मार्च, 1925 की सुबह परेवा था और उन परिस्थितियों में मनमथ नाथ का 9 मार्च, 1925 में बिचपुरी और 10 मार्च सवेरे शाहजहाँपुर में होना असम्भव था। परन्तु मि. दत्त को 'परेवा' की तारीख के बारे में भ्रम था। जैसा कि हमने कैलेंडर से जाँचा 11 मार्च को था। इस तरह रामलाल के कथन पर कोई आँच नहीं आती।

हमने यह देख लिया है कि प्रदर्श पी.-153 और पी.-154 दोनों अपीलार्थी से बरामद हुए हैं। दोषी की ओर से इसकी कोई भी संतोषजनक व्याख्या न कर पाने के मद्देनजर यही उसके साजिशी होने का सम्पूर्ण प्रमाण है। यह भी पाया गया है कि प्रदर्श पी.-171 भी इसी की लिखत है। हम *बनारसी लाल, इन्दु भूषण मितरा, रामचरण, गौरी शंकर और रामलाल* की इसके खिलाफ गवाहियों को सही मानते हैं। तदनुसार वह साजिशी था। बिचपुरी डाके के मामले में *बनारसी लाल, गोकुल और लीला* की गवाहियाँ उसको दोषी ठहराती हैं। **काकोरी** डाके के सम्बन्ध में अब्दुल वादूद अकेले की गवाही ही इसके दोषी ठहराने को काफी हैं; परन्तु इसकी प्रौढ़ता राधेलाल, कल्लू, देसी और शीतलवा भी करते हैं। उसके दोषी होने की *बनारसी लाल* की गवाही और बनवारी लाल के आखरी इकबालिया बयान द्वारा भी पुष्टि हुई है। तदनुसार हम मान्य सेशन जज द्वारा इसको दोषी पाए जाने को दुरुस्त ठहराते हैं।

सजा

यह है तो एक युवक परन्तु आपराधिक मानसिकता के मामले में है प्रौढ़। न सिर्फ यही साबित हुआ है कि दल का दफ्तरी कार्य चलाता था, बल्कि साथ ही साथ दो डाकों में शामिल भी जरूर था। हम समझते हैं अगर यह अधिक आयु वाला होता तो इसको और भी कठोर दंड मिलना चाहिए था, परन्तु इसकी *युवक अवस्था* का लिहाज करते उसे बढ़ा नहीं रहे हैं, हालाँकि हम इसको घटाना भी नहीं चाहते। उसकी अपील खारिज की जाती है।

(8) गोविन्द चरण कार

यह बंगाल का रहने वाला है, जो गिरफ्तारी के समय लगभग तीस साल का होगा। यह सिद्ध हुआ है कि वह *रामेश्वर हिन्दू होटल में डी.एन. चौधरी के फर्जी नाम पर ठहरा था।* उसके खिलाफ मुख्य गवाह *जादूनाथ सेन* है, जिसकी गवाही को अगर मान लिया जाए तो वह अपने तौर पर ही अपीलार्थी को साजिशी सिद्ध करने को काफी होगी। (पर) चूँकि जादूनाथ सेन एक सहदोषी है इसलिए उसकी गवाही की पुष्टि जरूरी है, जो उसके हैड मास्टर *जगननाथ प्रसाद, सीताराम और महेश कुमार सिन्हा* के बयानों से होती है। इसके अलावा और भी इसी तरह के प्रमाण हैं, जैसे कि दोषी की गिरफ्तारी पर उसके पास पाया गया *फांउटेन पैन,* राजेन्द्र नाथ लाहिड़ी का था। इस पैन की चर्चा पहले भी एक पकड़े गए खत (प्रदर्श पी.-145) के मामले में हो चुकी है। इस अपीलार्थी के विरुद्ध सभी से अहम सबूत, जो अकेला ही इसको दोषी ठहराने में सक्ष्म होगा (जब तक कि उसकी कोई सन्तोषजनक व्याख्या न की जाए) वह है गिरफ्तारी पर उसके कमरे से क्रान्तिकारी दल के संविधान 'पीले पर्चे' का पाया जाना। इसके अलावा उसको **काकोरी** डकैती का कसूरवार भी पाया गया है। अमेथिया गाँव के *देसी* ने उसको जेल में उन व्यक्तियों में से एक के तौर पर पहचाना है जो गाँव के पास देखे गए थे, हालाँकि उसको उस दिन की तारीख की जानकारी नहीं थी। *हमारी राय* में वह वारदात वाले दिन की ही बात कर रहा था। डकैती के बाद खजाने की पेटी वाले डिब्बे में एक *खद्दर की चादर* मिली थी जिस पर एक विशेष *धोबी निशानी* अंकित थी। रामेश्वर हिन्दू होटल के कपड़े धोने वाले *ललता धोबी* ने उस निशानी को उसके द्वारा लगाई गई बताया।

बनारसी लाल ने कहा है कि जब वह **काकोरी** डाके के बाद अशफाकउल्ला को मिला तो उसने बताया कि एक बड़ी *गलती हुई है, कि एक खद्दर की चादर वहाँ पीछे छूट गई है।* बनवारी ने अपने इकबालिया बयान में बताया है कि वह अपीलार्थी को 9 अगस्त, 1925 को लखनऊ के अमीनाबाद पार्क में मिला था और डाके के बाद उसने उससे 880 रुपए लेकर राजेन्द्र नाथ लाहिड़ी को इलाहाबाद रेलवे स्टेशन पर दिए थे। *महेश नारायण सिन्हा* ने भी पुष्टि की है वह बनवारी लाल को जानता था। वह अपीलार्थी से डी.एन. चौधरी के तौर पर परिचित था। उसने बनवारी लाल को रामेश्वर हिन्दू होटल में अपीलार्थी के कमरे में मिलने की बात कही है। *जादूनाथ सेन* ने बताया है कि डाके के रोज (9 अगस्त, 1925 को) उसने अपीलार्थी को होटल से 4 बजे बाद दोपहर निकलते हुए और कमरे को ताला लगाते देखा था और वह 9 बजे रात को मेरे सो जाने तक वापस नहीं लौटा था, बल्कि अगले दिन 4 बजे बाद दोपहर तक भी वह मुझे (होटल में) नजर नहीं आया और (उस समय) जब मैं उसके कमरे में गया तो मैंने उसके साथ मिठाई खाई थी, और जब वह मिठाई खा रहा था तो उसके इधर-उधर हिलजुल करने पर उसकी जेब में से कुछ टन-टन की आवाज आती थी

जैसे उसकी जेब रुपयों-पैसों से भरी हो। मेरे उसको पूछने पर कि उसके हाथ यह खजाना कहाँ से लगा है, वह नाराज हो गया।

उसके वकील मि. एन.सी. दत्त द्वारा कुछ गवाह यह साबित करने के लिए पेश किए गए कि जादूनाथ सेन नाम का युवक कभी भी होटल की उस मंजिल पर नहीं ठहरा, जिस पर कि अपीलार्थी का निवास था। हम यह समझ नहीं पाए कि इस युवक के उसी मंजिल पर न ठहरे होने का उसकी गवाही से क्या लेना-देना है। परन्तु हमें इस बारे में और कुछ नहीं कहना है, क्योंकि हम जादूनाथ सेन की गवाही पर भरोसा करते हुए, बचाव पक्ष की आलोचना को नकारते हैं। वास्तव में अपीलार्थी की तरफ से उसके साजिशी होने के मामले पर ध्यान केन्द्रित करने की बजाय अधिक जोर उसके डाके के मामले में निर्दोष सिद्ध करने पर दिया गया था। मि. दत्त ने उक्त होटल के खाने के रजिस्टर में दर्ज हाजिरियों के आधार पर उसके 9 अगस्त, 1925 को (दोबारा) खाना खाने को अहम बिन्दु के तौर पर उभारा था। मान्य सेशन जज ने ठीक ही इस मत को ठोस दलीलों के आधार पर अस्वीकार कर दिया था। इस मामले में, हालाँकि, अपीलार्थी के इस दावे की पुष्टि उन दो खानों की रसीदों (जो उसकी गिरफ्तारी के वक्त उसके कमरे में पाई गई थीं) से हुई मान ही ली जाती, परन्तु उस रजिस्टर में सम्बन्धित उल्लेखित शकी पाई गई थी, तथा ये रसीदें अपीलार्थी ने अपनी गिरफ्तारी की सूरत में अपने को निर्दोष सिद्ध करने के उद्देश्य से तैयार करवाई गई लगती थीं, जिस लिए हम इस मामले में मान्य सेशन जज के निर्णय से सहमत हैं। ये रसीदें बनवाने में कोई खास मुश्किल नहीं आई होगी क्योंकि *रामेश्वर होटल* का प्रबंधक, अपीलार्थी का पक्का समर्थक था। वैसे भी बचाव पक्ष इस मामले में कमजोर स्थिति में ही था क्योंकि जादूनाथ सेन ने स्पष्ट तौर पर कहा है कि अपीलार्थी अपने कमरे में 9 अगस्त, 1925 को बाद दोपहर 3-4 बजे तक मौजूद था; होटल से घटनास्थल की दूरी 8 मील है, जहाँ पक्की सड़क और आने-जाने की सुविधा उपलब्ध थी। *रामकर्ण* जो होटल का बावर्ची है, जिसको बतौर बचाव गवाह के तलब कराया गया था, उसने बताया है कि होटल में ठहरने वाले मेहमानों के लिए दूसरा खाना शाम के 4 से 9 बजे के मध्य में उपलब्ध होता है; तदनुसार यह (खाना) 4 बजे से आधा घंटा पहले भी तो दिया जा सकता था। सो अगर सचमुच ही अपीलार्थी ने 9 अगस्त, 1925 को होटल का दूसरा खाना खाया भी होता, तो भी वह डाके के स्थान पर वारदात से पहले पहुँच ही सकता था।

अपीलार्थी के साजिश में शामिल होने के ठोस प्रमाण मौजूद हैं। हमने यह तो देख ही लिया है कि उसके पास से मिला *फाउन्टेन पैन राजेन्द्र नाथ लाहिड़ी* का था। *'पीला पर्चा'* प्रदर्श पी.-280 भी उसके पास से बरामद हुआ है। वह अपने साजिशी होने के बारे में जुटाए गए ऐसे प्रमाणों की संतोषजनक व्याख्या करने में असफल रहा है। *डाके* में उसके शामिल होने के मामले में *देसी* की गवाही पर अविश्वास करने की कोई गुंजाइश नहीं है; हालाँकि वह तारीख के सिलसिले में स्पष्ट नहीं है, लेकिन उसने अपीलार्थी को डाके से पहले रोज देखे गए व्यक्तियों में से एक के तौर पर शनाख्त

किया है। हमने यह पाया है कि अपीलार्थी डाके के रोज रामेश्वर होटल से चार बजे (बाद दोपहर) से कुछ पहले चला गया था और रात 9 बजे तक लौट कर नहीं आया। *बनवारी लाल* द्वारा डाके से पहले दिन उसको राजेन्द्र नाथ लाहिड़ी के साथ देखने तथा अपीलार्थी से 880 रुपए लेकर राजेन्द्र नाथ लाहिड़ी को पहुँचाने की बात भी कही गई है। आरोपी की खद्दर की चादर का वारदात के बाद रेल डिब्बे में पाया जाना भी सिद्ध हुआ है। *जादूनाथ सेन* ने वारदात के बाद उसके पास काफी रुपए-पैसे होने की बात कही है, वह भी उसके डाकू होने की पुष्टि करती है। हालाँकि *बनवारी लाल* उसको डाके के दौरान देखे जाना बयान नहीं करता, परन्तु सम्भवतः इस तरह इसलिए हुआ लगता है कि डाकू छोटी-छोटी टोलियों में बँटकर अपने-अपने कार्य में व्यस्त रहे थे; इसलिए और सिर्फ इसलिए ही कि उक्त गवाह ने उसको डाके में हिस्सा लेते हुए नहीं देखा उसका बचाव नहीं करता। इन सभी प्रमाणों के मद्देनजर हम मान्य सेशन जज द्वारा उसको दोषी ठहराने की प्रौढ़ता करते हैं।

सजा

हमारी नजरों में यह व्यक्ति विशेष तौर पर खतरनाक साजिशी है। वह बंगाल से साजिश के लिए कार्य करने के लिए ही आया था। इससे भी आगे बढ़कर इसने स्वयं वारदातों में भाग लिया। इसकी आयु 30 साल की है, और हम समझते हैं कि मान्य सेशन जज ने इसे सजा देने के मामले में *काफी नर्मी* दिखाई है। हम इसकी सजा *बढ़ाकर* हर आरोप के लिए आजीवन कारावास की सजा दे रहे हैं, परन्तु ये (कैद की) सजाएँ एक साथ ही चलेंगी।

(9) मुकन्दी लाल

हम पहले कह चुके हैं कि यह व्यक्ति एटावा का था और इसकी आयु 30 साल से अधिक थी। उसके खिलाफ *प्रमुख प्रमाण काकोरी* डाके के सम्बन्ध में हैं। यदि इन प्रमाणों को दुरुस्त मान लिया जाए तो वह वारदात में संयोग से ही शामिल होने वाला व्यक्ति न होकर क्रान्तिकारी दल के सदस्य के तौर पर ही शामिल हुआ होगा। *बनारसी लाल* ने कहा है कि मुकन्दी लाल डाके से एक रोज पहले शाहजहाँपुर पहुँचने वाले व्यक्तियों में से एक था। उसने उसको जेल के अन्दर कैदियों के समूह में और फिर अदालत में भी पहचाना। इस गवाही की पुष्टि उसके द्वारा 3 अगस्त, 1925 को शाहजहाँपुर से अपनी *बीवी के नाम 5 रुपए का* मनीऑर्डर (प्रदर्श पी.-378) भेजे जाने से होती है। इसी मनीऑर्डर के साथ वाली खाली जगह (कूपन प्रदर्श पी.-445) पर लिखा हुआ है :

> मैं ठीक-ठाक हूँ। मुझे एक हफ्ता और लगेगा। आपका शुभ चिन्तक—
> मुकन्दी लाल। चिन्ता बिलकुल न करना।

डाके में उसके शामिल होने के मामले में *गार्ड जगन्नाथ* ने उसकी पहचान की थी, जिसने उसको जेल के अन्दर कैदियों की भीड़ में बतौर एक डाकू के पहचाना था, और फिर अदालत में भी। इसी तरह *शीतलवा* ने भी उसको जेल में पहचाना था हालाँकि वह उसको अदालत में नहीं पहचान पाया। प्रदर्श पी.-26 द्वारा यह भी साबित हुआ है कि डाके से अगले दिन, (10 अगस्त, 1925) उसने लखनऊ के अमीनाबाद पार्क के कश्मीरी होटल में कमरा लिया था, और वहाँ उसने अपने को शाहजहाँपुर का बनारसी लाल अग्रवाल बताया था। अपने बचाव के मामले में वह साधारणत: इनकार तक ही सीमित रहा और किसी को भी गवाही के लिए पेश नहीं किया। *मि. एच.एन. मिश्रा जो उसके वकील* थे, उन्होंने भी साधारणत: आलोचना पर ही बल दिया। *बनवारी लाल* ने उसके नाम लिए बगैर (ही) उसको डाकुओं में शामिल बताया, लेकिन इससे अपीलार्थी को कोई फायदा नहीं पहुँच पाया। अपीलार्थी ने स्वीकार किया कि मनीऑर्डर (प्रदर्श पी.-378) उसकी लिखत थी और वह ठीक ही 3 अगस्त, 1925 को शाहजहाँपुर में था। हम उसके खिलाफ *जगन्नाथ* और *शीतलवा* की गवाही को हम दुरुस्त ठहराते हैं, और लिखत (प्रदर्श पी.-26) उसकी लिखावट मानते हैं। ठीक ही उसको मान्य सेशन जज ने उसके विरुद्ध लगे आरोपों का दोषी ठहराया है।

सजा

यह व्यक्ति कोई महत्त्वपूर्ण साजिशी तो नहीं था परन्तु एक खतरनाक डाकू जरूर था। इसने काकोरी डाके में बढ़-चढ़ कर भाग लिया था। हालाँकि मान्य सेशन जज ने इसको सजा देने में इस आधार पर नर्मी दिखाई है कि यह 35 वर्ष का हो चुकने के मद्देनजर भविष्य में सम्भवत: कोई ऐसी वारदात नहीं करेगा, परन्तु हम इस मत से असहमत होते हुए उसकी उक्त डाके में प्रमुख भूमिका के आधार पर, जिसमें कत्ल भी हुआ है, हरेक आरोप में उसकी सजा *बढ़ाकर* आजीवन कारावास में बदल रहे हैं; परन्तु ये (कैद की) सजाएँ एक साथ ही चलेंगी।

(10) रामकिशन खत्री

यह युवक गिरफ्तारी के समय लगभग 22 साल का होगा। वह मध्य प्रदेश (सी.पी.) के चंदा का रहने वाला है। उसके अपने कथन अनुसार वह कुछ देर आध्यात्मिक अवस्था में रहा था। उसे *साजिशी* होने और **बिचपुरी** डाके में शामिल होने का दोषी पाया गया है। *बनारसी लाल* के बयान अनुसार वह साजिशियों में से एक था जिसको *'गंगा राम'* कहा जाता था, और जो शाहजहाँपुर आया था और राम प्रसाद आदि का सहयोगी था। बनारसी दास की उक्त गवाही की प्रौढ़ता शाहजहाँपुर के *राम चरण* और *गौरी शंकर* ने की है। गौरी शंकर ने तो उसको बनारसी लाल के घर देखा था। जो चिट्ठी (प्रदर्श पी.-147) इन्दु भूषण मितरा की गिरफ्तारी के बाद उसके नाम-पते पर आई

पकड़ी गई थी, इसी की लिखी हुई थी; यह व्यक्त करती थी कि यह रामकिशन खत्री ही था जो *'नरेन्द्र'* नाम से हस्ताक्षर करता था जो (अपने घर) चंदा वापस लौटा तथा उसने 10 रुपए उसे और भेजे जाने की याचना की। उससे पहले पकड़ी गई दो चिट्ठियाँ (प्रदर्श पी.-140 व 142) पर *'नरेन्द्र'* के हस्ताक्षर हैं। प्रदर्श पी.-140 में दर्ज है 'मेरी चिन्ता नहीं करनी', प्रदर्श पी.-142 में लिखा हुआ है 'मेरी कुछ ज्यादा चिन्ता नहीं करनी'।

बिचपुरी डाके के बारे में उसके विरुद्ध गवाही है *बनारसी लाल* की जिसकी प्रौढ़ता तोती, *गोकुल* और *बलकुआ* ने की है। तोती, बिचपुरी डाके का पीड़ित था, जिसने बताया कि उसने अपीलार्थी को डाके में भाग लेते हुए देखा था। गोकुल और बलकुआ ने बताया कि उन्होंने उसको डाके से कुछ देर पहले घटनास्थल पर देखा था। बनारसी लाल, तोती, *गोकुल* और *बलकुआ* (सभी) ने दोषी को जेल के अन्दर और फिर अदालत में भी *शनाख्त* किया। सेशन जज की अदालत में अपीलार्थी ने मि. हॉर्टन पर कई दोष लगाए परन्तु उन्हें साबित करने का कोई प्रयास नहीं किया। उसने अपनी (घटनास्थल से) वारदात के वक्त गैरहाजिरी के गवाह पेश किए। मि. एन.सी. दत्त अपीलार्थी के वकील थे। उन्होंने अभियोग पक्ष द्वारा पेश किए गए साक्ष्य का खंडन करने का ही प्रयास किया। उन्होंने बचाव पक्ष के साक्ष्य पर कोई जोर नहीं दिया, जिसको हमने भरोसेयोग्य नहीं पाया है। हम संतुष्ट हैं कि *बनारसी लाल* की अपीलार्थी के विरुद्ध गवाही की भरपूर पुष्टि हुई है; तथा यह दुरुस्त है, अपीलार्थी ने बिचपुरी डाके में अवश्य भाग लिया था। तदनुसार हम उसको मान्य सेशन जज द्वारा दोषी ठहराए जाने की पुष्टि करते हैं।

सजा

यह आरोपी साजिशी होने के अलावा बिचपुरी डाके का आरोपी भी पाया गया है। यह एक खतरनाक व्यक्ति लगता है। वह इतनी छोटी आयु का भी नहीं, न ही खास बड़ी उम्र का; मुकदमे के शुरू में वह 22 साल का था। सरकार ने इसकी सजा बढ़ाए जाने की याचना नहीं की। तदनुसार हम उसकी सजा को बढ़ा नहीं सकते, तथा उसकी अपील को खारिज करते हैं।

(नोट : आप चन्द्रशेखर आज़ाद द्वारा पार्टी में लाए गए थे। रोचक विस्तार के लिए कृपया देखें: *जीवनी चन्द्रशेखर आज़ाद,* मलवेन्दर सिंह वढ़ैच, राजकमल प्रकाशन, दिल्ली —सम्पादक)

(11) प्रेमकिशन खन्ना

यह अपीलार्थी शाहजहाँपुर में ठेकेदारी करता था। उसका *बाप ईस्ट इंडिया रेलवे कम्पनी में एग्जीक्यूटिव इन्जीनियर* है। *बनारसी लाल* इसको क्रान्तिकारी दल के सदस्य के

रूप में नहीं बल्कि शाहजहाँपुर वासी के तौर पर ही जानता है, परन्तु इन्दु *भूषण मितरा* इसको क्रान्तिकारी दल का सदस्य बताता है। ''बेशक राम प्रसाद तो इस तथ्य को मेरे से छुपाता ही रहा, परन्तु मेरे इसको राम प्रसाद के साथ तीन-चार बार गुप्त वार्तालाप करते हुए देख लेने, और एक आध बार, मेरे राम प्रसाद के कमरे में पहुँचने पर उनके चुप हो जाने के फलस्वरूप मैंने यह जान लिया कि राम प्रसाद का यह इनकार दुरुस्त नहीं था।'' जैसा कि पहले कहा गया है इसके पास एक लाइसेंसी स्वयंचालक माउजर पिस्तौल था। *इन्दु भूषण* ने बताया कि राम प्रसाद अक्सर इस पिस्तौल का जिक्र किया करता था और इसकी बहुत तारीफ भी करता था। *जगदीश चन्द्र* ने भी कहा है कि उसने प्रेमकिशन खन्ना को अक्सर राम प्रसाद के घर आते-जाते देखा था और उसके अन्दर दाखिल होते ही दरवाजा बन्द हो जाता था। जो शेष प्रमाण उसके खिलाफ है वह उसके द्वारा राम प्रसाद को अपना लाइसेंस उपलब्ध कराना है, जिस आधार पर उसने 7 अगस्त, 1924 को पी.एन. बिसवास एंड कम्पनी, कानपुर से *पचास जर्मन कारतूस खरीदे* थे; हम पहले ही देख चुके हैं कि किस तरह इन्हीं कारतूसों के खोल डाकों के भिन्न-भिन्न घटनास्थलों से बरामद हुए थे तथा एक सबूत और है, प्रेमकिशन खन्ना की गिरफ्तारी पर उसके पास पाई गई छोटी कापी (पॉकेट बुक) जिस पर लिखा हुआ था— आलमनगर 205 कन्हैया लाल।

अभियोग पक्ष का दावा है कि यह (205) किसी न किसी रूप में (काकोरी) डाके के स्थान को व्यक्त करता है क्योंकि यह डाका मुगलसराय स्टेशन से दो सौ पाँचवें मील पर पड़ा था जहाँ एक खम्भा है जिस पर 205 अंकित है। उसके वकील मि. जे.एम. जैक्सन ने कहा कि कारतूसों के खरीदे जाना कोई खास बात नहीं है, क्योंकि अपीलार्थी और राम प्रसाद करीबी दोस्त थे। इस तरह खुद बाजार में जाने का कष्ट करने की बजाय, अपने दोस्त को (कारतूस) खरीदने के लिए कहना स्वभाविक ही तो था, और मेरा मुवक्किल इन हालात में कैसे जान सकता था कि राम प्रसाद ने (अपनी बजाय) उसी के हस्ताक्षर किए हैं तथा जहाँ तक कारतूसों के खोलों का डाके की वारदातों के स्थानों पर पाए जाने का सवाल है, यह किसी तरह भी डाकुओं द्वारा मेरे मुवक्किल के पिस्तौल का इस्तेमाल किया जाना व्यक्त नहीं कर पाता, और जो कारतूस चलाए गए हैं, उस तरह के कारतूस किसी भी जगह से खरीदे जा सकते हैं।

दोस्ती वाले मुद्दे पर जो दोनों के गहरे दोस्त होने की बात कही गई है, हो सकता है कि राम प्रसाद अपने दोस्त के लिए कुछ करने को राजी हो गया हो, लेकिन अपीलार्थी को तो इस गहरी दोस्ती से ही *इनकारी* है। सुपुर्दकर्ता मजिस्ट्रेट के इस बारे में सवाल किए जाने पर, उसका जवाब था—

मेरा राम प्रसाद के साथ कोई लेना-देना नहीं था।

यह पूछे जाने पर कि अगर ऐसा ही था तो वह राम प्रसाद की गिरफ्तारी के वक्त वहाँ पर कैसे मौजूद था, तो उसका जवाब था—

मेरी राम प्रसाद में कोई दिलचस्पी नहीं थी। मैं तो तब पंडित इकबाल नारायण

बख्शी के रेशम के कारखाने को जा रहा था तो राम प्रसाद के घर के बाहर लोगों की भीड़ देखकर वहाँ रुक गया था।

जब मजिस्ट्रेट ने कारतूसों की खरीद के बारे में, पूछा तो उसने इस सवाल का जवाब देने से ही इनकार कर दिया। जब अपीलार्थी मान्य सेशन जज के सामने पेश हुआ तो, उसने कोई ऐसा संकेत व्यक्त नहीं किया कि वह राम प्रसाद का दोस्त था, लेकिन जब उससे यह प्रश्न पूछा गया :

> क्या तुम माउजर पिस्तौल के कारतूसों के बारे में जो तुमने अपने लाइसेंस पर 7 अगस्त, 1924 को मैसर्स बिसवास की दुकान से खरीदे थे, कुछ कहना चाहते हो?

उसका जवाब था—

> मैं उस रोज कानपुर गया और अपने मकान पर रुका। बाजार में मुझे राम प्रसाद मिल गया और चूँकि मुझे मि. महावीर प्रसाद पी.डब्लयू.डी. को जरूरी मिलना था, मैंने राम प्रसाद को मेरे लिए कारतूस खरीदकर मुझे मेरी वापसी पर स्टेशन पर पहुँचाने को कहा। मैं उसे उस ट्रेन में मिला जिससे मैंने वापस आना था और उसने वे मुझे दे दिए।

हम नहीं समझते कि मान्य वकील इस मामले की संतोषजनक व्याख्या कर पाया हो। अपीलार्थी वाली स्थिति में होते हुए कोई भी अपना पिस्तौल लाइसेंस किसी को नहीं देगा। इस तरह के लाइसेंस कभी कभार ही किसी को जारी किए जाते हैं। अपीलार्थी को तो केवल रेलवे कम्पनी के एक उच्च अधिकारी का बेटा होने के नाते ही ऐसी सुविधा मिली हुई थी। ऐसा कोई भी व्यक्ति जिस के पास यह लाइसेंस होता, वह इसे किसी और को सौंपने से पहले सौ बार सोचता होगा। राम प्रसाद शाहजहाँपुर का था, और अपीलार्थी उससे परिचित होना तो मान ही रहा है, भले ही वह निकटवर्ती न भी रहे हों। परन्तु यदि केवल यही कहकर ही अपीलार्थी अपना पीछा छुड़ाना चाहे कि वह खुद जल्दी में था इसलिए उसने यह काम राम प्रसाद को सौंप दिया था, हमें हजम नहीं हो पाया। उसका बिसवास एंड कम्पनी की दुकान पर जाना इतनी टेढ़ी खीर नहीं थी; वह वहाँ जाकर, कारतूसों का ऑर्डर देकर फिर वहाँ से कारतूस हासिल कर सकता था, बल्कि कारतूस डाक द्वारा मँगवा सकने की व्यवस्था भी है। नियमानुसार अगर वह बिसवास एंड कम्पनी को अपने लाइसेंस समेत चिट्ठी भेजकर उनसे इस तरह की याचना करता, तो भी इसमें कोई अड़चन नहीं थी। इस तरह हमें अपीलार्थी द्वारा दिया गया स्पष्टीकरण असाधारण ही लगा है। परन्तु अगर अपीलार्थी और राम प्रसाद दोनों को उसी क्रान्तिकारी दल के कार्यकर्ता समझ लिया जाए, तो ही इस तरह का व्यवहार स्वभाविक प्रतीत होगा; वह अपने इस व्यवहार की संतोषजनक व्याख्या नहीं कर पाया। इसलिए हम मान्य वकील की इस दलील को स्वीकार नहीं करते कि इस तरह के कारतूसों के खोलों का डाके वाली जगहों से पाए जाना, आरोपी को क्रान्तिकारी साजिश से जोड़ नहीं पाता।

मान्य वकील ने यह सुझाया है कि ऐसे कारतूस आसानी से हासिल किए जा सकते हैं। हमारे पास उपलब्ध स्रोतों की रोशनी में हमें ऐसा नहीं लगा। हर कारतूस पर एक विशेष निशानी अंकित हुई नजर आती है, जो जर्मनी की सिर्फ एक ही कम्पनी के बने हुए कारतूसों पर पाई जाती है। मि. हॉर्टन ने बताया है कि उस तरह के कारतूस वह बड़ी मुश्किल से ही हासिल कर सका था।

पॉकेट नोट बुक पर उल्लेख (आलमनगर 205) के मामले में मान्य वकील ने कहा है कि काकोरी डाके के परिप्रेक्ष्य में इस संकेत का कोई महत्त्व नहीं है क्योंकि पोस्ट 205 आलमनगर, रेलवे स्टेशन से कुछ मीलों की दूरी पर है और काकोरी रेलवे स्टेशन से एक मील से कुछ अधिक दूर है, और अपीलार्थी ने इसका संतोषजनक स्पष्टीकरण दिया है कि वास्तव में यह एक रिश्तेदार कन्हैया लाल का पता है जो उन दिनों सीतापुर शहर के मोहल्ला आलमनगर के मकान नं. 205 में रह रहा था। इस बात के मद्देनजर कि मान्य सेशन जज ने अपीलार्थी को डाके में बरी किया है (जिस फैसले के विरुद्ध सरकार के अपील न करने के फलस्वरूप इस पर किन्तु नहीं किया जा सकता) अभियोग पक्ष इस (उल्लेख) के मामले में कमजोर पड़ चुका है। इस उल्लेख की सम्भवत: व्याख्या जो अभियोग पक्ष कर सकता है वह यह है इस द्वारा लेखक अपने को सचेत करता है कि 'कन्हैया लाल' (नाम फर्जी भी हो सकता है) को 205 नम्बर मील पर आलमनगर के आस-पास मौजूद होना था। डाका तार-खम्भा नं. 204/21 के पास डला था— एक मील के अन्दर 24 ऐसे खम्भे हैं परन्तु 205 स्पष्ट संकेत व्यक्त करता होगा। अगर उक्त व्याख्या को दुरुस्त मान लिया जाए, तो सम्भवत: ऐसा उल्लेख ऐसा व्यक्ति क्यों यह कुछ करेगा जिसने डाके में हिस्सा न लिया हो। हम मान्य सेशन जज से सहमत हैं कि अपीलार्थी उक्त उल्लेख का कोई सन्तोषजनक स्पष्टीकरण देने में असफल रहा है, लेकिन चूँकि उसको डाके में शामिल न होना स्वीकार कर लिया गया है इसलिए उक्त उल्लेख और आरोपी के घटनास्थल से गैर हाजिर होने (alibi) के प्रमाणों पर टिप्पणी करना व्यर्थ होगा।

कुल मिलाकर, इन्दु *भूषण* की गवाही, जिसकी प्रौढ़ता जगदीश चन्द्र करता है, की पुष्टि इस तथ्य से होती है कि इसने अपना पिस्तौल लाइसेंस राम प्रसाद को सौंपा था, जिस पर राम प्रसाद ने 50 कारतूस ऐसी किस्म के खरीदे जो भारत में बड़ी मुश्किल से मिलते हैं, और इसी तरह के कारतूस-खोल डाके वाली जगहों से मिले हैं, हम उक्त सबूतों को ध्यान में रखते हुए अपीलार्थी को *क्रान्तिकारी साजिश का भागीदार ठहराते हैं।* परन्तु हम उपलब्ध प्रमाणों के आधार पर उसे ऐसे डाके (जो बिना कत्ल और समेत कत्ल भी सम्भव थे) डालने की साजिश में भागीदार नहीं समझते; साजिशियों को डाकों के लिए हथियारों और गोली सिक्के की जरुरत थी, अपीलार्थी साजिशियों की दूसरी पंक्ति के सदस्य से ऊपर नहीं था। तदनुसार हम इसको धारा 121-ए तहत दोषी ठहराते हैं परन्तु उसकी अपील को आंशिक रूप में परवान करते हुए उसे धारा 120-बी के मामले में निर्दोष करार दे रहे हैं ।

सजा

यह व्यक्ति मुकदमे के शुरू के दिनों में 26 साल का था। इसने कुछ साल ठेकेदारी की हुई थी। वह अच्छे परिवार तथा अच्छी हैसियत वाला आदमी है। उसके साजिशी होने के दोष को किसी तरह भी घटाकर नहीं देखा जा सकता। इसलिए इसको धारा 121-ए के तहत दी गई सजा में छूट देने का कोई आधार नहीं दिखता। तदनुसार उसकी अपील का निपटारा किया जा रहा है।

(12) राजकुमार सिन्हा

यह बंगाली युवक जो लगभग बीस साल का है, रहने वाला तो कानपुर का था, मगर पढ़ रहा था बनारस में। उसके विरुद्ध जो बड़ा सबूत है वह है उसके बनारस वाले कमरे में कुछ सामान का पाए जाना। उसने यह कमरा किराए पर लिया था, परन्तु अपना ताला लगे लगाए इस कमरे को छोड़ दिया हुआ था। *प्रहलाद दास* (मालिक) ने उक्त तथ्य की प्रौढ़ता की है। जब इस कमरे का ताला तोड़ कर इसको खोला गया तो अन्दर से एक शेरवुड राईफल, एक रीमिंगटन राईफल और एक छेद करने वाला यन्त्र बरामद किया गया। *बनवारी लाल* ने अइनुद्दीन (मजिस्ट्रेट) की मौजूदगी में उक्त दोनों राईफलों को कई दूसरी राईफलों के बीच में, इन्हें बिचपुरी डाके में इस्तेमाल किए गए हथियारों के तौर पर पहचान लिया था। जो छेद करने वाला यन्त्र मिला था वह *द्वारकापुर डकैती* वाले स्थान से मिले ऐसे ही यन्त्र के (दस्ते) नाप का पाया गया था। इसके अलावा उसके खिलाफ बंगाली भाषा में उस द्वारा लिखी हुई कुछ चिट्ठियाँ भी बतौर सबूत मौजूद हैं, जिनको पुलिस ने कब्जे में लिया था।

पहले ही हम इस प्रकार की सभी चिट्ठियों की एक साथ चर्चा कर चुके हैं; *ये कुछ तथ्य हैं उसके क्रान्तिकारी साजिश में भागीदारी के प्रमाण।* वैसे उसका काकोरी डाके में भाग लेना भी साबित हुआ है। *अब्दुल वादूद* ने इसको जेल के अन्दर कई कैदियों के बीच डाके में शामिल व्यक्तियों में से एक के तौर पर शनाख्त किया और फिर अदालत में भी। चरवाहे (लड़के) *कलुआ* ने इसको अपने गाँव अमेथिया के पास डाके के रोज वारदात से कुछ ही पहले देखे गए उन व्यक्तियों में से एक के तौर पर जेल के अन्दर कैदियों के बीच और फिर अदालत में भी पहचाना है; एक और चरवाहे *बदलू* ने भी इसको जेल में पहचाना, लेकिन अदालत में नहीं।

अपीलार्थी **बिचपुरी** डाके के मामले में आरोपी था, परन्तु बरी कर दिया गया हुआ है। उसने इस सम्बन्ध में एक सफाई का गवाह भी तलब कराया था, परन्तु उक्त निर्णय के मद्देनजर इस बिन्दु पर टिप्पणी की जरूरत नहीं रह जाती। मुकदमे की कार्रवाई के समाप्त होने से कुछ ही पहले इसने *विजय कुमार सिन्हा* (उसका छोटा भाई जो बाद में भगत सिंह वाली पार्टी का प्रमुख नेता था —सम्पादक) को बतौर बचाव गवाह बुलाना चाहा था।

चूँकि अपीलार्थी उससे पहले अपना बचाव पक्ष समाप्त कर चुका था, इसलिए विशेष सेशन जज ने इसकी इजाजत नहीं दी थी। मि. एच.एन. मिश्रा, जो इसके वकील थे, वह न तो राईफलों, न ही छेद यन्त्र की बरामदगी और न ही उसके अपनी गिरफ्तारी के वक्त लिखे गए पत्रों की ही कोई संतोषजनक व्याख्या कर सके। जहाँ तक काकोरी डकैती का सवाल है, मि. मिश्रा के अनुसार न तो मि. हॉर्टन न ही पंडित जगत नारायण ने दोषी के विरुद्ध इस आरोप पर जोर दिया था। यह दुरुस्त तो है परन्तु हमारी इस मुद्दे पर यह धारणा है कि उक्त रवैया आरोपी के विरुद्ध पाए गए सबूतों का ठीक तरह से मूल्याँकन न कर पाने की वजह से हुआ था। जैसा कि हम पहले एक बार कह चुके हैं, इस केस में अभियोग पक्ष हद से ज्यादा सतर्क रहा है, जिसको हम शूर्तापूर्वक भी ठहरा सकते हैं तथा जिसके फलस्वरूप आरोपियों के विरुद्ध दोष आयद *करने के मामले में कहीं-कहीं हद से ज्यादा नर्मी दिखाई गई है।*

हालाँकि सिद्धांत रूप में हम इस तरह के व्यवहार के प्रशंसक हैं, परन्तु हम इस मामले में इस नर्मी को उचित नहीं ठहरा सकते। मान्य वकील ने तो यहाँ तक कह दिया कि चूँकि मेरा मुवक्किल इस आरोप के बारे में बेफिक्र हो चुका था, सम्भवतः इसलिए ही तो उसने इस परिप्रेक्ष्य में कोई बचाव गवाह आदि पेश नहीं किया है। हम इस मत को स्वीकार नहीं कर सकते क्योंकि अपीलार्थी के व्यवहार से ऐसा कभी नहीं लगा जैसे कि वह किसी ऐसी बेफिक्री वाली मानसिक अवस्था में रहा हो; जैसा कि हमने देखा है, कि उस पर **बिचपुरी** डाके में शामिल होने का आरोप था; अभियोग पक्ष ने इस आरोप पर भी जोर नहीं दिया, परन्तु फिर भी उसने इस मामले में भी अपने बचाव का एक गवाह पेश किया था, जिससे यह जाहिर होता है कि अपीलार्थी अपने विरुद्ध व्यक्त किए गए दोषों के मामले में सचेत था। हमारे समक्ष उपस्थित प्रमाण अपीलार्थी को क्रान्तिकारी दल का सदस्य और काकोरी डाके में दोषी ठहराते हैं, तदनुसार हम विशेष सेशन जज के इसको दोषी पाए जाने के फैसले की प्रौढ़ता करते हैं।

सजा

इस व्यक्ति की भूमिका मनमथ गुप्त जितनी आपराधिक नहीं रही; यह उससे कुछ बड़ी उम्र का है, परन्तु इसकी गतिविधियाँ महत्त्वपूर्ण साजिशी वाली नहीं थीं। मान्य सेशन जज ने इसको मनमथ से कम सजा का आदेश दिया है, जिसको न हम अधिक और न ही कम समझते हैं, इसलिए हम इसकी सजा बहाल रखते हुए इसकी अपील खारिज कर रहे हैं।

(13) रामदुलारे त्रिवेदी

यह नौजवान कानपुर का है, जिसके विरुद्ध अगर बनारसी लाल और इन्दु भूषण मितरा की गवाहियों को सही समझ लिया जाए तो इसमें कोई शक की गुंजाइश नहीं रह जाती

कि वह भी एक साजिशी था। गोपीमोहन ने भी उसके खिलाफ जो बयान दिया है, वह भी उक्त दोष साबित करता है। अपीलार्थी द्वारा इन्दु भूषण मितरा के भाई को लिखी गई चिट्ठी (प्रदर्श पी.-46) और इन्दु भूषण को लिखा गया खत (प्रदर्श पी.-47) जो इन्दु भूषण के घर से बरामद हुए हैं, वह इन्दु भूषण की उक्त गवाही की भरपूर प्रौढ़ता करते हैं। बनारसी लाल और इन्दु भूषण मितरा की इसके विरुद्ध गवाहियों की पुष्टि, इन दोनों के अपीलार्थी को शनाख्त कर पाने से हो रही है, परन्तु गोपीमोहन की उक्त गवाही की पूर्ण रूप से पुष्टि नहीं होती। दोषी के वकील मि. एच.एन. मिश्रा ने एक बचाव गवाह को बुलवाया, जिसकी गवाही बेतुकी है। हम समझते हैं कि अपीलार्थी साजिश में शामिल था; वास्तव में वह इतने कम दर्जे का आगू भी न था, और यह सिद्ध होता है कि वह डाके डालने वाली साजिश का भागीदार था। इसलिए हम मान्य सेशन जज द्वारा इसको दोषी ठहराने के फैसले से सहमत हैं।

सजा

हम पहले ही रामनाथ पांडे की धारा 120-बी सम्बन्धी अपील परवान कर चुके हैं। इसकी धारा 121-ए तहत, अपील के मामले में, यह समझते हुए कि इसकी भूमिका मामूली सी थी, इसलिए इसकी कठोर कारावास की पाँच साल की सजा घटाकर तीन साल कर रहे हैं, वैसे इसकी अपील खारिज की जा रही है।

(14) रामनाथ पांडे

यह युवक बनारस के किसी स्कूल का विद्यार्थी था। मि. एच.एन. मिश्रा उसके वकील थे। यह साबित हुआ है कि अपीलार्थी से बरामद हुई विवादग्रस्त चिट्ठी (प्रदर्श बी.-152) राजेन्द्र नाथ लाहिड़ी की ही लिखी हुई है। मगर ऐसा कोई सबूत उपलब्ध नहीं है जिसके फलस्वरूप इसको डाके डालने की साजिश का भागीदार ठहराया जाए, तदनुसार उसको धारा 120-बी वाले आरोप से दोषमुक्त करते हुए उसको धारा 121-ए के तहत दोषी ठहराते हैं।

सजा

हम धारा 120-बी के तहत उसकी अपील को पहले ही स्वीकार कर चुके हैं। जहाँ तक धारा 121-ए के मामले में उसकी अपील का सवाल है, हमने यह पाया है कि इसकी साजिश में मामूली सी ही भूमिका थी, इसलिए इसकी सजा पाँच साल सख्त कैद से घटाकर तीन साल सख्त कैद कर रहे हैं। वैसे उसकी अपील खारिज की जाती है।

(15) प्रणवेश कुमार चटर्जी

अपीलों का निपटारा करने के दौरान इस अपीलार्थी ने निम्नलिखित याचिका पेश की जिस अनुसार न सिर्फ वह अपने दोषी ठहराए जाने को उचित ही मान रहा है, बल्कि वह एक डाके में शमूलियत को भी स्वीकार करता है, जिस बारे में उस पर आरोप ही नहीं है। यह डाका इलाहाबाद जिले में डाला गया था परन्तु हमारे समक्ष ऐसी किसी वारदात का संकेत नहीं है, न ही इस मामले में क्रान्तिकारी दल का किसी प्रकार का सम्बन्ध ही व्यक्त हुआ है।

याचिका :

> मैं 1923 में काशी विद्यापीठ सिगरा (Sigra) में नौवीं कक्षा में पढ़ रहा था, और वहीं होस्टल में रहता था। मनमथ नाथ गुप्त भी वहीं दसवीं कक्षा में पढ़ता था। एक दिन उसने मेरा पता और शेष ब्यौरा विस्तार में पूछा और कहा कि मैंने तुम्हारे विचार तथा भावनाओं को जान लेने पर तुम्हारे बारे में यह सब पूछने की चेष्टा की है। खैर, हम हर रोज शाम को करमाईकल लाइब्रेरी में मिला करेंगे। तदनुसार मेरे वहाँ पर उसे मिलने पर उसने मुझे *मैजिनी* और *गैरीबालडी* की जीवनियाँ पढ़ने को दीं। ये किताबें पढ़ लेने के बाद उसने मुझे बँगला *विपलवाद, कन्हाई लाल, खुदी राम, जोतिन्द्रा नाथ, बन्दी द्वारा* जैसी कई और किताबें पढ़ने को दी थीं। मेरे इनको पढ़ लेने के बाद हमारी इन पर विचार चर्चा शुरू हुई। कुछ ही दिन बाद उसने मुझे सुझाया कि आजकल भी उक्त प्रकार का एक दल है, तथा क्या मैं उसमें शामिल होना चाहूँगा? मैंने हाँ कह दी, क्योंकि मैं बचपन से ही क्रान्तिकारियों के चमत्कार, बम-पिस्तौलों आदि के बारे में सुनता आ रहा था। उसी दिन उसने मुझे कह दिया कि तुम आज से उक्त दल (ढाका *अनुशीलन समिति*) की शाखा के सदस्य हो। मेरे यह सवाल करने पर कि मुझे कैसे पता चल पाएगा कि वाकई मैं उक्त दल का सदस्य हूँ, उसने जवाब दिया कि तुम्हें *भर्ती विभाग* सौंपा गया है, जैसे मैंने तुम्हें भर्ती करके किया है। कुछ दिनों बाद मनमथ नाथ ने मेरे से पूछा अगर मुझे किसी शिक्षक की जरूरत हो तो वह मुझे उपलब्ध करा सकता है, परन्तु वह 10 रुपए लेगा। मैंने हाँ कह दी और मेरी माताजी ने मुझे आज्ञा दे दी। एक दिन लाइब्रेरी में मनमथ नाथ ने मुझे *जोगेश चन्द्र चटर्जी* से मिलवाया। वह हर रोज मुझे पढ़ाने आया करता था। एक-दो महीने बाद वह गायब हो गया; मुझे नहीं मालूम कहाँ गया। कुछ दिनों बाद वापस आने पर उसने मुझे बताया कि वह अपने घर चला गया था। उसने मुझे यह भी बताया कि वह 'गया' (Gaya) गया था, और यही मुझे तुम्हें बताना था। मैंने 10 रुपए उसे दे दिए, और वह चला गया।

दो-एक महीने बाद मनमथ नाथ ने मुझे *राजेन्द्र नाथ लाहिड़ी* से मिलाया, जिसने मुझसे पूछा कि अगर मुझे कहीं जाने को कहा जाए तो क्या मैं बगैर कोई सवाल पूछे जाने को तैयार हूँ? मैंने 'हाँ' में जवाब दे दिया। उस दिन तो हम वापस लौट आए तथा कोई 15 दिन बाद (मनमथ और लाहिड़ी) दोनों शाम के वक्त मेरे पास आए और मुझे *एक तौलिया, धोती लेकर साथ चलने को कहा।* मैंने ऐसा ही किया। तब मैं और मनमथ, एक और लड़के के साथ जिसे मैं नहीं जानता था, रेलवे स्टेशन पर गए और हमने इलाहाबाद के लिए तीन टिकट लिए। हम इलाहाबाद पहुँचे, वहाँ मुझे पता चला कि हम डाका डालने जा रहे हैं। मैं हैरान नहीं था क्योंकि मुझे मालूम था क्रान्तिकारी अक्सर डकैतियाँ करते हैं। और मैं रिवाल्वर, पिस्तौल, बम आदि देखने का बहुत ही उत्सुक था। हम इलाहाबाद में एक धर्मशाला में ठहरे। दोपहर के वक्त जोगेश चटर्जी, एक लड़के (बनवारी लाल) के साथ आया और मनमथ के साथ बात करके वह दोनों वहाँ से चले गए। दो बजे बाद दोपहर हम फिर रेलवे स्टेशन पहुँचे जहाँ से गाड़ी पकड़ कर रास्ते में कई स्टेशनों पर गाड़ियाँ बदलते हुए किसी अज्ञात स्थान पर पहुँचे जहाँ काफी लोग गाड़ी से उतर रहे थे। मैं और बनवारी लाल उनके पीछे-पीछे चलते गए। हम सभी अपने चेहरे ढके हुए रेलवे स्टेशन से काफी दूर जाकर एक मकान के पास पहुँचे, जहाँ उनमें से एक ने दीवार फाँद, अन्दर जाकर दरवाजा खोल दिया और हम सब मकान के अन्दर दाखिल हो गए। मेरे उस वक्त होश उड़े हुए थे। कुछ भी हो, हम काफी देर बाद अपने ठिकाने वापस पहुँचे। (नोट : इस डाके का उल्लेख जोगेश चन्द्र चटर्जी ने 'आजादी की तलाश में' *(In Search of Freedom)* में किया है, पृष्ठ 228-229। लाहौर षड्यंत्र केस में इस डाके में शामिल एक स्थानिक डाकू छत्रपाल सिंह (अ.स. 450)ने लाहौर सेंट्रल जेल में शहीद भगत सिंह को इस डाके में शामिल व्यक्ति के तौर पर शनाख्त किया था और यह खुलासा भी किया था कि तब भगत सिंह केसधारी था, अब जैसा नहीं। चटर्जी ने भी भगत सिंह के इस डाके में भाग लेने का जिक्र किया हुआ है। —सम्पादक)

साल 1924 में मैं अपने परिवार के साथ जबलपुर आ गया जहाँ से मनमथ नाथ के साथ मेरा सम्पर्क पत्राचार द्वारा बना रहा था। साल 1925 के आखिर में मुझे एक रजिस्ट्रर्ड डाक पार्सल द्वारा क्रान्तिकारी पर्चे प्राप्त हुए, जिनको मैंने जला दिया। जब मैं *बंगाल* से वापस लौट रहा था तो मैंने रास्ते में मनमथ नाथ से पार्टी (हिन्दुस्तान रिपब्लिकन ऐसोसिएशन) की नियमावली का पर्चा लिया था।

मैं अपनी उक्त गतिविधियों को अयोग्य समझते हुए, कि जिस तरह मैंने क्रान्तिकारी कार्यों में हिस्सा लिया है, ग्लानी महसूस करता हूँ और अगर

मुझे मेरे कुछ सहकर्मियों ने मेरे को जान से मार देने की धमकियाँ न दी होतीं, तो मैं यह इकबाल बहुत पहले ही कर लेता।

(हस्ताक्षर)
प्रणवेश कुमार चटर्जी
24 जुलाई, 1927

हम समझते हैं कि उक्त बयान के न होते हुए भी मान्य सेशन जज ने जिन आरोपों का इसे दोषी ठहराया है, वह दुरुस्त ही हैं; उसकी सजा के बारे में बाद में चर्चा की जाएगी।

(सभी अपीलें खारिज)

(B) सप्लीमेंटरी काकोरी केस

सप्लीमेंटरी काकोरी केस

(ये दस्तावेज श्री शचीन्द्र नाथ बख्शी साहब के बेटे श्री राजेन्द्र नाथ बख्शीजी के अमूल्य सहयोग द्वारा प्राप्त हुए हैं; चूँकि श्री अशफाकउल्ला और श्री शचीन्द्र नाथ बख्शी की गिरफ्तारी बहुत देर बाद हुई थी, इसलिए इन दोनों पर बाकी साथियों के साथ मुकदमा नहीं चल सका था; तथा इस केस को काकोरी साजिश केस 'सप्लीमेंटरी' का नाम दिया गया। बख्शी साहब ने चीफ (हाई) कोर्ट में अपील की ही नहीं, जबकि अशफाकउल्ला साहब की अपील चीफ कोर्ट ने खारिज कर दी थी; अब चूँकि काफी प्रयास करने पर भी सम्पादक को उनकी उस अपील की नकल नहीं मिल पाई, इसलिए सेशन कोर्ट के फैसले के चुनिंदा अंश ही प्रस्तुत किए जा रहे हैं। वैसे जिक्रयोग्य है कि न्यायिक प्रक्रिया नियमावली के अनुसार चीफ/हाई कोर्ट में कोई भी तथ्य, जो सेशन कोर्ट के समक्ष पेश न किया गया हो, वहाँ पहली बार प्रस्तुत किया जाना वंचित है; तदनुसार ऊपर वाली अदालत में सेशन कोर्ट के रिकार्ड के आधार पर ही कार्रवाई होती है। कुछ भी हो उक्त चूक के लिए हम आप सभी से क्षमा की याचना करते हैं —सम्पादक)

ब— अदालत स्पेशल सेशन जज लखनऊ— सप्लीमेंटरी काकोरी साजिश केस के लिए सेशन केस नं. 1/43 तथा 2/7— 1927

तारीख फैसला— 23 जुलाई 1927
नकल फैसला, जे.आर.डब्लयू. बैनिट स्पेशल सेशन जज लखनऊ द्वारा।

नरेश सम्राट
बनाम
अशफाकउल्ला तथा शचीन्द्र नाथ बख्शी

धारा 121-ए, 120-बी/396 तथा 396 आई.पी.सी. अधीन

सपुर्दकर्त्ता मजिस्ट्रेट (Committing Magistrate)
सय्यद अईनुद्दीन, स्पेशल मजिस्ट्रेट लखनऊ

फैसला

(चूँकि इस दस्तावेज का प्रथम खंड काकोरी साजिश की शुरुआत का ही उल्लेख करता है, जो कि पहले ही अवध हाई कोर्ट के फैसले में दिया जा चुका है, इसलिए यहाँ केवल इस फैसले के वही अंश लिए जा रहे हैं, जो इन दो क्रान्तिकारियों के बारे में हैं; यह दस्तावेज 124 पृष्ठों का है। अशफाकउल्ला 8 सितम्बर, 1926 को दिल्ली में और शचीन्द्र बख्शी 17 जनवरी, 1927 को भागलपुर, बिहार से गिरफ्तार हुए थे। —सम्पादक)

1. अशफाकउल्ला

गिरफ्तारी : सब-इन्स्पेक्टर, *फसालत हुसैन* के अनुसार वह 26 सितम्बर, 1925 को सवेरे 5 बजे अशफाक के घर उसको गिरफ्तार करने गया तो उनके भाई ने बताया कि वह पिछली रात अपने एक रिश्तेदार अब्दुल कादर खाँ रिटायर्ड डिप्टी कलेक्टर के घर सोए थे। थानेदार वहाँ पहुँचा तो वहाँ उसको वह नहीं मिले, परन्तु उसके अपने घर से एक 12 बोर की बन्दूक (प्रदर्श पी.-ए.-18) 24 कारतूस, खाली कारतूसों से भरा एक थैला और चार थैले छोटे कारतूसों के बरामद हुए थे। इन हथियारों-कारतूसों का वहाँ पाया जाना अशफाकउल्ला की खतरनाक हथियार-कारतूसों तक पहुँच साबित करता है; उसकी जायदाद जब्त किए जाने पर भी वह मफरूर ही रहा था।

उसकी *गिरफ्तारी 8 सितम्बर, 1926 रात के 9.30 बजे दिल्ली में डी.एस.पी. (सी.आई.डी.) खान बहादर अकरामूल हक द्वारा की गई थी* जो गुप्त सूचना के आधार पर वहाँ गया था तथा अपने साथ बरामदगी के दो गवाह भी साथ ले गया था। अशफाकउल्ला उस वक्त चारपाई पर बैठे थे; उन्होंने गिरफ्तारी के वक्त अपना नाम आबिद रजा ही बताया था, और यही नाम उन्होंने मजिस्ट्रेट को भी बताया, परन्तु जब उन्हें सूचित किया गया कि उनकी पहचान में कोई सन्देह नहीं रहा तो फिर उन्होंने अपना नाम अशफाकउल्ला होना स्वीकार कर लिया था।

बरामद दस्तावेज

वहाँ पाए गए दस्तावेजों में एक महत्त्वपूर्ण छोटा किताबचा (प्रदर्श पी.-ए.-35) था; *'मैनीफेस्टो ऑफ कम्यूनिस्ट पार्टी ऑफ इंडिया'* शीर्षक वाले इस घोषणा पत्र के अनुसार, ''हमारे स्वतन्त्रता संग्राम को आर्थिक कार्यक्रम के साथ सम्मिलित करना होगा, तथा केवल भावुकता के आधार पर चला असहयोग आन्दोलन तथा धार्मिक भावना के तहत चली *खिलाफत लहर* दोनों ही असफल और हानिकारक सिद्ध हुई हैं।

''हमारे हिन्दू भाई *खिलाफत लहर* में शामिल हुए तो उन्हें मुस्लिम भाइयों की इस मुद्दे पर दृढ़ता का अनुभव हुआ। उनमें यह धारणा जोर पकड़ गई कि वह भी इसी प्रकार हिन्दुओं को धार्मिक आधार पर उकसा सकते हैं, तो कुछ दकियानूसी तत्त्वों ने *शुद्धि संगठन* और महासभा का आयोजन किया जिसके प्रतिक्रम स्वरूप मुसलमानों ने *तबलीग, तनसीम* को अपना लिया। आज की हमारी यह दुर्दशा तो फिर होनी ही थी।

''हमारी आज की समस्याओं की जड़ ऐसे आन्दोलन का ठुस हो जाना था, जिसका भावुक आधार *धर्म* था। *राजसी तौर पर पिछड़ी हुई जनता को धार्मिक तौर पर उकसाना आसान तो है, परन्तु इनको किसी राजसी आन्दोलन का आधार बनाना असम्भव भी है और खतरनाक भी;* यह कुछ पिछली घटनाओं ने साबित कर दिया है। यदि धार्मिक भावनाओं को सरकार-विरोधी आन्दोलन का आधार बनाया जाता है तो यह किसी समय भी दो प्रमुख समुदायों की आपसी टक्कर का रूप ले सकता है, क्योंकि सभी लोग एक ही धर्म में आस्था रखने वाले नहीं हैं; ऐसा ही तो अभी-अभी हुआ है। हाँ, यदि हिन्दोस्तान में सभी लोग *एक ही धर्म को मानने वाले हों तो ऐसा कार्यक्रम सफल हो सकता है।* हमारा देश तो बेरहम पूँजीपति व्यवस्था की जकड़ में है जो गरीबों की मंदहाली का लाभ उठाते हुए, उनका खून चूसने में कोई कसर नहीं छोड़ती।

''इसलिए आन्दोलन को धार्मिक रंग देने की बजाय निरोल राजनीतिक रखना होगा; जब तक हमारा यह संग्राम आंशिक या पूर्ण तौर पर धार्मिक चेतना पर आधारित होगा, हिन्दू-मुस्लिम एकता नहीं रह सकती; क्या भारतीय हिन्दुओं और मुसलमानों की दशा एक जैसी ही नहीं है, जिन्हें देसी जागीरदारों और विदेशी पूँजीपतियों की लूट-पाट ने निढाल कर रखा है? यह एकता तब ही सम्भव होगी, जब जन समूह को यह अनुभव कराया जाएगा कि वे सभी के सभी एक ही किश्ती में सवार हैं। वास्तव में तो वे पहले ही इसी धारणा को अपनाए हुए हैं, उन्हें तो केवल गुमराह करने वाले दोनों समुदायों के दकियानूसी तत्त्व ही हैं।

''हम अपने देशवासियों से निवेदन करेंगे कि वे अपने संग्राम को इस भाँति चलाएँ कि जिससे देश के मजदूर-किसान उत्साहित होकर इसमें प्रमुख भूमिका निभा सकें, और यह तभी सम्भव होगा यदि हम उनकी आर्थिक मन्दहाली के मुद्दे को अपने आन्दोलन में उचित स्थान दें।''

शेष उपलब्ध दस्तावेजों में उनका अपनी *माताजी को लिखा हुआ एक पत्र* (प्रदर्श पी.-ए.-3) है, जिसमें लिखा है कि अभी वह हिन्दुस्तान में ही है, "अभी समय नहीं आया, योजनाएँ बन रही हैं," जिससे यह पता चलता है कि वह विदेश जाने का प्रयास कर रहा था; अपनी जायदाद जब्ती का जिक्र भी किया है, और माताजी को इस चिट्ठी के साथ भेजे जा रहे एक खत पर, उनको अपने हस्ताक्षर करके डाक द्वारा भेज देने को कहा है। ऐसा लगता है कि यह प्रदर्श पी.-ए.10/11 के अनुवाद हैं, जो कि यू.पी. के *होम मेम्बर* को सम्बोधित हैं, और उसकी माता की ओर से लिखे हुए जाहिर किए गए हैं। वह इनमें से एक खत को अखबारों को भी भिजवाना चाहता था; इन चिट्ठियों में मुख्य मुद्दा परिवार की जायदाद जब्ती का है।

एक चिट्ठी (प्रदर्श पी.ए.-5) *मौलाना अब्दुल मजीद* को लिखी हुई पाई गई है, कि वह 26 सितम्बर, 1925 से स्थान- स्थान पर घूम रहा है, तथा (मौलाना से) विदेश जाने में उनकी सहायता जुटाने की याचना की है। यह सहायता एक तो उसके *अमीर* के (फर्जी) नाम पर पासपोर्ट उपलब्ध करवाने और दूसरे खर्च आदि के लिए पैसे की व्यवस्था के रूप में है। लगभग इसी तरह की ही एक चिट्ठी *मौलाना अब्दुल कादर*, रिटायर्ड डिप्टी कलेक्टर (जिनका ऊपर भी जिक्र आ चुका है, को सम्बोधित है, जिसमें अपनी 'जान खतरे में' बताकर उनसे हैदराबाद (रियासत) में प्रवेश कर पाने के लिए सहयोग की याचना की गई है।

एक चिट्ठी (प्रदर्श पी.-ए.-8) *अपनी बहन* को लिखी हुई पाई गई है, जिसमें उसके (इस) भाई की शुभ इच्छाएँ स्वीकार करने को कहा गया है जिसे उसके रिश्तेदार डाकू, कातिल, और क्या कुछ, कहते हैं; तथा मिलने के लिए भोपाल आने और सर्दियों के लिए गर्म कपड़े लाने को कहा है।

उसकी *गिरफ्तारी दिल्ली के रायल होटल* में हुई थी जहाँ वह दो हफ्ते पहले पहुँचा था। *होटल मैनेजर सुखदर्शन सिंह* (पी.डब्लयू-24) के अनुसार वह वहाँ 25 अगस्त, 1926 को आया था और उसने अपना नाम *मुरारी मोहन* दर्ज किया था, जो उसके अपने फाउन्टेन पैन से लिखा गया है; उसके सन्दूक में एक ऐसा पैन पाया गया था। उसकी तलाशी के दौरान एक कागज का टुकड़ा मिला है जिस पर बाकी नामों के साथ (मुरारी मोहन) भी लिखा हुआ है, जिससे जाहिर होता है कि वह नाम बदलता रहता था तथा प्रयोग में लाए गए सभी नामों का रिकार्ड भी रखता था।

अशफाकउल्ला के विरुद्ध दोष/प्रमाण

डाकों में भागीदारी के प्रमाणों के अतिरिक्त उसके विरुद्ध वादा-माफ गवाहों की गवाही और *जगदीश चन्द्र* का बयान है कि वह 25 सितम्बर, 1925 को फरार हुआ, और उसकी पारिवारिक सम्पत्ति जब्त होने पर भी वह मफरूर ही रहा। उसकी अपने दोस्त

बनवारी लाल को साल 1923 के अन्त और 1924 के शुरू में लिखी हुई चिट्ठियों से उसके *राम प्रसाद बिस्मिल* और *रोशन सिंह* के साथ सम्पर्क होना जाहिर है। प्रदर्श पी.-14 दस्तावेज से यह नजर आता है कि वह उस समय भी *किसानों में प्रचार को महत्त्व देता था :* ''हिन्दुस्तान की आजादी का आधार हमारी किरसानी है।'' उसके सन्दूक में पाया गया कम्यूनिस्ट पार्टी *मैनीफेस्टो* (जिसका पहले जिक्र हो चुका है) की शब्दावली भी इसी ओर ही संकेत करने वाली है, ''आजादी की लड़ाई में जन समूह की मुख्य भूमिका होगी।''

बेशक उसको अपने विरुद्ध गम्भीर दोष आयद किए जाने में कोई सन्देह नहीं रह गया था जो इस बात से जाहिर होता है कि वह देश से बाहर जाने के लिए कितना बेताब था; यह बेताबी उसकी उन चिट्ठियों में लिखी गई शब्दावली में झलकती है—उसने अपने सम्बन्धी अब्दुल कादर को लिखा है, ''मेरी जान को खतरा है।'' अपनी *बहन* को लिखी हुई चिट्ठी में उसके बिछड़े हुए भाई को डाकू कातिल बताया जाना भी इसी ओर संकेत करता है।

राम प्रसाद बिस्मिल के साथ उसके सम्बन्ध होने का प्रमाण, वादामाफ गवाहों तथा जगदीश चन्द्र की अदालती गतिविधियों आदि में *मौजूद है*। राम प्रसाद से बरामद हुए कागजों के एक टुकड़े पर दूसरे कुछ नामों के साथ *अशफाक का नाम भी लिखा* पाया गया है। इस बारे में बनारसी लाल ने बताया है कि इसी कागज पर जो नाम दर्ज हैं, उनमें हरेक नाम के साथ कुछ अंक लिखे हुए थे जो कि एक *'प्रणवीर'* नाम की पत्रिका के अंकों की गिनती व्यक्त करती है। इस पत्रिका का एक अंक (प्रदर्श पी.-66) कुँवर बहादुर के घर से बरामद हुआ था। यह एक रजिस्टर्ड पत्रिका है, जो नागपुर से प्रकाशित होती है, जिसमें राजनीति तथा राजनीतिज्ञों के बारे में चर्चा की गई होती है; उक्त अंक अगस्त 1924 का है और यह *तिलक नम्बर* है।

अशफाकउल्ला के बारे में यह भी जिक्रयोग्य है कि इन्दु *भूषण* के अनुसार, ''वह 26 सितम्बर, 1925 को दोपहर बाद उसके घर गया चूँकि उसका भेजा गया *खलील* नाम का एक व्यक्ति मुझे वहाँ जाने को कह गया था।'' बचाव पक्ष की गवाहियों के दौरान पता चला कि उक्त खलील अशफाकउल्ला के बड़े भाई सैफुला खाँ का बेटा था। अभियोग पक्ष का मानना है कि खलील का नाम इन्दु भूषण से *कहलवाया* नहीं जा सकता था, जब तक कि सचमुच ही अशफाकउल्ला ने इस नाम के व्यक्ति को उसके पास न भेजा होता: यह दलील भी प्रस्तुत की गई है कि अशफाकउल्ला का इन्दु भूषण को बुला भेजना इस बात का भी सबूत है कि अशफाकउल्ला को इन्दु भूषण के राम प्रसाद का *पोस्ट बाक्स* होने की जानकारी थी। इन्दु भूषण का बयान है कि उसने *आशिक* (बचाव पक्ष का एक गवाह) को अशफाकउल्ला के घर में मौजूद पाया था, जिसके चले जाने के बाद गिरफ्तारियों के बारे में हमारा वार्तालाप हुआ था, जिस दौरान अशफाकउल्ला ने बताया था कि उसको किसी पुलिस कांस्टेबल ने पहले ही सूचित कर दिया था, इसलिए वह गिरफ्तारी से बच गया है।

इस कथन की प्रौढ़ता स्वयं अशफाकउल्ला के अपने लिखे एक पत्र (प्रदर्श पी.ए.-10) से होती है, जो उसने *होम मेम्बर* के नाम लिख रखा था, और जिसको उसकी माताजी की ओर से भेजा जाना था, "जब वह (अशफाकउल्ला) जा रहा था, तो उसने कहा कि एक सत्कारित पुलिस अधिकारी, जो उसका दोस्त था ने उसे बताया था कि अगले रोज गिरफ्तारियाँ होने को हैं, इसलिए वह जा रहा है।" दिल्ली में अपनी गिरफ्तारी से पहले वह (अशफाकउल्ला) सम्भवत: अपने ऐसे ही किसी दोस्त की प्रतीक्षा में था जो आकर उससे यह चिट्ठियाँ/डाक ले जाए। इनमें से कई चिट्ठियों को ले जाने वाले (सन्देशवाहक) की ओर संकेत करते हुए लिखा हुआ पाया गया है, कि उक्त व्यक्ति प्राप्तकताओं को कुछ विशेष जानकारी भी उपलब्ध कराएगा; यह दोस्त कौन था, पता नहीं चल सका परन्तु एक दोस्त जिसकी अशफाकउल्ला प्रतीक्षा कर रहा था, वह (पहले बताया जा चुका व्यक्ति) *आशिक* ही था। बरामद हुई एक चिट्ठी (प्रदर्श पी.ए.-4), जो कि *अरफी* को लिखी हुई है, उसमें उसके न पहुँच पाने पर नाराजगी व्यक्त की गई है और उसे तुरन्त आने को कहा गया है। बचाव पक्ष के गवाह *आशिक अली* (डी.डब्लयू-20) ने स्वीकारा है कि सचमुच उक्त व्यक्ति इसी नाम से ही पुकारा जाता है; इस चिट्ठी में यह वाक्य भी महत्त्वपूर्ण है कि "मेरे पास कोई विस्फोटक पदार्थ तो था नहीं, जिसके डर से तुम मेरे पास नहीं आए।"

अशफाकउल्ला की कुछ दूसरी चिट्ठियों में वित्तीय सहायता की याचना का कारण गिरफ्तारी के वक्त उसके पास केवल ढाई आने (आज के पन्द्रह पैसे) पाए जाना है। उसकी चिट्ठियों के मामले में आखरी बात— उसके अपने भाई *रियासतुला* (प्रदर्श पी.-ए.-3) के नाम खत, और अब्दुल कादर के नाम लिखे पत्र (प्रदर्श पी.-ए. 6) दोनों में ही *'राम'* का जिक्र आता है। पहले पत्र में तो लिखा है कि तुम *राम* को मिलने के पश्चात आना और दूसरे में लिखा है 'तुम्हें राम के जेल की कोठरियों में कैद' होने का तो पता ही होगा। इसमें कोई सन्देह नहीं है कि यह 'राम', राम प्रसाद ही था।

> [राम प्रसाद बिस्मिल ने अपनी आत्मकथा में लिखा है— प्रिय अशफाक, एक समय जब तुम्हारे हृदय कम्प का दौरा पड़ा, तुम अचेत थे, तुम्हारे मुँह से बार-बार 'राम हाय राम' शब्द निकल रहे थे। पास खड़े हुए भाई-बन्धुओं को आश्चर्य था कि 'राम-राम' की क्या रट थी। उस समय किसी मित्र का आगमन हुआ, जो 'राम' के भेद को जानता था। तुरन्त मुझे बुलाया गया। मुझसे मिलने पर तुम्हें शान्ति हुई। तब सब लोग 'राम-राम' के भेद को समझे —सम्पादक]

2. शचीन्द्र नाथ बख्शी

गिरफ्तारी का प्रयास तथा झाँसी में उनके सन्दूक का पाया जाना :

यू.पी. सी.आई.डी. के इन्स्पेक्टर, सुन्दर सिंह (पी.डब्लयू-95) के बयान के

अनुसार कि वह नवम्बर 1925 के दौरान शचीन्द्र नाथ बख्शी तथा मुकन्दी लाल की तलाश में झाँसी गया; इससे पहले, 26 सितम्बर, 1925 को बनारस में भी बख्शी की तलाश की गई थी, जो नाकाम रही। पुलिस को जाँच पड़ताल से पता चला कि वह मास्टर रूद्रनारायण सिंह का दोस्त है, तथा उसके घर की तालाशी ली गई। वहाँ से एक चिट्ठी (प्रदर्श पी.-302) मिली जो बख्शी ने रूद्रनारायण सिंह को लिखी थी। यह दिनांक 8 मई, 1925 की थी। इसमें लिखा हुआ था कि उसको जल्दी में झाँसी से जाना पड़ा था और वह पूरे समक्षत प्रान्त (यू.पी.) में दौरे पर रहने के कारण अति व्यस्त रहा है। वह शीघ्र ही झाँसी लौट आने की आशा रखता है।

पुलिस को घर में एक सन्दूक (प्रदर्श-58) भी मिला जिसको *छोटेलाल* (पी.बी.-97) ने बख्शी का बताया है। उसने अपना मकान बख्शी को किराए पर दिया था, जिसने अपना नाम *सतीश चन्द्र बागची* बताया था; जब बख्शी उक्त मकान छोड़ वहाँ से चला गया तो कुछ देर के लिए कोई भी उस मकान में नहीं रह रहा था। कुछ महीने इस तरह बीत जाने पर, छोटे लाल ने *रूद्रनारायण सिंह,* जिसने बख्शी के लिए उससे यह मकान (किराए पर) लिया था, को कहा कि वह मकान को खाली कर दे। रूद्रनारायण ने ऐसा ही किया तथा छोटेलाल ने उससे, जो सामान वहाँ से मिला, उसकी रसीद लिखवा ली थी। इस रसीद की तीसरी पंक्ति में रूद्रनारायण ने कुछ अक्षर लिखकर, और फिर सम्बन्धित किरायानामे का हवाला देते हुए उन (अक्षरों) को काट कर लिख दिया *सतीश चन्द्र बागची*। खुरदबीन से देखने पर दिख रहा था कि काटे गए नाम का एक अक्षर *शची* था। मुझे इस बात में कोई सन्देह नहीं है कि रूद्रनारायण ने पहले *शचीन्द्र नाथ बख्शी* ही लिखा तथा फिर उसको याद आ गया कि बख्शी तो वहाँ दूसरे (सतीश चन्द्र बागची) के नाम पर रह रहा था। कुछ भी हो, बेशक बख्शी ही उस मकान में रह रहा था, और यह सन्दूक भी उसी का था।

सन्दूक में था क्या?

इसमें कई चीजें पाई गई थीं, जिनमें *कुछ महत्त्वपूर्ण दस्तावेज* थे—

प्रदर्श पी.-286: उन्नत राज्य (Advanced State) इसमें शासकों के कृत्य प्रस्तुत किए गए हैं, लगता है ये हिन्दोस्तानी रियासतों के राजाओं के लिए थी।

प्रदर्श पी.-287 में सी.आर. दास, बिपन चन्द्र पाल तथा टी.सी. गोस्वामी जैसे नेताओं की रचनाओं और भाषणों के अंश दर्ज थे। इसमें *'रूस का षड्यंत्र'* में से वह अंश थे जिनमें रूस की भाँति गुप्त संस्थाएँ बनाना सुझाया गया है।

प्रदर्श पी.-288 में *कुछ क्रान्तिकारी पर्चों* के कानपुर, इलाहाबाद तथा अन्य *शहरों में बाँटे* जाना, उन पर पाबन्दी लगाने, और आखिर उनके झाँसी

में बाँटे जाने का उल्लेख है, जो *बख्शी के हाथ का ही लिखा* हुआ लगता है; 'काफी संख्या में ये पर्चे, स्थानिक हाई स्कूलों की इमारतों तथा कोतवाली के मुख्य द्वार पर भी चिपकाए हुए पाए गए थे। पुलिस दोषियों की धर-पकड़ में लगी हुई है।'

प्रदर्श पी.–289— यह एक सूचना पत्र का हिन्दी अनुवाद है जिस द्वारा झाँसी के एक वियम-संस्था के लिए बख्शी और रूद्रनारायण सिंह की ओर से धन की याचना की गई हुई है।

प्रदर्श पी.–290— यह कागज के दो टुकड़े हैं जिन पर जोगेश, सुरेश, बिसवास और रुदरा जैसे नाम लिखे हुए हैं। यह कोई आश्चर्य की बात नहीं है कि इनमें से पहले तीन नाम बख्शी के तथाकथित सहयोगियों के ही हैं; रुदरा नाम वैसे तो रूद्रनारायण सिंह का भी हो सकता है, परन्तु हमने देखा है कि *रुदरा, राम प्रसाद का पार्टी नाम* भी था।

प्रदर्श पी.–281— *राष्ट्रवादियों को अपील* के रूप में यह एक *किताबचा* है, *'राष्ट्रवादियों के नाम एक अपील'*, इसमें कोई तारीख तो नहीं लिखी हुई, परन्तु ऐसा लगता है जैसे यह साल 1924 के अन्त में, *बैलगाम कांग्रेस* (अधिवेशन) से पूर्व प्रकाशित हुआ होगा। जो धारणाएँ इसमें प्रस्तुत की गई हैं, वह लगभग, अशफाकउल्ला से बरामद हुए *'कम्यूनिस्ट पार्टी मैनीफेस्टो' से मिलती-जुलती हैं।* इसमें पार्टी में निराशा और बिखराव के वातावरण के छाए होने पर खेद प्रकट किया गया है, तथा इस जैसे वातावरण में धर्म और राजनीति को अलग-अलग रखने पर बल दिया हुआ है तथा स्वराजिस्ट पार्टी को विधान सभाओं में प्रवेश करने के मुद्दे पर कोसा गया है; क्रान्ति का मार्ग सुझाते हुए उग्र राष्ट्रवाद पर बल दिया गया है, जो प्रबन्धन सुधार के लक्ष्य को नकारते हुए, नए युग की शुरुआत करेगा जिसमें *महान सामाजिक-आर्थिक उथल-पुथल* के वातावरण में, विद्रोही जन समूह आधारित राजनीति का संचालन करेगा; जिसके दबाव में अधीन कांग्रेस को भी अपनी परम्परागत टाल-मटोल की नीति छोड़कर संघर्ष के मैदान में उतरना पड़ा था। यहाँ पर कम्यूनिस्ट पार्टी मैनीफेस्टो की एक पंक्ति का उल्लेख है— ''हिन्दोस्तान में भी अन्य देशों की तरह राष्ट्रवाद की भूमिका क्रान्तिकारी है; इसलिए इसको भी क्रान्ति का मार्ग ही अपनाना होगा।....

...''राष्ट्रवाद के लक्ष्य को पहुँच पाना, उन लोगों की विचारधारा को त्याग कर ही सम्भव होगा, जो क्रान्ति के प्रत्यक्ष विरोधी हैं; किसी गुलाम राष्ट्र का आजादी-संग्राम, क्रान्ति से अलग नहीं रह सकता। आजादी, किसी सूरत में भी उसको शासक की ओर से उपहार के रूप में नहीं मिलेगी। भारत की जनता को ही यह संघर्ष जीतना होगा।

''*अमृतसर* (1919 से 1924) बैलगाम तक के अधिवेशनों के दौरान के समय का सबक है कि :

(i) राष्ट्रीय आन्दोलन सचमुच ही प्रचंड रूप ले सकता है, यदि यह जन समूह द्वारा शासकों से सीधी टक्कर की रणनीति पर निर्धारित होगा (ii) जनसमूह

की भाँप के बगैर यह आन्दोलन निराशा और बिखराव की दलदल में ही उलझा रहेगा।

(पहले) विश्व युद्ध के पश्चात् उठे क्रान्तिकारी उभार के आधार अभी भी उसी ही तरह विद्यमान हैं। साधारण जन अभी भी अपनी दशा के बारे में चिन्तित है, तथा वह बगैर किसी हिचकिचाहट के इस शोषण से मुक्ति पाने के उद्‌देश्य से चलाए गए आन्दोलन में कूद पड़ेगा।

"वह ही दल, जन समूह का विश्वास प्राप्त करके उसे बनाए रखने को सक्षम होगा, जो केवल कथनों से नहीं बल्कि कर्मों द्वारा जनता के कष्टों के समाधान ढूँढ़ निकालने में सक्रिय दिखाई देगा; अंध-विश्वास धाराओं से दूर रहना होगा।...

...बहादुर देशभक्तो, *दिशाहीन आतंकवाद से बचो*। आपका आदर्शवाद तथा हार न मानने जैसी भावनाएँ विशाल भूमिका निभाने योग्य हैं। सामाजिक गतिशीलता बमों से कहीं अधिक शक्तिशाली है। श्रमिक जनसमूह के बलबूते ही भारत आजाद होगा। आओ हम संगठित होकर इसको दिशा प्रदान करें।

आपका बन्धु,
एम.एन. राय"

प्रदर्श पी.-295— यह बख्शी की ओर से, म्यूनिसिपल बोर्ड झाँसी के चेयरमैन को लिखी हुई एक अर्जी है जिसमें किसी पद के लिए याचना की गई है; इस पद पर वह नियुक्त तो किया गया था, परन्तु 22 दिन (1 दिसम्बर 1924 से 24 दिसम्बर, 1924 तक) ही यहाँ पर बना रहा; जब वह बैलगाम कांग्रेस अधिवेशन के लिए वहाँ से चला गया था, तो वापस नहीं पहुँचा।

प्रदर्श पी.-296— इसमें कई भाँति के दस्तावेज पाए गए हैं; जिसमें कई याचनाएँ व सूचनाएँ उपलब्ध हैं।

प्रदर्श पी.-297— इसमें बख्शी द्वारा लिखी हुई बालेश्वर (उड़ीसा) के विद्रोही की जीवनियाँ हैं।

प्रदर्श पी.-298— इसमें लगभग 95 पुस्तकों की सूची है, जो अधिकतर राजनीति के बारे में है, विशेष कर क्रान्ति, *साम्यवाद*, इतिहास नीति शास्त्र; इनमें (लाला) हरदयाल की *'विश्व के इन्कलाब'* व *'साम्यवाद'*; *'आनन्द मठ'*, *'बँगला बिपलवाद'*, *'राजसी षड्यंत्र'*, *'बन्दी जीवन'* तथा *'रूसी राजनीति'* जैसी पुस्तकों का उल्लेख शामिल था।

यह सूची इस मत की पुष्टि करती है कि क्रान्तिकारियों के पास एक अच्छी-खासी संचार प्रणाली थी तथा बख्शी का इस गतिविधि के साथ घनिष्ठ सम्बन्ध था।

गिरफ्तारी

बख्शी को भागलपुर (बिहार) में 17 जनवरी, 1927 सवेरे 11 बजे एक *सी.आई.डी. इन्स्पेक्टर,* प्रणवेश चन्द्र चटर्जी (पी.डब्लयू. -193) द्वारा गुप्त सूचना के आधार पर गिरफ्तार कर लिया गया। तलाशी के दौरान उससे एक अधूरी चिट्ठी (प्रदर्श पी. बी.-7)मिली, जो अंग्रेजी तथा बँगला में थी (दिनांक 13.12.1926 की) जो रंगपुर में लिखी गई थी। इसमें विशेष महत्त्व वाली बात तो एक *केन्द्रीय समिति* के संगठन का उल्लेख था जो सभी गतिविधियों का संचालन करेगी।

दूसरा, एक *सैनिक विभाग* की स्थापना का भी जिक्र है। हिन्दी कविता (प्रदर्श पी.बी.-3-ए)) भी मिली जिसमें देश की आजादी के लिए आत्म समपर्ण तथा अपने पूर्वजों को श्रद्धांजलि के रूप में जालिम अंग्रेजों का रक्त भेंट करने का प्रण सुझाया गया है।

प्रदर्श पी.बी.-11 : यह *'गोहाटी कांग्रेस'* के प्रतिनिधियों को सम्बोधित है जिसमें लिखा है कि मैं एक साल से अधिक समय से मफरूर हूँ और एक लम्बी कैद मेरी प्रतीक्षा कर रही है। मैं अपने दल के सदस्यों और आप सबकी सहानुभूति द्वारा, दुष्ट सरकार द्वारा मुझे पकड़ने के लिए कई हजार रुपए इनाम रखे जाने के बावजूद घूम-फिर रहा हूँ।

"मैं इस सरकार के आगे झुकने को तैयार नहीं हूँ जो 31 करोड़ निहत्थे जनसमूह को जलियाँवाले की भाँति खून की होली खेल कर भयभीत करती आ रही है, तथा जिसने सुभाष जैसे हीरो को बन्दी बना रखा है।

"मैं एक विद्रोही हूँ— एक क्रान्तिकारी जो भारत के सम्पूर्ण स्वराज का उपासक है; वह आजादी जो एक छलावा नहीं है। समय आ गया है कि कांग्रेस स्वराज को *पूर्ण स्वराज* के रूप में प्रस्तुत करे तथा इस आशा की पूर्ति के लिए देश की जनता को संघर्ष के लिए तैयार करें।"

अन्त में कुछ छुट-पुट कार्य भी निर्धारित किए हुए हैं।

गिरफ्तारी तथा तलाशी उपरांत उसको भागलपुर के *गांधी आश्रम* ले जाया गया, जहाँ वह ठहरा हुआ था। स्वयं उसने अपना कमरा बताया, जो उसकी जेब में पाई चाबी से खोला गया। बाकी चीजों के अतिरिक्त वहाँ एक ताला-बन्द टोकरी (पी.बी.-18) पाई गई जिसमें 12 बोर के चार कारतूस थे। कुछ कागज भी वहाँ मिले जो बीनोए कुमार घोष नाम के किसी व्यक्ति के थे, वास्तव में यह बख्शी का ही दूसरा नाम था और कुछ चिट्ठियाँ किसी *मोहित चन्द्र अधिकारी* नाम के व्यक्ति को सम्बोधित थीं, जो उसी कमरे में उसके साथ रह रहा था। परन्तु इनमें कोई विशेष महत्त्व वाली कोई बात नहीं थी।

कुछ महत्त्वपूर्ण नक्शे तथा कुछ चिट्ठियाँ षड्यंत्र के सहयोगियों को लिखी गई हुई थीं, जो उसकी फरारी के दौरान लिखी गई थीं। यह सभी संकेतक भाषा में हैं,

जिनमें कुछ भी स्पष्ट नहीं है। प्रदर्श पी.बी.-6 में लिखा है कि मेरी डाक रोक ली जाती है तथा मुझे शंका है कि आपकी डाक भी इसी का शिकार होगी; मैं केवल इस मित्र की प्रतीक्षा में था; चिट्ठी वाहक ही हमारा उक्त मित्र है।

फैसला

इन दोषियों के सहदोषियों से मिलकर नरेश-सम्राट को प्रभुसत्ता से वंचित करने के उद्देश्य की पूर्ति को लेकर उनके साथ कार्यशील होने का उल्लेख करते समय, मैंने इन दोनों के डाकों में भागीदार होने के मुद्दे को नहीं छेड़ा था।

उक्त षड्यंत्र के बारे में तो सरल-सीधे प्रमाण इतने प्रत्यक्ष हैं कि इसकी वास्त-विकता के बारे में कोई सन्देह की गुंजाइश रह ही नहीं जाती तथा इन दोषियों के इसमें पूर्ण रूप में भागीदार पाए जाने के आधार भी इतने ठोस हैं कि डाकों में इनके शामिल होने जैसे अप्रत्यक्ष प्रमाण की आवश्यकता नहीं रह जाती। यदि यह मान्यता दलीलयुक्त है, तो इनकी ऐसे षड्यंत्र में शमूलियत को ही, (जिसमें डाके डालने की नीति भी सम्मिलित थी) इनको डाकों का भागीदार ठहराया जा सकता है। यह सत्य है कि यदि गवाहों की शनाख्त को स्वीकार कर लिया जाए (जिसे मैं दुरुस्त मानता हूँ) तो **अशफाकउल्ला** की शमूलियत तो उक्त धारणा के बगैर भी प्रमाणित हो चुकी है। इसलिए उसके षड्यंत्रकारी होने और साथ ही डाकों में भाग लेने में कोई सन्देह की गुंजाइश नहीं है।

दूसरी ओर **बख्शी** का मामला कुछ भिन्न है— उसकी बनारस में गतिविधियाँ, और झाँसी में वियम संस्था उसका प्रचार के क्षेत्र में सक्रिय होना व्यक्त करतीर हैं। दूसरी ओर यह भी स्पष्ट है कि इसका *शाहजहाँपुर* में आना-जाना था तथा वहाँ के षड्यंत्रकारियों के साथ उसके घनिष्ठ सम्बन्ध थे। इन तथ्यों के आधार पर भी यह कहा जा सकता है कि उसकी डाकों में भी भूमिका थी। यह कि उसकी गतिविधियाँ केवल प्रचार तक ही सीमित न थीं, जिसके संकेत उस द्वारा फरारी के दौरान लिखे, बरामद हुए दस्तावेजों में उपलब्ध हैं, इनमें *सैनिक विभाग* की स्थापित और हथियार प्राप्त करने के मन्तव्व से धन जुटाने जैसे सुझाव प्रस्तुत किए हुए पाए गए हैं। मैंने इस तथ्य को भी उभारा है कि शाहजहाँपुर स्थित दल की सदस्यता अति सीमित थी, इसलिए डाके डालने के लिए बाहर से सहायता जुटानी आवश्यक थी। मैं इस निष्कर्ष पर पहुँचा हूँ कि बाहर से व्यक्ति इस मन्तव्य के लिए बुलाए जाते थे जिस दौरान बख्शी भी शाहजहाँपुर में ही था तथा वह उन सदस्यों के सम्पर्क में भी रहा था। *बिचपुरी डाके* में उसकी शमूलियत के बारे में कुछ शंका प्रकट की गई थी, परन्तु वह इस डाके से दो-तीन दिन पहले झाँसी म्यूनिसिपल कार्यालय से गैर-हाजिर रहा था। बख्शी उस गैर-हाजिरी की व्याख्या बैलगाम कांग्रेस अधिवेशन में उसका उपस्थित रहना बताता है, परन्तु इसका कोई प्रमाण नहीं दिया गया; दूसरी ओर इन्हीं दिनों उसको शाहजहाँपुर

में कुछ दूसरे बाहर से आए व्यक्तियों के साथ देखे जाने के अलावा दो गवाहों *ललता प्रसाद* और *राजधन लाल* ने उसकी *बमरौली डाके* में शामिल व्यक्ति के रूप में शनाख्त भी की है, जिसको मैं दुरुस्त ठहराता हूँ। इसी डाके के मुद्दे पर बख्शी के हक में एक यह दलील की गई है कि *बनारसी लाल* के (इस बारे में बयान) इसका कोई सीधा-प्रमाण उपलब्ध नहीं है। परन्तु चूँकि बनारसी दास ने जो स्वयं इस डाके में शामिल था, प्रत्यक्ष रूप में बख्शी के न सिर्फ शामिल होने बल्कि उसकी डाके में निभाई भूमिका का खुलासा भी किया है; हमारे समक्ष ऐसा कुछ सुझाया नहीं गया कि बनारसी लाल ने बख्शी को केवल फँसाने के लिए ही ऐसा बयान दिया है, और न ही कोई निजी दुश्मनी होना बताया गया है। इसलिए बनारसी दास की उक्त गवाही पर निर्भर करते हुए उसको *बिचपुरी डाके* में शामिल हुआ तथा इसके लिए दोषी ठहराता हूँ।

काकोरी डाके में उसके शामिल होने के सीधे सरल प्रमाण हैं—

बनारसी लाल, इन्दु भूषण और किशन लाल की ओर से डाके से कुछ ही समय पहले शाहजहाँपुर में होने की पुष्टि तथा बनारसी लाल का यह बयान कि वह उसके साथ ही वहाँ से रवाना हुआ था, और फिर शीघ्र ही उसका वापस लौटकर, उन राइफलों को निकाल ले जाना, जो किराए के मकान में पड़ी थीं; इसके इलावा सोडा-वाटर विक्रेता अब्दुल वादूद की सीधी सरल गवाही कि वह सेकन्ड क्लास डिब्बे में सवार हुए तीन व्यक्यिों में से एक था; डॉ. गुप्ता का यह कथन भी है कि तीसरा व्यक्ति इससे मिलता-जुलता ही था। बनारसी लाल कहता है कि डाके से पूर्व छेदीलाल धर्मशाला में अशफालउल्ला आदि के साथ वहाँ ठहरने वालों में वह भी था। मैं इस मुद्दे पर स्पष्ट हूँ कि वह इसी दौरान बनारस से गैर-हाजिर था और उसकी उस समय बीमारी की वजह से उसके बिस्तरे में पड़े होने की व्याख्या बिना सिर-पैर की है। तदनुसार मैं उसको इस डाके के मामले में भी दोषी ठहराता हूँ।

सजाएँ

दोनों दोषियों ने सजा के मुद्दे पर उनके पश्चातापी होने, उनके उद्देश्य तथा आयु के आधार पर नर्म सजाओं की याचना की है। *अशफाकउल्ला* ने यह भी कहा है कि क्रान्तिकारी दल में उसकी भूमिका तो राम प्रसाद के सहायक की ही थी, तथा उसके पूर्वजों की (सरकार प्रति) वफादारी को भी ध्यान में रखते हुए कठोरतम सजाएँ न दी जाएँ, क्योंकि भारत के स्वराज की ओर विकास से क्रान्तिकारी आन्दोलन वैसे ही दम तोड़ जाएँगे।

मैंने इन दलीलों पर गम्भीरता से विचार किया है, परन्तु इनमें से किसी एक में भी दम नजर नहीं आया। दोषियों ने गिरफ्तारी से पूर्व किसी तरह का पश्चाताप व्यक्त नहीं किया; *अशफाकउल्ला* तो अब भी नहीं कर रहा, तथा इस प्रकार *बख्शी* की

मानसिकता में परिवर्तन का भी कोई संकेत नहीं दिख रहा। इस पड़ाव पर दोषियों का पश्चाताप केवल उनकी मौजूदा परस्थितियों की वजह से ही है; जहाँ तक उद्देश्यों का प्रश्न है, चाहे उनके क्रान्तिकारी दल में शामिल होने की मानसिकता के बारे में कुछ भी मान लिया जाए, कोई भी संजीदा व्यक्ति जो मनुष्य जीवन को अमूल्य समझता है, इनके डाकों की नीति को, जिसके अधीन जानबूझकर कत्ल किए जाते रहे हैं, योग्य नहीं ठहराया जाएगा।

जहाँ तक इनकी आयु का सवाल है, अशफाकउल्ला 28 वर्ष तथा बख्शी 26 वर्ष का है। यदि यह क्रान्तिकारी दल में 1924 में शामिल हुए हों तो भी उस मोड़ पर वह अपने प्रस्तावित फैसले की गम्भीरता से भली-भाँति परिचित तो होंगे ही।

अशफाकउल्ला की, शाहजहाँपुर में दल में भूमिका सचमुच ही राम प्रसाद से दूसरे नम्बर पर होगी, परन्तु मुझे वादा-माफ गवाहों के यह खुलासा किए जाने पर कि वह *राम प्रसाद का दायाँ हाथ था,* कोई भी सन्देह नहीं है, और वह शाहजहाँपुर का अति सक्ष्य सदस्य था। हरेक डाके में उसकी मुख्य भूमिका रही है।

बलदेव प्रसाद के अनुसार यह अशफाकउल्ला ही था जिसने उसको बमरौली डाके के दौरान गोली मारी थी और ऐसे प्रमाण हैं कि अशफाकउल्ला के पास बन्दूक या राइफल थी। सम्भवतः मोहन लाल भी उसकी गोली से ही मारा गया हो सकता है। इस डाके के दौरान छत पर खड़े, राइफलों से लैस दो डाकूओं में से यह एक था। *काकोरी* डाके के दौरान प्रयोग में लाए गए सभी पिस्तौल अशफाकउल्ला ने ही घटनास्थल तक पहुँचाए थे और *अब्दुल वादूद* के अनुसार पहली गोली भी इसी ने चलाई थी। इसलिए उसका केवल राम प्रसाद के अधीन होना उसके दोष की गम्भीरता घटा नहीं सकता; न ही मैं उसके पूर्वजों की सरकार प्रति वफादारी के आधार पर उसे रियायत देने के पक्ष में हूँ।

इसी प्रकार ही, यह तर्क कि राजनीतिक प्रक्रिया के बदल रहे परिप्रेक्ष्य में क्रान्तिकारी आन्दोलन के अप्रासंगिक हो जाने की *सम्भावना* के आधार पर सजा के मामले में नर्मी दिखाने के पक्ष में हूँ; ऐसा हो भी सकता है और नहीं भी; मैं केवल ऐसी सम्भावना होने को ही सजा में कमी करने का आधार नहीं समझता। मेरा मानना है कि इन जैसे गम्भीर अपराधों के लिए सख्त से सख्त सजाएँ ही देनी चाहिए, जब तक कि ऐसा न करने के योग्य कारण हों; मुझे इस केस में ऐसा कोई कारण दिखाई नहीं दे रहा।

तदनुसार मैं **अशफाकउल्ला** को धारा 121-ए तथा धारा 120-बी/393 के अधीन उम्र कैद की सजाएँ दे रहा हूँ, जो साथ-साथ चलेंगी, तथा धारा 396 के अधीन *फाँसी* की सजा दे रहा हूँ, जो तीनों (बिचपुरी, बमरौली, काकोरी) डाकों के सम्बन्ध में समझी जाएगी। उसको सूचित किया जाता है कि वह चाहे तो एक सप्ताह के अन्दर अपील कर सकता है। केस का रिकार्ड चीफ (हाई) कोर्ट को (फाँसी की सजा की) पुष्टि के लिए भेजा जा रहा है।

शचीन्द्र नाथ बख्शी के लिए मैं फाँसी की सजा नहीं सुझा रहा क्योंकि यह साबित नहीं हुआ कि उसने डाकों के दौरान गोली चलाई है, हालाँकि हो सकता है उसने काकोरी डाके के दौरान ऐसा किया ही हो। उसको मैं धारा 121-ए तथा 120बी/396 (दोनों) के तहत उम्र कैद की सजा दे रहा हूँ और यही सजा तीनों डाकों के मामले में धारा 396 तहत भी— ये कैद की सजाएँ एक साथ चलेंगी।

सूची पत्र–1

काकोरी केस में गिरफ्तार किए गए लोगों की सूची

सेशन ट्रायल नं. 1 ऑफ 1926, मिस्टर हैमिल्टन, विशेष न्यायाधीश की अदालत में 6 दिसम्बर, 1927 को हुआ

शाहजहाँपुर

1.	राम प्रसाद बिस्मिल	फाँसी
2.	बनारसी लाल कोकश	क्षमा याचिका स्वीकार
3.	लाला हरगोविन्द	सेशन द्वारा बरी
4.	प्रेमकिशन खन्ना	5 साल कैद
5.	इन्दु भूषण मितरा	सरकारी गवाह वादा माफ के रूप में क्षमा करना
6.	रोशन सिंह	फाँसी
7.	रामदत्त शुक्ला	बरी
8.	अशफाकउल्ला	फाँसी

कानपुर

9.	वीरभद्र तिवारी	लोअर सेशन द्वारा बरी
10.	रामदुलारे त्रिवेदी	5 साल कैद
11.	गोपी मोहन	बरी
12.	राजकुमार सिन्हा	10 साल कैद
13.	सुरेश चन्द्र भट्टाचार्य	10 साल कैद

बनारस

14.	शचीन्द्र नाथ बख्शी	उम्र कैद–काला पानी
15.	सेठ दामोदर स्वरूप	मुकदमे से पहले बरी
16.	डी.डी. भट्टाचार्य	मुकदमे से पहले बरी
17.	मनमथ नाथ गुप्त	14 साल कैद

18. रामनाथ पांडे	मुकदमे में बरी
19. इन्द्रविक्रम सिंह	मुकदमे से पहले बरी
44. चन्द्रशेखर आज़ाद 'क्विक सिल्वर'	गिरफ्तार नहीं किए जा सके

इलाहाबाद

20. शीतला सहाय	मुकदमे से पहले बरी
21. भूपिन्द्र नाथ सान्याल	5 साल कैद
22. शचीन्द्र नाथ सान्याल	उम्र कैद–काला पानी

आगरा

23. चन्द्रधार जौहरी	मुकदमे से पहले बरी
24. चन्द्रभाल जौहरी	मुकदमे से पहले बरी
25. शिवचरण लाल	मुखबिर (गिरफ्तार नहीं हुआ)

इटा

26. बाबूराम वर्मा	मुकदमे से पहले बरी

इटावाह

27. ज्योति शंकर दीक्षित	सेशन कोर्ट द्वारा बरी
35. मुकन्दी लाल	उम्र कैद–काला पानी
36. रामरत्न शुक्ला	मुकदमे से पहले बरी

लखनऊ

28. हरनाम सुन्दरलाल	मुकदमे से पहले बरी
29. सचिन्द्र नाथ बिश्वास	सेशन द्वारा बरी
30. गोविन्द चरण कार	उम्र कैद–काला पानी

लाहौर

31. मोहनलाल गौतम	मुकदमे से पहले बरी

बंगाल

32. सरत चन्द्र गुहा	मुकदमे से पहले बरी
33. जोगेश चन्द्र चटर्जी	उम्र कैद–काला पानी
34. राजेन्द्र नाथ लाहिड़ी	फाँसी

मेरठ

37. विष्णु शरण दुब्लिस	10 साल की कैद

38. मदनलाल	मुकदमे से पहले बरी
39. धैरों सिंह	मुकदमे से पहले बरी

बेरहमपुर

40. कालीदास बासू	मुकदमे से पहले बरी

चन्दा

41. रामकृष्ण खत्री	10 साल कैद

जबलपुर

42. प्रणवेश चटर्जी	4 साल कैद

राय-बरेली

43. बनवारीलाल	4 साल कैद

सूची पत्र-2

कुछ क्रान्तिकारियों के पार्टी नाम

गोपनीय संस्था के महत्त्वपूर्ण सदस्यों के नामों का प्रयोग असल रूप में नहीं बल्कि प्रत्येक सदस्य को गोपनीय नाम दिया गया था। ये सदस्यों के गोपनीय नाम थे—

1. राम प्रसाद बिस्मिल	आनन्द प्रकाश, रुद्र राम, परमाहंस, मास्टर महाशय और मोहन्त
2. राजेन्द्र नाथ लाहिड़ी	नितई, नितईचन्द, नितई मामा, चारु,जुगल-किशोर, दीक्षित माथुर, मथुरा प्रसाद, जवाहर लाल बाजपई, के.पी. श्रीवास्तव
3. आर.के. खत्री	नरेन्द्र, गंगा राम, गोविन्द प्रकाश
4. जे.सी. चटर्जी	रॉय, प्रोफुला चन्द्र रॉय, रॉय महाशय
5. मुकन्दीलाल	महाराज
6. बनवारीलाल	तारा सिंह, रामानन्द सिंह
7. अशफाकउल्ला	कुँवरजी, मन्तन, वरी, कृष्ण
8. बनवारी	बावा
9. मनमथ नाथ गुप्त	नवाब, नवाब साहिब
10. चन्द्रशेखर आज़ाद	क्विक सिल्वर
11. शचीन्द्र नाथ बक्शी	बद्री, कन्हैयालाल, बग्ची
12. सेठ दामोदर स्वरूप,	लालाजी
13. गोविन्द चरण कार	चौधरी
14. इन्दुभूषण	गोवर्द

भाग-2

शहीद महावीर सिंह का बलिदान

(A) परिवारिक सूत्रों से प्राप्त

जीवन यात्रा

जन्म	–	16 सितम्बर, 1904 ग्राम शाहपुर टहला, जिला एटा (उत्तर प्रदेश)।
पिता	–	कुँवर देवी सिंह।
माता	–	श्रीमती शारदा देवी।
भाई	–	बलवीर सिंह।
जनवरी 1922	–	कासगंज तहसील में हाँ हुजूरों की सभा में 'महात्मा गांधी की जय' का नारा लगाया, दंड मिला।
1925	–	डी.ए.वी. कॉलेज, कानपुर में पढ़ने आए।
1926	–	शिव वर्मा के सम्पर्क से क्रान्तिकारी दल में प्रवेश।
25 जून, 1928	–	कानपुर में सुखदेव से मुलाकात।
29 जून, 1928	–	कालीचरण के साथ लाहौर पहुँचे।
4 जुलाई, 1928	–	सुखदेव के सुझाव पर गाड़ी चलाना सीखने के लिए भारत मोटर स्कूल लाहौर में प्रताप सिंह नाम से प्रवेश।
10 अक्तूबर, 1928	–	भारत मोटर स्कूल छोड़कर 15 दिन के लिए डॉ. गयाप्रसाद के पास फिरोजपुर में संयुक्त प्रान्त से लाहौर आने वाले साथियों की फिरोजपुर में देखभाल की।
9 नवम्बर, 1928	–	अराईं बिल्डिंग, मोजंग, लाहौर में दल के लिए मकान किराए पर लिया।
17 नवम्बर, 1928	–	चन्द्र शेखर आज़ाद के साथ एक माउजर पिस्तौल और चार रिवाल्वर लेकर फिरोजपुर से लाहौर पहुँचे। इसी दिन संयुक्त प्रान्त से आए कुन्दन लाल और शिवराम राजगुरु का लाहौर में रहने का प्रबन्ध किया।
4 दिसम्बर, 1928	–	पंजाब नेशनल बैंक, लाहौर को लूटने का असफल प्रयत्न।
9 या 10 दिसम्बर, 1928	–	लाला लाजपत राय की मौत का बदला लेने हेतु एस.पी. मिस्टर स्कॉट को मारने का फैसला करने

		के लिए मोजंग हाउस लाहौर में क्रान्तिकारी दल की मीटिंग में भाग लिया।
17 दिसम्बर, 1928	–	सांडर्स वध करके आए चन्द्र शेखर आज़ाद, भगत सिंह, राजगुरु और जयगोपाल को मोजंग हाउस में सम्भला।
17 मई, 1933	–	सेलूलर जेल अंडमान (काला पानी) में अनशन करते हुए जबरन दूध पिलाए जाने से मृत्यु।

शहीद महावीर सिंह (एक जीवनी)

(जन्म–16 सितम्बर, 1904, आत्माहुति 17 मई, 1933)

श्री बलवीर सिंह

देश के लिए मर मिटने वाले विरले ही व्यक्ति होते हैं। उनमें प्रतिभा विशेष रूप से होती है। वे देश की भलाई के लिए कठिन से कठिन कार्य करने को तत्पर रहते हैं। भारत की पराधीनता की बेड़ियाँ ऐसे ही अनेक वीर–शहीदों के बलिदान से टूटी हैं। उन शहीदों की नींव पर ही आज हम खड़े हुए हैं। उनको कभी नहीं भुलाया जा सकता है। उनके नाम को सुनकर हमारा मस्तक श्रद्धा से नत हो जाता है। इन्हीं महान शहीदों में श्री महावीर सिंह का नाम भी स्मरणीय है। आपका जन्म राठौर वंशीय क्षत्रिय परिवार, ग्राम शाहपुर टहला, तहसील अलीगंज, जिला एटा, उत्तर प्रदेश में शनिवार, 16 सितम्बर, 1904 को सांय 7 बजे हुआ था। आपके पिता का नाम श्री कुँवर देवी सिंह तथा माता का नाम श्रीमती शारदा देवी था। दोनों की प्रकृति धार्मिक थी। आप आठ माह के गर्भ से पैदा हुए थे, अत: आप जन्म के समय अति कमजोर थे। इस कारण आपकी काफी चिकित्सा की गई। फलस्वरूप आप शीघ्र ही इतने स्थूल हो गए कि कुछ वर्ष पश्चात आपकी इस स्थूलता की भी चिकित्सा करवानी पड़ी। 'यथा नाम तथा गुण:' के अनुसार आपकी प्रतिभा बचपन से ही अपना प्रभाव दिखाने लगी। इस कहावत के अनुसार कि "पूत के पाँव पालने में ही दिखाई दे जाते हैं।" आप बचपन से ही निडर प्रकृति के थे। चार वर्ष की आयु में ही आपने अपनी बुआ श्रीमती खेतल कुँवर जो कि उस समय कासगंज के गर्ल्स मिडिल स्कूल में मुख्य अध्यापिका थीं, के पास रहकर पढ़ना आरम्भ कर दिया तथा बारह वर्ष की आयु तक आप अपने गाँव वापस नहीं आए। इसी कारण आपको ग्राम जीवन की बहुत सी बातों से अनभिज्ञ रहना पड़ा। आप उत्साही बालक थे तथा बिना किसी हिचकिचाहट के आगे बढ़ने वालों में से थे। इसी कारण घर वालों के लिए आप कभी–कभी चिन्ता का विषय बन जाते थे।

एक बार, जब आप केवल चार वर्ष के थे, अपने नाना के यहाँ गए हुए थे। नाना के मकान से कुछ दूर एक छोटा तालाब था, जो बहुत गहरा था। एक दिन आप खेलते–खेलते उस तालाब में घुस गए और करीब छाती तक पानी में खड़े खेल रहे थे। आपकी आदत ऐसी थी जब कोई आपको पीछे से रुकने के लिए कहता तो आप आगे ही बढ़ते

थे। अब सबको बड़ा डर था क्योंकि यदि आप जरा सा भी आगे बढ़ते तो पानी में डूब सकते थे। ऐसी अवस्था में एक आदमी सामने से तैर कर आया और उसके मना करने पर आप वहीं खड़े हो गए। इस तरह आपको तालाब से बाहर निकाला गया। उस दिन से आपको एक लम्बी रस्सी से बाँधकर रखा जाने लगा ताकि आप तालाब तक न पहुँच सकें।

इसी प्रकार एक बार आपने एक बसुले से खेलना शुरू किया और एक खूँटी को जमीन में गाढ़ने का प्रयास करने लगे तो बसुला अचानक उठा और आपके सिर पर जा लगा। काफी बड़ा घाव हो गया परन्तु आप रोए नहीं और साहस से काम लिया। आपने हाथ से घाव को दबा लिया ताकि खून न निकल सके और पड़ोस के मकान में अपनी एक ताई से जाकर सहिंजन का गोंद घाव में भरकर वहाँ से चुपचाप चले आए। दो-तीन दिन पश्चात जब वह ताई आपके घर आईं तो उन्होंने आपकी माताजी से पूछा कि महावीर का घाव अब कैसा है ? उन्होंने जब यह सुना तो आश्चर्य से पूछा, 'कैसा घाव ?' जब ताईजी ने सारी बात बताई तब आपके माता-पिता को मालूम पड़ा।

कासगंज में एक दिन खेलते-खेलते आप अकेले ही बाहर वाली नदी के किनारे तक चले गए और मकान का रास्ता भूल गए। आप वहीं बैठकर मिट्टी से घरौंदे बनाते रहे। कुछ देर पश्चात जब उन्हें अपनी स्थिति का भाव हुआ तो बुआजी को याद कर थोड़ा सा रो लिए, परन्तु जल्दी ही फिर घर बनाने में व्यस्त हो गए। आपके घर वालों को जब आप काफी समय तक नहीं दिखाई दिए तब उन्होंने आपकी खोज आरम्भ की। खोज करते-करते सूंर्यास्त के समय घर के नौकर को आप नदी के किनारे घरौंदे बनाते मिले।

इसी बीच जब प्रथम महायुद्ध की विभीषिका के पश्चात देश में भीषण राजनीतिक आँधी आई तो आप जात-पात, धर्म आदि की चिन्ता छोड़कर देश की आजादी के लिए लड़ने को आगे बढ़ गए। एक ओर थी आजादी के लिए उतावली जनता और दूसरी ओर थी ब्रिटिश साम्राज्यशाही व उसके सहायकों की समस्त आसुरी शक्ति— पुलिस, फौज, अदालतें तथा जेल। बेशक हम प्रथम स्वतन्त्रता संग्राम (1857) में हार गए थे, क्योंकि उस समय हमारा संगठन कमजोर था। लेकिन धीरे-धीरे हमारी शक्ति बढ़ने लगी। महावीर सिंह उन दिनों कासगंज की डी.ए.वी. पाठशाला में शिक्षा प्राप्त करते थे। स्कूल के बाहर चारों ओर फैले हुए लड़ाई के वातावरण ने उनके कोमल हृदय पर बहुत प्रभाव डाला।

विद्यार्थी संगठन

सन 1925 में आपने एटा से मैट्रिक पास की। उसके पश्चात आप कानपुर के डी.ए.वी. कॉलेज में पढ़ने गए। वहाँ आप 'शान्ति आश्रम' नामक छात्रावास में रहते थे। हिन्दी विभाग के प्रोफेसर पं. मुन्शी राम शर्मा वार्डन थे। उन दिनों कानपुर का डी.ए.वी. कॉलेज

क्रान्तिकारियों की गतिविधियों का केन्द्र सा बन गया था। काकोरी के मुकदमे में गिरफ्तार क्रान्तिकारियों को जेल से छुड़ाने के सिलसिले में जब कभी भगत सिंह और उनका साथी सुखदेव पंजाब से आते तो वे कॉलेज के हॉस्टल से ही योजना का संचालन करते थे। जिससे कॉलेज के कुछ विद्यार्थियों का भी एक अच्छा खासा दल तैयार हो गया था। महावीर सिंह भी उनमें से एक थे।

क्रान्तिकारी विचारधारा

बेशक उस समय तक असहयोग आन्दोलन सरकार की संगीनों और लाठियों के बीच दब गया था, लेकिन राष्ट्र की विपल्वी आत्मा अन्दर ही अन्दर सुलग रही थी। नेता लोग सीधी मार का रास्ता छोड़ असेम्बली की नरम गाड़ियों में बैठकर वैधानिक संघर्ष चला रहे थे। नेतृत्व विहीन शक्तियाँ, दिलों में असन्तोष भरे अपना-अपना रास्ता खोज रही थीं। किसानों के ऊपर होने वाले जुल्मों-ज्यादतियों के विरुद्ध, सहज स्वाभाविक प्रतिक्रिया देशभर में दंगे और बलवों का रूप ले रही थी। दक्षिण में मोपला विद्रोह, आन्ध्र में श्री सीताराम राजू द्वारा संचालित 'कृषक विद्रोह', बंगाल में मेदिनीपुर आदि जिलों में होने वाले दंगे, युक्त प्रान्त में 'पसियों का विद्रोह' (एक आन्दोलन) पंजाब में 'बब्बर अकालियों का विद्रोह' आदि उस समय के किसानों के बढ़ते हुए वैप्लविक संघर्ष के प्रमाण थे। मजदूरों का 'ट्रेड-यूनियन आन्दोलन' भी तेजी के साथ बढ़ रहा था। देश के नौजवानों की एक टोली 'मजदूर आन्दोलन' में चली गई थी। इन्हें साम्यवादी कहा जाता था और ये लोग 'मजदूर आन्दोलन' को केवल आर्थिक सुधारों की लड़ाई नहीं बल्कि राजनीतिक सत्ता प्राप्त करने की 'इंकलाबी लड़ाई' बना देना चाहते थे। इनकी बढ़ती हुई शक्ति से डरकर सरकार ने सन् 1924 में 'कानपुर वोलशविक केस' चलाया था। नौजवानों की एक दूसरी टोली ब्रिटिश साम्राज्यशाही के आंतक का जवाब उसी के सिक्कों में देने निकली, वे लोग तत्कालीन सरकार के लिए भारत में शान्ति के साथ राज्य करना असम्भव बना देना चाहते थे। इन्हें पकड़ कर पुलिस ने इनके विरूद्ध 'दक्षिणेश्वर बम केस' और 'काकोरी केस' चलाए थे। उस समय देश के राजनीतिक वातावरण में हर जगह जैसे बगावत की बिजली कौंध रही थी। महावीर सिंह इससे अछूते नहीं रह सके और वे इससे अलग रहने की इच्छा भी नहीं रखते थे। आप 'हिन्दुस्तान समाजवादी प्रजातन्त्र सेना' में भर्ती हो गए। इसी कारण सन् 1927 में इन्टर की परीक्षा में आप की हाजिरियाँ कम होने के कारण आप परीक्षा में नहीं बैठ सके। परन्तु आपको इसकी चिन्ता नहीं थी। पढ़ाई के साथ साथ आपका घर तो छूटा, साथ ही माता-पिता, भाई-बन्धु, सगे-सम्बन्धी सब पुराने रिश्ते भी छूटे और नए रिश्तों के नाम पर आप स्वयं और आपकी पार्टी। पार्टी का उद्देश्य था ब्रिटिश साम्राज्यशाही को दफना कर देश में समाजवादी प्रजातन्त्र की व्यवस्था स्थापित करना। साधन थे— जन साधारण का मय विप्लव। तत्कालीन कार्यक्रम था

कुछ साहसिक कार्यों द्वारा देश में और विशेषकर निम्न मध्यम वर्ग के शिक्षित युवकों में एक ऐसी राजनीतिक हलचल पैदा कर देना, जो उनकी आँखों को खोल दे और देखने को मजबूर करे कि हमारी सामाजिक व्यवस्था में एक बहुत बड़ी कमी है जिसके विरुद्ध लड़कर हमें उसे मिटाना होगा। महावीर सिंह ने अपना सब कुछ इस पार्टी को दे डाला। जीवनन्यौवन की सारी साधना, सारी शक्ति और सम्पति, जो कुछ अपना था वह पार्टी की सेवा में लगा दिया।

आप एक पेशेवर विप्लवी थे। जब युक्त प्रान्त में जरुरत थी तो आप वहाँ रहे, जब पंजाब में हलचल हुई तो आप पंजाब चले गए।

डी.ए.वी. कॉलेज में तथा क्रान्तिकारी पार्टी की कानपुर शाखा में सम्मिलित होने से आपकी मित्रता भगत सिंह, सुखदेव, शिव वर्मा आदि क्रान्तिकारियों से हो गई थी।

क्रान्तिकारी विचारधारा का विकास

एक वर्ष बाद 1927 में दल की ओर से आपको लाहौर में मोटर ड्राइविंग सिखाने का प्रबन्ध किया गया। महावीर सिंह कॉलेज की पढ़ाई छोड़ कर लाहौर चले गए। वहाँ आप थोड़े ही दिनों में परिश्रम करके अच्छे मोटर ड्राइवर बन गए, क्योंकि उस समय पार्टी को एक अच्छे ड्राइवर की आवश्यकता थी।

आपने यद्यपि इंटर की परीक्षा पास नहीं की थी, परन्तु, फिर भी आपका ज्ञान काफी विस्तृत था। आप अंग्रेजी अच्छी तरह पढ़-लिख लिया करते थे, फिर भी जब आप बच्चों को अंग्रेजी पढ़ाते थे तो प्रत्येक छोटे-छोटे शब्द का अर्थ डिक्शनरी में देख लिया करते थे। दूसरे लोग जब इसका कारण पूछते तो आप सहज ही कह दिया करते थे कि मुझे याद नहीं रहता है। परन्तु वास्तव में बात यह थी कि आप बच्चों को ठीक अर्थ बताने के पक्ष में थे। आपकी अंग्रेजी की प्रवीणता का इस बात से पता चलता है कि जब आपने अपना बयान कोर्ट में अंग्रेजी में दिया था तब उसको समझने के लिए कासगंज के बड़े-बड़े विद्वानों को सही अर्थ जानने के लिए डिक्शनरी की सहायता लेनी पड़ी थी। संस्कृत में भी आप साहित्य मध्यम उत्तीर्णी थे।

आपने बंगला साहित्य का भी काफी अध्ययन किया था। आप अपने घर जब पत्र लिखा करते थे तो पत्र में आप मासिक पत्रिकाएँ जैसे *माधुरी, चाँद, सरस्वती* आदि पढ़ने की राय देते रहते थे। *स्टूडेन्ट्स डिक्शनरी* (बंगला से अंग्रेजी में), वेनी माधव गांगोली एम.ए. जालधर, *सैन ग्रंथावली,* भाग (1-2) (पंजाबी), उपेन्द्र नाथ दत्त, *क्राई फॉर जस्टिस* (रसाला), फणीन्द्र नाथ बसु, *गीतांजली,* रवीन्द्र नाथ ठाकुर इत्यादि पुस्तकों को पढ़ने तथा खरीदने को लिखा था। उच्च पुस्तकों को संग्रह करने की भी राय देते थे। इसके साथ ही जब आप बोर्स्टल जेल लाहौर में थे तब आपने लिखा था कि बहू (छोटे भाई की पत्नी) को पुस्तकें रटाने की मैं कोई आवश्यकता नहीं समझता। उसे सांसारिक ज्ञान की अधिक आवश्यकता है। प्राचीन पुस्तकों में प्राचीन संसार भरा हुआ

है जो कि संसार से लीन हो गया है। आज कल का नवीन संसार नवीन पुस्तकों, मासिक पत्रिकाओं और अखबारों में भरा होता है।

इसी प्रकार पोर्ट ब्लेयर (अंडमान) जेल से पत्र में आपने अपने छोटे भाई को लिखा, "प्यारे भाई का क्या हाल है, इसकी सूचना मुझे शीघ्र दीजिएगा। उसे केवल वैद्य बनने का उपदेश ही न देना, बल्कि साथ ही साथ अच्छा मनुष्य बनना भी सिखाना। आज कल अच्छा मनुष्य वही हो सकता है जिसे वर्तमान के वातावरण का ज्ञान हो। उसे सिखाना कि उसका जीवन उसका नहीं बल्कि समाज का है, इसलिए समाज की धरोहर को आलस्य तथा आरामतलबी अथवा स्वार्थपरता में डाल कर समाज के सामने कृतघ्न न साबित हो, इसकी शारीरिक तथा मानसिक दोनों ही प्रकार की उन्नति के लिए पौष्टिक अन्न, व्यायामादि तथा मानसिक अध्ययन की आवश्यकता होती है। उसे आज कल के वातावरण का ज्ञान प्राप्त करने के लिए समाचार पत्र, ऐतिहासिक, सामयिक, राजनीतिक तथा समाजिक पुस्तकों केअवलोकन को कहिए। समाज से मेरा मतलब आर्य समाज अथवा अन्य संकीर्णता व्यंजक समाज से नहीं बल्कि जन साधारण से है, क्योंकि वे धार्मिक समाज मेरे सामने संकीर्ण होने के कारण कोई भी मूल्य नहीं रखते और साथ ही इस संकीर्णता तथा स्वार्थता के अन्यायपूर्ण होने के कारण मैं सब धर्मों से दूर रहना चाहता हूँ और दूसरों को भी ऐसा ही उपदेश देता हूँ। केवल एक बात मानता हूँ। उसी को सबसे बढ़कर मनुष्य तथा समाज का कल्याण कार्य समझता हूँ। वह है मनुष्य का मनुष्य तथा प्राणी मात्र के साथ कर्तव्य, बिना किसी जातिभेद, रंगभेद, धर्म तथा धनभेद के। यही मेरा उपदेश बेटी सरोजिनी और दूसरे भाइयों को भी है।"

इस समय तक आपने फारसी तथा बंगला भाषा का अध्ययन प्रारम्भ कर दिया था। आप प्रत्येक साहित्य का अध्ययन बहुत गम्भीरता से करते थे, जिससे प्रभावित होकर आप क्रान्तिकारी विचारधारा की ओर अग्रसर हुए। आप देश की जनता की गरीबी और प्रताड़ना को सहन नहीं कर सके और आँख मूँद कर आप हिंसात्मक कार्यवाही की ओर बढ़े। जिस समय आप में क्रान्तिकारी खून उबल रहा था उसी समय भारत के विभिन्न प्रान्तों में भी इसी प्रकार की प्रतिक्रियाएँ दिखाई दे रही थीं। इन प्रतिक्रियावादी व्यक्तियों के कई दल बन गए थे। ऐसा ही एक दल 1928 में बिहार में बना, जिसमें मनमोहन बैनर्जी, कमल नाथ तिवारी, योगेन्द्र शुक्ला, बैकुंठ नाथ शुक्ला तथा फणीन्द्र नाथ घोष थे। दूसरा युक्त प्रान्त का दल था, जिसमें शिव वर्मा और विजय कुमार सिन्हा थे, जिनका सम्बन्ध ललित कुमार मुर्खजी, अजय कुमार घोष, जतीन्द्र नाथ सान्याल से हो गया था। इसके अतिरिक्त लाहौर के दल में सुखदेव, भगत सिंह, जयगोपाल, भगवती चरण, हंसराज वोहरा तथा सन् 1928 के ग्रीष्म के बाद डॉ. गयाप्रसाद, महावीर सिंह और किशोरी लाल भी सम्मिलित हो गए थे। विजय कुमार सिन्हा ने फणीन्द्रनाथ को एक नए दल में सम्मिलित होने का निमन्त्रण दिया जो कि उनके प्रस्तावनुसार पंजाब, युक्त प्रान्त, बिहार और बंगाल के दलों को मिलाकर बनाया जाना था। उन्होंने यह

प्रस्ताव भी पेश किया कि दिनांक 8 या 9 सितम्बर, 1928 को एक गुप्त मीटिंग दिल्ली में की जाए, जिसमें भगत सिंह और उनके साथियों को भी बुलाया जाए।

केन्द्रीय समिति की स्थापना

8 सितम्बर, 1928 को सब लोग दिल्ली में एकत्रित हुए। विजय कुमार सिन्हा ने बताया कि मीटिंग 9 सितम्बर को होगी। जब वे लोग (फिरोजशाह कोटला फोर्ट में) एक वृक्ष के नीचे बैठे थे, उस समय वहाँ कुन्दन लाल भी आ गए। विजय कुमार ने उनका परिचय क्रान्तिकारी दल के सदस्य के रूप में कराया। जहाँ ये लोग बैठे थे उससे थोड़ी दूरी पर ही एक मीटिंग हो रही थी, जिसमें भगत सिंह, सुखदेव, जयदेव कपूर, शिव वर्मा, महावीर सिंह, विजय कुमार सिन्हा, ब्रह्म दत्त और सुरेन्द्र पांडे शामिल थे।

कार्य क्षेत्र

अगले दिन ये लोग फिर फिरोजशाह तुगलक के किले में प्रात: 8 बजे एकत्रित हुए तथा एक सभा की। इस सभा में फणीन्द्र नाथ घोष, मनमोहन बैनर्जी, कुन्दन लाल, विजय कुमार सिन्हा, महावीर सिंह, सुखदेव, भगत सिंह, जयदेव कपूर और शिव वर्मा शामिल हुए। इन लोगों ने एक नया केन्द्रीय दल बनाकर उसकी एक कार्यकारिणी समिति बनाई जिसमें आठ सदस्य भगत सिंह, सुखदेव, विजय कुमार सिन्हा, शिव वर्मा, महावीर सिंह, फणीन्द्र नाथ घोष, कुन्दन लाल और चन्द्रशेखर आाद चुने गए। सशस्त्र क्रान्ति को दल की नीति के रूप में स्वीकार किया गया। सरकारी खजानों की डकैतियाँ, हत्याओं तथा हिंसा के अन्य कार्यों को आतंकवाद में सम्मिलित किया गया। नई समिति का नाम 'हिन्दुस्तान सोसलिस्ट रिपब्लिकन आर्मी' (हिन्दुस्तान समाजवादी तन्त्रीय सेना) रखा गया। दिल्ली की इस मीटिंग में अनेक महत्त्वपूर्ण निर्णय किए गए। यह तय किया गया कि काकोरी केस के बन्दी योगेशचन्द्र चटर्जी को आगरा जेल से कानपुर जेल में बदलते समय छुड़ा लिया जाए। साइमन कमीशन को ले जाने वाली रेलगाड़ी को बम से उड़ा दिया जाए। इस काम के लिए दल के सदस्यों को बम बनाना सिखाने के लिए बंगाल से एक बम मेकर को बुलाने का निश्चय किया गया। एक और प्रस्ताव द्वारा यह भी तय किया गया कि काकोरी केस के मुखबिरों की हत्या कर दी जाए। धन एकत्रित करने के लिए डाका डालने का स्थान बिहार प्रान्त में बेतिया के पास चुना गया क्योंकि बिहार प्रान्त में अभी तक कोई कार्य नहीं किया गया था। एक और प्रस्ताव द्वारा सुखदेव को पंजाब का प्रधान, शिव वर्मा को युक्त प्रान्त का प्रधान, फणीन्द्रनाथ घोष को बिहार का प्रधान, चन्द्रशेखर आज़ाद को सेना विभाग का प्रधान और कुन्दन लाल को केन्द्रीय दफ्तर का अध्यक्ष बनाया गया। तय किया गया कि केन्द्रीय दफ्तर झाँसी में रहे। केन्द्रीय समिति के अन्य सदस्यों— भगत सिंह, महावीर सिंह और विजय कुमार सिन्हा को

विभिन्न प्रान्तों से सम्बन्ध स्थापित करने का कार्य सौंपा गया। इस मीटिंग में यह भी तय किया गया कि प्रान्तीय अध्यक्षों को अपने-अपने प्रान्त के विषय में पूर्ण स्वतन्त्रता होगी, किन्तु डकैतियाँ, हत्याएँ अथवा इस भाँति के अन्य कार्य केन्द्रीय समिति की सहमति से ही करने तय किए गए। यह भी तय किया गया कि केन्द्रीय समिति भी प्रान्त के विषय में उस प्रान्त के अध्यक्ष की सहमति के बिना कोई कार्य नहीं करेगी। शस्त्रों को केन्द्रीय समिति के अधिकार में ही रखना तय किया गया, किन्तु ये प्रान्त के अध्यक्ष को आवश्यकता के समय दिए जा सकते हैं। कोष का काम भी केन्द्रीय समिति को दिया गया। अन्त में उपस्थित व्यक्तियों को पार्टी की ओर से पृथक-पृथक उपनाम रखे गए। महावीर सिंह का पार्टी नाम प्रताप सिंह रखा गया। यह मीटिंग सांयकाल 5 बजे समाप्त हुई।

सन 1928 के कार्य

सन 1928 में इस समिति ने अनेक महत्त्वपूर्ण कार्य किए। क्रमश: इन लोगों ने लाहौर, सहारनपुर, कलकत्ता और आगरा में बम बनाने के कारखाने स्थापित किए, जिनमें से लाहौर और सहारनपुर के कारखाने पकड़े गए। नवम्बर 1928 में श्री लाला लाजपत राय का स्वर्गवास हो गया। उनका देहान्त मिस्टर स्कॉट, सीनियर सुपरिंटेंडेंट पुलिस की उन लाठियों की चोटों से हुआ है जो उन पर लाहौर में 20 अक्तूबर, 1928 को साइमन कमीशन का बहिष्कार करते समय जुलूस में पड़ी थीं। आज़ाद और महावीर सिंह फिरोजपुर से वापस आ रहे थे कि लाहौर छावनी पर उनको जयगोपाल और सुखदेव मिल गए। आज़ाद जयगोपाल को दूसरी गाड़ी से आने वाले व्यक्तियों को साथ लाने की कहकर सुखदेव के साथ मोजंग हाउस चले गए और महावीर सिंह लाहौर स्टेशन से मोजंग हाउस गए। इस मकान को महावीर सिंह ने दल के कामों के लिए किराए पर ले रखा था। आज़ाद के पास एक सूटकेस था जिसमें एक माउजर पिस्तौल तथा चार रिवाल्वर थे। दूसरी गाड़ी से कुन्दन लाल और शिवराम राजगुरुआए। जयगोपाल उन्हें मोजंग हाउस ले गए। महावीर सिंह ने उनके ठहरने का प्रबन्ध यहीं किया था। मोजंग हाउस में उस रात्रि भगत सिंह, सुखदेव, आज़ाद, महावीर सिंह, कुन्दन लाल, शिवराम राजगुरु और किशोरी लाल ठहरे थे। इन लोगों ने उस रात्रि को कुछ महत्त्वपूर्ण निर्णय किए।

पंजाब नेशनल बैंक पर धावे की योजना

4 दिसम्बर, 1928 को पंजाब नेशनल बैंक को लूटना तय किया गया। सुखदेव बैंक के दरवाजे पर खड़े सन्तरी की बन्दूक छीने, हंसराज, राजगुरु और आज़ाद बैंक में पहरा दें तथा कैलाशपति और भगत सिंह टेलीफोन पर कब्जा करें, यह योजना बनाई

गई। जयगोपाल और किशोरी लाल रुपया लेकर भाग जाएँ और तब महावीर सिंह मोटर चलाकर सबको मोजंग हाउस पहुँचा दें। किन्तु जब ये लोग इस योजना के अनुसार, 2 बजे दोपहर को बैंक गए तो वहाँ महावीर सिंह कुछ देर बाद ताँगे से आए और आज़ाद को यह सूचना दी कि मोटर नहीं मिल सकी। अत: इस योजना का विचार त्याग सब लोग वापस आ गए।

सांडर्स वध

9 या 10 दिसम्बर, 1928 को मोजंग हाउस में मिस्टर स्कॉट की हत्या की योजना बनाने के सम्बन्ध में एक मीटिंग हुई। मिस्टर स्कॉट की लाठियों से ही लाला लाजपत राय की मृत्यु हुई थी। जनता में क्रोध और क्षोभ था। इसलिए स्कॉट की हत्या करके जनमत को अपने पक्ष में करना ही हत्या का मुख्य उद्देश्य था। साथ ही लाला लाजपत राय की मृत्यु का बदला भी लेना था। इस मीटिंग में जयगोपाल को मिस्टर स्कॉट पर नजर रखने का कार्यभार सौंपा गया। जयगोपाल 12 से 14 दिसम्बर तक रोज एक किताब लेकर डी.ए.वी. कॉलेज के अहाते में पढ़ने का बहाना करते और साथ ही स्कॉट के आने-जाने की गतिविधियों पर भी नजर रखते। मिस्टर स्कॉट रोज 6728 नम्बर की मोटर में 10 से 11 बजे के बीच दफ्तर आते और शाम को 5 से 6 बजे के बीच वापस जाते थे। पहले शनिवार, 15 दिसम्बर, 1928 को मिस्टर स्कॉट की हत्या का कार्यक्रम बना। उस दिन भी जयगोपाल अपने स्थान पर उनको देखने के लिए खड़ा हुआ, किन्तु काफी प्रतीक्षा के बाद भी उस दिन मिस्टर स्कॉट नहीं आया। जयगोपाल ने इसकी सूचना आज़ाद को दी। अत: उस दिन हत्या का कार्यक्रम स्थगित कर दिया गया। दूसरे दिन अर्थात् 16 दिसम्बर को काकोरी दिवस मनाया जाना था अत: काकोरी दिवस के बाद 17 दिसम्बर सोमवार को स्कॉट की हत्या करने का निश्चय किया गया।

17 दिसम्बर को सुबह ही जयगोपाल अपने स्थान पर पहुँच गया। 10 बजे के बाद मिस्टर सांडर्स अपनी मोटर साइकिल पर आए, किन्तु जयगोपाल ने गलती से उसे ही मिस्टर स्कॉट समझ लिया। इसको निश्चय करने के लिए जयगोपाल ने कुछ देर और प्रतीक्षा की, किन्तु मिस्टर स्कॉट की कार नहीं आई। वास्तव में उस दिन मिस्टर स्कॉट दौरे पर बाहर चले गए थे। अत: जयगोपाल ने सोचा कि शायद सांडर्स ही आज मोटरसाइकिल से आए हैं। अत: उन्होंने जाकर दल के लोगों को इसकी सूचना दे दी। दोपहर के दो बजे अन्तिम कार्यक्रम निर्धारित करने के लिए एक मीटिंग हुई। इस मीटिंग में पूरा कार्यक्रम निर्धारित किया गया। जयगोपाल पर स्कॉट को पहचान कर बताने का कार्य था अत: उन्हें कोई भी शस्त्र नहीं दिया गया। चन्द्रशेखर आज़ाद के पास माउजर पिस्तौल, शिवराम राजगुरु के पास रिवाल्वर और भगत सिंह के पास आटोमैटिक पिस्तौल थी। इन तीनों को ही वास्तव में हत्या करनी थी। भगत सिंह और जयगोपाल साइकिलों से घटनास्थल पर पहुँचे और दूसरे साथी पैदल गए। जयगोपाल डी.ए.वी.

कॉलेज की चारदीवारी के अन्दर एक पेड़ के नीचे खड़े थे। चन्द्रशेखर आज़ाद भी चारदीवारी के अन्दर थे। शिवराम राजगुरु और भगत सिंह सड़क पर टहल रहे थे। गोली शिवराम राजगुरु को चलानी थी। चार बजे के बाद सांडर्स धीरे-धीरे अपनी मोटरसाइकिल चलाकर सड़क पर आया। जयगोपाल ने संकेत से बताया। जैसे ही सांड़र्स की मोटरसाइकिल सामने आई कि पूर्व योजना के अनुसार शिवराम राजगुरु ने गोली चला दी और सांडर्स अपनी मोटरसाइक्लि सहित सड़क पर गिर गया। उसका एक पैर मोटरसाइकिल के नीचे आ गया। तुरन्त ही भगत सिंह भागकर आए और उन्होंने सांडर्स पर कई गोलियाँ चलाईं। लगभग 10-12 गोलियाँ सांडर्स को लगी थीं।

इसके बाद वह सभी लोग डी.ए.वी. कॉलेज की सड़क (कोर्ट स्ट्रीट) से भाग निकले। ट्रैफिक इन्स्पेक्टर फर्न और सांडर्स का हैड कान्स्टेबल चनण सिंह इन लोगों का पीछा कर रहे थे। भागते-भागते भगत सिंह ने पीछे मुड़कर फर्न पर गोली चलाई। फर्न ने उसके बाद उनका पीछा नहीं किया, किन्तु चनण सिंह उनका पीछा करता रहा। जैसे ही आाद ने चनण सिंह को इन लोगों का पीछा करते देखा तो उसने चनण सिंह पर गोली चलाई जिससे चनण सिंह बुरी तरह घायल हो गया। जिससे वह एक घंटे में मेयो अस्पताल में मर गया। जयगोपाल ने डी.ए.वी. कॉलेज के अहाते में घुसते ही भगत सिंह को सिर पर बाँधने के लिए अपनी लूँगी दी और उनका हैट व राजगुरु की टोपी स्वयं ले लिए। वह मोजंग हाउस चले गए। भगत सिंह, राजगुरु और आज़ाद वहाँ से होस्टल के दूसरे फाटक से निकल कर सीधे मोजंग हाउस चले गए। रास्ते में लूँगी से अड़चन होने के कारण भगत सिंह ने उसे वहीं फेंक दिया जो खोज करने पर पुलिस को मिली थी। वहाँ पहुँच कर महावीर सिंह को पुन: पहरे का काम सौंपा गया, क्योंकि ऐसा न हो कि और कोई पीछा करता हुआ वहाँ भी पहुँच जाए।

उसके तुरन्त बाद ही पुलिस ने डी.ए.वी. कॉलेज होस्टल व आस-पास की पूरी तलाशी ली। लाहौर से बाहर जाने वाली प्रत्येक सड़क पर पहरा बिठा दिया। रेलवे स्टेशन पर प्रत्येक व्यक्ति पर खुफिया पुलिस नजर रखने लगी। किन्तु इन लोगों ने पुलिस के सारे प्रयत्न विफल कर दिए।

इसके पश्चात् कुछ दिनों तक ये लोग पुलिस से बचते रहे। इसी बीच फरारी की हालत में शिव वर्मा लाहौर पहुँचे। वहाँ उनकी महावीर सिंह से फिर मुलाकात हुई। उस समय महावीर सिंह संग्रहणी तथा पेचिश से बुरी तरह परेशान थे, इसलिए आपको घर जाना ही पड़ा। आप कुछ दिन वहाँ रहे और अपनी पुरानी आदतानुसार मस्ती से जो इच्छा होती वह कार्य करते। आपके पिताजी के पास उस समय एक घोड़ी थी। वह बहुत तेज और शैतान थी। परन्तु आपके पिताजी जब उस पर बैठते थे तो वह बिलकुल सीधी हो जाती थी। अन्य किसी व्यक्ति को अपने ऊपर बैठने नहीं देती थी। महावीर सिंह ने उन दिनों उस पर अधिकार कर रखा था। आप उस पर बैठकर सुबह ही घूमने निकल जाते और इसके पश्चात घोड़ी के लिए घास छीलने जंगल में चले जाते। उन्हीं दिनों आपके कुछ मित्र भी आपके पास आ गए थे। उनको भी आप अपने साथ

घास छीलने ले जाते थे। व्यायाम करने की आदत आपको बाल्यावस्था से ही थी तथा 'सन्ध्योपासना' भी दोनों समय किया करते थे।

व्यायाम तो आपने अन्तिम समय तक नहीं छोड़ा जिसके कारण आपका स्वास्थ्य काफी अच्छा रहा। आपको रोजाना घास छीलते हुए देखकर एक दिन आपके गाँव के चाचा हुलास सिंह ने आपसे पूछा, "महावीर तुम तो पढ़े-लिखे हो, घास छीलने में तुम्हें तकलीफ नहीं होती है क्या?" तब आपने उत्तर दिया, "चाचाजी इस शरीर को न मालूम कितनी-कितनी तकलीफें तथा क्या-क्या यातनाएँ झेलनी पड़ेंगी, यह तो कोई बड़ी तकलीफ नहीं है, घर का काम है।" क्योंकि आप जानते थे कि मैं पकड़ा अवश्य जाऊँगा और उसके पश्चात मुझे फाँसी की सजा होगी। आपने तो सभी प्रकार के भोग विलास की इच्छा को छोड़कर देश-सेवा और उसकी आजादी का बीड़ा उठाया था तो छोटी-मोटी तकलीफें आपको क्या महसूस होतीं! आप अपने पूर्वजों का दिल से आदर करते थे। एक बार आपके ताऊ, त्रिभुवन सिंह ने आपको बाबू महावीर सिंह कहकर सम्बोधन किया। आपने तुरन्त कहा कि ताऊजी बाबू, मिस्टर इत्यादि कहने वाले तो मुझे, संसार में बहुत होंगे किन्तु मुझे केवल महावीर कह कर पुकारने वाले केवल आप ही चार-पाँच व्यक्ति हो, इसलिए आप मुझे महावीर ही पुकारा करें।

गिरफ्तारी

आपको तथा आपके परिवार वालों को यह मालूम था कि सांडर्स हत्या कांड के मामले में आपकी खोज अवश्य की जा रही है। फिर भी आपके पिता ने आपको सर्विस दिला देना उचित समझा। अत: कासगंज की म्युनिस्पिलटी में आपको क्लर्क की पोस्ट दिलवा दी। तदानुसार आपने वहीं कार्य आरम्भ कर दिया। आप वहीं कासगंज में अपनी बुआजी, पिताजी और छोटे भाई बलवीर सिंह के साथ एक मकान किराए पर लेकर रहने लगे। इसी बीच आपको पकड़ने के लिए काफी दौड़ धूप हो रही थी। आपके एक मित्र को कानपुर में जानकारी प्राप्त हुई कि पुलिस आपकी खोज करती हुई आपके गाँव शाहपुर टहला पहुँच रही है। इसलिए वह मित्र पुलिस के पहुँचने से पहले ही शाहपुर टहला पहुँचे और वहाँ वह आपके चाचा से मिले। उन्होंने आपके चाचा से जानकारी ली कि महावीर सिंह कहाँ है? तब आपके चाचा ने बताया, "वह तो कासगंज में है। क्यों क्या बात है?" तब उसने बताया कि पुलिस महावीर की तलाश में यहाँ आ रही है अत: आप उनको किसी प्रकार सूचना भिजवा दीजिए। चाचाजी ने कहा कि आप ही क्यों नहीं जाकर उन्हें सूचित कर देते। यह कहकर उन्होंने कासगंज के मकान का पता बता दिया। इसके बाद चाचाजी ने घर जाकर महावीर सिंह की माताजी को यह बात बताई तो माताजी ने सोचा कि हो सकता है कि यह व्यक्ति सी.आई.डी. का ही सदस्य हो। अत: उन्होंने एक विश्वसनीय व्यक्ति को सीधा रास्ता बताकर उससे पहले वहाँ पहुँचने को कहा। माताजी का भेजा आदमी उससे पूर्व मकान पर पहुँच गया।

पिताजी ने महावीर सिंह को संस्कृत पाठशाला जो कि शहर से कुछ दूर एक बाग में थी वहाँ जाने को कह दिया और स्वयं, उस आदमी की प्रतीक्षा करने लगे। थोड़ी देर पश्चात वह मित्र भी वहाँ पहुँच गया। उन्होंने महावीर सिंह जी के बारे में पूछा। आपके पिताजी ने कह दिया कि वह एक सम्बन्धी के यहाँ ग्वालियर गए हुए हैं। अत: मित्र ने एक पत्र लिख कर देते हुए कहा कि उनके आते ही यह पत्र उनको अवश्य दे दें और यह कहिएगा कि कानपुर से उनके मकान का पता लगाकर पुलिस चल दी है और वह अब कासगंज में है। महावीर सिंह जी तो वहीं थे अत: उनके छोटे भाई बलवीर सिंह को पिताजी ने पत्र लेकर आपके पास भेज दिया। आपने पत्र पढ़ा और कहा कि चिन्ता की कोई बात नहीं है यह तो अपने मित्र ही हैं और यह कहकर आप मकान को चल दिए। यह मित्र 18 जून, 1929 को आए थे। यह आपसे मिले और एकान्त में बातचीत की। पिताजी ने रात को आपसे कहा कि तुम कुछ दिन के लिए बाहर चले जाओ ताकि इस समय तुम गिरफ्तारी से बच जाओ। मैं तुम्हारा प्रबन्ध कर दूँगा। परन्तु आपने इस बात पर ध्यान नहीं दिया और आप वहीं रहे। आपने उसी दिन पाठशाला से आते समय रास्ते में अपने छोटे भाई से कहा था, "बलबीर मैं अब बच नहीं सकता, गिरफ्तार हो जाऊँगा और फिर नहीं मालूम वापस आऊँ अथवा नहीं। अत: अब माताजी, पिताजी और बुआजी की सेवा का भार तुम्हारे ऊपर है, इनका पूरा ध्यान रखना।"

19 जून, 1929 को प्रात: काल करीब 6 बजे जबकि आप स्नान करके संध्या कर रहे थे तब मकान मालिक लाला हीरा लालजी आए और कहा कि पुलिस आई हुई है तथा महावीर सिंह को बाहर बुला रही है। आपके छोटे भाई यह सुनकर बाहर आकर पुलिस से बात करने लगे। इधर महावीरजी को यह मालूम पड़ा तो पहले आप मकान की छत पर जाने के लिए सोचने लगे और कुछ पग भी बढ़ा दिए। किन्तु पता नहीं क्या सोच कर आप फिर मुड़ गए और पुलिस के सामने आ खड़े हुए। पुलिस उनकी तलाशी लेकर मकान की तलाशी लेने लगी। करीब 9 बजे आप गिरफ्तार कर लिए गए। घरवालों ने सोचा कि आप को एटा ले जाया जाएगा और वहाँ आप पर केस चलाया जाएगा, परन्तु आपको एटा से सीधा लाहौर भेज दिया गया और कई दिनों के बाद जब अखबार में आपकी गिरफ्तारी की सूचना छपी तब पता चला कि आप लाहौर षड्यंत्र के मुकदमे में लाहौर ले जाए गए हैं। आपको यहाँ पहले किला गुजर सिंह में पुलिस ने रखकर पूछताछ की और जब पुलिस अपने उद्देश्य में कामयाब न हो सकी तो आपको जेल में भेज दिया गया।

जेली जीवन-बोर्स्टल जेल लाहौर

जब आपके घर वालों को पता चला कि आपको एटा न रखकर सीधा लाहौर भेज दिया गया है तो उन्हें विश्वास हो गया कि आप पर मुकदमा चलाया जाएगा। आपको लाहौर की बोर्स्टल जेल में रखा गया। उन दिनों जेली जीवन नरक के समान हुआ करता था।

यदि कोई कैदी थोड़ी सी गड़बड़ी भी करता तो उसे कड़ी से कड़ी सजा दी जाती और उसके साथ बहुत ही बुरा व्यवहार किया जाता था। गिरफ्तारी के कुछ दिन पश्चात् आपके पिताजी आपसे मिलने आए और आपको कुछ आवश्यक सुझाव दिए।

पिताजी तो आपसे मिलकर वापस आ गए, परन्तु जेल में आपको किस प्रकार दिन बिताने पड़े वे दिन चिरस्मरणीय हैं। शिव वर्मा भी आपके साथ उन दिनों जेल में थे। उन्होंने स्वयं लिखा है कि मुकदमे के दौरान हर तीसरे या चौथे दिन पुलिस या जेल वालों से हमारा झगड़ा हो जाता था। उस समय वे लोग हममें से मोटे-तगड़ों को चुन लेते और सबका गुस्सा उन पर उतारते। इस प्रकार मारपीट में कुछ मोटे तगड़े साथियों को हमारे हिस्से की मार भी खानी पड़ती। यह मार पीट हम लोगों में स्थाई मजाक की चीज बन गई थी और महावीर सिंह को इसमें हम लोग सबसे अधिक तंग करते थे।

प्रथम अनशन

उन दिनों की जेल की जिन्दगी भी क्या थी और विशेष करके महावीर सिंह और उनके साथियों के लिए। एक दूसरे से अलग-अलग दूर-दूर अहातों में छोटी-छोटी गन्दी और अन्धेरी कोठरियों में सदा बँधे पड़े रहना, खाने के नाम पर आधी आटे और आधी मिट्टी रेत से बनाई हुई दो कच्ची काली-काली रोटियाँ। ओढ़ने व बिछाने के लिए जुएँ और लीखों से भरे हुए फटे पुराने दस झरोखोंदार कम्बल। पुस्तकें, पत्र, मुलाकात सब वर्जित और इस पर भी जेल वालों की अपमान-भरी फटकार। केस चला और जब अदालत में गए तो वहाँ पुलिस की नादिरशाही। सरदार भगत सिंह और बटुकेश्वर दत्त ने दिल्ली असेम्बली केस के फैसले के बाद से ही भूख हड़ताल शुरू कर दी थी। राजनीतिक कैदियों के साथ कठोर तथा अनुचित बलपूर्ण व्यवहार को देख कर 13 जुलाई, 1929 को बोर्स्टल जेल में बन्द महावीर सिंह और उनके अन्य साथियों ने भी भूख हड़ताल का ऐलान कर दिया। यह इन लोगों का पहला अनशन था। बाहर वालों ने बहुत समझाया। स्वर्गीय श्री गणेश शंकर विद्यार्थी, पंडित जवाहर लाल नेहरू, श्री सुभाष चन्द्र बोस आदि ने बहुत कहा किन्तु लाहौर के भूख हड़ताली अपनी आन पर अड़े रहे।

महावीर सिंह अपने वचन के पक्के थे और जिस काम में आप लग जाते थे उससे पीछे न हटते थे। जेल में राजनीतिक कैदियों के साथ जो निर्दयतापूर्ण व्यवहार होता था उसके विरुद्ध आप जी जान से लड़े। इसके लिए आपने अनशन प्रारम्भ कर दिया। जब आपका अनशन दसवें दिन में पहुँच गया था तब आपके पिताजी आपसे मिलने आए थे। आपके पिताजी ने अनशन से पूर्व भी आपसे मिलने के लिए बहुत प्रयत्न किए, किन्तु एक क्रान्तिकारी युवक के पिता होने के कारण उनको आपसे मिलने नहीं दिया गया। परन्तु अनेक कठिनाइयों के पश्चात आपके पिताजी ने जेल सुपरिंटेंडेंट से कहा कि मेरा बेटा जेल में अनशन कर रहा है, अतः मैं उसे समझाना चाहता हूँ कि वह ऐसा

काम न करे। सरकार तो चाहती भी यही थी। उसने तो बहुत से प्रयत्न उनका अनशन तोड़ने के लिए कर लिए थे। अत: सरकार ने आपके पिता को आपसे मिलने की स्वीकृति दे दी। आपके पिताजी के साथ सरदार भगत सिंह के सबसे छोटे भाई व अन्य कुछ लोग भी मिलने आए। सरकार की इच्छा के विरुद्ध आपके पिताजी आपको इस रूप में देखकर अति प्रसन्न हुए और वह अपने आप को भाग्यशाली समझने लगे कि मेरा पुत्र आज देश के लिए जी जान से काम कर रहा है। आपके पिताजी ने आप से कहा, ''बेटा वचन का पालन हमेशा करना और अपने साथियों का साथ मत छोड़ना, अपने पूर्वजों के नाम का ध्यान रखना।'' कुछ अन्य घरेलू बातें करके जब वह चलने लगे तब भगत सिंह के छोटे भाई ने महावीर सिंह के गले में दोनों हाथ डालकर बच्चों की भाषा में कहा, ''दादाजी कच्चे न पड़ना, अनशन मत छोड़ देना, पीछे मत हटना।''

अनेक कष्टों को सहन करते हुए आप अपने कार्य में लगे रहे। यदा-कदा आप अपने पिताजी, भाई-बहन के पत्रों के उत्तर भी दिया करते थे जिनसे आपके विचारों की दृढ़ता का पता चलता है। 15 जनवरी, 1930 को आपने इसी बोर्स्टल जेल, लाहौर से अपनी बहन को एक पत्र लिखा था जिसके कुछ अंश यहाँ प्रस्तुत करता हूँ—

> ''प्यारी बहन! इतने समय तक जो मैंने पत्र नहीं भेजा उसका कारण यह है कि मैं तुम्हें अथवा और लोगों को चिन्तित नहीं करना चाहता था। परन्तु मुझे शोक है कि पिताजी और बाबाजी बहुत व्याकुल हुए और बाबाजी तो यहाँ तक कि नश्वर शरीर ही छोड़ गए। यह तो आनन्द का अवसर होना चाहिए था। मैं अपने प्यारे देश तथा जाति के लिए मरना तक उत्तम कार्य समझता हूँ। यही एक कर्तव्य पथ है। मैं विचार करता हूँ कि मैंने कोई ऐसा काम नहीं किया जिससे किसी को लज्जा उठानी पड़े। कारागार में आया हूँ तो देश के लिए। तुम अपने को निर्बल तथा असहाय न समझो। यदि तुम साहस करो तो संसार के उच्च शिखर पर पहुँच सकती हो। परन्तु उसके लिए आवश्यकता है स्वाभिमान की, हृदय की विशालता की और कर्तव्य पथ पर दृढ़ रहने की। मेरा तुम्हारे लिए यही एक आदेश है कि तुम विद्या प्राप्त करो— पुस्तकावलोकन करो जो तुम्हें आनन्ददायक तथा पथ प्रदर्शक होगी। मुझे दु:ख है कि मैं तुम्हें इस समय यहाँ से कोई भी सहायता नहीं पहुँचा सकता। शायद आगामी जीवन में कभी अवसर प्राप्त हो सके।''

इसी प्रकार 25 सितम्बर, 1930 को आपने बोर्स्टल जेल से अपने पिताजी को पत्र लिखा था जिसमें आपने लिखा था, ''हमारे केस का फैसला लगभग अक्तूबर में हो जाएगा और फिर अपने जीवन-पथ का नवीन मार्ग ग्रहण करेंगे और मैं उस समय की शान्तिपूर्वक प्रतीक्षा करूँगा जब प्यारे बन्धु गण भी भूल जाएँगे।''

आपको सजा सुनाने से पूर्व आपका पूरा परिवार आपसे मिलने के लिए लाहौर गया था। मुलाकात के समय एक दिन जेलर साहब ने आपके छोटे भाई बलबीर सिंह को कहा, ''आप लाहौर में ज्यादा घूमे नहीं क्योंकि सी.आई.डी. आपके पीछे है, कहीं

किसी मामले में पुलिस आपको घसीट न ले।'' यह सुनते ही आपने तुरन्त भाई को आदेश दिया, ''जेलर साहब गलत कहते हैं, तुम लाहौर खूब घूम कर देखो, लाहौर बार-बार आना नहीं हो सकेगा। क्या बात है यदि पुलिस फाँसती है तो एक दो साल के लिए जेल की रोटियों का भी स्वाद ले लेना।''

आप यह नहीं चाहते थे कि आपके कारण किसी अन्य व्यक्ति को दुःख हो। आपने जो प्रतिज्ञा की थी उसको पूर्ण करने में लगे रहे। आपके विभिन्न स्थानों पर उद्धृत पत्रों से आपके व्यक्तित्व की झलक स्पष्ट दिखाई देती है।

अन्त में मुकदमा समाप्त हुआ और सांडर्स की हत्या में सहायता करने के अभियोग में आपको, श्री शिव वर्मा, किशोरी लाल, विजय कुमार सिन्हा, डॉ. गयाप्रसाद, जयदेव कपूर, कमल नाथ तिवारी के साथ आजन्म कारावास की सजा दी गई।

बेलारी जेल (तत्कालीन प्रान्त मद्रास) - अब कर्नाटक में है

सजा सुनाने के बाद कुछ दिन तो लाहौर जेल में ही रखा गया। बाद में आपको अन्य साथियों के साथ मुल्तान (पंजाब) जेल में रखा गया। आप लोगों को जेल में उन कैदियों के बीच में रखा गया जो काबुली व दादा भाई (बदमाश) कहलाते थे। जेल अधिकारी उन बदमाश कैदियों द्वारा आप लोगों को हर समय कष्ट देने का प्रयत्न करते रहते थे। मुल्तान जेल में इन बातों को लेकर कई बार छोटे-मोटे अनशन होते रहते थे। आखिरकार मुल्तान जेल में अन्तिम अनशन भी कुछ जेल अधिकारियों द्वारा असुविधाएँ और इन बदमाशों द्वारा सताए जाने को लेकर प्रारम्भ हुआ। उस समय ऐसा नियम था जिस कैदी की जिस प्रान्त में उनके मुकदमे की सुनवाई हो उसी प्रान्त की जेल में उसको रखा जाए। इसलिए जेल अधिकारियों ने इस सम्बन्ध में गवर्नर पंजाब को लिखा और गवर्नर पंजाब स्वयं जाकर वाइसराय से मिले व बात की। तब वाइसराय ने मद्रास प्रान्त के गवर्नर को बुलाकर बात की और तय किया कि मद्रास प्रान्त में इन लोगों को एक-एक जेल में दो कैदियों के हिसाब से अलग-अलग रखा जाए। तद्नुसार इन लोगों को अनशन की हालत में ही मद्रास प्रान्त भेजने का निश्चय हुआ। इन लोगों ने जेल के फाटक पर आकर कुछ दूध पिया और अपने-अपने अनशनों को समाप्त किया और आगे चल पड़े पर इन लोगों को यह पता नहीं था कि उन्हें कहाँ ले जाया जा रहा है।

वहाँ से चलकर दिल्ली कोतवाली में इन लोगों को दो दिन तक रखा गया और उसके बाद डॉ. गयाप्रसाद और आपको बेलारी जेल ले जाया गया। रास्ते में इन दोनों ने आपस में निश्चय किया कि जेल के फाटक पर पहुँचते ही जेल अधिकारी अपना रुआब जमाने के लिए हमको दबाने का प्रयत्न करेंगे, यदि हम लोग उस समय जेल अधिकारियों से दब गए तो ये लोग हमें चैन की साँस नहीं लेने देंगे। हम इस बीस वर्ष की सजा में जेल से जीवित नहीं निकल सकेंगे। तब ऐसे पिस-पिसकर मरने की बजाय कुछ करके मरना उत्तम है, क्योंकि जिन अन्यायों के खिलाफ हमारा बाहर संघर्ष

रहा वही अन्याय और अत्याचार हम जेल में चुपचाप क्यों सहें ? उसी निश्चय के अनुसार बेलारी जेल के फाटक पर पहुँचते ही इन दोनों को पहले 15 दिन के लिए कौरेन्टाइन में रखा गया। कौरेन्टाइन में बाहर से आए हुए कैदियों को अन्य कैदियों से पृथक रखा जाता था जिससे यदि बाहर से आए कैदियों पर किसी छूत की बीमारी का आक्रमण हो चुका हो तो 15 दिन में उक्त बीमारी का पता चल जाएगा और यह बीमारी अन्य कैदियों में नहीं फैल सकेगी। कहा जाता है सर्वप्रथम संघर्ष इनकी तलाशी पर हुआ क्योंकि जेल में पहले से ही अफवाह फैल चुकी थी कि जेल में दो खतरनाक कैदी आ रहे हैं, क्योंकि पंजाब सरकार की रिपोर्ट साथ थी। अत: सब जेल अधिकारी सतर्क थे। अत: सर्वप्रथम तलाशी के लिए जेल वार्डन ने जैसे ही महावीर सिंह को छुआ उसी समय महावीर सिंह ने डाँट के साथ कहा, 'खबरदार! यदि इस बेहूदे ढंग से हम लोगों के शरीर को हाथ लगाया तो अच्छा न होगा।' बस आपकी डाँट से ही जेल वार्डन पीछे हट गया और फिर इन लोगों की तलाशी न ली गई।

कौरेन्टाइन में इन लोगों को 15 दिन रहना था। वहाँ पर इनके साथ कुछ कांग्रेस आन्दोलन के कैदी भी थे। इन लोगों को शाम के समय खाना खाने के बाद जल्दी ही कोठरियों में बन्द कर दिया जाता था, परन्तु इन लोगों ने जल्दी ही कोठरियों में बन्द होने को मना कर दिया। उन्होंने इस विषय पर जेलर से भी बात की। परन्तु जब जेलर ने इस विषय पर कोई ध्यान न दिया तो कांग्रेसी कैदी भी इन लोगों के समर्थन में आ गए। इनके बार-बार मना करने पर भी जब सिपाहियों ने जबरदस्ती इनको कोठरियों में बन्द करना चाहा, तो ये दोनों सिपाहियों की जबरदस्ती का मुकाबला करते हुए उनसे लड़ने को तैयार हो गए। जब एक सिपाही ने खतरा समझ कर सीटी बजाने को निकाली तो उसी समय महावीर सिंह ने झपटकर सिपाही से सीटी छीन ली और सिपाही को डाँटने लगे। सुबह इस झगड़े की सूचना जेल अधिकारियों को दी गई एवं जेल सुपरिंटेंडेंट से भी शिकायत की गई, परन्तु जेल सुपरिंटेंडेंट ने इस पर कोई कार्यवाही नहीं की।

महावीर सिंह ने व्यायाम द्वारा अपने शरीर को सुगठित रखना सर्वोत्तम मान रखा था और इसी मतानुसार वे नियमित व्यायाम करते थे। इसी कारण आप अपने साथियों में ज्यादा ताकतवर समझे जाते थे। आप किसी से दबकर रहना पसन्द नहीं करते थे। अत: आप प्रत्येक अत्याचार का डटकर विरोध करते थे।

कौरेन्टाइन में इन लोगों को खाना बहुत खराब मिलता था यहाँ तक कि उस खाने में पत्थर और कीड़े तक निकल आते थे। एक दिन, जब ये लोग खाना खा रहे थे तो अचानक उसी समय डिप्टी जेलर किसी कारणवश अकेले ही इन लोगों की तरफ आ गए। बस फिर क्या था ? इन लोगों ने मौका देखकर उसको पकड़ लिया और जबरदस्ती उसे खाना खाने के लिए कहने लगे। क्या आप भी इस प्रकार का खाना खाते हैं ? आप काफी समय तक उसको पकड़े रहे और डाँटते रहे। डर के मारे वह उस समय माफी माँगकर और आगे से अच्छा खाने का आश्वासन देकर छूट गया। वह सीधा भागता हुआ सुपरिंटेंडेंट जेल के पास गया और तमाम हाल उससे कहा, किन्तु सुपरिंटेंडेंट ने

उसकी बात पर कोई ध्यान नहीं दिया। क्योंकि वह इन लोगों के आतंक से एवं पंजाब सरकार की रिपोर्ट से पहले ही भयभीत हो चुके थे। अन्त में उन्होंने जेल के डॉक्टर द्वारा उनके पास सन्देश भिजवाया कि आप लोगों को जेल में काफी समय बिताना है, अतः बेकार के झगड़े करने से क्या लाभ ? आप लोगों को यदि किसी प्रकार की कठिनाई आती है तो पहले हमें कहिए। यदि हम आपकी कठिनाई को हल नहीं करते हैं तो फिर आप कोई कार्यवाही कीजिए। जब इन लोगों को इस प्रकार का आश्वासन मिल गया तो आगे से इन लोगों ने झगड़ा बन्द करने का निश्चय किया। इस प्रकार इन लोगों को जेल में हर प्रकार की सुविधाएँ मिलने लगीं। इन लोगों का परेड पर जाना भी बन्द हो गया, जिसे ये लोग हमेशा से गलत मानते थे और उनके दिन भली प्रकार से कटने लगे। इस प्रकार आप लोगों को कारैन्टाइन पर ही रहने का प्रबन्ध हो गया एवं भोजन भी नियामानुसार अच्छी प्रकार का मिलने लगा।

कुछ दिनों बाद उस जेल सुपरिंटेंडेंट का तबादला हो गया और दूसरे सुपरिंटेंडेंट यहाँ आए जो कि एक एंग्लो इंडियन थे। उन्होंने अपना रुआब इन पर जमाना चाहा और आप लोगों को फिर कारैन्टाइन में बेलारी जेल में रख दिया गया। यह सन 1930-32 के सत्याग्रह के दिन थे, और बेलारी जेल सत्याग्राहियों से भरी हुई थी। इन दोनों को भी उसी में भर्ती कर दिया और परेड पर अपने सब सामान के साथ अन्य कैदियों की भाँति खड़े होने की आज्ञा दी गई। इन दोनों साथियों ने जेल की तख्ती लगाने, टोपी पहनने, परेड पर बिस्तर आदि रखकर खड़े होने से इनकार कर दिया। इन लोगों ने पहले नम्रतापूर्वक अपनी बात रखी कि जब हम लोग परेड में कभी भी शामिल नहीं होते तब फिर आज हमको इस प्रकार का आदेश क्यों ? परन्तु जेल सुपरिंटेंडेंट ने सख्ती बरतते हुए इन्हें हर हाल में पूरे सामान के साथ परेड में खड़े होने के लिए बाध्य किया। इन दोनों ने इस बात से मजबूर होकर पुनः पुराने निश्चय को दोहराया कि अन्याय के विपरीत कुछ करके मरना उत्तम है। इसलिए इन्होंने जेल सुपरिंटेंडेंट की आज्ञा को न मान कर परेड के दिन परेड पर जाने से इनकार कर दिया। फिर भी जेल अधिकारियों की आज्ञा से इन दोनों को जबरदस्ती कोठरी से कुछ आदमी घसीट कर ले गए और इन्हें परेड पर खड़ा करना चाहा। इसी बीच कांग्रेसी सत्याग्रही कैदियों पर किसी कारणवश लाठी चार्ज हुआ तो इन दोनों साथियों ने उसके विरोध में काम न करने की हड़ताल का नेतृत्व किया। फलस्वरूप समस्त जेल अधिकारियों का सारा क्रोध इन दोनों पर केन्द्रित हो गया और इन्हें सबक सिखाने का उन्होंने निश्चय कर लिया।

आपने इन झगड़ों में अपना एक विशेष स्थान बना रखा था। सुपरिंटेंडेंट जेल अपनी मान हानि को सहन न कर सका और उसने एक योजना बनाई कि किसी प्रकार जेल में झगड़ा पैदा करके जेल में गोली चलवा दी जाए और फिर दोनों (महावीर सिंह और डॉक्टर गयाप्रसाद) को गोलियों का शिकार बना दिया जाए। इसके बाद सब झगड़े साफ।

बस योजना के अनुसार उसने पुलिस को बुला लिया, जो कि जेल के बाहर खड़ी कर दी गई और झगड़ा पैदा करने का विचार बनाया गया। ये दोनों उस समय जेल के

अहाते में एकान्त में टहल रहे थे और आपस में कुछ निजी बातें कर रहे थे। अचानक इन दोनों ने शोर सुनकर इधर-उधर देखा तो पाया कि इन दोनों आदमियों को एक घेरे में ले लिया गया है और वह घेरा काफी नजदीक आ चुका है। इन दोनों ने अपने बचाव का दूसरा रास्ता न देख कर उनसे लड़ना ही उचित समझा। यह दोनों घेरा तोड़ने के लिए एक दूसरे की विपरीत दिशा में लड़ने लगे ताकि जेल की पूरी ताकत एक ऐसे स्थान पर काम न कर सके। लड़ने के बाद इन दोनों ने घेरे को तोड़ दिया और घेरे के बाहर हो गए। घेरे से निकलकर डॉक्टर गयाप्रसाद एक स्थान पर पहुँचे जहाँ कुछ नहीं था, किन्तु महावीर सिंह एक ऐसे स्थान पर पहुँचे जहाँ पर ईंट-पत्थरों की ढेरी थी। बस महावीर सिंह ने उस ढेरी से कुछ ईंटें व पत्थर उठाकर कहा, 'अब आओ! देखूँ तो कौन सा वीर है जो सामने आता है, जिसने आगे कदम बढ़ाया, उस का सिर फोड़ दूँगा।' उस समय उनका राजपूती खून उबल रहा था। इधर यह झगड़ा देख कर कांग्रेस आन्दोलन के कैदियों ने बीच में पड़कर इन दोनों को पकड़कर इनकी कोठरियों में बन्द कर दिया; और उधर झगड़ा देखकर जेल का विगुल बजा और पुलिस अन्दर बुलाई गई तो बाहर कांग्रेस आन्दोलन के कैदी थे, जो कि बीच-बचाव के लिए बाहर आए थे। पुलिस ने उन पर डंडे बरसाए और उन्हें खदेड़ कर कोठरियों में बन्द कर दिया। उसके बाद इन दोनों की तलाश की गई कि ये दोनों कहाँ हैं, तो ये दोनों कोठरियों में बन्द मिले। अब उसकी योजना फेल हो चुकी थी क्योंकि कोठरियों में बन्द कैदियों को गोली से मारना पुलिस के नियम के विरुद्ध था और जिसका मामला चलने पर वह उत्तर नहीं दे सकता था। इस प्रकार ये दोनों उसकी योजना के अनुसार गोली का शिकार होने से बाल-बाल बचे। किन्तु इस झगड़े में डॉक्टर गयाप्रसाद की उँगली टूट गई जो कि उन्हें जीवन भर अपने इस वीर साथी के अभाव की याद दिलाती रही।

इस प्रकार इन लोगों के काफी समय तक झगड़े रहे, जिसमें कई बार आपको अनशन भी करने पड़े। समय-समय पर राजनीतिक कैदियों के साथ दुर्व्यवहार करने पर आपने लड़ाई-झगड़ा करके उनकी समुचित व्यवस्था करवाई। कांग्रेस सत्याग्रही कैदी आपसे काफी परिचित हो चुके थे और इन्हें प्रसन्नता थी कि उन्हें एक वीर और देश प्रेमी नेता मिला और वे लोग जी जान से अपने नेता की बात मानने लगे। जब कभी उनके नेता पर कोई विपत्ति आती तो वे सहायता करते और सहयोग देते। जब आपको सजा मिलती तो सत्याग्रही कैदियों की, जेल सुपरिंटेंडेंट की इस प्रकार की हरकतों के विरुद्ध उनमें गुस्से की लहर दौड़ जाती और वह अपनी-अपनी सामर्थानुसार उसका विरोध करते, क्योंकि वे जानते थे कि उन सब पर होने वाली सख्तियों का विरोध करने के कारण आप पर इतनी सख्ती बरती जा रही है। ।

एक दिन जब जेल सुपरिंटेंडेंट नए आए हुए कैदियों को देख रहा था तो एक सत्याग्रही ने मौका पाकर जूता निकाल कर उसकी खासी मरम्मत कर दी। फलस्वरूप उस कांग्रेसी सत्याग्रही को 15 बेतों की सजा दी गई तो बाकी सारे कैदियों ने 'इन्कलाब जिन्दाबाद' के नारे के साथ उसके दिलेरी भरे कार्य का समर्थन किया।

सेन्ट्रल जेल बेलारी से भी महावीर सिंह ने समय-समय पर अपने सम्बन्धियों को पत्र लिखे जिनके द्वारा हमें उनके स्वतन्त्र विचारों का पता चलता है। 21 मई, 1932 को आपने अपने पिता को एक पत्र लिखा था जिसमें से कुछ अंश मैं यहाँ प्रस्तुत कर रहा हूँ। इस पत्र में उन्होंने वर्तमान समाज की विवेचना की है :

> "आप लोगों के द्वारा स्थापित चिकित्सा मंडल का संगठन अथवा नियम संतोषजनक है पर साथ ही ध्यान रहे कि इसमें गरीबों के साथ जाति भेद तथा किसी प्रकार का धर्म भेद न रखा जाए। इसका अधिकाधिक ध्यान दिया जाए क्योंकि पतितों का, गरीबों के कष्टों का उत्तरादाई समाज और सरकार है वे बेचारे तो केवल इनके शिकार हैं।"

इस प्रकार हमने देखा कि आपके विचार कितने स्पष्ट और सुलझे हुए थे। आप सबको भाई समझते थे। आपने इसी पत्र में लिखा था कि "भाई शब्द को मैं संसार में सबसे श्रेष्ठ समझता हूँ क्योंकि समाजवादी ऐसा ही चाहते हैं।"

जेल के बढ़ते हुए अत्याचारों से विवश होकर महावीर सिंह को अनशन का व्रत कई बार लेना पड़ा। रोजाना की आवश्यक वस्तुओं के लिए कैदियों को मोहताज रहना पड़ता था। इस कारण कैदी काफी उपद्रव मचाया करते थे।

उनके जेल जीवन एवं सरकार की नीति की एक झाँकी डी.एच. वेंकटराव इन्श्योरेन्स एजेंट द्वारा 10-5-1932 को महावीर सिंह के पिताजी को लिखे एक पत्र द्वारा मिलती है। उसमें आपने लिखा है—

"मैंने आपका रजिस्टरी किया हुआ पत्र 30 अप्रैल को पाया। उसमें हालातों को पढ़कर मन को बहुत प्रसन्नता हुई। आपके पुत्र को देखने ही मैं जेल सुपरिंटेंडेंट की आज्ञा लेकर जेल के अन्दर गया और आपके पुत्र महावीर सिंह से वार्तालाप किया। मैं इससे पहले भी उनसे कई बार बातचीत कर चुका था। वह करीब 30 दिन से दौरे की बीमारी से पीड़ित था। सुपरिंटेंडेंट ब्राह्मण हैं और मेडिकल आफिसर भी हैं। इन्हीं के नीचे आपके लड़के का इलाज हो रहा है। लगभग 15 दिन पूर्व महावीर सिंह-गयाप्रसाद और जेल के हाकिमों में कुछ नाइत्तफाकी हुई। सुपरिंटेंडेंट ने उन्हें हर सोमवार को फाइल भरने को कहा, परन्तु जब उन्होंने ऐसा करने से इनकार किया तो वे लोग उन्हें ऊपरी सुविधा— जैसे साबुन, टुथ पाउडर जो उनको पहले दिए जाते थे, से वंचित कर दिया गया। उसके बाद उन्होंने करीब 10 दिन तक अनशन किया। इनका पक्ष लेकर करीब 40 कर्नाटक और आंध्र प्रदेश के राजनीतिक कैदियों ने भी अनशन कर दिया। आखिरकार कुछ जेल के देखने वाले और मैं स्वयं इस मामले में पड़े और समझौता करा दिया, तब जाकर कैदियों ने अनशन त्यागा। इस मामले की रिपोर्ट कैदियों के इन्स्पेक्टर जनरल जेल के पास सुपरिंटेंडेंट ने 6-4-1932 को भेज दी। इन्स्पेक्टर जनरल ने यह हुक्म दे दिया कि उपयुक्त कैदियों के हथकड़ी डाल दी जाए, चूँकि उन्होंने जेल के कानून को नहीं माना है। इस हुक्म के मुताबिक महावीर सिंह और गयाप्रसाद को छोड़कर करीब 30 कैदियों को हथकड़ियाँ डाल दी गईं। अब उपयुक्त

कैदी करीब 5 दिन से अनशन किए हैं। यह आज कल जेल की हालत है...।"

इस पत्र के उत्तर में महावीर सिंह के पिताजी ने महावीर सिंह को एक पत्र लिखा। जिसके कुछ उपयोगी अंश यहाँ प्रस्तुत हैं—

"तुम्हारे कष्टों के विषय में कोई विशेष शोचनीय नहीं है। जीव अजर, अमर और शरीर नाशवान ही है। मेरे विचार से तो सब कष्ट उदासीनता से सहन करने चाहिए, परन्तु इस बात का ध्यान अवश्य रखिए कि छोटी-छोटी बातों से, जिनका परिणाम कुछ भी न हो और जो तुम्हारे नियमों के विरुद्ध भी नहीं, बेचारे जेल के अफसरों और अपने को उलझन में न डाला कीजिए। वह तो गवर्नमेंट के नौकर हैं, उसकी आज्ञा का पालन ही तो कर रहे हैं। उनकी दशा पर हार्दिक विचार करो और उनसे प्रेम और दया भाव रखो, ताकि तुम्हारा और उनका दोनों का कल्याण रहे।"

उपरोक्त पत्र के उत्तर से आपके गुण सहज ही प्रकाश में आ जाते हैं। स्वाभिमान तो उनके जीवन में कूट-कूट कर भरा था। इस पत्र से जेल अधिकारियों की मनोदशा का एक चित्रण हमें मिलता है।

पोर्ट वर्ल पर अंडमान

19 जनवरी, 1933 को सरकार ने आतंकित होकर आपको अंडमान (काला पानी) भेज दिया। हालांकि आपको यह पता नहीं चला था कि आपको अंडमान भेजा जा रहा है।

वहाँ पत्र लिखने के समय क्या पता था कि (भाई रामरक्खा मल को गदर पार्टी के बर्मा साजिश केस में आजीवन कारावास दंड भोगने के लिए अंडमान भेजा गया था। अनशन में आपकी व भाई भानसिंह सनेत की मृत्यु हो गई थी—संपादक) भाई रामरक्खा मल की पवित्र भूमि पर आपकी भी समाधि बन जाएगी। आगे का हाल आपने तो नहीं लिखा, परन्तु भारत के स्वतन्त्रता आन्दोलन के इतिहास में अंडमान द्वीप समूह एक विशेष महत्त्व रखता है। प्रथम भारतीय स्वतन्त्रता युद्ध से ही इन द्वीपों पर स्वत्रन्ता के पुजारियों को विदेशी शासन का विरोध करने के पुरस्कार में असाध्य कष्ट सहने और बलिदान देने पड़े हैं। अंडमान में निष्कासित किए गए कैदियों को कठोर जेल विधान के अन्तर्गत यातनाएँ दी जाती थीं। विश्वत रेखा के पास अवस्थित इन द्वीपों की वर्षा तथा धूप में उन्हें खूनियों तथा डाकुओं के साथ कन्धे से कन्धा मिलाकर परिश्रम करना पड़ता था। उनके आहार, वस्त्र तथा मकानों का समुचित प्रबन्ध नहीं था। वहाँ की जलवायु में अत्याधिक परिश्रम तथा जीवन की आवश्यक सुविधाओं के अभाव के कारण अधिकांश बन्दी कुछ ही वर्षों में मलेरिया और अस्थमा आदि रोगों के शिकार हो जाते थे। परिणामस्वरुप अंडमान की कैदी बस्ती में रोग तथा मृत्य का अनुपात भारतीय कारावासों से सदैव अधिक रहता था। अंडमान की ऐसी शोचनीय अवस्था होने पर ब्रिटिश सरकार समय-समय पर यह दावा करती थी कि इन द्वीपों

में भेजे गए कैदियों का जीवन भारत की जेलों में बन्द अपराधियों के जीवन से कहीं ज्यादा सुखी है। उनके दृष्टिकोण में अंडमान में कैदियों को जेल की चारदीवारी में बन्द न करना एक बड़ी भारी सुविधा थी। जो कि भारत के कारागृहों में बन्दियों को प्राप्त नहीं थी। इसलिए भारत सरकार ने कुछ समय पश्चात यह निश्चय किया कि अंडमान में निष्कासित किए गए बन्दियों को पोर्ट ब्लेयर पहुँचते ही छः मास के लिए एक कारागृह में बन्द रखा जाए। इस उद्देश्य से सन 1910 में एक जेल का निर्माण हुआ। उसमें छोटी-छोटी 686 कोठरियों का निर्माण किया गया। इन्हीं कोठरियों के कारण यह जेल, सेलुलर जेल के नाम से प्रसिद्ध हुई।

समय-समय पर राजनीतिक बन्दियों ने अपने प्रति किए गए अन्यायों का विरोध किया। उन्होंने काम करने से इनकार किया परन्तु जेल के अधिकारियों पर इसका कोई प्रभाव न पड़ा। अन्त में निराश होकर राजनीतिक बन्दियों को अपने पुराने अस्त्र, भूख हड़ताल की शरण लेनी पड़ती थी। इस पर भी उनके साथ बहुत बुरा व्यवहार किया जाता था। उन्हें बहुत कठिन काम दिया जाता था। पीने के पानी की जेल में बड़ी कमी रहती थी। एक समय में एक कैदी को दो कटोरों से अधिक जल पीने को नहीं दिया जाता था। स्नान करने के लिए पानी भी कभी-कभार ही मिलता था। स्वास्थ्य खराब होने पर इन्हें अस्पताल नहीं भेजा जाता था। बीमारी की अवस्था में भी राजनीतिक कैदियों को काम करना पड़ता था। जेल के अधिकारियों का व्यवहार अत्यन्त अपमानजनक और कठोर था। श्री सावरकर के शब्दों में अंडमान में अन्न-वस्त्र की तकलीफ, मारपीट, गाली-गलौच आदि सब असुविधाएँ तो थीं ही, किन्तु एक और भयंकर तकलीफ थी जिसको बताते संकोच होता है वह यह थी कि मल मूत्र त्याग करने पर भी रोक लगी थी। जेल के कठोर नियमों के विरुद्ध आवाज उठाने पर उन्हें कई प्रकार के दंड एवं शारीरिक यातनाएँ दी जाती थीं।

इन सब यातनाओं का विरोध हुआ। जब बहुत से वीर राजनीतिक बन्दियों ने भूख हड़ताल की आग में तड़पते हुए अपनी बलि दी, तब कुछ समय तक उन कैदियों के साथ उचित व्यवहार होने लगता, परन्तु धीरे-धीरे फिर वही व्यवहार प्रारम्भ हो जाता था।

सन 1932 में एक बार फिर से भारत सरकार ने राजनीतिक बन्दियों को अंडमान भेजा। इस समय तक सेलुलर जेल की दीवारें जगह-जगह से टूट गई थीं। बरसात के दिनों में अत्याधिक वर्षा के कारण इसकी अधिकांश कोठरियों की छतों से कई दिनों तक पानी टपकता रहता था। इन कोठरियों में लकड़ी के ठंडे फर्श पर बन्दियों को सोना पड़ता था। कोठरियों की दीवारों के छेदों में से कई प्रकार के सर्प, बिच्छू और विषैले जीव-जन्तु निकलकर रेंगा करते थे। इनके डर से और असंख्य मच्छरों के काटने से ये राजनीतिक बन्दी एक पल भी सो नहीं सकते थे। दिन में भी उन कोठरियों में अन्धकार रहता था। उन कोठरियों में रहने वाले बन्दियों को सहज में धूप और हवा के दर्शन तक नहीं हो पाते थे। इसके साथ ही जेल अधिकारियों का

व्यवहार भी अत्यन्त कठोर था।

इन राजनीतिक बन्दियों में भारत की विभिन्न जेलों से आए हुए लगभग 40 'बी' एवं 24 'सी' क्लास के क्रान्तिकारी बन्दी थे। इन्हीं बन्दियों में अमर शहीद सरदार भगत सिंह के साथी महावीर सिंह जैसे साथी भी थे। आप लोगों को भी इन यातनाओं का शिकार होना पड़ा। प्रारम्भ में तो आप लोगों ने यह प्रयत्न किया कि बिना किसी प्रकार की हड़ताल के उचित माँगें मान ली जाएँ, परन्तु इसका कोई परिणाम नहीं निकला। जेल अधिकारी उन्हें बेकार के आश्वासन देने के अतिरिक्त कुछ नहीं करते थे।

12 मई, 1933 की भूख हड़ताल

अन्त में बाध्य होकर आप लोगों ने विरोध स्वरूप भूख हड़ताल करने का निश्चय किया। फलस्वरूप उसकी प्रारम्भिक बातों को पूरा करने के लिए एक छोटी सी समिति बना ली गई। सरकार के पास एक लिखित आवेदन पत्र भेज दिया गया। जिसमें जेल की शिकायतों का विवरण एवं माँगों की सूची दी गई थी। कुछ समय तक सरकार के उत्तर की प्रतीक्षा की गई, परन्तु कोई उत्तर नहीं मिला, जबकि उसके स्थान पर जेल के सुपरिंटेंडेंट ने फिर कुछ अस्पष्ट से आश्वासन इन लोगों को दिए। यह तो स्पष्ट ही दिखता था कि ये आश्वासन अंडमान के चीफ कमिश्नर के आदेशानुसार ही दिए जा रहे हैं। इन लोगों ने अधिकारियों की इन चाल-बाजियों के मद्देनजर अपनी तरफ से तुरन्त ही एक महीने का अल्टीमेटम दे दिया।

अल्टीमेटम दे दिए जाने के बाद सभी राजनीतिक बन्दी बड़े प्रसन्न थे। अब परस्पर अभिवादन में उनके चेहरों पर एक बड़ी अर्थ व्यंजक और सार समिति मुस्कान थी, क्योंकि दुविधा का समय अब समाप्त हो गया था और वे अब आगे बढ़ने के लिए स्वतन्त्र थे। सभी में बड़ा उत्साह था।

अन्त में बाध्य होकर निश्चित दिवस 12 मई, 1933 को 33 साथियों ने एक साथ भूख हड़ताल प्रारम्भ कर दी। कुछ और साथी भी पहले ही दिन से भूख हड़ताल में शामिल होने को उतावले थे, परन्तु उन्हें समझा दिया गया कि वह अभी ठहरें और कुछ दिन तक इन्तजार करें।

संघर्ष प्रारम्भ हो गया। जेल अधिकारी इधर-उधर दौड़ रहे थे। उन पर भूख हड़ताल का सघन आक्रमण हुआ। इससे वे हतबुद्धि-से लगते थे। सबसे पहला काम उन्होंने यह किया कि सभी भूख हड़तालियों को नम्बर 5 वाड़े के दो-मंजिला और तीन-मंजिला में बन्द कर दिया। उनमें से तीन जिनमें महावीर सिंह, डॉ. गयाप्रसाद और बी.के. दत्त का यह दुर्भाग्य हुआ कि उन्हें सबसे पृथक करके अलग, वाड़े में ले जाकर अलग-अलग अन्धेरी कोठरियों में बन्द कर दिया गया। एक चौथा साथी भी कुछ दिनों बाद वहीं लाकर बन्द कर दिया गया। उनकी ये चार कोठरियाँ एक दूसरे से इतनी दूर थीं कि वे उनमें से एक-दूसरे से चिल्लाकर भी बात नहीं कर सकते थे।

प्रत्येक साथी को एक-दूसरे से पृथक किए जाने का उन्हें बड़ा दु:ख था, परन्तु दूसरा कोई चारा भी नहीं था। उच्च अधिकारी उन्हें (चारों को) ही सारी मुसीबत की जड़ समझते थे, इसीलिए उनके ऊपर उनका विशेष ध्यान और 'कृपा' थी। आपस में मिलने की सुविधा बन्द हो गई। जब भूख हड़ताल सम्बन्धी गतिविधि की कोई खबर छनकर उन तक पहुँचती तो वह उनका एक सहारा बन जाती। भूख हड़तालियों को रात-दिन कोठरियों में ताले लगाकर बन्द रखा जाता था। वैसे कोठरियों में उनके पास नित्य उपयोग के लिए, पहनने व बिछाने को कुछ विशेष सामान न था, फिर भी, यदि कुछ था भी तो उसे अधिकारी कड़ी तलाशी के बाद उठा ले गए। एक कम्बल, लकड़ी का तख्ता, जांघिया और कुर्ता बस यही सामान उनके पास रहने दिया गया। साथ ही द्वितीय श्रेणी के बन्दियों को भी तुरन्त साधारण श्रेणी में उतार दिया गया। यह उनका अभीष्ट ही था। उनका उच्च श्रेणी में होना, एक ऐसा अनभीष्ट भेद था, जो उन पर जबरन लादा गया था और जो उनको सदा खटकता रहता था।

जेल के डॉक्टर लोग पूरी तरह से घबरा गए थे। उन्हें भूख हड़ताल में काम करने का पहले कभी कोई अनुभव नहीं था। वे कर्तव्यविमूढ़ हो रहे थे। परन्तु उच्च मेडिकल अफसर जो एक यूरोपियन थे ऐसी बेफ्रिकी की शक्ल बनाए फिरते थे मानो परेशानी की कोई बात ही न हो। वे बन्दियों को एक अच्छा 'सबक' सिखाना चाहते थे, कैदियों से ऐसा ही कहा गया था।

भारत की जेलों में भूख हड़तालियों को बलात् भोजन देने की क्रिया साधारणत: भूख हड़तालियों के बहुत शक्तिहीन हो जाने के बाद ही शुरू की जाती थी ताकि वे शारीरिक शक्ति से कड़ा प्रतिरोध न कर सकें। उन्होंने बलात्भोजन देना छठे दिन से ही प्रारम्भ कर दिया। कुछ डॉक्टर टुकड़ियों में बँट गए और बड़े सवेरे से ही पठान कैदियों के गिरोह को साथ में लिये कोठरियों में घुस-घुस कर उन्होंने अपना काम शुरू कर दिया। जो कैदी कमजोर थे उनको बलात दूध पिलाना सरल था। परन्तु कुछ कैदी ऐसे भी थे जिनको दूध पिलाना अपने ऊपर आफत मोल लेना था, क्योंकि ये कैदी कोई पहली बार अनशन नहीं कर रहे थे। उन्होंने अपने जीवन में कई बार अनशन किए थे और हर बार उनको इसी प्रकार की यातनाएँ सहनी पड़ी थीं, तो भी उन्होंने एक बार भी बलात दूध नहीं पिया। ऐसे कैदियों में श्री महावीर सिंह के नाम को कभी नहीं भुलाया जा सकता।

महावीर सिंह की शहादत

इसी प्रकार दो डॉक्टर पठान कैदियों के दल सहित 17 मई, 1933 ई. को श्री महावीर सिंह की कोठरी की तरफ बढ़े। आप उत्तर प्रदेश के राठौर राजपूत थे। आपका चौड़ा सीना, ऊँचा पूरा सुगठित शरीर, फहराती दाढ़ी, (जो कुछ समय से उन्होंने रख ली थी) यह सब देखकर सहज में ही वीर राजपूतों की याद आ जाती थी, जिनकी वीरता की

कहानियों से टाड-राजस्थान के पृष्ठ भरे पड़े हैं। वह एक जन्म जात सिपाही थे। यह बात उनको पहली बार देखते ही समझ आ जाती थी। शारीरिक शक्ति के कामों में बाहर पार्टी में काम करते हुए वह अपनी धाक जमा चुके थे। महावीर सिंह पर काबू पा लेने का काम डॉक्टरों को कठिन पड़ा। महावीर सिंह ने डाक्टरों को दल सहित अपनी तरफ आते देखकर अपनी कोठरी के किवाड़ बन्द करके दरवाजा रोक कर खड़े हो गए। इधर से डॉक्टर के उन पठान साथियों ने किवाड़ को धक्का देना शुरू किया। कहाँ एक तरफ आठ-दस हट्टे-कट्टे जवान पठान और कहाँ कई दिनों से अनशन किए हुए आप। आखिर बहुत जद्दोजहद के बाद किवाड़ खुला तो उन जवानों ने आप पर काबू पाने का प्रयत्न शुरू किया। बहुत देर तक वे पठानों से संघर्ष करते रहे और अन्ततः पठानों ने उन्हें जमीन पर पटक दिया। डाक्टरों ने सोचा कि अब उनको बलात् भोजन दे सकना सरल होगा। वह नहीं जानते थे कि उनका पाला 'महावीर सिंह' से पड़ा है। महावीर सिंह की यह आठवीं या नवीं भूख हड़ताल थी। डॉक्टरों को परास्त करने और बलात् भोजन न लेने की वे सभी कलाएँ अच्छी तरह जानते थे। कोई बहुत ही अनुभवी सिद्धहस्त व्यक्ति उनसे पार पा सकता था। परन्तु यह डॉक्टर तो इस विषय में एकदम नौसिखिया था। अपने भौंडे तरीके से उन्होंने बलात् भोजन देने की क्रिया शुरू कर दी। जब रबर की नाली नाक में डाली गई तो महावीर सिंह ने बड़ी शक्ति से प्रतिरोध किया और बड़े जोर से खाँसा, रबर की नाली पेट में न जाकर फेफड़े की नली में धँस गई और इधर डॉक्टरों ने जो दूध डालना शुरू किया तो वह सीधा फेफड़ों में पहुँचने लगा।

केवल एक भूख हड़ताली क्रान्तिकारी कैदी ही जानता है कि ऐसे समय में चुपचाप रहने और निश्चित मृत्यु को निमन्त्रण देने में किस अतिमानवीय साहस और सहन शक्ति की आवश्यकता होती है। जैसा कि भूख हड़ताली तो यह निश्चय पहले ही कर चुके थे कि उनमें से कुछ को अवश्य मरना होगा और इस प्रकार विजय का मार्ग बनाना होगा। महावीर सिंह भी यह निश्चय करने वालों में से एक थे और उन्होंने मौत को गले लगाने में सब भूख हड़तालियों का नेतृत्व किया। बलात् भोजन देने की क्रिया समाप्त भी न हो पाई थी कि वे बेहोश हो गए, क्योंकि इनके फेफड़ों में दूध भर गया था। इन नौसिखिए डाक्टरों की समझ में स्थिति की गम्भीरता न आई और वे उन्हें इसी गम्भीर हालत में छोड़कर दूसरे कैदियों की कोठरी में चले गए। डाक्टरों के चले जाने के पश्चात जब काफी समय तक आपकी कोठरी से किसी प्रकार की आवाज न आई तो डॉक्टर गयाप्रसादजी ने आपको आवाज दी, किन्तु जब बार-बार आवाज लगाने पर उन्हें कोई उत्तर नहीं मिला तो उन्होंने घबराकर विचलित होते हुए जोर-जोर से आवाजें लगाना शुरू किया। तब बहुत ही धीमे स्वर में उन्हें आपकी आवाज सुनाई दी 'गुड बाई'। यह सुनते ही जैसे डॉक्टर गयाप्रसादजी के पैरों तले जमीन निकल गई। उन्होंने शोर मचाना शुरू कर दिया। शोर को सुनकर वे डॉक्टर लोग वापस आए। जब डॉक्टरों ने महावीर सिंह को उसी अवस्था में निढाल पाया तो कुछ उपचार करने के बाद महावीर सिंह को स्टेचर पर डालकर अस्पताल को ले जाने लगे। जब आपको

स्टेचर पर डालकर गयाप्रसाद की कोठरी के सामने से ले जाया गया तो उस समय डॉक्टर गयाप्रसाद अपनी कोठरी के दरवाजे पर खड़े थे। महावीर ने अपना हाथ उठाकर कहा, 'डॉक्टर गुड बाई'। ये डॉक्टर गयाप्रसादजी के लिए उनके अन्तिम शब्द थे जो कि समय-समय पर कन्धे से कन्धा मिलाकर चलने वाले साथी की याद दिलाते हैं। आपके साथियों ने जब आपको इस अवस्था में अस्पताल जाते देखा तो आपकी ठीक हालत जानने के लिए शोर मचाना शुरू किया, परन्तु किसी ने कोई उत्तर नहीं दिया। केवल एक पहरेदार वार्डर आया और उसने कहा 'बाबू! आप लोगों का भाई बीमार हो गया है।' इतना सुनते ही साथियों को अपने अन्तर्ज्ञान से यह समझते देर न लगी कि अब महावीर सिंह उन्हें छोड़ चले हैं। सब साथी सजल आँखों में गहरे शोक में डूब गए। उनको यह अवसर भी नहीं दिया गया कि वे अपने चिर विदा होते हुए साथी को अन्तिम क्रान्तिकारी विदाई दे सकें।

परन्तु अंडमान के इन हृदयहीन अधिकारियों का अपना अलग आदर्श था। लड़ाई में किसी प्रकार की उदारता की बात वे जानते ही न थे। राजनीतिक बन्दियों को यह समाचार भी नहीं दिया कि महावीर सिंह मर रहे हैं। सारा दिन हर कोई बेचैन रहा। संध्या तक यह विश्वास कर लिया गया कि महावीर सिंह चल बसे। वह भाई रामरक्खा मल के अनुगामी हो गए। जो साथी काम की हड़ताल पर थे वे भयंकर रूप से उत्तेजित हो उठे। जब उन्हें खाने के लिए उनकी कोठरियों से निकाला गया तो वे सभी एकत्रित हो गए। फिर उन्होंने तब तक अपनी कोठरियों में जाने से इनकार कर दिया जब तक अधिकारी लोग वहाँ आकर उन्हें महावीर सिंह हालत की सही जानकारी न दें। सभी अधिकारी दुविधा में थे। उन्होंने इन साथियों की उत्तेजित और अवहेलनापूर्ण मन की स्थिति ताड़ ली थी, इससे उन्हें भय था कि कहीं कोई बड़ा उपद्रव न हो जाए। कैदी लोग भी परिस्थिति के इस पहलू से बेखबर न थे इसलिए वे पहले ही भली प्रकार विचार-विमर्श कर चुके थे। वे अच्छी तरह समझते थे कि गोली चल सकती है और हिजली कांड की पुनरावृति हो सकती है। अतः वे इसके लिए भी तैयार थे। अधिकारियों ने धमकी दी और अपने सैकड़ों वार्डरों द्वारा बलपूर्वक सबको धकेल कर कोठरियों में बन्द करवा दिया। इसमें कुछ छीना झपटी हो गई और कुछ कैदियों को चोटें भी आईं।

कई दिनों के पश्चात एक जेल वार्डर अकेले डॉ. गयाप्रसाद आदि को मिल गया। उन्होंने उसको पकड़ लिया और लगे डाँटने। उससे महावीर सिंह का हाल पूछा तो इधर-उधर देखते व डरते हुए उसने धीरे से कहा, "बाबू! वह बाबू तो उसी रात को मर गए थे।" उन लोगों ने दोबारा पूछा कि उनकी मृतदेह का क्या हुआ तो उसने उत्तर दिया, "वह उसी रात पत्थर से बाँध कर सुबह होने से पहले ही समुद्र में फेंक दी गई थी।" इस प्रकार दूसरों के पथ को प्रशस्त करने वाले जन्मभूमि को स्वतन्त्र कराने की आशा को लेकर बढ़ने वाले पुजारी, वीर, कर्मठ, प्रतिभाशाली 'महावीर' सदा के लिए अपने साथी सरदार भगत के समान उस अथाह, गम्भीर, शान्त समुद्र में सो गए। आपके बलिदान के पश्चात यह काम रुकने की बजाय और भी बढ़ गया। भूख हड़ताली

उनसे प्रेरित होकर एक नवीन उत्साह के साथ आगे बढ़े, जिसके फलस्वरूप भूख हड़तालियों की संख्या 33 से बढ़कर 50 तक हो गई। सरकार के हठपूर्ण व्यवहार और समझौते की बातचीत के कोई लक्षण न देखकर भूख हड़तालियों ने और बलिदान देने का निश्चय किया। मोहन किशोर और मोहित मित्रा ने भी महावीर सिंह की भाँति जानबूझ कर दूध अपने फेफड़ों में जाने दिया। यद्यपि अधिकारियों ने उन्हें बचाने का भरसक प्रयत्न किया, परन्तु वे उन्हें शहीद होने से नहीं रोक सके। अगर ये तीनों युवक चाहते तो अपना जीवन बचा सकते थे और कुछ वर्षों के पश्चात अपनी सजा समाप्त कर अंडमान से वापस लौट सकते थे, परन्तु उन्होंने सरकार के जबर के विरुद्ध अपना बलिदान देना ही उचित समझा।

नियमानुसार अंडमान के अधिकारियों ने आपकी मृत्यु की सूचना आपके परिवार को समय पर देना उचित न समझा। आपकी शहीदी (17 मई) से 14 दिनों के बाद दिनांक 31 मई को दैनिक पत्रों में भारत सरकार द्वारा निकाली गई खबर से आपके वृद्ध माता-पिता को आपकी शहादत की सूचना मिली। *लीडर* अखबार द्वारा प्रकाशित सरकार की विज्ञप्ति का हिन्दी अनुवाद निम्न है—

बुधवार 31-5-33

लीडर, पृष्ठ 13, कालम 3

अंडमान के एक कैदी की मौत

शिमला 28 मई

भारत सरकार को अंडमान के चीफ कमिश्नर द्वारा यह खबर प्राप्त हुई है कि 12 मई को 29 कैदियों ने, जो क्रान्तिकारी आन्दोलन में अपराधी सिद्ध हुए थे, सेलुलर जेल में अनशन आरम्भ किया जिसका कारण कुछ तकलीफों के विरोध में था जिसे वह हटाना चाहते थे। उसके बाद से अन्य कैदी भी इसमें शामिल हुए। उनमें से एक कैदी महावीर सिंह जो लाहौर षडयंत्र केस के अपराधी थे और जिन्हें आजन्म काले पानी की सजा हुई थी, 17 मई को मर गए। उन्होंने 12 मई को अनशन आरम्भ किया था, 16 मई तक उनकी हालत संतोषजनक रही। यद्यपि वह कमजोर थे। 17 मई को प्रात: काल सीनियर मेडिकल ऑफिसर ने उन्हें देखा और यह ख्याल किया कि उनकी शारीरिक अवस्था उस समय पर ऐसी थी कि उन्हें कृत्रिम भोजन पहुँचाया जाए। तदानुसार 11 बजे दूध के साथ शक्कर नासिका द्वारा पहुँचाई गई। मरीज ने घोर सामना किया। दोनों ही समय जबकि नली डाली गई और जबकि दूध पहुँचाया गया। दोपहर के बाद एक बजे शिथिलता के चिन्ह दृष्टिगोचर हुए। सीनियर मेडिकल ऑफिसर ने दो बार दोपहर के बाद और शाम को देखा और पुन: दूध देने को कहा तथा उचित चिकित्सा बतलाई।

इन सब बातों के होते हुए भी वह गिरते ही गए और आधी रात के बाद करीब एक बजे उनकी मृत्यु हो गई।

पोस्टमार्टम परीक्षा की गई और कोई चिन्ह बाहरी या अन्दरूनी चोट का नहीं पाया गया, जो कृत्रिम भोजन के परिणाम का कहा जा सकता हो। मरीज ने अपनी कमजोर हालत होते हुए भी कृत्रिम भोजन का जो मुकाबला किया था वही उनकी घातक शारीरिक शिथिलता का कारण थी, जिसने कि उनको निढाल बना दिया और अन्त में मृत्यु हो गई। चीफ कमिश्नर को पूर्ण संतोष है कि जिस क्षण से कृत्रिम भोजन देने का निश्चय किया गया था, उसी क्षण से सभी उचित प्रबन्ध रखा गया था। इस समय 1-2 को छोड़कर 93 कैदी भूख हड़ताल कर रहे हैं। खबर मिली है कि उन सबकी हालत संतोषजनक है।''

यह थी भारत सरकार की नीति।

प्रतिक्रिया

एक माह में भूख हड़ताल के कारण तीन राजनीतिक बन्दियों के समाचार सुन समस्त देश क्षुब्ध हो उठा। विधान सभा में अंडमान के राजनीतिक बन्दियों की भूख हड़ताल, उनकी माँगें एवं दशा पर बहुत से प्रश्न पूछकर चिन्ता और रोष प्रगट किया गया। समस्त देश में इनकी माँगों के समर्थन में आन्दोलन होने लगे। विवश होकर भारत सरकार ने अंडमान में नजरबन्द राजनीतिक बन्दियों की माँगों को स्वीकार कर लिया। उन्हें वे अधिकार दिए गए, जो कि भारत की दूसरी जेलों में राजनीतिक कैदियों को दिए जाते थे। उन्हें पहले से अच्छा भोजन मिलने लगा। उनके मनोरंजन के लिए फुटबाल खेलने का प्रबन्ध किया गया। भारत सरकार ने छोटा वाचनालय खोला, जिसमें कुछ पत्रिकाएँ और दैनिक समाचार पत्र मँगवाए गए। बन्दियों को पुस्तकें तथा पत्रिकाएँ मँगाने की अनुमति दी गई। दैनिक जीवन की अनिवार्य वस्तुओं की आवश्यकताओं की पूर्ति करने का प्रबन्ध किया गया।

लगभग तीन वर्षों तक सेलुलर जेल में बन्द क्रान्तिकारियों ने शान्तिपूर्ण जीवन व्यतीत किया। इस अवधि में उन्होंने अपना अधिकांश समय अध्ययन में व्यतीत कर अपने ज्ञान की वृद्धि की। समय-समय पर उच्च शिक्षा प्राप्त बन्दियों के भाषण एवं विविध विषयों पर भाषण प्रतियोगिताओं का आयोजन किया गया। क्रान्तिकारी बन्दियों ने अपने पिछले अनुभवों का वर्णन किया। किसी-किसी ने पुस्तकें लिखीं। परिवार और समाज से दूर इन बन्दियों ने जेल की चारदीवारी के अन्दर एक छोटे से समाज का निर्माण किया। लगातार तीन वर्ष तक दुर्गा पूजन का उत्सव बड़े समारोह के साथ मनाया गया। ऐसे अवसरों पर नाटक आदि मनोरंजन कार्यक्रमों का आयोजन भी किया गया। कई बन्दियों ने अपनी कला का प्रदर्शन किया। समय-समय पर फुटबाल आदि के मैच खेले गए।

महावीर सिंह जिस स्वप्न की कल्पना करते थे उसका साकार रूप अब सामने

आ रहा था। अपने सामने वे राजनीतिक कैदियों की असुविधाओं को दूर करने के प्रयत्न में लगे रहे परन्तु उनके बीच न रहने के बावजूद वे उनको दूर करने में समर्थ हुए। इसके लिए हम सब भारतवासी उनके आभारी हैं। उन्होंने अपने कार्य को दुर्गम पग पर चलकर पूर्ण किया।

स्वयं काँटो पर चले और अपने प्यारे भाइयों के लिए फूल बिछा गए। ऐसे वीर सपूत के नाम को सुनकर हमारा मस्तक श्रद्धा से नत हो जाता है। हमको चाहिए कि हम इन दिव्यात्माओं के जीवन से कुछ सीखें और उनकी आत्माओं को शान्ति प्रदान करें।

महावीर सिंह का क्रान्तिकारी चरित्र जीवन भर उज्ज्वल रहा। वह जीवन में कभी भी किसी के सामने नहीं झुके। एक तो उनकी नसों में राजपूती खून था, दूसरा उनका क्रान्तिकारी विचारधाराओं का मस्तिष्क बना हुआ था एवं समय-समय पर अपने पिताजी से मिले प्रोत्साहनों से उनके विचार अत्यंत दृढ़ हो गए थे। इसीलिए उन्होंने जाजमउ के घाट पर गंगाजी के किनारे जो प्रतिज्ञा ली थी उसी के अनुसार वह अपने जीवन में हमेशा संघर्ष करते रहे। और वह संघर्ष इतने चरमोत्कर्ष तक पहुँचा कि महावीर सिंह के प्राणों का अन्त हो गया किन्तु जेल अधिकारी इनको दूध पिलाने में सफल न हो सके।

महावीर सिंह के बलिदान के समय कोई श्रद्धांजलि देने वाला भी नहीं था क्योंकि अंडमान के जेल अधिकारियों ने अपना आदर्श ही अलग बना रखा था, उनके साथियों को उनके मरने की किसी प्रकार की सूचना तक नहीं दी गई। डॉ. गयाप्रसाद आदि ने जब जेल वार्डर को धमकाकर कई दिन बाद महावीर सिंह की मृत्यु की जानकारी प्राप्त की तो सम्पूर्ण हड़तालियों से परामर्श कर अपने चिर विदा हुए साथी को विदाई देने का निश्चय किया।

नियत समय से बहुत पहले ही भूख हड़तालियों में से आसक्त से आसक्त भी अपनी-अपनी कोठरी के दरवाजे पर खड़े हुए थे। सारी जेल में नीरवता छाई हुई थी। जैसे ही जेल के घंटे ने रात के आठ बजाय उनकी आवाजें बुलन्द हुईं। बड़ी ऊँची और गूँजती हुई— 'इन्कलाब जिन्दाबाद' की प्रतिध्वनि समाप्त नहीं हो पाई थी कि वायु मंडल फिर विदीर्ण- ?'इन्कलाब जिन्दाबाद'। सामने नील जल का महान विस्तार था। दूर द्वीप के बादशाह के महल व चीफ कमिश्नर के बंगले की चमकती हुई रोशनी दिख रही थी। तीसरी बार फिर भूख हड़तालियों ने गर्जना की 'इंकलाब जिन्दाबाद' और फिर नीरवता छा गई। साथियों ने मन: संतुष्टि का स्पन्दन अनुभव किया। उन्होंने इस प्रकार अपने विदा हुए साथी का क्रान्तिकारी अभिवादन किया और इससे अधिक वे लोग कर भी क्या सकते थे? इस अभिवादन का प्रतिदान महावीर सिंह ने दिया। उन्होंने दिया उन्हें क्रान्तिकारी सम्मान।

कुछ दिनों बाद जब अंडमान की वह भूख हड़ताल समाप्त हो गई तो महावीर सिंह के कपड़ों में एक नोट-बुक और उनके पिता का एक पत्र मिला। यह पत्र उन्होंने उस समय लिखा था जब उन्हें यह पता चला कि महावीर को अंडमान भेज दिया गया है।

पत्र-व्यवहार

बोर्स्टल जेल, लाहौर
12-11-29

प्यारी बहन,

प्रसन्न रहो।

आगे समाचार यह है कि मुद्दत से तुम्हारा कोई भी पत्र नहीं आया। इस लिए चित्त कुछ चिन्तित रहता है। इसलिए तुम्हें शीघ्र ही पत्र भेजना चाहिए। तुम्हे सर्वदा आनन्दपूर्वक रहना चाहिए और चित्त को कभी शोकित नहीं करना। अपने कर्तव्य का सर्वदा ध्यान रखना। अपने सब लोगों की तन्दुरुस्ती का हमेशा ध्यान रखना चाहिए। बुआजी, फूफाजी, चाचाजी, चाचीजी और दादाजी आदि से चरण स्पर्श कहना और बच्चों को प्यार कहना। कोई और समाचार हो तो सूचना देना। बाकी कुशल है।

महावीर

बोर्स्टल जेल, लाहौर
12-12-29

श्रीमान कुँवर साहब,

नमस्ते।

सेवा में निवेदन है कि बहुत समय से आपका कोई कुशल समाचार विदित नहीं हुआ। आप न जाने क्या विचार करके मुझे अपनी कुशलता की सूचना नहीं देते। अब कृपया पत्र भेजने की शीघ्र कृपा करें और कम से कम 15 दिन में एक पत्र तो अवश्य भेज दिया कीजिए। सब लोगों से मेरा यथा योग्य कहिएगा। अपनी माताजी से चरण स्पर्श कहिएगा। मुकदमा जोरों से चल रहा है। बाकी कुशल है। सबसे नमस्ते कहिएगा।

(नोट : पत्र की एक पंक्ति फटी हुई है —संपादक)

आपका शुभचिन्तक,
महावीर

बोर्स्टल जेल, लाहौर
15 जनवरी, 1930

प्रिय बहन,

चिरंजीव!

तुम्हारा पत्र लली के पत्र सहित प्राप्त हुआ। पूज्य बाबाजी की मृत्यु का हृदय विदारक समाचार भी प्राप्त हुआ। आज बाबाजी के विहीन जीवन मांझी रहित सा हो गया। यह हमारा दुर्भाग्य है कि विपत्ति के समय में वे हमें छोड़कर चले गए। वे हमारे हृदयों में एक शोक की ज्वाला प्रज्वलित कर गए। ईश्वरेच्छा। परन्तु यह भी हमारे किसी पाप का ही परिणाम है। अब हमें ऐसी अवस्था में धैर्य की ही शरण लेनी पड़ेगी अन्यथा हमें शान्ति नहीं मिलेगी। पूज्य बाबाजी ने मेरे लिए अत्यन्त कष्ट उठाया पर उसके लिए मैं उऋण नहीं हो सकता। ईश्वर उनकी आत्मा को शान्ति देवे।

प्यारी बहन! इतने समय तक जो मैंने पत्र नहीं भेजा उसका एक कारण तो यह है कि मैं तुम्हें अथवा और लोगों को अपने लिए चिन्तित नहीं करना चाहता था। परन्तु, तो भी, मुझे शोक है कि पिताजी और बाबाजी बहुत व्याकुल हुए और बाबाजी तो यहाँ तक कि नश्वर शरीर ही छोड़ गए। यह तो आनन्द का अवसर होना चाहिए था। मैं अपने प्यारे देश तथा जाति के लिए मरना तक उत्तम समझता हूँ। यही एक कर्तव्य पथ है। मैं विचार करता हूँ कि मैंने कोई ऐसा कार्य नहीं किया जिससे कि किसी को लज्जा उठानी पड़े। कारागार में आया हूँ तो देश के लिए। तुम्हें पत्र न लिख पाने का दूसरा कारण यह है कि मुझे तुम्हारा ठीक-2 पता मालूम न था। अब मुझे तुम्हारे घर के पते में सन्देह है, जिसे तुमको हटा देना चाहिए।

तुम अपने को निर्बल तथा असहाय न समझो। यदि तुम साहस करो तो तुम भी संसार के उच्च शिखर पर पहुँच सकती हो। परन्तु इसमें आवश्यकता है स्वाभिमान की, हृदय की विशालता की और कर्तव्य पथ पर दृढ़ रहने की। मेरा तुम्हारे लिए यही एक आदेश कि तुम विद्या पढ़ो, पुस्तकावलोकन करो जो तुम्हें आनन्ददायक तथा पथ प्रदर्शक होंगी। मुझे शोक है कि मैं तुम्हें इसमें यहाँ से कोई भी सहायता नहीं पहुँचा सकता। शायद आगामी जीवन में कभी अवसर प्राप्त होवे।

अन्तिम मेरा यही अनुरोध है कि तुम कर्तव्य को सदा ध्यान में रखोगी और यह आशा है कि जैसे तुम अपने यहाँ पिता-माताजी की हर्षवर्धक थी उसी प्रकार हमारे वृद्ध माता-पिता तथा परम पूज्य बुआजी को सर्वदा प्रफुल्लित रखोगी। यही मेरी इच्छा है। और यह आशा तो बहुत दूर है कि मैं उन चरणारविन्दों की सेवा कर सकूँगा।

पूज्य माताजी, चाचीजी, बुआजी आदि को प्रणाम और वीरेन्द्र सिंह, वीरमानी

सिंह, जोगेन्द्र सिंह, प्रकाश मान सिंह आदि को प्यार। भाई कल्याण सिंह जी से नमस्ते कहना। अपने यहाँ का ठीक-2 पता लिखना। हमारा पता यह है—

महावीर सिंह अन्डर ट्रायल
लाहौर साजिश केस,
लाहौर

तुम्हारा शुभचिन्तक भाई,
महावीर सिंह।

बोर्स्टल जेल, लाहौर
20 फरवरी, 1930

श्रीमान पूज्य पाद कुँ. साहब,

सेवा में निवेदन है कि ये जीवन दिवस उसी प्रकार व्यतीत होते जा रहे हैं। दिनों में कभी हेर-फेर नहीं होता, उसी प्रकार जिस प्रकार ऋ तु क्रम से आती जाती रहती है। परन्तु मनुष्य की कार्य दशा में अवश्य ही कुछ न कुछ परिवर्तन होता ही रहता है। उसी भाँति आज 16 दिन के पश्चात हमारा अनशन व्रत समाप्त हो गया। और सरकार ने हमारी शर्तें स्वीकार कर ली हैं। बाकी समाचार पूर्ववत ही है। चाचाजी, फूफाजी, तथा भाइयों से चरण स्पर्श कहना जी। बाकी कुशल है।

आपका कृपाभिलाषी,
महावीर सिंह।

बोर्स्टल जेल, लाहौर,
20 फरवरी, 1930

प्यारी बहन,

प्रसन्न रहो!

आगे समाचार है कि तुम्हें अत्यन्त ही चिन्ता होगी कि मैंने अनशन व्रत किया था। अब इस चिन्ता को त्याग दो, क्योंकि आज 16 दिन के व्रत के पश्चात भोजन खाना आरम्भ कर दिया गया है। सरकार ने शर्तें स्वीकार कर ली हैं। सर्वदा अपने कर्तव्यों पर ध्यान देना जी, मेरी कभी चिन्ता न करना। मैं आनन्दपूर्वक रहूँगा। सर्वदा सबसे प्रेम तथा विनम्र भाव रखना। बच्चों को प्यार करना और चाचीजी तथा अपनी सास और पूज्य बुआजी को चरण स्पर्श कहना। बाकी कुशल है।

तुम्हारा शुभचिन्तक,
महावीर सिंह

बोर्स्टल जेल, लाहौर
14 जून, 1930

परम पूज्य पिताजी,

प्रणाम।

सेवा में निवेदन है कि आपका कृपा पत्र पाकर अतीव आनन्द हुआ। मुझे इस बात से अतीव आनन्द है कि लली और बहू दोनों बुद्धि से काम ले रही हैं। उन्हें ऐसा ही चाहिए। लली को आनन्द मनाना चाहिए कि उसको एक सहायक प्राप्त हो गया है। बहू को पुस्तकें रटाने की मैं कोई आवश्यकता नहीं समझता। उसे संसार ज्ञान की अधिक आवश्यकता है। प्राचीन पुस्तकों में प्राचीन संसार भरा हुआ है जो कि संसार से विलीन हो गया है। आज कल का संसार नवीन पुस्तकों में तथा अधिकतर मासिक पत्रकाओं और अखबारों से भरा हुआ है। इसलिए वर्तमान समय का ज्ञान 'त्याग भूमि' मासिक पत्रिका अथवा और कोई दूसरी मासिक पत्र अवश्य मँगवावें और नवीन पुस्तकों का अवलोकन भी करावें। व्याकरण, गणित आदि में अधिकदिमाग लगाना केवल व्यर्थ ही सा है। इसकी अपेक्षा भूगोल, इतिहास, राजनीति, साहित्य और विज्ञान सिखाने की कोशिश करें जो अत्यन्त लाभदायक है।

मैं तो आजकल फ्रांसीसी तथा बंगला भाषाएँ सीखने का प्रयत्न कर रहा हूँ। ये दोनों भाषाएँ अब कुछ-कुछ समझने लगा हूँ। अभी तक तो हमें कोर्ट से कागज मिल जाते थे, परन्तु अब तो कोर्ट जाना बन्द हो गया है। यहाँ का तो वही पुराना समाचार है। जस्टिस आगा हैदर की कन्या मर गई इसलिए कोर्ट तीन-चार दिन से बन्द है, परन्तु हमारे लिए तो खुला और बन्द एक जैसा ही है। भाई, बुआजी, माताजी, ककाजू, चाचीजी आदि को चरण स्पर्श कहिएगा। बलवीर, दादा चेत सिंह, गिरधारी सिंह जी, नौबत सिंह, सूर्यपाल सिंह आदि को नमस्ते कहना। नौबत सिंह के विवाह का समाचार सुनकर अत्यन्त हर्षित हूँ।

आपका आज्ञाकारी पुत्र,
महावीर

बोर्स्टल जेल, लाहौर
14 जून, 1930

प्यारी बहन,

चिंरजीव!

आगे समाचार है। तुम्हारा समाचार आया अतीव प्रसन्नता हुई। तुम्हारे अध्ययन का समाचार पाकर तो अतीव प्रसन्न हुआ। तुम, अब अपने को विद्या सीखने में अत्यन्त दत्तचित्त कर देना।

प्यारी बहन तुम सब लोग प्रेम से रहना क्योंकि प्रेम ही गृहस्थी का सार है। जीवन का सुख प्रेम पर ही निर्भर करता है। माताजी तथा अपनी जेठानियों को मेरा प्रणाम कहना जी। बाकी कुशल है।

तुम्हारा भाई,
महावीर सिंह

बोर्स्टल जेल, लाहौर
25 सितम्बर, 1930

परम पूज्य पिताजी,

प्रणाम।

सेवा में निवेदन है कि आपका 15 तारीख का लिखित पत्र कुछ संतोषप्रद न हुआ क्योंकि उसमें उस बात के विषय में जिसको मैंने आपसे कहा था कुछ भी न लिखा था। अब अगले पत्र द्वारा आप मुझे कृपा सूचना देवें कि आपने वकीलों से राय लेकर क्या करने को विचार किया है अथवा कर रहे हैं?

हमारे केस का फैसला लगभग 4 अक्तूबर को हो जावेगा और फिर अपने जीवन पथ का नवीन मार्ग ग्रहण करेंगे। उस समय की शान्तिपूर्वक प्रतीक्षा करुँगा जब प्यारे बन्धुगण भी भूल जाएँगे।

हमारे सब साथी कुशलपूर्वक हैं। आपको सब नमस्ते कहते हैं। पूज्य माताजी को चरण स्पर्श। ककाजू को तथा और वृद्ध लोगों को मेरा प्रणाम कहिएगा। प्यारे भाइयों को नमस्ते कहिएगा। बलवीर को आरोग्य बनने हेतु सर्वदा प्रयत्न करते रहना चाहिए क्योंकि निर्बलता संसार में महान पाप होता है। बहू को मेरा नमस्ते कहना। उसे सर्वदा इधर-उधर की गावँ की बातों का ध्यान न देकर विधोन्नति तथा अरोग्य बनने को कहिए। भाई सूर्यपाल, दादा मस्तान सिंह जी, अयोध्या सिंह जी तथा तरवन सिंह जी का क्या हाल है। बाकी कुशल है।

आपका आज्ञाकारी पुत्र,

महावीर

बोर्स्टल जेल, लाहौर
11 मई, 1930

परम पूज्य पिताजी,

प्रणाम।

सेवा में निवेदन है कि लगभग एक मास व्यतीत हुआ कि आपका कोई समाचार विदित नहीं हुआ। अभी तक यही आशा लग रही है कि कब कृपा पत्र प्यारे भाई के

गौने का तथा परीक्षोतीर्ण होने की शुभ सूचना देगा। परन्तु प्रति दिवस यह आशा भंग हो जाती है। पत्र न भेजने का कारण जानने को चित्त अत्यन्त लालायित हो गया है। इसलिए पत्र शीघ्रातिशीघ्र भेजने की कृपा करना।

मैं आज कल खूब मोटा तथा तगड़ा हो रहा हूँ। मेरा वजन 145 पौंड है, आँखें भी अब ठीक होती जा रही हैं। खूब खेलकूद में दिन कटता है।

मेरा विचार है कि अब तो घर पर बहू भी आ गई होगी। उसके साथ बहुओं का व्यवहार न होकर कन्या के समान किया जावे। पर्दे आदि की कोई आवश्यकता न समझकर उसके सुख-दु:ख का ध्यान रखें। उसकी विद्योन्नति में प्रयत्न करें। यदि हो सके तो कोई मासिक पत्रिका जैसे 'चांद', 'माधुरी', 'सरस्वती' या और कोई दूसरी मँगवा लेवें और दूसरी उत्तमोत्तम पुस्तकों का प्रबन्ध करें। भाई का क्या हाल है, दादा मस्तान सिंह, अयोध्या सिंह तथा तरवन सिंह जी का क्या हाल है। बाकी कुशल हैं।

आपका आज्ञाकारी पुत्र,

महावीर

❧❧❧

बोर्स्टल जेल, लाहौर

15 सितम्बर, 1930

परम पूज्य पिताजी,

सेवा में निवेदन है कि हम लोग कुशलपूर्वक हैं। हमारे मुकदमे के फैसले की तारीख 7 अक्तूबर नियत की गई परन्तु फैसला कुछ दिन पहले अथवा पश्चात सुनाया जावेगा। मि. नोड सरकारी एडवोकेट की स्पीच खत्म हो गई है।

हमारे सुपरिंटेंडेंट महाशय सेन्ट्रल जेल, लाहौर के सुपरिंटेंडेंट की जगह गए हैं और वहाँ के सुपरिंटेंडेंट मि. चोपड़ा यहाँ पर आ गए हैं।

बुआजी तथा माताजी देखने से घबराई हुई मालूम होती थीं, परन्तु यह उन्हें उचित नहीं है। उन्हें तो वीर माता की तरह आनन्दित होना चाहिए। जिस मरने में मैं आनन्द प्राप्त करता हूँ और उसका कोई कष्ट अनुभव नहीं करता तो वह क्यों उसे कष्ट समझकर कलेश प्राप्त करती हैं? मैं प्रेम के आकर्षण को समझता हूँ, परन्तु उन्हें धीरज से काम लेना चाहिए। बंगला पुस्तकों की सूची तथा पता आदि नीचे लिख रहा हूँ:

1. 'स्टूडेन्ट्स डिक्शनरी' (बंगाली से अंग्रेजी में) लेखक वेनी माधव गंगोली एम.ए.
2. जलधर सेन 'ग्रन्थावली' भाग 1 व 2
3. 'नकल' पंजाबी लेखक उपेन्द्रनाथ दत्त
4. 'रमला' लेखक मानीन्द्र लाल बसु
5. 'गीतांजलि' लेखक रवीन्द्र नाथ ठाकुर

पता— गुरुदास चटर्जी एन्ड सन्स, 203-1-1
कार्नवालिस स्ट्रीट, कलकत्ता।

माताजी, बुआजी, चाचाजी और चाचीजी आदि को चरण स्पर्श और बलवीर आदि भाइयों को प्यार कहिएगा। बहू से नमस्ते कहना। बाकी कुशल है।

पुस्तकों की सूची बुआजी को भी लिखूँगा।

आपका आज्ञाकारी पुत्र,
महावीर

29 अगस्त, 1931
विलारी

प्यारे भाई,

तुम्हारा हाल ज्ञात हुआ। मुझे शोक से लिखना पड़ता है कि तुम्हारी युवावस्था की प्राप्ति पर भी लड़कपन बना हुआ है और तुम विद्वान होने पर भी बुद्धिहीन हो। यद्यपि मुझे ऐसा लिखने का कोई अधिकार नहीं क्योंकि बराबर के बन्धु को ऐसा नहीं लिखा जाता है, परन्तु विवश और पीड़ित होने के कारण ऐसा लिखना पड़ता है।

तुमने पिताजी के विषय में लिखा है कि उनका व्यवहार तुम्हारी ओर अच्छा नहीं है। मैं तुमसे पूछता हूँ कि ऐसा क्यों है ? क्या तुमने अपने को अच्छी प्रकार देखा है और क्या निर्दोष पाया है ? परन्तु मुझे ऐसा प्रतीत नहीं होता क्योंकि पिताजी का कहना है कि तुम अब भी आलसी और बातूनी हो। इन बातों को छोड़ो क्योंकि तुम्हीं पर सब भार है। थोड़े दिनों में पिता का भी स्थान पावोगे फिर किस प्रकार बीतेगी। इसलिए अभी से सँभलो जिससे कष्टों का सामना न करना पड़े।

तुम्हारा पिताजी से रुपए के विषय में झगड़ा हो गया है, बड़ी लज्जा की बात है, और उसी कारणवश तुमने उन्हें छोड़ दिया, क्या इसमें तुम्हें लज्जा प्रतीत नहीं होती ? वे यद्यपि घर के स्वामी हैं और सब कार्यों का वे संचालन करते हैं (वृद्ध हैं तो क्या हुआ) तो भी उसमें उनका कोई स्वार्थ नहीं हो सकता है। व जो कुछ करेंगे तुम्हारी भलाई ही के लिए करेंगे। उन्हें इस अवस्था में कुछ सांसारिक शौक तो हैं ही नहीं, वे कीमती वस्त्र तथा स्वादिष्ट भोजन भी नहीं करते हैं जिसमें उनका स्वार्थ हो सकता है। यदि वे भोजन के सिवाय कुछ लेते हैं तो एक पैसे का तम्बाकू और एक पैसे की सुपारी। यह कोई अधिक खर्च नहीं है, न फिजूल खर्ची ही है और बर्दाश्त से बाहर भी नहीं है। वे तुम्हारे लाभ के लिए सब कुछ करते हैं। बुआजी और माताजी का भी भोजन व कपड़े के सिवाय कुछ भी खर्च नहीं फिर झगड़ा क्यों ? ये तो सबकी आवश्यक चीजें हैं, गर्वनमेंट भी कैदियों को ये चीजें दिया करती है। तुम्हें भी मैं सोचता हूँ इसमें कोई विरोध नहीं होगा यदि ये फिजूल खर्च करें भी तो कर सकते हैं पर इन लोगों में जैसे इनकी आदत है कोई कभी भी अपवाद नहीं करेगा। इसका विश्वास तुम्हें भी होगा। अब रुपयों के खो जाने की बात रही, तो घर में चोरी हुई नहीं, डाका पड़ा नहीं फिर गए कहाँ ? वे केवल किसी से, किसी कार्य में व्यय हो गए होंगे। मेरे पास तो तुमने

20 रु. भेजे थे उनमें से ही 4 रु. बाकी अभी तक हैं। अब आप लोगों में से जिसने वे खर्च किए हो उसको चाहे वे सबको व्योरेबार समझाकर सबके हृदय की शंका मालिन्य को मिटा दे। मुझे ऐसी बात सुनकर बहुत दुःख होता है कि एक घर में पिता पुत्र में मनोमालिन्य होवे, वह भी रुपए जैसी तुच्छ वस्तु के लिए। जैसे हो हृदयों की सफाई कर लें। इसी में भलाई, शान्ति और उन्नति है। प्यारे भाई एक घर में हृदयों की आवश्यकता है। मनोमालिन्य बहुत बुरी चीज है। और यदि मेरे कारण आप लोगों में मनोमालिन्य है तो मैं उसे भरसक दूर करूँगा। मुझे किसी वस्तु की अत्यावश्यकता नहीं, मैं आप लोगों को धन आदि के लिए कभी कष्ट नहीं दूँगा। हाँ यहाँ कुछ आवश्यक सामान को लेने के लिए मैं कभी-कभी रुपए मँगवा लेता हूँ यदि इसमें कष्ट होवे तो वह भी छोड़ दूँगा। 20 वर्ष के बीतने के बाद यदि आप लोग आज्ञा देंगे तो कुछ समय के लिए आ जाऊंगा वह भी यदि सब प्रकार की शान्ति आदि देखूँगा नहीं तो जैसा होगा वैसा देखा जावेगा। मैं सब कुछ करने और सहने के लिए तैयार हूँ। परन्तु परस्पर का मनोमालिन्य और अशान्ति को नहीं सह सकता। प्यारे भाई अपने ज्येष्ठ भ्राता पर क्या इतना अनुग्रह करोगे कि वह तुम्हें परस्पर सर्वदा शान्ति और स्नेह के बन्धन से जकड़ पावें। क्या घर की शान्ति और परस्पर प्रेम की भिक्षा उसे दोगे ? तुम मेरे चित्त की अशान्ति और कष्ट को नहीं समझ सकते जबकि मैंने यह मालूम किया कि तुम पिताजी के नाराज होने पर अपनी बुद्धि और विवेक से काम न लेकर रुष्ट होकर घर से निकल खड़े हुए। आह ! कैसे शोक की बात है, तुमने यह नहीं सोचा कि घर किस पर छोड़े जाते हो, और वृद्ध पिता किसके सहारे छोड़ते हो, और अब अपने हृदय की मलीनता तथा ओछेपन के कारण उनकी सेवा करने में असमर्थता दिखलाते हो। तुम्हें ख्याल नहीं जिनके लिए तुम पहले हँसते थे वे आज तुम पर हँसते हैं। झगड़ा होने पर रिश्तेदारों की शरण ढूँढ़ी, क्या तुम्हें अपने मान का ध्यान नहीं ? कैसे राजपूत हो ? मैं खूब जानता हूँ कि तुम दूसरों के बहकाने में अक्सर आ जाते हो। अरे उनका क्या जाता है वे तो आग लगाकर तमाशा देखना चाहते हैं और तुम बेवकूफी करके नुकसान उठाते हो। इसमें हानि तुम्हारी ही है। बच्चु ! छुरी खरबूजे पर पड़ेगी तो खरबूजा कटेगा और खरबूजा छुरी पर गिरेगा तो भी कटेगा तो खरबूजा ही। लोगों का कुछ नहीं बिगड़ेगा, बिगड़ेगा तो तुम्हारा... एक ही बात है। तुम जो कहते हो कि पिताजी बहू को एक सेर जौ खाने को देंगे ऐसा वे कभी सोचेंगे भी नहीं। मैं ऐसा कभी विश्वास ही नहीं कर सकता क्योंकि घर बहू का है पिताजी तो थोड़े दिन के मेहमान हैं और उस पर भी वह उससे बहुत प्रसन्न हैं, उसकी बहुत प्रशंसा किया करते हैं। यदि बहू ने उन्हें किसी कारणवश कष्ट दे दिया हो तो उसे उनसे क्षमा माँगकर मना लेना चाहिए, वे उसे अवश्य ही क्षमा कर देंगे। और तुम्हारी सब कमजोरियों का कारण यह है कि तुम पिताजी से प्रेम नहीं करते वरन डरते हो। भय को प्रेम में बदलो सब कुशल और कल्याण होगा। यह बात अवश्य है कि पिताजी, कुछ गर्म स्वभाव के हैं, उसके कई कारण हैं। एक बुढ़ापा और निर्बलता, दूसरे उन्हें दुःखों से समझौता करना पड़ता है। ऐसी दशा में तुम्हें उनके क्रोध पर ध्यान

नहीं देना चाहिए। पर सब बातों को ध्यान में रखकर इन सब बातों को उनसे हटाने का प्रयत्न करना चाहिए। यदि वह नाराज होते हैं तो तुम्हारे भले के लिए। तुम्हें बुरा न मनाना चाहिए। उनके पश्चात नाराज होने को चाहोगे पर नाराज होने वाला कोई नहीं मिलेगा। फिर तुम पश्चाताप करोगे। मैं तो अभागा हूँ जो सेवा करने का कोई अवसर न पा सका पर तुम उसे न खोकर उनका आशीर्वाद लो। इसलिए मेरी राय तो यही है कि फौरन जाकर उनके चरणों में पड़कर क्षमा माँगो वे अवश्य क्षमा करेंगे। अधिक क्या लिखूँ तुम स्वयं बुद्धिमान हो। प्यारी बहन और लल्लू को आशीर्वाद कहना। मैं पिताजी को भी पत्र लिखूँगा। चाचाजी चतुर सिंह व गुमान सिंह जी, फूफाजी और बुआजी को चरण स्पर्श कहना। इति।

तुम्हारा प्यारा भाई,

महावीर

नोट— पत्र मेरे नाम से न भेजकर कैदी न. 114 के नाम भेजना। मेरा नाम पत्र के अन्दर भी न लिखना अगर हो सके तो उर्दू में लिखना। पता अंग्रेजी में।

सेन्ट्रल जेल, बेलारी
11-11-1931

बखिदमत जनाब वालिद साहब,

दाम इकबालह मैं बखैरियत आपकी खैरियत हमेशा नेक मतलूब। आपको एक फरद से मालूम हुआ कि बलवीर बखैरियत घर पर आ गया है और घर पर अब काम करने लगा है। इसलिए मुझे बेहद खुशी हुई और हमारा ख्याल है कि बेटी सरोजिनी भी बखैरियत होगी।

भाइयों की शादी तो बखैरियत हो गई होगी और जनाब वालिदा साहिबा भी आ गई होगी और बुआ साहिबा की तन्दुरुस्ती की बाबत भी लिखिएगा। मुझे उर्दू की लुगत एक जिल्द और उर्दू की लियाकत पैदा करने वाली कुछ और किताबें भी भेज दीजिएगा। इसके अलावा अगर आप हिन्दी में 'तिलकगीता रहस्य' और 'कुतबा' का इन्तजाम कर सकते हो तो वो भी साथ में भेज दें तो अच्छा हो। अगर आप इन जरूरतों के अलावा एक हिन्दी मासिक पत्रिका 'माधुरी' जिसका पता यह है—

माधुरी प्रेस, लखनऊ है, से एक कॉपी हमारे पते से भिजवा दें तो बहुत अच्छा। इसके वास्ते एक लिफाफे में 9-10 आने के टिकट लगाकर बन्द कर भेज दें और पता मेरा लिख देवें कि अगर पसंद हुआ तो सालाना चंदा भेज कर मुस्तकिल खरीददार बन जाऊँगा। इसी तरह एक उर्दू रसाला जिसका पता यह है—किरती प्रेस, अमृतसर, पंजाब जिसके वास्ते 6 आने के टिकट अन्दर लिफाफा में रवाना करने होंगे। जनाब, बुआजी, वालिदा साहिबा, चाची साहिबा, चाचा साहब वगैरह सब लोगों को पैर छूना कबूल हो। भाई-बहनों को नमस्ते कहना। हमारे डॉक्टर साहब (गयाप्रसाद) की राय

है कि बलवीर अभी और एक वर्ष आपके पास रहकर पढ़े और तजुरबा हासिल करे तो निहायत ही अच्छा रहेगा क्योंकि जमाने की रफ्तार इसी तरह पर जा रही है। उसके वास्ते कुछ डॉक्टरी किताबें बाजुबान उर्दू लिखता हूँ। अगर आप जरूरत समझें मँगवा कर इस्तेमाल में लाएँ। मेटीरिया मैडिका हिस्सा एक और चार, इसमें दवाएँ और उनकी मिकदार खुराक और उनका इंग्लिश हिन्दी नाम व शनाख्त वगैरह–वगैरह तमाम हालात है और हर एक दवा के साथ इस दवा के मुकरब मुजरिब नुस्खा भी हैं जो कि यूरोप वगैरह के डॉक्टर अपनी पूरी जिन्दगी में बड़ी कोशिशों से हासिल कर पाए थे, मखजने हिकमत हिस्सा एक व चार ये किताब बीमारी की शनाख्त अजरूप डॉक्टरी और साथ ही हिकमत से दिया है फिर इलाज अजरूह डॉक्टरी मुनफरिद और हिकमत मुनफरिद दवाओं से और मुकररिव डाक्टरी नुस्खा जात मशहूर–मशहूर यूरोपीन डॉक्टरों के और हिकमत में मशहूर अतबा के नुस्खा जात से दिया है। पता यह है—मैनेजर रिसाला 'मखजन हिकमत', शाही मुहल्ला लाहौर। यहाँ से एक रसाला बनाम 'मखजने हिकमत' निकलता है जिसका चंदा सालाना दो रुपए है। इस खत के साथ एक खत बाखत अंग्रेजी निम्न पते पर बहुत जल्द जरूर रवाना फरमाइएगा। हम और डॉक्टर (गयाप्रसाद) दोनों पास–पास ही रहते हैं और डॉक्टर साहब ने आपको और वालिदा साहिबा को पैर छूना कहा है।

आपका पुत्र,
महावीर सिंह

अंग्रेजी में तिरछा लिखा है
Mr. B.S. Verma
B.A.L.T.
H.R. High School
Shahjahanpur (U.P.)

सेन्ट्रल जेल, बेलारी
31 मई, 1932

पूज्यवर पिताजी तथा बुआजी,

सेवा में निवेदन है कि आपका कृपा पत्र बहुत दिनों के बाद पाकर अत्यन्त हर्ष हुआ। आगे समाचार यह है कि हम आज कल तो चैन से हैं पर पिछले कुछ महीनों में जैसा कि आपने शायद विचारा हो हम लोग आपत्ति ग्रसित रहे जिसका विवरण देने में असमर्थ हैं क्योंकि यह जेल है यहाँ पर रोना और चिल्लाना भी मना है, और इन्हीं कारणों से लगभग 6 महीने से पत्र लिखने का अवसर नहीं मिला। आपको इस लम्बे समय में हाल (समाचार) न मिलने से कष्ट अवश्य ही हुआ होगा, परन्तु विवश था और फिर आप तो जानते हैं कि मनुष्यत्व प्राप्त करने के लिए कितने ही भयानक

कष्टों का सामना करना पड़ता है जिसका अनुभव आपको भी खूब है। ऐसा विचार कर आप इस समय के विलम्ब अथवा कभी भविष्य में आने वाले विलम्बों की न कोई परवाह और न ही कोई चिन्ता करें।

आपने यह बहुत अच्छा किया कि बलवीर सिंह को कार्याभ्यास कराने के लिए रामपुर में वास किया है। उसे वैद्यक के साथ ही साथ कुछ हिकमत और कुछ डाक्टरी ज्ञान करा दें, क्योंकि हम लोग पश्चिमी सभ्यता अथवा पश्चिमी चिकित्सा से सर्वथा अनभिज्ञ रहने में सफलता तथा ज्ञान पूर्ण रीति से नहीं पा सकते। इस कारण आप उर्दू में लाहौर के एक प्रसिद्ध हकीम डॉक्टर की लिखी हुई 'मेटीरिया मैडिका' 2 भाग और 'मखजन हिकमत' 2 भाग मँगवा लें। ये किताबें बहुत ही अच्छी हैं और ये चारों किताबें करीब 20 या 22 रुपए की हैं। किताबें मिलने का पता— मैनेजर, रिसाला मखजन हिकमत, शाही मुहल्ला लाहौर है। एक किताब 'हमारे शरीर की रचना' (2 भाग) लगभग 7 रुपए की है। लखनऊ में किसी बड़ी दुकान अथवा गंगा पुस्तकमाला में मिल सकती है।

आप लोगों के स्थापित मंडल का संगठन अथवा नियम सन्तोषजनक है, पर साथ ही ध्यान रहे कि इसमें गरीबों से किसी प्रकार का जाति-भेद तथा धर्म-भेद न रखकर अधिक ध्यान दिया जावे क्योंकि पतितों व गरीबों के कष्टों का उत्तरदायी, समाज और सरकार है, वे बिचारे तो केवल इनके शिकार हैं। परन्तु आप बलवीर को वैद्याचार्य बनाने के साथ-साथ नेक मनुष्य बनाने का भी प्रयत्न करें। जिससे धैर्य, सहिष्णुता, त्याग और दया जैसे गुणों का उसके हृदय में वास होवे, जो दूसरों के कष्टों को देखकर पिघल जावे। किसी प्रकार का भेदभाव न रखकर सबके लिए प्रेम-भंडार हो। उसे आप समझाएँ कि वह मनुष्य का बड़प्पन उसके धन, बल, बुद्धि से न देख अधिकतर हृदय से देखे। ऐसी शिक्षाओं को प्राप्त करने के लिए पूर्वीय तथा पश्चिमीय महात्माओं के जीवन-चरित्रों तथा उपदेशों को अच्छी प्रकार देखे। मैंने आपसे कई बार प्रार्थना की है कि एक मासिक पत्र आप अवश्य मँगाएँ। पत्र 'विशाल भारत' जो कलकत्ता से निकलता है का मूल्य 6 रु. वार्षिक है या 'त्याग भूमि' जो हिन्दी सस्ता साहित्य मंडल अजमेर से निकलता है या और कोई जो आप उचित समझें मँगवा लिया करें। बलवीर को अंग्रेजी सीखने का भी प्रयत्न करना चाहिए केवल एक घंटा प्रतिदिन काफी है।

मुझे इससे बहुत प्रसन्नता हुई कि बेटी सरोजनी भी वैद्यक में उन्नति कर रही है। उसको भी उन सब बातों के ज्ञान की जरुरत है जो कि ऊपर बलवीर को होना चाहिए। उसे मुझे गुरु नहीं केवल 'भाई' समझना चाहिए। इस शब्द को मैं संसार में सबसे श्रेष्ठ समझता हूँ, क्योंकि साम्यवादी ऐसा ही चाहते हैं।

मेरी पूज्य बुआजी तो शायद बहुत शिथिल और निर्बल हो गई होंगी। आप उनके स्वास्थ्य का ध्यान रखें और मेरा उन्हें चरण स्पर्श कहें। माताजी तथा उनसे मेरे लिए दुःखी न रहने को कहिए। ककाजू, माताजी, चाचीजी आदि को चरण स्पर्श कहिएगा।

मैं यहाँ अकेला नहीं हूँ। यहाँ पर मेरे साथ, मेरे साथी बटुकेश्वर दत्त और डॉ. गया-प्रसादजी भी हैं। हम साथ-साथ कुशलपूर्वक हैं। हो सके तो लगभग 15 रुपए का मनीआर्डर कर दीजिए। उसमें सिर्फ मेरा पता लिखिएगा।

लल्ली के दोनों पुत्रों, जिनका मैं नाम तक नहीं जानता, को मेरा प्यार भेजना और अगले पत्र में उनके नाम भी लिखिएगा। कुंवर साहब और लल्ली को नमस्ते।

बुआजी, फूफाजी तथा चाचाजी चतुर सिंह को प्रणाम कहिएगा। भद्रवास के दादाजी सरदार सिंह जी तथा लल्लू का कुशल समाचार अगले पत्र में लिखिएगा, उनको मेरी नमस्ते भी कहना। मेरे मित्र वर्ग का समाचार देना कि वे आजकल क्या कार्य करते हैं ? अधिक क्या लिखूँ दत्त का त्रिचनापल्ली जेल में ट्रांसफर हो गया है।

आपका आज्ञाकारी पुत्र,
महावीर

बेलारी
8-8-1932

पूज्य वर,

आपका कृपा पत्र प्राप्त हुआ परन्तु जो पत्र आपने सीधा रजिस्टर्ड भेजा था वह अभी तक तीन सप्ताह से दफ्तर में ही पड़ा हुआ है। हिन्दी पढ़ने वाला यहाँ मुश्किल से ही कोई मिलता है। यही कारण है कि वह पढ़ाने के लिए कानपुर अथवा लाहौर कहीं भेजा गया है और उसे वहाँ से वापिस आने पर ही प्राप्त कर सकूँगा। खैर समाचार तो मिल ही गया है। सम्प्रति हम लोग कुछ अच्छी तरह हैं पर भविष्य में निकट ही फिर उन्हीं कष्टों की आशा की जाती है। बन्धुवर दत्त त्रिचनापल्ली जेल भेज दिए गए हैं और जयदेव कपूर, राज महेन्द्री तथा कमल नाथ तिवारी वैलूर जेल में हैं।

आपने पत्र में लिखा था कि हमारे उत्तरदायी संरक्षकगण असमर्थ और पराधीन हैं। हमें उनके साथ कुछ झगड़ा वगैरा नहीं करना चाहिए। परन्तु आप यह ध्यान रखें कि हमारी दुनिया और आपकी दुनिया बिलकुल विपरीत है। आप अपनी दुनिया में स्वतन्त्र हैं। आपको मान-अपमान से सर्वदा बाधित होने का कोई अवसर नहीं है। परन्तु यहाँ उठते-बैठते, चलते-फिरते, पग-पग पर अपमान सहने पड़ते हैं, ठोकरें खानी पड़ती हैं, गालियाँ सुननी पड़ती हैं। ऐसी दशा में मेरा तीन वर्ष का अनुभव बतलाता है कि यह जगह मनुष्य के स्वभाव को, किसी भी हालत में क्यों न हो, को बदल देती है। उसके लिए सिर्फ दो ही उपाय बाकी रह जाते हैं— एक तो उनकी नीच आज्ञाओं का पालन करना और धमकी तथा अपमान चुपचाप सहन करना— जो कि मनुष्य को बिलकुल आत्महीन, स्वार्थी तथा भीरू बना देता है। आत्मदृढ़ता तथा विश्वास का बिलकुल लोप हो जाता है। ऐसा मनुष्य बाहर निकल कर भी चारों ओर सिवाय निराशा और घोर अन्धकार के कुछ भी नहीं देखता। ऐसी हालत में वह

और भी पतित हो जाता है। ऐसे उत्साहहीन पुरुष का जीवन केवल भार स्वरूप होकर दुखदाई हो जाता है। इसमें यदि कोई कहे शान्ति तथा नम्रता है तो उसका ख्याल बिलकुल गलत है। ऐसी जगह में क्षमा की आवश्यकता नहीं है, क्योंकि आप जानते हैं कि ये चीजें गुण उसी दशा में कही जा सकती हैं जब उनके विरुद्ध होने वाली दुष्टाताओं का दमन करने वाला हर प्रकार का बल मनुष्य में हो और ऐसी ही हालत में शान्तिपूर्वक उनको क्षमा कर देना एक अनुपम गुण होता है और शान्ति एक दैवी सौन्दर्य। लेकिन जब अत्याचारी यह देखता है कि वह बलवान है, और दूसरा पुरुष उसका कुछ भी नहीं कर सकता है ऐसा ख्याल करके हर प्रकार के अमानवीय कृत्यों को करने पर उतारू हो जावे तो मनुष्य का कर्तव्य यह है कि वह उसके विरुद्ध अवश्य खड़ा हो, नहीं तो वह क्षमाशील तथा शान्तिप्रिय होने के स्थान पर भीरू और कायर ही होगा। ऐसा मेरा ही मत नहीं बल्कि महात्मा गांधीजी का भी है। हाँ! दूसरा उपाय यह है कि मनुष्य को उपरोक्त बड़े मनुष्यों के सिद्धांत के अनुसार बुराई के खिलाफ जिस प्रकार हो सके तन मन धन से कमर बाँध के खड़ा हो जाना चाहिए। ऐसी हालत में जो मनुष्य ऐसा कार्य करता है वह इन आत्महीन दुराचारियों से कहलाता है— बदमाश, उद्दंड और कानून को न मानने वाला— और फिर उसे कष्टों को सहन करना पड़ता है। पर जब अत्याचारी कष्ट पहुँचाकर थक जाते हैं तो फिर उस मनुष्य के साथ दुर्व्यवहार करने की सहज में उतनी चेष्टा नहीं करते हैं। इसलिए जो आदमी इस चारदीवारी के अन्दर प्रवेश करे तो पहले वह हमारे संरक्षकों की भाषा के अनुसार उद्दंड और बदमाश बने। तभी वह मान रक्षा पा सकता है। कायर बनने से हर हालत में अपमान ही मिलेगा जो शारीरिक कष्टों से बहुत ही दुखदाई होता है। आप विश्वास रखें कि ये उपवास तथा गहने इत्यादि हमें बिलकुल कष्ट नहीं देते वरन् चौगुनी खुशी देते हैं क्योंकि हम ख्याल करते हैं कि हम अत्याचार के विरुद्ध लड़ रहे हैं। रही बात हमारे संरक्षकगण के व्यवहार की तो बातें तो वे जितना सरकार चाहती है उससे दस गुणा करते हैं। दो-चार गाली सुनाना या बेंत की शरण की परीक्षा करना तो मामूली है। सरकार की मंशा है कि हम लोग भेड़ों की तरह रखे जाएँ तो ये लोग उतना भी नहीं रखना चाहते। एक गड़रिया अपनी भेड़ों को अच्छी से अच्छी घास तथा सुखमय स्थान देने की सर्वदा चेष्टा करता रहता है— परन्तु यहाँ जितना बुरा हो सके उतना बुरा खाना और दस झरोखों वाले कपड़े देते हैं और जब काम की बात आती है तो कोल्हू का बैल भी उसके सामने सिर झुका देता है और सरकारी आज्ञा के विरुद्ध खाने के उपरांत ही समय से एक घंटा पहले ही ले जाकर बन्द कर दिए जाते हैं और वे लोग बेचारे भेड़ों की तरह मार बर्दाश्त करके उनकी इच्छानुसार कार्य करते रहते हैं। इस प्रकार की बिगड़ी हुई जो इन सैयादों की आदत है उसे हमारे ऊपर भी कभी-कभी उपयोग में लाने की चेष्टा करते हैं और इसी कारण हम लोगों के साथ झगड़े हो जाते हैं। अभी तक हम अपने जीवन-मरण के साथियों को आपके पत्र के साथ अक्सर पत्र लिख दिया करते थे जिससे उनको हमारा समाचार विदित हो जाया करता

था और आपके पत्र के साथ भेजे हुए उनके पत्रों से हमें उनका समाचार प्राप्त हो जाया करता था पर अब इस गुलशन के माली ने यह आजादी छीन ली है। अब केवल एक पत्र लिख सकते हैं और पा सकते हैं। पूज्यवर आपने भद्रवास के ठाकुर सरदार सिंह जी का तथा मेरे मित्रों के विषय में पूरा विवरण नहीं लिखा। कृपया पूरा वृत्तांत शीघ्र लिखिएगा। मुझे यह सुनकर अतीव आनन्द है कि मैं शीघ्र ही एक भावी पिता का बड़ा भाई बनूँगा। ऐसा सुनने में आया है कि भारत मंत्री श्रीमान सैमूयल होन महाशय हम पर बड़े कृपालु हैं। और शीघ्र ही हमें सौ आदमियों सहित एक सुन्दर समुद्र परिवेष्ठित द्वीप (काला पानी) की सैर कराएँगे। इसमें भी एक अपूर्व आनन्द ही होगा। यह आप का ख्याल ठीक नहीं कि मैं घर के लिए घबराया करता हूँ क्योंकि मैं जानता हूँ कि जिसे छोड़ ही दिया उसके लिए घबराना क्या पर हाँ माताजी और बुआजी के वृद्धत्व तथा निर्बलता का कभी-कभी ख्याल आ जाता है, परन्तु मैं उसमें अधीर नहीं होता क्योंकि मैं जानता हूँ कि मैं उनकी किसी प्रकार की मदद तथा सेवा नहीं कर सकता हूँ। मेरे साथी डॉ. गयाप्रसाद को मेरे जैसे दौरे गत सितम्बर से शुरू हो गए थे व अब तक लगभग उन्हें 9 बार दौरे पड़ चुके हैं। वे दवा पी रहे हैं और पिछले तीन माह से दौरा भी नहीं आया है परन्तु दिमागी गड़बड़ी अभी भी मालूम होती है। परन्तु मुझे गत 4 से अधिक वर्ष हुए कोई ऐसी शिकायत नहीं है। मेरा स्वास्थ्य अच्छा है, परन्तु मुल्तान केवजन से करीब 15 पौंड कम है। डॉ. साहब भी वजन में गिर गए हैं। मुझे इसका बड़ा दुःख हुआ कि जिनके लिए हममें से तीन आदमी (भगत सिंह, राजगुरु, सुखदेव) हँसते-हँसते फाँसी के तख्ते पर झूल गए और बाकी ने आजन्म कारावास को सहर्ष आलिंगन किया उन्हीं मनुष्यों (गरीब किसानों) पर ठाकुर मुंशी सिंह जी ज्यादती करते हैं। यह उन्हें उचित नहीं है। आप उन्हें समझावें। बच्चों की शिक्षा का उचित प्रबन्ध करावें। लल्ली और बेटी सरोजनी देवी को मेरा आशीर्वाद कहिएगा। भाइयों को प्यार। माताजी, बुआजी, चाचाजी, दाऊजी, तथा चाची वर्ग को चरण स्पर्श कहना। दीदी कंचन कुँवर को पैर छूना तथा बच्चों को प्यार कहिएगा। मि. मोरमुकट तथा हीरा लालजी को भी हाथ जोड़ कर नमस्ते कहिएगा। वसुंधरे वालों को तथा भाई फूल सिंह जिसे मैं केवल आपके पत्र द्वारा ही जानता हूँ नमस्ते कहिएगा। अधिक क्या लिखूँ सब कुशल हैं। मिलने की सूचना उन्हें देना।

आपका आज्ञाकारी,
महावीर सिंह

कृपया एक जिल्द 'क्राई फॉर जस्टिस' (*Cry for Justice*) मूल्य 5 रुपए जो सूची पत्र रामा कृष्ण एण्ड को. बुकसेलर्स लाहौर के यहाँ मिलेगी मंगाकर बाहर दर्ज पते पर भेजना।

(उर्दू हस्ताक्षर)

ॐ

6-7-1932

राजा का रामपुर सर्व हितैषी औषधालय

(शाहपुर टहला)

प्रिय पुत्र महावीर सिंह,

आयुष्मान भव-श्रधावाधि यहाँ हर प्रकार कुशल है।

तुम्हारा परम् हर्षद पत्र रामपुर से बलवीर द्वारा भेजा हुआ 25-6-1932 को मुझे वसुन्धरे जहाँ कि मैं जिया समेत उपस्थित था प्राप्त हुआ व ज्ञात हुआ कि जिया का 3 मास मेरे निवास के 16 दिवस पश्चात जिया की रियासत का पूर्ण इंतजाम जो समय के फेर-फार से बँटाई पर था करके घर पर सकुशल आ गया।

तुम्हारे कष्टों के विषय में कोई विशेष शोचनीय नहीं है। जीव अजर, अमर और शरीर नाशवान ही है। मेरे विचार से तो सब कष्ट उदासीनता से सहन करने चाहिए परन्तु इस बात का ध्यान अवश्य रखिए कि छोटी-छोटी बातों से जिनका परिणाम कुछ भी न हो और जो तुम्हारे नियमों के विरुद्ध भी न हो बेचारे जेल के अफसरों से अपने को उलझन में ना डाला कीजिए। वे तो गर्वनमेंट के नौकर हैं उसकी आज्ञा का पालन ही तो कर रहे हैं। उनकी दशा पर हार्दिक विचार करो और उनसे प्रेम और दया भाव रखो ताकि तुम्हारा और उनका दोनों का कल्याण रहे—

तुम्हारा ध्यान बुआजी की शिथिलता और निर्बलता की तरफ और माताजी के विषय पर विशेष रूप से है। उनके हार्दिक-शारीरिक-मानसिक रोगों की चिकित्सा तत्क्षण की जाती है, सब घर उनका सेवक है और सरोजनी देवी तो दिन-रात उनकी सेवा में लिप्त रहती है। अब उनका स्वास्थ्य बहुत अच्छा है और मैं आशा करता हूँ नाती पैदा होने पर युवावस्था वत् अवश्य हो जाएगा क्योंकि उन्हें नाती से खेलने का हर समय अवसर प्राप्त हो दीर्घजीवी हो जावेंगी। शायद तुम भी इसी दशा में देख सकोगे। वे दोनों ही, बलवीर और सरोजनी देवी से परम तुष्ट हैं। यह सौभाग्य है घर में हर समय चहल-पहल और आनन्द है। सबको प्रेमपूर्वक काम करने का चाव है और सभी अपने कर्तव्य कार्य को रोचकता से कर रहे हैं।

मैं भी पुराने योग्य यूनानी हकीमों की फारसी जबान में लिखित 'मुजरिब' नुस्खों को तरतीब दे रहा हूँ और बरसात के मौसम में बलवीर को रस क्रिया सिखाने का विचार है।

यद्यपि बलवीर अति परिश्रम और सावधानी से काम कर रहा है परन्तु काल चक्र के फेर से मंडल फेल हो गया। डॉक्टर श्रीधर जी बम्बई चले गए। कुछ विघ्न और बाधाएँ तो अवश्य हुईं तथापि बलवीर और डॉक्टर राज नारायणजी साहसपूर्वक सहर्ष और सप्रेम अपना-अपना अलग-अलग काम करने लगे। दोनों को ही सफलता प्राप्त हो रही है।

तुम्हारे लिखने के अनुसार बलवीर और सरोजनी देवी की शिक्षा का प्रबन्ध करके पुस्तकें व समाचार पत्र एकत्रित कर दिए जाएँगे और इस समय भी उनकी शिक्षा उचित रीति से हो रही है जिसमें त्रुटि नहीं है।

वसुन्धरे में सब प्रकार कुशल है। वागथाले वाली तुम्हारी बहन के हाल ही में संतान उत्पन्न होने वाली है। तुम्हारे बड़े भानजे का नाम सरदार सिंह (अल्लापन सिया) और छोटे का नाम हिम्मत सिंह (अल्लापन लालाबाबू अथवा बाबू है) दोनों सुशील हैं परन्तु सिया का मूर्ख संग लाल शिक्षा का विरोधी है। लाला बाबू की आयु इस समय केवल 5 मास की है परन्तु उसके रूप और स्वभाव के कारण तुम्हारी बुआजी का उससे अति लगाव रहा। वह उससे हर समय निरन्तर गीत गाकर खेलती रही और इसका प्रभाव उसके स्वस्थ और मानसिक रोगों पर बहुत अच्छा पड़ा।

भदवास में सब प्रकार कुशल हैं, कोई नवीन समाचार नहीं है।

गाँव की हालत पूर्ववत है। सूर्यपाल की बहू घर पर ही है। नौबत सिंह की बहन छोटी लली का विवाह हो गया है। तुम्हारे सम्पूर्ण मित्र वर्ग उत्तम-2 पदों पर नियुक्त और सुखपूर्वक काम कर रहे हैं।

तुम्हारे वास्ते इस समय 15 रु. का मनीआर्डर किया जा रहा है यकीन है कि पहुँचेगा। प्रेमवती देवी जो कासगंज के मास्टर रघुनन्दन लाल की पुत्रवधू और पुरुषोत्तम दास की वधू है और कार्यवश इस समय यहाँ है तुमको नमस्ते कह रही हैं।

घर के सब लोगों की दुआ व नमस्ते और गाँव के सब लोगों की दुआ व नमस्ते। लली की राम-राम। तुम्हारी तरफ से बच्चों को प्यार किया। सिया नमस्ते कह रहा है।

लखनऊ

29-1-1939

पूज्यवर,

हरदोई के पते पर भेजा हुआ आपका रजिस्टरी शुदा पैकेट मुझे यथा समय मिल गया था। आपका 22 जनवरी का पत्र भी मिला। इस सब कृपा के लिए आपका आभारी हूँ।

19 जनवरी को मैं यहाँ वापस आ गया था और अब शायद कुछ दिनों तक यहीं रहना होगा। आगे से आप यहीं के पते पर मुझे लिखते रहिएगा।

अपने वीर भाई महावीर सिंह के सम्बन्ध में अभी कुछ लेख मैं हिन्दी मासिक पत्रिकाओं में भेजने का इरादा कर रहा हूँ। लेख मेरे नाम से छपेंगे, परन्तु मैं आपको बराबर भेजता रहूँगा। उनकी सविस्तार जीवनी तो शायद मेरे बाहर आने पर ही प्रकाशित हो सकेगी, हाँ यहाँ बैठकर मैं लिख अवश्य डालूँगा। आपका भैया के नाम अंडमान के पते पर भेजा हुआ एक पत्र अब भी मेरे पास सुरक्षित है, भैया की अपनी एक नोट

बुक भी आजकल मेरे ही पास है। मैं जब उन्हें देखता हूँ और विगत अतीत की बातें सोचने लगता हूँ तो मेरा हृदय अजीब भावनाओं से भर जाता है। अक्सर मेरी इच्छा होती है कि मैं अपनी उन भावनाओं को शब्दों में बाँधकर दूसरों के सम्मुख रखूँ। जिससे कि लोग अपनी पिछली साम्राज्यशाही-विरोधी लड़ाइयों और लड़ने वालों के अप्रकाशित इतिहास को पढ़ें, समझें और वर्तमान की लड़ाई में उन अनुभवों से लाभ उठा सकें। बस इसी प्रेरणावश मैं भैया का जीवन इतिहास लिखने बैठा हूँ। सफलता के लिए अपनी अन्त प्रेरणा और आप सबका अशीर्वाद, यही काफी होगा, और यही मैं चाहता हूँ।

भैया का एक फोटो भी मुझे मिल गया है, लेकिन वह बहुत छोटा है। मैं उसे यहाँ लखनऊ में किसी फोटोग्राफर से बड़ा कराकर आपको एक प्रति भेज दूँगा, और उसी को अपनी पुस्तक में भी दूँगा।

अन्य जिस किसी बात को जानने की आवश्यकता होगी मैं आपको लिखता ही रहूँगा। माताजी के चरणों में मेरा सादर प्रणाम कहिएगा।

विशेष कुशल।

आपका ही विनीत,
जयदेव कपूर

डिस्ट्रिक जेल, लखनऊ
19-6-39

पूज्यवर कुँवर देवी सिंह जी,

सादर वन्दे। बहुत दिनों से मैं कोई पत्र न लिख सका। कारण! कुछ जेल के बन्धन कुछ अपनी विवशताएँ! सुन्नी-शिया के झगड़े ने बाहर शहर की फिजाँ तो खराब कर ही दी थी, अब जेलों में भी बदअमनी फैला दी है। लेकिन, हमें इससे अधिक सम्बन्ध नहीं। हाँ, हमारे चारों ओर एक भीड़ सी लगी रहती है। इसके कारण भी नियमित रूप से हमारा पढ़ना-लिखना नहीं चल पाता।

भाई विजय (कपूर) का पत्र आया था। वे शायद अधिक कर्तव्यशील हैं या अधिक भाग्यवान, जो स्वयं जाकर आपके दर्शन कर सके। मैं नहीं जानता कि मुझे वह सौभाग्य कब प्राप्त होगा। लेकिन इतना आप मुझ पर विश्वास कर सकते हैं कि पितृभक्ति में यदि उनसे अधिक नहीं तो मैं कम भी न उतरूँगा। महावीर मेरे सहपाठी, संगी व सच्चे अर्थों में भाई थे, उन्होंने भाई का फर्ज अदा कर दिया। अब मुझे उनके भाई होने का फर्ज अदा करना है। मैं जानता हूँ कि उस फर्ज को पूरा-पूरा अदा कर सकना कठिन है, लेकिन उसे भूल सकना भी असम्भव है। भाई का एक रेखाचित्र 'विप्लव' में प्रकाशित हुआ था, इसके बाद कलकत्ते की एक मासिक पत्रिका में भी निकला था। 'विप्लव' आपको मिल गया होगा। दूसरी पत्रिका मैं देख भी न सका,

एक मित्र उसे ले गए। उन दिनों आँखों में कुछ तकलीफ थी, इसलिए इच्छा होने पर भी मैं पढ़ न सका कि सम्पादक महोदय ने मेरे लेख को किस तरह और कितना छापा है। अब मैं भाई के विप्लवी जीवन का इतिहास पुस्तक रूप में लिख रहा हूँ। आपने भाई विजय को जो सब सामग्री दी है, वह मुझे मिल जाएगी। और भी जो कुछ जानना जरूरी होगा उसके लिए मैं आपको लिखता रहूँगा।

मेरी रिहाई के सम्बन्ध में पंजाब सरकार का बहुत टेढ़ा रुख है। वे शायद अभी तीन या चार साल तक मुझे जेल में और रखना चाहते हैं। उनकी इच्छा, और अभी उनमें ताकत भी है जो चाहें सो करें। लेकिन जेल में रखकर यदि वे मेरी राजनीतिक भावनाओं को कुचलने की सोचते हों या मेरे जोश को दबा देना चाहते हों तो मैं यही कहूँगा कि वे इसमें कभी सफल न होंगे। जब बाहर था तो आयु में कम था, अनुभव में भी कम था, अब दस साल जेल के अन्दर रहकर आयु में बढ़ा भी हूँ, पढ़ा और गुना भी अधिक हूँ, शायद अब बाहर जाने पर मैं अपने को अधिक कार्यकुशल और मजबूत सिपाही सिद्ध कर सकूँगा।

विशेष यहाँ सब सकुशल हैं। भाई गयाप्रसाद के पेट में फोड़ा हो गया था। बाहर बलरामपुर अस्पताल में उसका 'ऑप्रेशन' हुआ था। अब वे अच्छे हैं, वापस आ गए हैं। शिव भाई भी तगड़े हैं, तन्दुरुस्त हैं। आपको सादर नमस्ते कहते हैं।

मेरी आँखें भी अब बिलकुल अच्छी हैं। सबको मेरा अभिवादन कहिएगा। अपने सब समाचार लिखते रहिएगा। अब आगे से मैं यथा समय और नियमित भाव से आपको लिखता रहूँगा। पिछली भूलों के लिए क्षमा चाहता हूँ।

आपका ही...,
जयदेव कपूर

56, लखनऊ
2-3-1956

प्रिय भाई बलवीर सिंह जी,

जय हिन्द।

आपका 28-2-56 का पत्र इलाहाबाद से लौटने पर प्राप्त हुआ।

स्वर्गीय श्री रघुराज सिंह जी से वनस्थली के कुछ छात्राओं के साथ सबसे पहले मेरी मुलाकात आपके घर पर ही हुई थी। वे वनस्थली विद्यापीठ के प्रोफेसर पद से उस समय त्याग-पत्र देकर आए थे।

इसके बाद वे तो कानपुर में छिपकर गुप्त रूप से सन 1942 के आन्दोलन में काम करते रहे। कानपुर में मुझसे भी समय-समय पर मुलाकात होती रही। बाद में तो मैंने सुना था कि वे अपने को प्रोफे सर रंजन कहते थे और उसी नाम से लेख भी निकालते थे।

मैं यह नहीं जानता था कि वे महान व्यक्ति पिछले साल हमारी दुनिया से अलग हो गए। ऐसे महान देशभक्त की स्त्री तथा बच्चों का कोई प्रबन्ध जरूर होना चाहिए। मैं यह जरूर चाहता हूँ कि हमारी सरकार इनके परिवार को मदद दें।

आपका,
योगेश चन्द्र चटर्जी

22, कैसरबाग, लखनऊ
20/1/1956

प्रियवर,

पत्र मिला। गत समय मैं दिल्ली चला गया था। वहाँ से आने पर आपका पत्र मिला। चि. यतीन्द्र कुमार राठौर शायद मेरी गैर हाजिरी में आए। कम से कम मेरे यहाँ आने के बाद से वे नहीं आए हैं।

श्री सम्पूर्णानन्द जी से आज तक मैं नहीं मिला हूँ न कोई परिचय है। साथ ही वे कम्युनिस्टों से अलग रहते हैं। इस काम में श्री योगेश चन्द्र चटर्जी अधिक काम कर सकेंगे क्योंकि वे कांग्रेस में हैं।

उनसे मिलकर बात करूँगा। आप भी उन्हें एक पत्र इस पते पर लिख दें :

श्री योगेश चन्द्र चटर्जी
मारफत श्री गांधी आश्रम
हजरतगंज, लखनऊ।

आप वीर प्रभात को बराबर सूचित करते रहें और मेरे लिए भी कोई काम हो निःसंकोच लिखना।

आपका
शिव वर्मा

(B) साथियों की यादें व अदालती रिकार्ड

महावीर सिंह

शिव वर्मा

उन दिनों (सन् 1925) कानुपर का डी.ए. वी. कॉलेज क्रान्तिकारियों का केन्द्र-सा बन गया था; काकोरी केस के अभियुक्तों को जेल से छुड़ाने के सम्बन्ध में जब कभी भगत सिंह और सुखदेव पंजाब से यू.पी. आते तो वे भी डी.ए.वी. कॉलेज के छात्रावास में ठहरकर वहीं से योजनाओं का संचालन करते थे। कॉलेज के विद्यार्थियों में भी हमारा एक अच्छा खासा दल तैयार हो गया था। कुँवर महावीर सिंह उनमें से एक थे।

विद्रोह की भावना महावीर सिंह में बचपन से ही मौजूद थी और राष्ट्र-सम्मान के लिए मर मिटने की शिक्षा उन्होंने अपने पूर्वजों से प्राप्त की थी। घटना जनवरी सन् 1922 की है। एक दिन कासगंज तहसील (जिला एटा) के सरकारी अधिकारियों ने अपनी राजभक्ति प्रदर्शित करने के उद्देश्य से अमन सभा (हाँ हुजूरों द्वारा कांग्रेस का विरोध करने के लिए बनाया गया संगठन और उसके द्वारा आयोजित सभाएँ) का आयोजन किया। जिलाधीश, पुलिस कप्तान, स्कूलों के इन्स्पेक्टर, आस-पड़ोस के अमीर-उमरा, राय बहादुर आदि जमा हुए। छोटे-छोटे बच्चों को भी जबरदस्ती ले जाकर सभा में बिठाया गया। उनमें महावीर सिंह भी थे। हर हाँ-हुजूर बारी-बारी उठकर अंग्रेजी हुकूमत की तारीफ में लम्बे-लम्बे भाषण दे रहा था। बच्चों को उस कार्यक्रम में कोई आकर्षण नहीं था, फिर भी मास्टरों के डर से वे चुपचाप बैठे थे। तभी उनके बीच से किसी ने जोर से नारा लगाया-"महात्मा गांधी की जय!" बाकी लड़कों ने भी उसके स्वर में स्वर मिलाकर ऊँचे कंठ से समर्थन किया, "महात्मा गांधी की जय!" देखते-देखते गांधी विरोधियों की वह सभा गांधी के जय-जयकार के नारों से गूँज उठी। अमन सभा की कार्रवाई तो वहीं कार्यक्रम में समाप्त कर दी गई और लड़कों के मुखिया का पता लगाने का आदेश देकर जिलाधीश भी चला गया। जाँच के फलस्वरूप महावीर सिंह को विद्रोही बालकों का नेता होना पाया गया। सजा भी मिली लेकिन महावीर सिंह के विद्रोही हृदय पर उसका कोई प्रभाव नहीं पड़ा। बल्कि, बगावत की भावना और भी मजबूत हो गई।

महावीर सिंह का जन्म 16 सितम्बर, 1904 के दिन शाहपुर टहला नामक एक छोटे से गाँव में हुआ था। यह गाँव उत्तर प्रदेश के एटा जिले में है। पिता कुंवर देवी सिंह अच्छे वैद्य थे और आस-पास के क्षेत्र में उनका अच्छा प्रभाव था। माता श्रीमती शारदा देवी सीधी-सादी एक धर्मपरायण महिला थीं। महावीर सिंह की प्रारम्भिक शिक्षा

गाँव के ही स्कूल में हुई और उन्होंने हाई स्कूल की परीक्षा गवर्नमेंट स्कूल एटा से पास की।

1925 में वे कॉलेज में पढ़ने के लिए कानपुर आए। बेशक उस समय असहयोग आन्दोलन तो समाप्त हो चुका था लेकिन देश की जनता के दिलों की आग ठंडी नहीं हुई थी। चारों ओर असन्तोष की आग सुलग रही थी। स्वत: स्फुरित संघर्षों के रूप में किसानों की बगावतें जारी थीं। मजदूर तथा मध्यम वर्ग के लोग भी अपने-अपने तरीकों से लड़ रहे थे। नौजवानों की क्रान्तिकारी टोलियों ने फिर से हथियार उठा लिए थे। परिस्थितियों ने महावीर सिंह को भी अछूता नहीं छोड़ा; कॉलेज में क्रान्तिकारी दल से उनका सम्पर्क हुआ और वे उसके सदस्य बन गए।

क्रान्तिकारी पार्टी की कानपुर शाखा में आए अभी उन्हें थोड़े ही दिन बीते थे, एक दिन सन्ध्या के समय वे मेरे कमरे में आए। उस दिन वे बड़े चिन्तित और उदास लग रहे थे। महावीर सिंह कॉलेज के उन विद्यार्थियों में से थे जिन्हें मस्ती और हँसी का मर्ज होता है। उससे पूर्व मैंने उन्हें कभी उदास नहीं देखा था। कारण पूछने पर उन्होंने बताया कि एटा से उनके पिता का पत्र आया है और वे उनकी शादी की व्यवस्था कर रहे हैं। पत्र निकालकर मेरे हाथों में देते हुए उन्होंने कहा, ''मैं कॉलेज छोड़कर कहीं चला जाऊँगा। तुम मेरी व्यवस्था कर दो, नहीं तो यह शादी का चक्कर मेरे क्रान्तिकारी जीवन को तबाह कर देगा।''

मैंने उन्हें सलाह दी कि वे पिताजी को सब बातें साफ-साफ लिख दें। मेरी सलाह उन्हें पसन्द आई और उन्होंने एक पत्र द्वारा सारी स्थिति पिताजी को लिख भेजी। यह सन् 1926 की बात है। आज कह सकता हूँ कि डाक द्वारा इस तरह का पत्र भेजने की सलाह देना गलत था। अगर वह पत्र डाकखाने में सी.आई.डी. द्वारा खोल लिया गया होता तो उसी समय सारा भांडाफोड़ हो जाता। लेकिन पत्र किसी प्रकार पुलिस के हाथों से बचकर महावीर सिंह के पिता तक पहुँच गया।

इस घटना के चार-पाँच दिन बाद एक दिन शाम को उछलते हुए वे मेरे कमरे में आए और कुछ कहे बगैर मुझे अपनी बाँहों में कसकर इस तरह दबाया कि लगा हड्डी-पसली तोड़ देंगे। फिर पिता का पत्र निकालकर मेरे हाथों में दे दिया। सेंठे की कलम से लिखे उस पत्र के अक्षर और उसके शब्द आज ब्यालीस साल बाद भी मुझे ज्यों के त्यों याद हैं। पिता ने लिखा था :

> ''मुझे यह जानकर बड़ी खुशी हुई कि तुमने अपना जीवन देश के काम में लगाने का निश्चय किया है। मैं तो समझता था कि हमारे वंश में पूर्वजों का खून अब नहीं रहा और उन्होंने दिल से गुलामी कबूल कर ली है। तुम्हारा पत्र पाकर आज मैं अपने को बड़ा भाग्यशाली समझ रहा हूँ।
>
> ''शादी की बात जहाँ चल रही थी, उन्हें आज जवाब लिख दिया है। निश्चिन्त रहो, मैं ऐसा कोई काम नहीं करूँगा जो तुम्हारे मार्ग का बाधक हो।

''देश की सेवा का जो मार्ग तुमने चुना है वह बड़ी तपस्या का और बड़ा कठिन मार्ग है। लेकिन जब तुम उस पर चल ही पड़े हो तो पीछे न मुड़ना, साथियों को धोखा मत देना और अपने बूढ़े पिता के नाम का ख्याल रखना।

''तुम जहाँ भी रहोगे मेरा आशीर्वाद तुम्हारे साथ है।

तुम्हारा पिता,
देवी सिंह''

पिता से ऐसा पत्र पाकर किस नौजवान का हृदय नहीं उछल पड़ेगा। पत्र समाप्त कर मैंने उनकी ओर देखा। उन्होंने अपने दोनों मजबूत हाथ मेरे कन्धों पर रख दिए। कुछ क्षण तक बगैर कुछ बोले हम एक-दूसरे की तरफ देखते रहे फिर एक ही मंजिल के हमसफर हम दोनों दोस्त एक-दूसरे की बाँहों में बँध गए।

पिताजी ने अपना आश्वासन पूरा किया और महावीर सिंह की जगह उनके छोटे भाई बलवीर सिंह की शादी पक्की कर दी। निमन्त्रण-पत्र भी आ गए। शादी में भाग लेने के लिए जब महावीर सिंह अपने तीनों मित्रों के साथ, जो उस समय कानपुर में ही पढ़ते थे, गाँव चलने लगे तो मैंने उनके सिर पर एक काम मढ़ दिया। मैंने बम बनाने के लिए पर्याप्त रसायन, कुछ और सामान जिसका उपयोग आगे चलकर योगेश चटर्जी को फतेहगढ़ जेल से निकालने के समय होना था तथा दो रिवाल्वर रख छोड़े थे। कॉलेज में अपने पास इतना सामान अधिक समय तक रखना ठीक नहीं था। सोचा उसे डॉ. गयाप्रसाद के पास खुदलापुर (जिसे जलालाबाद भी कहते हैं) भेज दिया जाए। मैंने दो बड़े ट्रंकों में सारा सामान भरकर महावीर सिंह के हवाले कर दिया। साथ में संकेतिक भाषा (कोड) में डॉक्टर साहब के लिए पत्र भी दे दिया।

बक्सों में क्या है, इसकी जानकारी न तो महावीर सिंह को थी और न उनके तीनों अन्य साथियों को। ये तीन अन्य साथी थे— पं. तुलसीराम शर्मा, श्री रामचरण राय और श्री सरदार सिंह सिसोदिया। इन चारों मित्रों को महावीर के गाँव जाने के लिए कानपुर से फतेहगढ़ जाने वाली छोटी लाइन के गुरसहाय गंज के स्टेशन पर उतरना था। खुदलापुर गुरसहाय गंज से एक स्टेशन पहले है। बम बनाने के लिए दो ट्रंकों में भरा विस्फोटक सामान महावीर सिंह को उसी खुदलापुर में डॉ. गयाप्रसाद के पास पहुँचाना था, लेकिन भाई की शादी की तारीख बिलकुल सिर पर थी, इसलिए महावीर सिंह ने वे दोनों ट्रंक डॉक्टर साहब तक पहुँचाने का काम श्री सिसोदिया तथा श्री रामचरण राय को सौंप दिया। स्टेशन से एक मजदूर के सर पर दोनों ट्रंक रखवाकर ये दोनों मित्र डॉक्टर साहब के यहाँ पहुँचे, तो डॉक्टर साहब ने बतलाया कि सी.आई.डी. का आदमी कुछ दिनों से उनकी दुकान के सामने चक्कर काट रहा है, इसलिए उन्हें वहाँ से जल्द-से-जल्द चल देना चाहिए।

डॉक्टर साहब ने जल्दी-जल्दी अन्दर की कोठरी में ट्रंकों को खाली किया और उनमें ईंट पत्थर, कूड़ा-करकट भरकर उन्हें वापस कर दिया। इस समय तक दोनों

बक्सों का रहस्य इन साथियों को भी मालूम हो चुका था। दोनों ट्रंक फिर एक मजदूर के सिर पर रखवाए गए। लोगों से कहा गया शादी का सामान लेकर हमें बारात में जाना है। गलती से एकस्टेशन पहले उतर गए हैं। दूसरी गाड़ी आने तक कहीं ठहरना तो था ही। पूछते-पूछते आर्य समाज मन्दिर में जा पहुँचे। मंत्री महोदय से कह दिया कि वे लोग डी.ए.वी. कॉलेज कानपुर के छात्र हैं और गलती से यहाँ उतर गए हैं। मंत्री महोदय सज्जन पुरुष थे। अच्छी आवभगत की और रात काटने के लिए मंदिर में ठहरने की अनुमति भी मिल गई। महावीर सिंह ने अपने दोनों मित्रों को काम सौंप तो दिया लेकिन दिल में एक खुटका था कि पार्टी का काम, जो उन्हें स्वयं करना था, वह दो ऐसे व्यक्तियों पर छोड़ दिया जिनकी स्थिति दल से सहानुभूति रखने वालों से अधिक नहीं थी। लेकिन जब उनके उन दोनों विश्वास-पात्र मित्रों ने गाँव पहुँचकर सारे अभिनय की कहानी सुनाई और कूड़ा-करकट से भरे दोनों बक्से उनके सामने रख दिए तो उन्हें प्रसन्नता तो हुई ही, साथ ही दिल में अपने दोनों मित्रों के प्रति एक नए विश्वास और भरोसे की भावना जाग उठी।

फिर 1928 में दल की ओर से लाहौर में कुछ लोगों की मोटर चलाने (ड्राइवरी) की शिक्षा देने का प्रबन्ध किया गया। महावीर सिंह पढ़ाई छोड़कर लाहौर चले गए। यह घटना जुलाई 1928 की है।

कुछ दिनों बाद पुलिस को मेरी राजसी गतिविधियों का पता चल गया और मुझे भी पढ़ाई छोड़कर फरार होना पड़ा। फरारी की हालत में जब मैं लाहौर पहुँचा तो वहाँ महावीर सिंह से फिर मुलाकात हुई। उस समय वे संग्रहणी तथा पेचिस से बुरी तरह परेशान थे। दो छटाँक दूध तक हजम कर सकने में वे असमर्थ थे। "कुछ दिनों के लिए पिताजी के पास एटा चले जाओ न" मैंने सलाह दी, "तुम पर तो वारंट नहीं है। ठीक हो जाने पर फिर वापस चले आना।"

महावीर सिंह ने मेरी आँखों में आँखें डालकर देखा, फिर पूछा, "पिताजी की चिट्ठी याद है ? उन्होंने कहा था, पीछे मुड़कर मत देखना। उसमें घर का मोह-माया आदि सब शामिल था। उन्होंने वे शब्द बहुत सोच-समझकर लिखे थे।" फिर हँसकर बोले, "तुम चिन्ता मत करो, सब ठीक हो जाएगा।" दूसरे दिन उन्हें उसी हालत में छोड़कर मैं अमृतसर चला गया। उसके बाद गिरफ्तारी तक मेरी उनसे मुलाकात नहीं हुई।

30.10.1928 को लाहौर में साइमन कमीशन आया। 'साइमन कमीशन वापस जाओ' के नारे लगाते हुए काले झंडों के साथ एक विराट प्रदर्शन से उसका स्वागत किया गया। फिर अन्धाधुन्ध लाठियाँ बरसी, लालाजी आहत हुए और कुछ ही दिनों के बाद उनकी मृत्यु हो गई। यह राष्ट्र के पौरुष को चुनौती थी, जिसे क्रान्तिकारियों ने सहर्ष स्वीकार कर लिया। इसी बीच लाहौर में पंजाब नेशनल बैंक पर डाका मारने की योजना बनी। पहले दिन साथी बैंक पर गए भी। लेकिन महावीर सिंह को जिस कार द्वारा साथियों को बैंक से सही-सलामत निकालकर वापस लाना था, वह ऐसी

नहीं थी कि उस पर भरोसा किया जा सकता। अस्तु भरोसे लायक कार न मिलने तक के लिए योजना स्थगित कर दी गई। बैंक पर छापा मारने की योजना स्थगित कर दी गई और लालाजी पर लाठियाँ बरसाने वाले पुलिस अधिकारी को मारने का निश्चय किया गया। उस योजना को कार्यान्वित करने में भगत सिंह, आजाद तथा राजगुरु के साथ महावीर सिंह का भी काफी योगदान था।

सांडर्स की हत्या के बाद महावीर सिंह फिर अस्वस्थ रहने लगे। लाहौर का पानी उनके स्वास्थ्य के लिए अनुकूल नहीं पड़ रहा था। उधर लाहौर का वातावरण भी काफी गर्म था। सुखदेव ने उन्हें उनके प्रान्त वापस जाने की सलाह दी। आगरा का पता उनके पास नहीं था, इसलिए वे कानपुर चले गए और चार दिन तक सिसोदियाजी के पास छात्रावास में रहे। फिर इलाज के लिए अपने गाँव पिताजी के पास चले गए। आज एक गाँव तो कल दूसरा गाँव, आज एक सम्बन्धी के यहाँ तो कल किसी दूसरे सम्बन्धी या मित्र के यहाँ। इस प्रकार रोज जगहें बदलकर पिताजी से इलाज करवाने में लग गए ताकि जल्दी-से-जल्दी स्वस्थ होकर अपने मोर्चे पर वापस जा सकें।

8 अप्रैल, 1929 में दिल्ली असेम्बली भवन में भगत सिंह तथा बटुकेश्वर दत्त द्वारा बम फेंके जाने के बाद हम लोगों की गिरफ्तारियाँ शुरू हो गईं और हम में से अधिकांश साथी पकड़कर लाहौर पहुँचा दिए गए। महावीर सिंह भी पकड़े गए।

उनकी गिरफ्तारी कासगंज के हीरालाल बुकसेलर के मकान से 19 जून, 1929 को हुई थी।

केस आरम्भ होने पर हर तीसरे-चौथे दिन पुलिस या जेलवालों से किसी-न-किसी बात पर हमारा झगड़ा हो जाता था। उस समय पुलिस अधिकारी हममें से मोटे तगड़े साथियों को चुन लेते और सबका गुस्सा उन पर उतारते। इस प्रकार हर मारपीट में भगत सिंह, किशोरीलाल, महावीर सिंह, जयदेव कपूर, गयाप्रसाद आदि कुछ मोटे-तगड़े साथियों को हमारे हिस्से की मार भी खानी पड़ती थी। यह मारपीट हम लोगों में स्थायी मनोरंजन का विषय बन गया था और महावीर सिंह को हम सबसे अधिक तंग करते थे।

अनशन में भी उनका अपना रिकार्ड था। 13 जुलाई, 1929 को हमारा पहला अनशन प्रारम्भ हुआ। दस दिनों तक तो जेल अधिकारियों ने कोई विशेष कार्यवाही नहीं की। उनका अनुमान था कि यह बीस-बीस, बाइस-बाइस साल के छोकरे अधिक दिनों तक बगैर खाए नहीं रह सकेंगे। लेकिन जब दस दिन हो गए और एक-एक कर साथी बिस्तरों पर बीमार पड़ने लगे तो उन्हें चिन्ता हुई। सरकार ने हमारे निरीक्षण के लिए डॉक्टरों का एक बोर्ड नियुक्त कर दिया था। अनशन के ग्यारहवें दिन से बोर्ड के डॉक्टरों ने हमें बलपूर्वक दूध पिलाना आरम्भ कर दिया। यूँ अगर भूख हड़ताल करने वाला बाधा न डाले और विरोध न करे तो रबड़ की नली नाक या मुँह के रास्ते पेट में उतारकर दूध पिला देने में किसी प्रकार की खास तकलीफ नहीं होती; किन्तु हम लोगों ने तय किया था कि पानी को छोड़कर और कोई चीज मुँह से नहीं खाएँगे

और न किसी को खिलाने देंगे, दवाइयाँ भी नहीं। उस हालत में अधिकारियों का जबरदस्ती दूध पिलाना हमारे लिए एक अच्छी खासी सजा थी।

हमारे विरोध के कारण एक व्यक्ति को दूध पिलाने के लिए दो डॉक्टर, एक जेल अधिकारी और आठ-दस तगड़े पहलवान कैदी-वार्डरों या कैदियों की आवश्यकता पड़ती थी। अपने आठ-दस पहलवानों से हमें काबू करके जमीन पर लिटा देना और जब तक डॉक्टर अपना काम समाप्त न कर ले, तब तक पकड़े रहना जेल अधिकारियों का काम था। एक बार काबू पा लेने पर डॉक्टर अपनी रबड़ की नली अनशन करने वाले की नाक के रास्ते से पेट में उतार देता और ऊपर लगी कीप के सहारे शरीर के हिसाब से दूध डालकर चला जाता।

डॉक्टर का दूध पिलाना असफल बनाने के हमारे अपने-अपने तरीके थे। कुछ लोग केवल गले के सहारे लड़ते थे। उन्हें ऐसा अभ्यास था कि जब भी नाक के रास्ते रबड़ की नली गले से नीचे उतारने की कोशिश होती तो वे खाँसकर या हबकी लेकर नली मुँह में ले लेते और फिर दाँतों से दबाकर नीचे पड़ जाते, जबकि इस तरह करना उनकी जान को जोखिम भी बहुत था। इस तरह दूध पिलाना डॉक्टरों के लिए भी बहुत ही संघर्षपूर्ण व दुःखदायी था; दूध न पिला पाने पर कभी-कभी डॉक्टर बुरी तरह चिढ़ भी जाते थे।

जिन लोगों के नाक के सुराख बड़े थे उन्हें मोटी नली दी जाती थी जिसे मुँह में लेने में कठिनाई होती थी। डॉक्टर एक ही झटके में नली उनके पेट तक पहुँचा देता था। इन लोगों का मुख्य विरोध कुश्ती के रूप में होता था और वे जेल अधिकारियों के कोप का निशाना बनते थे, क्योंकि उन्हें काबू करना अधिकारियों के लिए एक चुनौती थी।

महावीर सिंह कुश्ती भी करते थे और गले से भी लड़ते थे। जेल अधिकारी को पहलवानों के साथ अपनी कोठरी की तरफ आते देख वे जंगला रोककर खड़े हो जाते। एक तरफ आठ-दस पहलवान और दूसरी तरफ अनशन के कमजोर महावीर सिंह। पाँच-दस मिनट की धक्का-मुक्की के बाद दरवाजा खुलता तो काबू करने की कुश्ती आरम्भ हो जाती। एक दिन जेल के दो अधिकारियों को आपस में बात करते सुना कि 63 दिनों के अनशन में एक दिन भी ऐसा नहीं गया जिस दिन महावीर सिंह को काबू करने में आधे घंटे से कम समय लगा हो। डॉक्टर के साथ भी ऐसी ही बीतती थी।

महावीर सिंह ने शत्रु की अदालत को मान्यता देने से इनकार कर दिया था। लाहौर षड्यन्त्र केस के अभियुक्तों के प्रचार से घबराकर केस को जल्द से जल्द समाप्त कर देने के उद्देश्य से भारत सरकार ने 1 मई, 1930 को एक अध्यादेश जारी किया जिसका नाम था 'लाहौर षड्यन्त्र केस अध्यादेश'। इसे 1930 का तीसरा अध्यादेश भी कहा गया था। अध्यादेश के अनुसार, लाहौर हाईकोर्ट के तीन जजों का एक ट्रिब्यूनल नियुक्त कर मजिस्ट्रेट की अदालत से केस उठाकर नई अदालत के सपुर्द कर दिया गया। यह

ट्रिब्यूनल अभियुक्तों की अनुपस्थिति में भी केस की सुनवाई कर सकता था। नई अदालत को यह भी अधिकार था कि उसकी निगाह में जब भी कोई अभियुक्त दोषी प्रमाणित हो जाएँ, तो बाकी गवाहों की गवाहियाँ लिए बगैर वहीं पर केस की सुनवाई समाप्त कर वह अपना निर्णय दे सकती थी। इस अदालत के निर्णय के विरुद्ध कहीं भी अपील नहीं हो सकती थी। ट्रिब्यूनल का कार्यकाल 6 महीने का था।

सरकार की उस धींगामुस्ती के खिलाफ महावीर सिंह तथा चार अन्य साथियों (कुन्दनलाल, बटुकेश्वर दत्त, गयाप्रसाद और जितेन्द्रनाथ सान्याल) ने एक अंग्रेजी बयान द्वारा अपने उद्देश्य की व्याख्या करते हुए कहा था कि वे शत्रु की अदालत से किसी प्रकार के न्याय की आशा नहीं करते हैं। यह कहकर उन्होंने अदालत को मान्यता देने और उसकी कार्यवाही में भाग लेने से इनकार कर दिया था।

महावीर सिंह तथा उनके साथियों का यह बयान लाहौर षड्यंत्र केस के अभियुक्तों की उस समय की राजनीतिक एवं सैद्धान्तिक समझ पर अच्छा प्रकाश डालता है। बयान के कुछ अंश इस प्रकार थे :

> "...हमारा यह दृढ़ विश्वास है कि साम्राज्यवाद लूटने-खसोटने के उद्देश्य से संगठित किए गए एक विस्तृत षड्यंत्र को छोड़कर और कुछ नहीं है। साम्राज्यवाद मनुष्य द्वारा मनुष्य का तथा एक राष्ट्र द्वारा दूसरे राष्ट्र को धोखा देकर शोषण करने की नीति के विकास की अन्तिम अवस्था है। साम्राज्यवादी अपने लूट-खसोट के मंसूबों को आगे बढ़ाने की जरूरत से केवल अपनी अदालतों द्वारा ही राजनीतिक हत्याएँ नहीं करते, वरन् युद्ध के रूप में कत्लेआम, विनाश तथा अन्य कितने बीभत्स एवं भयानक कार्यों का संगठन करते हैं। ऐसे लोगों को, जो उनकी लूट-खसोट की माँगों को पूरा करने से इनकार करते हैं, या उनके तबाह करने वाले घृणित मंसूबों का विरोध करते हैं, गोली से उड़ा देने में वे जरा भी नहीं हिचकिचाते। न्याय तथा शान्ति का रक्षक होने के बहाने वे शान्ति का गला घोंटते हैं, अशान्ति की सृष्टि करते हैं, बेगुनाहों की जानें लेते हैं और सभी प्रकार के जुल्मों को प्रोत्साहन देते हैं।
>
> "हमारा यह विश्वास है कि मनुष्य होने के नाते हर व्यक्ति आजादी का हकदार है, उसे कोई दूसरा व्यक्ति दबाकर नहीं रख सकता। हर मनुष्य को अपनी मेहनत का फल पाने का पूरा अधिकार है और हर राष्ट्र अपने साधनों का पूरा मालिक है। यदि कोई सरकार उन्हें उनके इन प्रारम्भिक अधिकारों से वंचित रखती है तो लोगों का अधिकार ही नहीं, बल्कि उनका यह कर्तव्य है कि ऐसी सरकार को उलट दें, उसे मिटा दें। चूँकि ब्रिटिश सरकार इन उसूलों से, जिनके लिए हम खड़े हुए हैं, बिलकुल परे है, इसलिए हमारा यह दृढ़ विश्वास है कि क्रान्ति के द्वारा मौजूदा हुकूमत को समाप्त करने के लिए सभी कोशिशें तथा सभी उपाय न्यायसंगत हैं। हम परिवर्तन

चाहते हैं— सामाजिक, राजनीतिक तथा आर्थिक, सभी क्षेत्रों में आमूल परिवर्तन। हम मौजूदा समाज को जड़ से उखाड़कर उसके स्थान पर एक ऐसे समाज की स्थापना करना चाहते हैं जिसमें मनुष्य द्वारा मनुष्य का शोषण असम्भव हो जाए और हर व्यक्ति को हर क्षेत्र में पूरी आजादी हासिल हो जाए। हम महसूस करते हैं कि जब तक समाज का पूरा ढाँचा नहीं बदला जाता और उसकी जगह पर समाजवादी समाज की स्थापना नहीं हो जाती तब तक दुनिया महाविनाश के खतरे से बाहर नहीं है।

''रही बात उपायों की— शान्तिमय अथवा दूसरे— जिन्हें हम क्रान्तिकारी आदर्श की पूर्ति के लिए काम में लाएँगे। हम कह देना चाहते हैं कि इसका फैसला बहुत कुछ उन लोगों पर निर्भर करता है जिसके पास ताकत है। क्रान्तिकारी तो सबका फायदा चाहने के सिद्धान्त पर विश्वास करने के नाते शान्ति के ही उपासक हैं— सच्ची और टिकने वाली शान्ति के, जिसका आधार न्याय तथा समानता पर है, न कि कायरता पर आधारित तथा संगीनों की नोक पर बचाकर रखी जाने वाली शान्ति के। ''

बयान के अन्त में कहा गया था, ''हम पर ब्रिटिश सरकार के विरुद्ध युद्ध छेड़ने का अभियोग लगाया गया है। हम ब्रिटिश सरकार की बनाई हुई किसी भी अदालत से न्याय की आशा नहीं करते और इसलिए हम इस न्याय के नाटक में भाग नहीं लेंगे।''

केस समाप्त हो जाने पर सम्राट के खिलाफ युद्ध और सांडर्स की हत्या में सहायता करने के अभियोग में उन्हें उनके सात अन्य साथियों के साथ आजीवन कारावास का दंड दिया गया।

सजा के बाद कुछ दिनों तक पंजाब की जेलों में रखकर हम लोगों को (भगत सिंह, राजगुरु, सुखदेव और किशोरीलाल के अतिरिक्त) मद्रास प्रान्त की विभिन्न जेलों में भेज दिया गया। महावीर सिंह और डॉ. गयाप्रसाद को बेलारी (अब कर्नाटक राज्य के अन्तर्गत) सेंट्रल जेल ले जाया गया।

वे 1930-31 के सत्याग्रह के दिन थे और बेलारी जेल सत्याग्रही बन्दियों से भरा था। जेल में इन दोनों साथियों ने कैदी नम्बर की तख्ती सीने पर लटकाने, टोपी पहनने, परेड पर बिस्तर आदि रखकर खड़े होने से इनकार कर दिया। उसी बीच सत्याग्रहियों पर लाठी चार्ज हुआ और इन दोनों साथियों ने उसके विरोध में काम न करने की हड़ताल का नेतृत्व किया। उस स्थिति में अधिकारियों का सारा क्रोध इन दोनों साथियों पर केन्द्रित हो जाना स्वाभाविक था और इसलिए उन्होंने इन्हें सबक सिखाने का निश्चय कर लिया।

दोनों साथियों को कोठरियों में बन्द कर दिया गया और हर सप्ताह परेड के दिन जैसे भी हो पूरी कैदी वर्दी के साथ उन्हें परेड पर खड़ा करने की आज्ञा जारी कर दी गई। हर परेड के दिन जेल के वार्डर उनके बिस्तरे निकालकर दूसरे कैदियों के साथ लाइन में सजा देते। फिर उनके दोनों हाथ पीछे ले जाकर हथकड़ियाँ लगा दी जातीं,

सीने पर तख्ती, जिस पर कैदी का नम्बर लिखा होता था, लटका दी जातीं और सिर पर तनीदार टोपी रखकर तनी ठुड्डी के नीचे इसलिए बाँध दी जाती कि सिर हिलाकर कहीं टोपी गिरा न दें। वे टोपियाँ उनके लिए खास तौर पर बनवाई गई थीं। उसके बाद उसी हालत में एक-एक साथी को चार-पाँच वार्डर मिलकर परेड पर ले जाकर खड़ा करते। दोनों साथी जैसे ही सुपरिंटेंडेंट को आते देखते वैसे ही जमीन पर बैठ जाते या लेट जाते।

सुपरिंटेंडेंट अपने समय का मुक्केबाज (बॉक्सर) था। वह सिपाहियों से उन्हें खड़ा करवाता, फिर हरेक पर दस-दस पन्द्रह-पन्द्रह मिनट तक मुक्केबाजी का अभ्यास करता। इस मुक्केबाजी के कारण एक बार डॉ. गयाप्रसाद 36 घंटों तक जेल के अस्पताल में बेहोश पड़े रहे थे, फिर भी उसी सप्ताह परेड के दिन उन्हें अपने हिस्से के मुक्के फिर खाने पड़े थे। बेलारी जेल में यह क्रम पूरे डेढ़ साल तक चलता रहा।

एक दिन सुपरिंटेंडेंट यूँ ही अहाते में घूमने चला गया। उसके हाथ मुक्केबाजी के लिए खुजला रहे थे। उसने वार्डर से कहकर महावीर सिंह की कोठरी खुलवाई और चार वार्डरों को आदेश दिया कि वे उन्हें लाकर बाहर खड़ा करें। दो वार्डरों ने महावीर सिंह का एक हाथ पकड़ा और दो ने दूसरा और इस प्रकार उन्हें बाहर लाकर सुपरिंटेंडेंट के सामने खड़ा कर दिया और उसने मुक्केबाजी शुरू कर दी। उस दिन महावीर सिंह के हाथों में हथकड़ी नहीं थी। उन्होंने एक झटके से अपना दाहिना हाथ छुड़ा लिया और सुपरिंटेंडेंट के मुँह पर इस जोर का घूँसा दिया कि हाथ-पैर बँधे कैदियों पर घूँसेबाजी का अभ्यास करने वाले उस बुजदिल 'बहादुर' को दिन में तारे दिखाई दिए और वह लड़खड़ाकर चार कदम पीछे हट गया। उस दिन से कैदियों पर उसकी मुक्केबाजी तो समाप्त हो गई लेकिन महावीर सिंह को तीस बेंतों की सजा का हुक्म हो गया।

उन दिनों जेलों में बेंतों की सजा बर्बरता का एक जीता-जागता नमूना था (अधिकांश राज्यों में अब यह सजा समाप्त कर दी गई है)। लकड़ी का एक चौखटा- स्कूलों में ब्लैक बोर्ड रखने वाले फ्रेम जैसा होता था, जिस पर बन्दी को इस प्रकार बाँध दिया जाता था कि उसकी पीठ ऊपर को रहे और उसके नंगे नितम्बों पर आसानी से बेंत लग सकें। फ्रेम में ऊपर की तरफ दो कड़ों में दो हथकड़ियाँ होती थीं जिनमें बन्दी के दोनों हाथ ऊपर उठाकर जकड़ दिए जाते थे। कमर को एक चमड़े की बेल्ट से कसकर फ्रेम के साथ बाँध दिया जाता था, और दोनों पैरों को फैलाकर उन्हें नीचे के कड़ों से कस दिया जाता था। महावीर सिंह को भी इसी तरह फ्रेम के साथ, जिसे जेल की भाषा में टिकटिकी कहते हैं, बाँध दिया गया।

सुपरिंटेंडेंट अपने पूरे अमले के साथ मौजूद था। जेल के वार्डर और कैदी वार्डर एक तरफ लाइन बाँधे खड़े थे। एक तगड़ा वार्डर हाथ में, लपलपाता हुआ बेंत— जिसे अभी-अभी पानी से निकालकर लाया गया था— काम आरम्भ करने के आदेश की प्रतीक्षा कर रहा था। सामने खड़े चीफ वार्डर ने सुपरिंटेंडेंट की ओर देखा, उसने गर्दन

हिलाकर स्वीकृति दी। चीफ वार्डर ने गिनती आरम्भ की 'एक'! वार्डर दो कदम पीछे हटा, उसके हाथ का बेंत हवा में लहराया, शां... की आवाज के साथ हवा को चीरता हुआ महावीर सिंह के शरीर पर पड़ा और उस स्थान की खाल उधेड़ गया। महावीर सिंह ने ऊँचे कंठ से नारा लगाया–'इन्कलाब जिन्दाबाद'। गिनती आगे बढ़ती गई और हर गिनती के साथ बेंत हवा में लहराकर उनके नितम्बों पर पड़ता गया। खाल उधड़ती गई, जिन्दा गोश्त के रेशे हवा में छितरते गए, ताजे खून की फुहार से नीचे की जमीन लाल होती गई, महावीर सिंह के कंठ से निकलता 'इन्कलाब जिन्दाबाद' का नारा हर गिनती के साथ तीव्र से तीव्रतर होता गया और बेजान पत्थरों की हर दीवारें हर नारे को उसी रूप में प्रतिध्वनित करती गईं। और जब तीस की गिनती पूरी हो गई तो अस्पताल के कुछ लोगों ने उन्हें टिकटिकी से उतारा और स्ट्रेचर पर डालकर अस्पताल ले जाना चाहा। लेकिन महावीर सिंह ने स्ट्रेचर पर लेटने या किसी का सहारा लेने से इनकार कर दिया। उन्होंने सुपरिंटेंडेंट की ओर देखकर जेल को कँपा देने वाली आवाज में एक बार फिर 'इन्कलाब जिन्दाबाद' का नारा लगाया और उन्नत भांत टहलते हुए अपने अहाते में चले गए। सुपरिंटेंडेंट भी सर झुकाए धीमी चाल से चुपचाप अपने दफ्तर की ओर चल दिया— जैसे बेंत महावीर सिंह के नहीं, उसी के लगे हों।

जनवरी 1933 में उन्हें उनके कुछ अन्य साथियों के साथ मद्रास से अंडमान (काला पानी) भेज दिया गया। उन दिनों अंडमान जेल में कैदियों की हालत बड़ी खराब थी। वहाँ इनसान को जानवर से भी बदतर बनाकर रखा जाता था। अस्तु, सम्मानजनक व्यवहार, अच्छा खाना, पढ़ने-लिखने की सुविधाएँ, रात में रोशनी आदि माँगों को लेकर सभी राजनीतिक बन्दियों ने 12 मई, 1933 से अनशन आरम्भ कर दिया। उससे पूर्व इतने अधिक बन्दियों ने एक साथ इतने दिनों तक कहीं भी अनशन नहीं किया था।

अनशन के छठे दिन से ही अधिकारियों ने बलपूर्वक दूध पिलाने का कार्यक्रम आरम्भ कर दिया। आधे घंटे की कुश्ती के बाद दस-बारह व्यक्तियों ने मिलकर महावीर सिंह को जमीन पर पटक दिया और डॉक्टर ने एक घुटना उनके सीने पर रखकर नली नाक के अन्दर डाल दी। उसने यह देखने की भी परवाह नहीं की कि नली पेट में न जाकर महावीर सिंह के फेफड़ों में चली गई है। अपना फर्ज पूरा करने की धुन में पूरा एक सेर दूध उसने फेफड़ों में भर दिया और उन्हें मछली की तरह छटपटाता हुआ छोड़कर अपने दल-बल के साथ दूसरे बन्दी को दूध पिलाने चला गया। यह घटना 17 मई, 1933 की शाम की है।

पास की कोठरियों में बन्द दूसरे साथियों ने, जो उन्हें बरामदे में मरते हुए देख सकते थे लेकिन उन तक पहुँचने में असमर्थ थे, शोर मचाना शुरू किया। शोर सुनकर डॉक्टर उन्हें देखने वापस आया लेकिन उस समय तक उनकी हालत बहुत ही खराब हो चुकी थी। उन्हें अस्पताल ले जाया गया जहाँ रात के बारह बजे के बाद आजीवन देश की आजादी के लिए लड़ते रहने का व्रत लेकर चलने वाला हमारा वह साथी

हमें छोड़कर हमेशा के लिए चला गया। अधिकारियों ने चोरी–चोरी उनके शव को समुद्र की लहरों के हवाले कर दिया। उनके बाद उस अनशन में हमारे दो और साथी (मोहित मित्र और मोहन किशोर) भी शहीद हुए।

अनशन समाप्त हो जाने के बाद साथी जयदेव कपूर को महावीर सिंह की एक नोटबुक मिली थी। कपूर के ही शब्दों में उसके पहले ही पन्ने पर उनकी एक बहुत प्रिय पुश्किन की छोटी–सी कविता लिखी थी जो सर्वथा उनके उपयुक्त थी। वह कविता और उसका हिन्दी रूपान्तर नीचे दे रहा हूँ। इससे महावीर सिंह के विप्लवी जीवन को समझने में काफी सहायता मिलेगी। कविता इस प्रकार थी—

I know destruction awaits him,
Who first rises
Against the oppressors yoke,
My fate is sealed and closed,
But tell me where and when
Without victims
Was ever freedom won?
For my native land I perish
I feel it and I know it
And in my heart O Holy father
My fat star
I bliss!

अर्थात्—

मैंने देखा मृत्यु निमन्त्रण
उसके द्वारे आया,
अत्याचारी से आगे बढ़
जो पहले टकराया,
बन्द हो गया है मेरा भी
आज भाग्य का द्वार,
लेकिन कहो बिना बलि किसने
पाया आजादी उपहार?
मातृभूमि के लिए खुशी से देता हूँ मैं प्राण,
इसका मुझको है पूर्ण ज्ञान, यह मेरा अनुमान।
और पिता! मैं अपने दिल से,
महानाश के उस सुन्दर नक्षत्र राशि की
पूजा करता हूँ,
वरता हूँ!

महावीर सिंह के कपड़ों में हमें उनके पिता का एक पत्र भी मिला था। वह पत्र उन्होंने महावीर सिंह के अंडमान से लिखे प्रथम पत्र के उत्तर में लिखा था। पत्र का सारांश इस प्रकार था :

> "इस टापू पर सरकार ने देशभर के जगमगाते हीरे चुन-चुनकर जमा किए हैं। मुझे खुशी है कि तुम्हें उन हीरों के बीच रहने का मौका मिल रहा है। उनके बीच रहकर तुम और चमको, मेरा तथा देश का नाम और अधिक रोशन करो, यही मेरा आशीर्वाद है।"

आज जिस आजादी का उपभोग हम कर रहे हैं उसकी भव्य इमारत की बुनियाद डालने में महावीर सिंह और उन जैसे कितने ही ज्ञात तथा अज्ञात क्रान्तिकारियों ने अपना रक्त और मांस गला दिया था। किसी भी देश में महावीर सिंह जैसे बहादुर देशभक्त और उनके पिता जैसी महान आत्माएँ रोज-रोज जन्म नहीं लेती। उनकी यादगार हमारे गौरवपूर्ण इतिहास की पवित्र धरोहर है। क्या हम उसका उचित सम्मान कर रहे हैं?

शहीद महावीर सिंह

विजय कुमार सिन्हा

विजय कुमार सिन्हा ने अंडमान में अपने साथी महावीर की शहादत के हालात पर अपनी अंग्रेजी पुस्तक *'In Andemans : the Indian Bastille'* में विस्तारपूर्वक प्रकाश डाला है।

सबसे पहले उन्होंने इस तथ्य को उभारा है कि सरकार ने कोई दस साल पहले 'कारडियू' (Cardew) कमेटी की सिफारिशों के तहत काले पानी (सेलुलर जेल, पोर्ट ब्लेयर, अंडमान) में राजसी बन्दियों के भेजने पर रोक लगा दी थी। इसके बावजूद सरकार ने 1932-33 में 100 के करीब 'दहशत पसन्दों' को वहाँ भेजने का फैसला किया; स्पष्ट ही था हमारे केस वाले उम्र कैदी तो वहाँ जाएँगे ही। वैसे हम सबको इकट्ठे वहाँ भेजने की अपेक्षा एक समय में तीन-तीन, चार-चार को वहाँ भेजा गया। इस प्रकार महावीर सिंह, डॉ. गयाप्रसाद, बटुकेश्वर दत्त, कमलनाथ तिवारी और कुन्दन लाल को जनवरी 1933 में अंडमान भेजा गया था। वहाँ उन्होंने कुछ दिन तो इस जेल की कठिनाइयों से मुक्त रहकर गुजारे; सुबह से शाम तक अपने साथियों के साथ बातचीत करते, उन्हें ऐसा लग रहा होगा कि वे यहाँ तो केवल मेल-मिलाप करने ही आए हों। जो नए साथी वहाँ उनके संपर्क में आए उनमें एक बीस साल से भी कम उम्र का नवयुवक, हरीपद भट्टाचार्य था जिसकी इस जेल में तशद्दुद के कारण एक आँख जा चुकी थी। इसी तरह बिमल दास गुप्त थे जिनके शरीर पर ऐसे ही पक्के दाग थे; बल्कि इस जेल में कितने ही और भी ऐसे क्रान्तिकारी साथी मिले, जो यहाँ रहते हुए बहुत बड़े-बड़े कष्ट सह चुके थे।

बस ये कुछ दिन तो ऐसे ही गुजरे, फिर शुरुआत हुई काले पानी के घिनौने जीवन की। यहाँ आने से पहले भी उन्हें मालूम तो था कि वहाँ क्या भाव बिकती है, और यहाँ आकर ही पता चला कि वह सब कुछ सच ही था जो उन्होंने 1914-15 के गदर पार्टी वालों से तब सुना था जब वे लाहौर सेन्ट्रल जेल में थे; विशेष रूप से गदर पार्टी के पहले प्रधान बाबा सोहन सिंह भकना से, जो बुजुर्ग होते हुए भी हम नवयुवकों की भूख हड़ताल में शामिल हुए थे। ये गदरी शूरवीर वे थे जो सिर पर कफन बाँधकर हजारों की संख्या में कनाडा, अमेरिका की कमाई सम्पत्ति को ठोकर मारकर प्रथम विश्व युद्ध के दौरान आजादी की लड़ाई में कूदे थे। आखिर पकड़े गए। कई को फाँसी हुई, कई को उम्र कैद; तथा पचास को उम्र कैदी बनाकर दिसम्बर 1915 में काले पानी

भेज दिया। उन्होंने अपनी एकता और इच्छा शक्ति के बल पर जेली अत्याचार का डटकर विरोध किया, जिसके दौरान उनमें से आठ वहीं शहीद हो गए, लेकिन जीत उनकी ही हुई, जो 1922 में काले पानी में राजसी बन्दियों को अंडमान भेजने पर लगाई गई रोक के रूप में थी।

उन पर ढाए गए जुल्मों में हफ्तों भर कम खुराक, लगातार खड़े रखने वाली बेड़ियाँ, किसी न किसी बहाने वहशीयाना पिटाई, बिना बिस्तरे के सर्दी में रात बितानी, कोल्हू चलाना आदि शामिल थे। सो, हम जैसे नए साथियों ने भी वहाँ उन्हीं बुजुर्गों की परम्परा को कायम रखने की ठान रखी थी। फिर वही हुआ; जिस प्रकार उन्हें दु:ख तकलीफ उठाने पड़े उसकी कोई सीमाएँ ही नहीं थीं। इन सभी नए आए बन्दियों की कुल संख्या लगभग एक सौ थी। इनको दो और तीन नम्बर अहातों में रखा गया था। यह शायद दुनिया भर में एक ही ऐसी जेल है जिसमें सारे के सारे कैदी अकेले-अकेले ऐसी गुफाओं में रखे जाते हैं जहाँ वे चीखकर भी साथ वाले को नहीं बुला सकते। इन गुफाओं में दिन के समय भी न तो सूर्य की किरण और न ही सूर्य की रोशनी पहुँचती थी। और तो और वहाँ वर्षाओं की अधिकता के कारण यहाँ से सिल्ह (सेजल) जाती ही नहीं थी जिसके कारण कीड़े-मकोड़े, मच्छरों व बिच्छुओं की भरमार रहती थी। मलेरिया बुखार तो मामूली बात थी। सर्दियों की लम्बी ठंड तो जैसे बीतने का नाम ही नहीं लेती थी।

बार-बार कहने के बावजूद भी लालटेनें नहीं दी जाती थीं, जैसे ये भी कोई ऐयाशी वाली चीज हों। रात को सोते समय एकाएक पागलों की तरह चीख उठते जब कोई बिच्छू आदि उनको काट लेता। ऐसे समय में यदि कोई उनकी सहायता को आ सकता था तो वह था उस हिस्से का वार्डन (Warden) जो एक लैंटरन के साथ ड्यूटी पर होता था। लेकिन ये लोग भी अपने अफसरों की तरह ही कैदियों को हर प्रकार से कष्ट पहुँचाने में ही गर्व महसूस करते थे।

इस तरह की ठहरने वाली जगह की कठोरता रही-सही कसर भी निकाल देता वहाँ का मौसम। यह पूर्ण रूप से इनसानी सब्र का दुश्मन और हद से ज्यादा बेचैनी पैदा करने वाला था। साल में से नौ मास तो लगातार वर्षा ही होती रहती थी। कई-कई सप्ताह सूर्य दिखाई ही नहीं देता था। ठंडी हवा के झोंके और निरन्तर बूँदाबाँदी नाक में दम किए रखती थी। हमारे साथी इन अँधेरी गुफाओं के किसी एक कोने में घंटों सिमट कर बिताते थे। और तो और उनकी एक ही मनभाती चीज भाव पुस्तकें भी उन अँधेरी गुफाओं में पढ़ नहीं पाते थे।

चारों ओर समुन्द्र से घिरे हुए इस छोटे से टापू में, वहाँ के रहने वालों को पीने का पानी भी मुश्किल से उपलब्ध होता है और फिर ये तो ठहरे जलावतन कैदी। सरकार इन 'मामूली' सी बातों पर क्या ध्यान देती जो इनसानी जिन्दगी की 'जि़न्दगी' हैं। पानी बहुत कम और कभी-कभार ही मिलता। इस पानी से उन्हें खाना बनाना और नहाना-धोना होता था। नहाना तो कभी ही जाकर नसीब होता था। दो अहातों में केवल दो

ही पानी के नल थे। अगर, फिर भी, कोई कसर बाकी रह जाती तो पानी में कई प्रकार की मिलावटों के कारण पेट की बीमारियाँ कैदियों का पीछा ही नहीं छोड़ती थीं।

अब जहाँ तक डॉक्टरी सहायता का सवाल है 'चुप' ही भली होगी। यह तो ना होने के बराबर से ज्यादा कुछ भी नहीं थी। जिन छोटे कर्मचारियों को इस काम के लिए लगाया जाता था, कैदी उनको उनके बर्ताव के कारण 'घोड़ा डॉक्टर' कहा करते थे। ये चिकित्सा 'माहिर' अति सीमित दवाइयों को ही 'सर्वरोग समर्थ' मानकर रोगी कैदियों को दे देते थे, भले ही बीहमारी कैसी भी और कितनी ही गम्भीर क्यों न हो। जो कोई कैदी कम्पाउन्डर (Compounder) होता वह कोई रंगदार तरल लोहे के गिलास में डालकर कैदी को पीने के लिए दे देता। ज्यादातर कैदियों ने तो ऐसे 'डॉक्टरों' की सहायता लेने का संकल्प ही छोड़ दिया था।

दूसरी ओर जहाँ तक असली डॉक्टरों का सम्बन्ध था, वे भी किसी तरह की इनसानी हमदर्दी को, जहाँ कि उसका सम्बन्ध कैदियों से हो, अपनी शान के खिलाफ़ ही समझते थे। वास्तव में वे भी जेल व्यवस्था में रहते-रहते उसी मानसिकता का शिकार हो चुके थे जैसी कि जेल के अफसरों की थी। हम में से जब कभी कोई साथी उनका ध्यान जेल के घातक वातावरण की ओर आकृष्ट करने की चेष्टा करता तो डॉक्टर एक कान से भी नहीं सुनते थे। कुल मिलाकर वे जेली अफसरों की हाँ में हाँ मिलाने में ही विश्वास रखते थे।

हमें जो कुछ खाने के रूप में खाना पड़ता था, जीवन भर भी वे उसको भूल नहीं पाएँगे। सवेरे पहले हमें पानी में उबाले हुए घटिया से घटिया किस्म के चावलों का एक प्याला भर 'नाश्ते' के रूप में दिया जाता था जिसमें पूरा नमक डालने से भी संकोच किया गया होता था। इस 'लुभावने' नाश्ते को खाने से भी कई बार इसलिए वंचित रहना पड़ता था, क्योंकि जब इसमें मरे हुए कीड़े-मकोड़े नजर आ जाते, तब भूख बिना पंख लगाए ही उड़ जाती थी। दोपहर को चावल-चपाती दाल-सब्जी के साथ दी जाती थी। वहाँ सब्जी के रूप में कैदियों को कुछ हरे पत्ते जिनको निगला भी नहीं जा सकता था, उबालकर दिए जाते थे। जहाँ तक दाल का सम्बन्ध था वह बरसात के गंधले पानी जैसी ही होती थी अतएव जिसमें दाल के दाने मुश्किल से ही नजर आते थे। रोटी और चावल के भी क्या कहने! दाल, आटा-चावल भारत की धरती पर जहाजों से आता था जिसके लम्बे समय तक पड़े रहने की वजह से इन में कीड़े-मकोड़े पैदा हो जाते थे। चपातियों में मौजूद इन मरे हुए कीड़ों की वजह से उसको खाने से उल्टी-सी आ जाती थी। यही हालत चावलों की थी। बस इनको देखकर ही भूख गायब हो जाती थी। आखिर हमारे साथियों ने इनको बिना देखे ही खाने की कोशिश की थी। कई तो बीच में ही खाना छोड़कर चुपके से चले जाते थे; यह ज्यादातर वे नौजवान थे जो खाते-पीते परिवारों से होते या फिर कुछ समय पहले ही यहाँ आए होते थे। परन्तु कोई भी साथी जुबान से कुछ नहीं कहता था ताकि जो साथ वाले खाना खा रहे हों, उनका मन खराब न हो। लेकिन आखिर कब तक? रात का खाना भी दोपहर वाले खाने जैसा ही होता था।

जहाँ तक 'मुशकत' का सवाल है, इन साथियों ने हिन्दुस्तान की विभिन्न जेलों में रहते हुए कभी सख्त 'मुशकत' नहीं की थी। परन्तु यहाँ उनको नारियल के रेशे कूट-कूटकर रूई जैसा नर्म बनाने के योग्य समझकर उन्हें यह जटिल काम सौंपा गया; और वह भी बड़ी मात्रा में। पूरा काम न करने पर सख्त सजाओं का डरावा दिया जाता।

हरेक राजसी बन्दी कुछ न कुछ सभ्याचारक गतिविधियों को अपनी जीवन शैली का अटूट अंग समझता था चाहे वह कितनी भी कठोर अवस्था में क्यों न रह रहा हो। पढ़ना-लिखना व दुनियाभर के समाचारों से अवगत होना उसके लिए इतना ही आवश्यक होता था जैसा कि खाना-पीना। सरकार उनकी इस कमजोरी को भाँपते हुए, ऐसी व्यवस्था करने से नहीं चूकती थी जिससे इनको कोई भी ऐसी चीज न पहुँच पाए, जो बाहर के हालात से इनको अवगत करा सके; खास तौर से अखबार को तो उनके पास फड़कने भी नहीं दिया जाता था।

ऐसे हालात में खेल-कूद जैसी किसी दिल्लगी का तो संकल्प भी नहीं किया जा सकता था। यहाँ तक कि उनको अपने अहाते से बाहर आने-जाने से भी रोका जाता था। चारों ओर मोटे टीन की ऊँची-ऊँची चादरों की दीवारें बना रखी थीं ताकि बाहर दूर तक कोई कैदी देख भी ना पाए। इनको आपस में मिलने भी नहीं दिया जाता था। शाम को इनका मन अहाते के अन्दर घूमने फिरने का होता तो वह भी उपलब्ध नहीं था क्योंकि सूर्य के अस्त होने से बहुत पहले ही इनको कोठरियों में बन्द कर दिया जाता था। हिन्दुस्तान की दूसरी जेलों की बैरकों के अन्दर तो कैदी कुछ देर टहल सकता है, लेकिन यहाँ की तंग कोठरियों में इसकी बिलकुल भी गुंजाइश नहीं थी, खासकर जब किसी समय भी बिच्छू आदि के ऊपर पाँव पड़ जाने का डर रहता हो।

हम इस जेल में आए थे बाहर से कोई भी डाक हम तक नहीं पहुँच सकती थी। जो भी चिट्ठी उनको भेजी जाती थी वह उन तक कभी पहुँचती ही नहीं थी। उच्च अधिकारियों का कठोर बर्ताव रही-सही कसर निकाल देता जैसे वे किसी रोक-टोक के बगैर कैदियों से 'बदला लेने' की ही ताक में हों। और जो बात और भी अधिक चुभने वाली थी वह थी उनकी असभ्य भाषा, जिसके द्वारा वे हम बन्दियों को सम्बोधित करते थे। बेशक, हमारे कई साथी 'जैसे को तैसा' जवाबी वार भी कर देते थे, लेकिन लगता था जैसे इन अफसर लोगों को हमारे जैसे को जलील करने में ही 'परम् आनन्द' आता हो।

ऐसी परिस्थितियों के बीच जब हमारे साथी मद्रास से समुन्द्री जहाज पर सवार होकर यहाँ पहुँचे तो जेल अधिकारियों के साथ टक्कर तो टल ही नहीं सकती थी, परन्तु कुछ पुराने अनुभवी साथियों ने हमें सुझाव दिया कि इस जगह में हमारी फरियाद सुनकर हमदर्दी जताने वाला कोई नहीं है, जोकि हिन्दुस्तान की दूसरी जेलों में बाहर के लोग वास के दौरान हमारे पक्ष में खड़ा होते थे; यहाँ का कोई भी समाचार समुन्द्र के उस पार बैठे हमारे हमवतनों तक नहीं पहुँच पाता। इसलिए कोई भी संघर्ष अति कठोर व लम्बे समय तक चलने वाला ही होगा। अतः जल्दबाजी में कदम उठाना ठीक

नहीं होगा। अब जब ये लोग ठंडे दिमाग से सोचते तो यह सब कुछ ठीक सा लगता परन्तु कई बार बहुत बड़ी भड़काहट उनके सब्र की दीवार को गिराने आती तो फिर उन्हें मुश्किल से ही रोका जा सकता था।

सब्र की कोई हद होती है; वक्त गुजरने पर लगभग सभी साथी यह अनुभव करके विचार करने लगे कि संघर्ष के सिवाय और कोई दूसरा विकल्प रह नहीं गया है, परन्तु किस ढंग से और किस रूप में टक्कर ली जाए यह निर्णय लेना भी कोई आसान काम नहीं था। हममें से तीन नम्बर वार्ड वालों के हालात तो और भी कठोर थे।

मद्रास से नई टोली के आगमन के पश्चात हालात ने नई करवट ली। हिन्दोस्तान की जेलों में कमलनाथ तिवारी, बटुकेश्वर दत्त और दूसरे साथियों को कई बार लम्बी भूख हड़ताल करनी पड़ी थी। लाहौर की उस ऐतिहासिक भूख-हड़ताल जो उन्होंने शहीद जतिन दास के साथ की थी, ने जनता की भावनाओं को इतना उकसाया था कि सरकार को भी झुकना पड़ा था। अत: बात चल पड़ी, भूख हड़ताल पर जाने की। कई दिनों तक निरन्तर बहस चलती रही। विभिन्न मुद्दे विचारे गए— माँगें कौन सी हों; भूख हड़ताल के कार्य को कैसे चलाया जाए, कैसे हालात में हड़ताल वापिस लेने पर कौन से हालात में गौर किया जाए और कौन-कौन सी शर्तों पर इसे समाप्त किया जाए। इन सब मुद्दों पर खूब जमकर बहस चलती रही क्योंकि हमें यह मानकर चलना था कि हमारी लड़ाई लम्बी होगी और अन्तिम विजय प्राप्त करने के लिए कुछ साथियों का बलिदान देना होगा। यह सोच-विचार ऐसा ही था जैसा कि हम मरने-मारने को तैयार फौजी-सिपाही हों। वे साथी भी जो चुप रहना ही पसन्द करते थे वे भी इसमें खुलकर अपने विचार रखते थे। एक प्रारम्भिक समस्या यह थी कि दो नम्बर वार्ड वाले साथियों के साथ मेल-मिलाप और सलाह-मशविरा कैसे किया जाए। इसका हल तो हमने अपने बिमार साथियों के माध्यम से निकाल लिया; क्योंकि अस्पताल में दो और तीन नम्बर वाले वार्डों के मरीज इकट्ठे ही रखे जाते थे। लगभग हर रोज कोई न कोई साथी अस्पताल से छुट्टी पाकर वापिस आता, और इसी तरह कोई नया साथी वहाँ दाखिल हो जाता। इस प्रकार 'बीमार' साथी हमारे आपस में सम्पर्क रखने का साधन बन गए।

जब इन मुद्दों पर बहस चल रही थी तो उस दौरान कुछ राजनीतिक परिस्थितियों का उल्लेख भी होता था; खास तौर पर आने वाले दिनों में सरकार और कांग्रेस पार्टी में कोई बीच-बचाव वाला समझौता होने की सम्भावना, जिसकी रोशनी में राजसी कैदियों का मुद्दा भी उभर सकता था। कुछ साथियों का यह मत था कि कुछ देर के लिए संघर्ष को टाल ही दिया जाए ताकि स्थिति स्पष्ट हो जाए। दूसरी ओर वे साथी भी थे जो 'अभी नहीं तो कभी नहीं' के पक्ष में थे; "हमारे पर ज्यादती हो रही है, हमें घुट-घुट कर मरने की बजाय इस चुनौती को स्वीकार करना चाहिए और मरते दम तक अपने स्वाभिमान की रक्षा के लिए कमर बाँध लेनी चाहिए।"

आखिर जब संघर्ष के पक्ष में निर्णय ले लिया गया तो हड़ताल को ठीक ढंग से

चलाने के लिए तीन साथियों की एक कमेटी का गठन किया गया। लिखित रूप में सरकार को अपनी कार्यवाहियों से अवगत कराते हुए अपनी माँगें प्रस्तुत की गईं। कुछ देर जवाब की प्रतीक्षा भी की गई परन्तु कोई जवाब न तो आना था न ही आया। इतना जरूर हुआ कि जेल सुपरिंटेंडेंट ने चीफ कमिश्नर के इशारे पर हमें कुछ गोल-मटोल से भरोसे का प्रयास किया। हम सबके लिए यह कोई नई बात नहीं थी। सो, आखिर हमने सरकार को चेतावनी ही तो दी थी।

अब इन बन्दियों की खुशी का कोई ठिकाना नहीं था; वे संघर्ष शुरू करने की घड़ियाँ गिन रहे थे। एक-दूसरे को उत्साह के साथ मिलते व अक्सर मुस्कराते हुए दिखाई देते। क्या उनके इन्तजार की घड़ियाँ सच में ही गुजर चुकी थीं ? वे अब आगे बढ़ने को बेताब थे।

योजना अनुसार एक दिन तैंतीस साथियों ने भूख हड़ताल शुरू कर दी। यह मई 1933 के दिन थे। उस दिन और भी साथी हड़ताल में शामिल होना चाहते थे, परन्तु उनको कुछ इन्तजार करने का सुझाव दिया गया।

संघर्ष शुरू हो चुका था। जेल अफसर इधर-उधर भाग दौड़ कर रहे थे। वे इस सामूहिक हड़ताल से कुछ बौखलाए नजर आते थे। उन्होंने जो पहला कदम उठाया, वह भूख-हड़तालियों को पाँच नम्बर वार्ड की पहली और दूसरी मंजिल की कोठरियों में रखने का था। तीन साथियों— कमलनाथ, बटुकेशवर दत्त और जोगिन्द्र शुक्ला को एक-दूसरे से और बाकी साथियों से इतना दूर-दूर रखा गया कि चीखकर भी एक-दूसरे को न बुला सकें। इनको जेल वाले इस लड़ाई के नेता समझते थे। कुछ दिन के पश्चात् एक चौथे साथी के साथ भी ऐसा ही व्यवहार किया गया। दो महीने तक लगातार उनको अँधेरी कोठरियों में हम सबसे, और आपस में से अलग-थलग रखा गया। भूख हड़ताल के बारे में उड़ती-उड़ती खबर भी कहीं शायद ही पहुँच पाती हो। कठोर व्यवहार उन साथियों के साथ भी किया गया जिन्होंने *मशक्कत* न करने की भी हड़ताल की हुई थी। उनको तीन नम्बर में रखा गया था; और इतना ही नहीं उनको भारी बेड़ियों में जकड़ दिया गया था। कोठरी में जो थोड़ी बहुत उनके इस्तेमाल की चीजें— जैसे कम्बल, लेटने वाला तख्ता, कमीज आदि थीं, वे भी उठा ली गई थीं। नम्बर दो वाले बन्दी जिनको कुछ को जिन छोटी-मोटी सुविधाओं से नवाजा गया था, वे भी वापिस ले ली गईं, अत: वे अब तीन नम्बर वालों की श्रेणी में आ गए, जिसका उन्होंने स्वागत ही किया, क्योंकि उन्हें ये 'रियायतें' उनकी रजामन्दी लिए बगैर ही दी गई हुई थीं।

जेल के डॉक्टरों को भी कुछ सूझ नहीं रहा था; उन्हें किसी ऐसी भूख हड़ताल से यहाँ कभी पाला नहीं पड़ा था। परन्तु उनका बड़ा अंग्रेज मेडीकल अफसर लापरवाही के अन्दाज में घूमता-फिरता नजर आता था। उसका मत था कि वह हमको इन (राजसी बन्दियों को) 'सबक सिखाएगा'। जेलों में भूख-हड़ताल के दौरान जबरी खुराक देने का प्रयास देर से ही किया जाता है जब कि भूख हड़ताली कैदी इतना दुर्बल हो चुका होता है कि वह रुकावट डालने की योग्यता लगभग खो ही चुका होता है। जतिन दास

की (13.9.1929) की शहीदी के पश्चात् देश भर की जेलों के इन्स्पेक्टर जनरलों ने इकट्ठे बैठकर ऐसी परिस्थितियों से निबटने के तौर तरीकों की रूप-रेखा प्रस्तुत की थी। परन्तु अंडमान में तो छठे दिन ही जबरी खुराक देनी शुरू कर दी। डॉक्टर अलग-अलग टुकड़ियों में बँटकर पठान कैदियों के लाव-लश्कर के साथ सवेरे-सवेरे ही कैदियों की कोठरियों में दाखिल होकर अपनी कार्रवाई शुरू कर देते।

महावीर सिंह के साथ क्या बीती

दो डॉक्टर, अपनी पठान कैदियों टोली के साथ यू.पी. के इस हृष्ट-पुष्ट 'ठाकुर' के पास पहुँचे। यह हम सबसे ताकतवर था— चौड़ी छाती, लम्बा कद, अभी-अभी बढ़ाई हुई लम्बी दाढ़ी किसी भी देखने वाले को उसमें हमारे पारम्परिक राजपूत बहादुरों का रूप ही नजर आता था, जिनकी वीर गाथाएँ बच्चे-बच्चे की जुबान पर थीं। वह जन्म से ही एक सिपाही था और पहली नजर में ही इसकी झलक स्पष्ट दिखाई पड़ती थी। उसके शारीरिक बल का लोहा हम सब जेल से बाहर रहते हुए ही मान चुके थे।

अब डॉक्टरों के लिए महावीर को काबू करना मुश्किल ही दिखता था। लाहौर जेल में भूख-हड़ताल के दौरान हम में से कुछ तो ऐसा करते थे कि ज्यों ही नाली नाक या गले के अन्दर जाती तो खाँसकर उसको बाहर निकाल, अपने दाँतों में जकड़ लेते। परन्तु जिनके नाक चौड़े थे उनमें मोटी नाली डाली जाती, जो उपरोक्त ढंग से दाँतों में पकड़ी नहीं जा सकती थी। ऐसे साथियों को तो फिर अपने शारीरिक बल का प्रयोग करके सीधी टक्कर ही लेनी होती थी। यही होता था महावीर सिंह के साथ। वह जेल अधिकारियों को देखते ही कोठरी के दरवाजे में खड़ा होकर उनका रास्ता ही रोक लेता। फिर भरपूर दंगलबाजी के पश्चात् उसको काबू में करके जबरदस्ती खुराक दी जाती थी। एक रोज किसी साथी ने सम्बन्धित जेल कर्मचारी को एक-दूसरे को महावीर सिंह के बारे में यह कहते हुए सुना कि 63 दिन की भूख-हड़ताल के दौरान एक दिन भी ऐसा नहीं रहा होगा जबकि हमें इसे खुराक देने में आधे घंटे से कम समय लगा हो। पठानों की लम्बी पकड़-दकड़ के पश्चात् वह थक टूटकर जमीन पर गिर गया तो डॉक्टरों को ख्याल आया कि वे अब उसको जबरी खुराक देने में सफल हो जाएँगे। परन्तु उनको क्या पता था कि महावीर तो 'महावीर' है। यह उसकी आठवीं या नौंवी भूख हड़ताल थी। उसको डॉक्टरों की हर चाल को असफल करने के कई दाँव-पेच आते थे। कोई माहिर शायद ही उसको मात दे सकता था; परन्तु ये डॉक्टर तो इस मामले में लगभग अनाड़ी ही थे। शुरुआत ही उनकी बेढंगी सी थी। जब रबड़ की नाली उनके नाक में डाली गई तो महावीर ने जबरदस्त विरोध किया और खाँसना शुरू कर दिया। यह नाली फिसलकर साँस लेने वाले रास्ते में चली गई। उसी समय ऊपर से दूध डाल दिया गया जो सीधा फेफड़ों में जा पहुँचा। केवल यह एक भूख हड़ताली ही जानता है कि ऐसी हालत में खामोश रहने के लिए कितना सब्र और हौंसला जुटाना होता है,

जबकि ऐसा करना (चुप रहना) मृत्यु को निमन्त्रण देने के तुल्य होता है। 'परन्तु क्या उन्होंने पहले दिन से यह निश्चय नहीं कर लिया था कि हम में से किसी के अन्तिम बलिदान से ही विजय प्राप्त होगी?' महावीर भी इस प्रक्रिया में शामिल था और इस दिशा में वह हम सभी की अगवाई ही तो कर रहा था। अभी जबरी खुराक की कारवाई पूरी हुई ही थी कि यकायक उसकी नब्ज की गति बिलकुल रुक गई और वह बेहोश हो गया। उसके फे फड़ों में दूध भर गया था। डॉक्टरों को स्थिति की गम्भीरता का भी अनुभव नहीं था, फिर भी वे महावीर को स्ट्रैचर पर डालकर अस्पताल ले गए। जब आस-पास वाली कोठरियों वाले साथियों ने यह सब कुछ देखा तो ऊँचा-ऊँचा चीखकर बाकी साथियों को भी सावधान कर दिया। उन सब ने चीख-चीख कर डॉक्टरों से महावीर के बारे में पूछना चाहा, परन्तु उत्तर नहीं मिला। केवल एक मात्र वार्डन जो डयूटी पर था उसने आकर कहा, "बाबू आप लोगों का भाई बीमार हो गया है।" परन्तु यह कोई जवाब थोड़े ही था। साथियों की अन्तरात्मा बता रही थी कि महावीर हमेशा के लिए उन्हें छोड़कर जा रहे हैं। क्या हमें उसको क्रान्तिकारी विदाई अभिवादन देने का अवसर मिलेगा? चार वर्ष पूर्व जब जतिन हमारे से जुदा हुआ था तो हमें यह सौभाग्य तो प्राप्त हुआ था ही। जतिन ने अपने अन्तिम साँस हमारी गोद में ही लिए थे, जिसके संग हमने विजय या मृत्यु की प्रतिज्ञा की थी। उसके पास उसका और कोई भाई-बंधु नहीं था। बस हम ही उसके सब कुछ थे। हमें जेल के फाटक तक उसकी अर्थी उठाने की आज्ञा भी दे दी गई थी, जहाँ कोई एक लाख लोगों का समूह नंगे सिर, खामोशी से उसे श्रद्धांजलि भेंट कर रहा था।

लेकिन यहाँ के पत्थर दिल प्रभुओं के अपने ही मापदंड थे। युद्ध के दौरान किसी किस्म की दरियादिली का विचार उन्होंने कभी पास भी नहीं फटकने दिया था। हम लोगों को महावीर की मृत्यु की खबर तक भी नहीं दी गई। सारा दिन हमने बेचैनी में ही बिताया। शाम को हमें विश्वास हो चुका था कि महावीर हमें छोड़कर चला ही गया है। वह अपने बुजुर्ग राम रक्खा के पाँव पर पाँव रखता हुआ विदा हो चुका था। यह वही रामरक्खा थे जो आज से 15 साल पहले बर्मा साजिश केस में आजीवन कारावास का दंड पाकर फरवरी 1918 को यहाँ पहुँचकर दो मास के अन्दर ही बिलकुल इसी तरह शहीद हुए थे। मुशक्त की हड़ताल पर गए हुए साथी तो बहुत ही उत्तेजित थे। जब उनको खाने के पश्चात कोठरियों में बन्द करने लगे तो उन्होंने बन्द होने से तब तक इनकार कर दिया जब तक कि उन्हें महावीर के बारे में पूरी जानकारी नहीं दे दी जाती। जेल अधिकारी दुविधा में थे। वे इन बन्दियों के तीखे तेवरों में किसी सम्भावी संकट का संकेत अनुभव कर रहे थे। यह भी नहीं था कि बन्दी इस बारे में बेखबर हों; वे इस बारे में कुछ विवाद भी कर चुके थे। आखिर जेल वालों ने बहुत बड़े बल प्रयोग के साथ इन्हें जबर्दस्ती कोठरियों में धकेल दिया। झड़पों में कई साथियों को चोटें भी आईं।

कैदी हर रोज शाम आठ बजे नारेबाजी किया करते थे। उस दिन नारों में कभी न भूल सकने वाली भावनाएँ थीं। नियमित समय से पहले सब के सब अपनी कोठरियों

के दरवाजों में खड़े, बेसब्री से आठ बजने की प्रतीक्षा कर रहे थे— बिलकुल चुपचाप। ज्यों ही जेल के घंटे ने आठ बजाय सारी जेल 'इन्कलाब जिन्दाबाद' के नारों से गूँज उठी। अभी गूँज ही रही होगी कि एक बार फिर वही कुछ हुआ। उनके सामने खुले समुन्द्र के दृश्य थे जिसके पीछे चीफ कमिश्नर के बंगले में बिजली के बल्ब टिमटमाते नजर आ रहे थे। तीसरी बार फिर 'इन्कलाब जिन्दाबाद'। इससे उनको कुछ राहत सी मिली। अपनी ओर से वे बिछुड़े हुए साथी को क्रान्तिकारी विदाई देते हुए महसूस कर रहे थे।

हमारे देश की जनता आजादी के संग्राम की राह पर चली थी। उसने विद्रोह का झंडा झुलाया था, जिसके साए में उनके कई वीरों ने अपने प्राणों की आहुति दी थी। आज महावीर भी उनमें जा मिला है। जब तक हमारी मंजिल नहीं आएगी और भी कई इस तरह कुर्बानी देते रहेंगे। उस दिन देश और जाति अपने शहीदों को याद करेगी। हमारा झंडा गौरव से लहराएगा। हमारे देशवासी विजय के नारे बुलन्द करेंगे, और 'इन्कलाब जिन्दाबाद, इन्कलाब जिन्दाबाद' ही सुनाई दे रहा होगा। ऐसी है हमारी क्रान्तिकारी संघर्ष की रूपरेखा— ऐसे विचारों की उधेड़बुन में हम सबने रात लगभग जागकर ही गुजारी होगी।

आज के दिन हमें यह निश्चित तौर पर मालूम नहीं कि महावीर के साथ उनके अन्तिम क्षणों में क्या बीती थी। जब हमारी भूख हड़ताल समाप्त हुई थी तो हमने यह सुना था कि उनके मृतक शरीर को पत्थरों से बाँध व जकड़कर बहुत सवेरे ही गहरे समुन्द्र में डुबो दिया गया था। किसी प्रकार की फूल-मालाएँ भेंट नहीं की गईं। वह मृतक शरीर जिसको कि जाति ने अमूल्य वस्तु मानकर श्रद्धा के सुमन अर्पित करने थे, बस समुन्द्री मछलियों के मुँह में ही गया होगा। हमें तो दो साल पहले भगत सिंह, राज़गुरु, सुखदेव के मृतक शरीर के साथ किए गए दुर्व्यवहार की भी याद आ रही थी।

अब तो संघर्ष और भी तेज हो गया और 'जिन्दगी और मौत' का दौर शुरू हुआ। महावीर की शहीदी के पश्चात तो हर दिन भूख हड़तालियों की संख्या में बढ़ोतरी होने लगी जो तेंतीस से पचास तक पहुँच गई। महावीर के पीछे दो बंगाल के छोटी उम्र वाले नवयुवक— मोहित और मोहन भी शहीद हुए। इस त्रिमूर्ति— महावीर, मोहित और मोहन के बलिदान के पश्चात् भी यह हड़ताल एक माह तक और चलती रही और अन्त में हमारी ही विजय हुई, परन्तु कितनी बड़ी कीमत चुकाकर!

(C) लाहौर षड्यंत्र केस का रिकार्ड

लाहौर षड्यंत्र मुकदमे की अदालत

लाहौर ट्रिब्यूनल
अध्यादेश नं. III, वर्ष 1930 के अन्तर्गत गठित

सत्ता (क्राउन) - शिकायतकर्ता
बनाम
सुखदेव एवं अन्य - अभियुक्तगण

निर्णय

इस ट्रिब्यूनल का गठन, 1930 के अध्यादेश नं. III की धारा 4 के अन्तर्गत, लाहौर षड्यंत्र कांड के नाम से जाने जानेवाले मुकदमे के अभियुक्तों की ट्रायल हेतु हुआ था। इस ट्रिब्यूनल की न्यायिक प्रक्रिया एवं शक्ति अध्यादेश में निर्देशित है एवं अभियुक्तों के नाम अनुसूची में दिए गए हैं।

अनुसूची में वर्णित चौबीस अभियुक्तों में से नं. 19— भगवानदास को ट्रायल के लिए नहीं भेजा गया जबकि नं. 20— चन्द्रशेखर आज़ाद उर्फ पंडितजी; नं. 21— कैलाशपति उर्फ कालीचरण; नं. 22— भगवती चरण; नं. 23— यशपाल, नं. 24— सतगुरदयाल, हमारे द्वारा रिकार्ड किए गए साक्ष्यों के अनुसार, फरार हैं। बाकी 18 अभियुक्तों में से 2 जिनके नाम आज्ञाराम उर्फ मास्टरजी नं. 2, और नं. 6 सुरिन्द्र नाथ पांडे उर्फ स्टोन, को आपराधिक प्रक्रिया संहिता की धारा 253 के तहत, ट्रिब्यूनल के आदेशानुसार दिनांक 10 जुलाई, 1930 को छोड़ दिया गया था। और एक तीसरे व्यक्ति बटुकेश्वर दत्त उर्फ बट्टु उर्फ मोहन को उसी तारीख को भारतीय प्रक्रिया संहिता की धारा 494 के अन्तर्गत छोड़ दिया गया। इस तरह 15 अभियुक्त बचे जिनके विरुद्ध आरोप गठित किए गए और जिनका मुकदमा इस फैसले द्वारा निस्पादित किया जाएगा।

इन अभियुक्तों के नाम हैं—

1. सुखदेव उर्फ दयाल उर्फ स्वामी उर्फ 'विलेजर'
2. किशोरी लाल रत्न उर्फ देवदत्त रत्न उर्फ मस्तराम शास्त्री
3. देशराज
4. प्रेमदत्त उर्फ मास्टर उर्फ अमृतलाल
5. जयदेव उर्फ हरीश चन्द्र

6. शिव वर्मा उर्फ प्रभात उर्फ हरनारायण उर्फ राम नारायण कपूर
7. गयाप्रसाद उर्फ डॉ. बी.एस. निगम उर्फ रामलाल उर्फ रामनाथ उर्फ देश भारत
8. महावीर सिंह उर्फ प्रताप
9. भगत सिंह
10. अजय कुमार घोष उर्फ निग्रो जेनरल
11. जतिन सान्याल (जतिन्द्र नाथ सन्याल)
12. विजय कुमार सिन्हा उर्फ बच्चू
13. शिवराम राजगुरु उर्फ 'एम'
14. कुन्दन लाल उर्फ प्रताप उर्फ नं. 1
15. कँवल नाथ त्रिवेदी उर्फ कँवल नाथ तिवारी।

इस न्यायालय में 5 मई, 1930 को मि. हेमिल्टन हार्डिंग (अभियोजन साक्षी. 1) द्वारा भारतीय दंड संहिता की धारा 121, 121-ए, 122 एवं 123 के अन्तर्गत दायर एक परिवाद पर सभी अभियुक्तों के खिलाफ ट्रायल की शुरुआत हुई।

महावीर सिंह की भूमिका

10 अक्तूबर को महावीर सिंह ने लाहौर का भारत मोटर स्कूल छोड़ दिया और शिव वर्मा ने उन्हें इलाज के लिए गयाप्रसाद उर्फ डॉ. निगम के पास फिरोजपुर भेज दिया; क्योंकि उस समय वे बीमार थे। उन्होंने फ़िरोजपुर में दो सप्ताह बिताए और जब वे वहीं थे, सुखदेव उनसे मिलने आया।

फिरोजपुर में अपना इलाज करवाने के अलावा महावीर सिंह का एक और काम था, वह था संयुक्त प्रान्त से लाहौर भेजे जाने वाले कुछ व्यक्तियों की व्यवस्था करना।

नवम्बर के शुरू में महावीर सिंह लाहौर गए जहाँ किशोरी लाल उनसे मिले। वे सुखदेव का सन्देश लेकर आए थे कि महावीर सिंह पार्टी के लिए एक नया मकान किराए पर ले। तदानुसार, महावीर सिंह ने 9 नवम्बर को प्रताप सिंह के नाम से अराईं बिल्डिंग, मोजंग में कुछ कमरे किराए पर लिए। इस बीच भगत सिंह एवं पंडितजी फिरोजपुर गए जहाँ भगत सिंह संयुक्त प्रान्त (यू.पी.) से आने वाले व्यक्तियों की तैयारियों में जुट गए। 16 नवम्बर को जयगोपाल फिरोजपुर से लाहौर आए और तब सुखदेव ने महावीर सिंह को संयुक्त प्रान्त से लोगों को लाने में भगत सिंह की सहायता करने के लिए भेजा। इस अवसर पर कपड़ों से भरा एक सूटकेस अभियुक्त प्रेमदत्त द्वारा दिया गया। सुखदेव ने जयगोपाल को निर्देश दिया कि वह प्रेमदत्त से यह सूटकेस लेकर फिरोजपुर जाते समय रास्ते में महावीर सिंह को रेलवे प्लेटफार्म पर देते जाएँ। इसी महीने में सुखदेव ने हंसराज वोहरा को किशोरी लाल से मिलवाया; हंसराज वोहरा व किशोरी लाल के गुरुदत्त भवन स्थित कमरे में प्रेमदत्त से भी मिले। 17 नवम्बर को लाला लाजपत रायजी की मृत्यु हो गई। पंडितजी एवं महावीर सिंह फिरोजपुर से साथ-साथ लौटे और लाहौर केन्टोनेन्ट में जयगोपाल से मिले। पंडितजी अपने साथ सूटकेस में एक 'माउजर' (पिस्तौल) एवं चार रिवाल्वर लेकर आए थे। उसी दिन संयुक्त प्रान्त से वे दोनों व्यक्ति जिनके आने की आशा थी, वे (यानि कुन्दन लाल एवं शिव राम राजगुरु उर्फ 'एम') भी पहुँच गए। वे जयगोपाल से मिले और मोजंग हाउस जहाँ महावीर सिंह ने उनके रहने की व्यवस्था की थी, ले जाए गए। उस रात मोजंग हाउस में सुखदेव, भगत सिंह, पंडितजी, महावीर सिंह, कुन्दन लाल, शिव राम राजगुरु और किशोरी लाल के रहने की व्यवस्था की गई। 18 नवम्बर को जयगोपाल वापस फिरोजपुर चले गए। 23 नवम्बर को भगत सिंह अपने साथ स्वयंचालित पिस्तौल (प्रदर्श सं.-480) लेकर फिरोजपुर गए और उससे अगले दिन वे और जयगोपाल

लाहौर लौट आए। कुन्दन लाल उसके बाद लाहौर चले आए और फिर शायद कभी नहीं लौटे। इस प्रकार, नवम्बर के अन्त में लाहौर में पार्टी के ये सदस्य— भगत सिंह, सुखदेव, पंडितजी, महावीर सिंह, शिव राम राजगुरु, किशोरी लाल, हंसराज वोहरा, जयगोपाल एवं फरार काली चरण रह गए। प्रेमदत्त भी उस समय लाहौर में ही थे, लेकिन वह उस समय पार्टी के सदस्य नहीं थे।

उस समय से सभी व्यक्ति मोजंग हाउस आया करते थे। कुछ ही दिनों बाद, 7 दिसम्बर, 1928 को विजय कुमार सिन्हा के आने पर केन्द्रीय समिति के 7 में से 4 सदस्य लाहौर में उपस्थित थे। बाकी 3 सदस्य जो अनुपस्थित थे, वे थे कुन्दन लाल जो कुछ दिन पहले चले गए थे, शिव वर्मा अमृतसर या आगरा में थे और फणीन्द्रनाथ घोष बिहार में थे। पार्टी के बहुत से सदस्यों का लाहौर में जमावड़े का महत्त्व इसलिए है कि दिसम्बर महीने में लाहौर में हिंसा की सिलसिलेवार घटनाएँ घटीं जिन्हें पार्टी अंजाम दे रही थी।

नवम्बर के महीने में ही 6 तारीख को अमृतसर के कमरों को जो सहाय के घर में थे, को छोड़ हीरालाल के घर में आ गए जबकि 13 नवम्बर को शिव वर्मा ने अमीरचन्द के नाम से नूरी गेट, आगरा में किराए पर एक मकान ले लिया। लाहौर में पार्टी की गतिविधियों के तहत 9 नवम्बर को महावीर सिंह द्वारा मोजंग हाउस के किराए पर मकान लेने की बात पहले ही बताई जा चुकी है। नवम्बर के मध्य में किशोरीलाल ने भी मोसमात पारवती (अ.सा.सं. 436) का सोहेल सिंह स्ट्रीट गोवाल मंडी, लाहौर स्थित मकान किराए पर लिया जबकि 5 नवम्बर को सुखदेव ने देवीदास के नाम से लाहौर में घोटामल (अ.सा.सं. 62) का मकान किरपाराम स्ट्रीट में लिया। इसी दौरान पार्टी के कुछ सदस्यों द्वारा प्रेम गली में स्थित एक मकान का उपयोग किया गया जो कि लाल चन्द (अ.सा.सं. 128) का था और आज्ञाराम (छोड़ दिया गया अभियुक्त) द्वारा किराए पर लिया गया था। नवम्बर के अन्त में किशोरीलाल ने अपने मित्र प्रेमदत्त (अभियुक्त) को बताया कि जल्दी ही उसके गिरफ्तार होने की सम्भावना है। 28 नवम्बर को किशोरीलाल ने अपना सामान बाँध लिया और गुरुदत्त भवन छोड़ दिया।

सुखदेव दिसम्बर 1928 की पहली तारीख को हंसराज वोहरा को मोजंग हाउस ले गए जहाँ हंसराज वोहरा की मुलाकात भगत सिंह, पंडितजी, महावीर सिंह, शिवराम राजगुरु, किशोरी लाल, जयगोपाल एवं एक और व्यक्ति काली चरण से कराई। उस समय भी मोजंग हाउस में बातचीत हुई जिसमें उपरोक्त सभी के अलावा सुखदेव ने भी भाग लिया। इस मीटिंग में लाहौर स्थित पंजाब नेशनल बैंक में धावा बोलकर धन जुटाने की बात हुई। 3 दिसम्बर को भगत सिंह के कहने पर हंसराज वोहरा फिर मोजंग हाउस गए। उस अवसर पर पंडितजी ने रिवाल्वरों एवं पिस्तौलों से भरा एक बक्सा खोला, उसमें वे हथियार भी थे जो प्रदर्श पी. 200, पी. 122, पी. 202, पी. 480 हैं। उन्होंने उपस्थित लोगों को इन हथियारों को भरने, खाली करने का तरीका भी बताया। उस अवसर पर जयगोपाल उपस्थित नहीं थे।

यह स्मरण किया जाना चाहिए कि दिल्ली बैठक में पंडितजी को सैन्य विभाग का प्रमुख नियुक्त किया गया था और यह स्वाभाविक ही था कि पार्टी के हथियार उसके द्वारा लाहौर लाए जाएँ, जबकि 17 नवम्बर को भी इस आशा में आना हुआ था कि लाहौर में हिंसा की वारदातों में इनका प्रयोग होगा। पंजाब नेशनल बैंक पर धावा बोलने के तय दिन, 4 दिसम्बर को भी पंडितजी के आग्रह पर हंसराज वोहरा फिर मोजंग हाउस गए थे। पंजाब नेशनल बैंक पर धावा बोलने की योजना स्पष्ट करते हुए पंडितजी ने कहा कि दोपहर 3 बजे भगत सिंह एवं महावीर सिंह को एक किराए की कार में बैंक पहुँचना था, जिसे हमले के बाद महावीर सिंह ड्राइव करते हुए वापस लाते। दो सदस्यों को, जिनमें से एक हंसराज वोहरा भी थे, को बैंक के सचिव के कमरे के बाहर बैठे चपरासी को कमरे के अन्दर धकेलना था एवं कालीचरण को चाकू से टेलीफोन के तार को काटना था जबकि सुखदेव को बैंक के चौकीदार की बन्दूक छीननी थी एवं पंडितजी को कैशियर को काबू करना था। जयगोपाल एवं किशोरी लाल को एक-एक थैला दिया जाना था, उन्हें दोनों काउन्टरों से रुपए समेटकर थैलों में भरने थे। यह कार्रवाई तीन चरणों में कार्यान्वित होने वाली थी और हर एक चरण पर पंडितजी को सीटी बजानी थी। पहले चरण में प्रत्येक सदस्य को अपना-अपना स्थान लेना था, दूसरे चरण में उन्हें जो-जो काम करने को दिए गए थे, वे करने थे और तीसरे चरण में हर सदस्य को टैक्सी के पास पहुँचना था। सारे सदस्य, जिन्हें इस 'ऐक्शन' को अंजाम देना था, निश्चित समय पर बैंक के पास पहुँचे भी पर वे अपने काम को अंजाम नहीं दे पाए। यद्यपि भगत सिंह और महावीर सिंह ने टैक्सी तो ली, और शालीमार गार्डन तक गए भी पर वापसी में महावीर सिंह टैक्सी चला नहीं पाए और तब भगत सिंह और महावीर लॉरेन्स गार्डन में रुक गए जहाँ से महावीर सिंह ताँगे पर पंजाब नेशनल बैंक पहुँचे और पंडित जो को बताया कि टैक्सी नहीं लाई जा सकी। अतः सभी मोजंग हाउस लौट आए जहाँ हमले पर जाने से पहले साथियों में हथियार बाँटे गए थे। उस समय रिवाल्वर (प्र.सं. 122) हंसराज वोहरा के पास थी, भगत सिंह के पास पिस्तौल (प्र.सं. 480) थी और पंडितजी के पास माउजर पिस्तौल। सुखदेव एवं कालीचरण के पास रिवाल्वर थे।

मोजंग, लाहौर की अराईं बिल्डिंग के क्वाट्र्स, जिसे महावीर सिंह ने 9 नवम्बर, 1928 को किराए पर लिया था, के बारे में पर्याप्त साक्ष्य है। इन क्वाटर्स का वर्णन जयगोपाल एवं हंसराज वोहरा ने किया है; फकीर चन्द, चौकीदार, (अ. सा. 86), गोपाल कृष्ण, उस घर का मकान मालिक (अ. सा. 309), नीचे का दुकानदार हुसैन बक्श (अ.सा. 64), पड़ोस का बेकरीवाला, मुहम्मद जान (अ.सा. 63), बिल्डिग का मेहतर, बूड़ा (अ.सा. 72) बूरा का भाई गामां (अ.सा. 74) और एक और नीचे का दुकानदार बुद्धू (अ.सा. 74) ने उनके बयानों की संपुष्टि की है। बूड़ा, गामां एवं बुद्धू ने इन दोनों इकबालिया गवाहों को पहचाना है, जबकि हुसैन बक्श एवं फकीर चन्द ने हंसराज वोहरा को इन क्वाट्र्स में आते-जाते देखा है।

जो अपराध साबित हुए

भारतीय दंड संहिता की धारा 121 के अन्तर्गत जो अपराध सजा के योग्य है वह है राजा के खिलाफ युद्ध करना या युद्ध करने के लिए उकसाना। क्रान्तिकारी पार्टी जिसका गठन दिल्ली में सितम्बर, 1928 में हुआ था, और जिससे अभियुक्तगण सम्बन्ध रखते थे उसकी गतिविधियों का अर्थ था युद्ध करना या राजा के खिलाफ युद्ध करने के लिए उकसाना। इस तर्क से साबित हो जाता है कि वे राजा के खिलाफ युद्ध करने वाले थे। इन सदस्यों ने पार्टी का नाम रखा था— 'हिन्दुस्तान सोशलिस्ट रिपब्लिकन आर्मी' और उनके एक नेता जिनका नाम पंडितजी था, उनके जिम्मे जो विभाग था, उसे सैन्य विभाग कहा जाता था। यह बात पार्टी के लड़ाकू चरित्र की ओर इशारा करती है, नहीं तो कम से कम उनके इरादों के बारे में जिन्होंने इसका गठन किया था। इसके बाद कुछ किताबें जिस तरह की थीं उन्हें देखा जाए और जो पार्टी के कुछ सदस्यों के पास थी जैसे कि 'मॉर्डन ब्रीच लीडर्ज' (सहारनपुर के घर से सब इंस्पेक्टर रघुबीर सिंह, अ.सा. 19 द्वारा प्राप्त) (प्रदर्श पी. 401), 'इन्फैन्ट्री ट्रेनिंग' (प्रदर्श पी. 27) 'दी सिपाय ऑफिसर्स मैनुअल' (प्रदर्श पी. 29), 'इन्फैन्ट्री ट्रेनिंग' (प्रदर्श पी. 159), 'स्माल आर्म्स ट्रेनिंग' (खान साहब नियाज अहमद खान, अ.सा. 23 द्वारा कश्मीर बिल्डिंग में प्राप्त) (प्रदर्श पी. 160) इसके बाद और भी देखें तो दिल्ली में इस्तेमाल किए गए बम तथा लाहौर एवं सहारनपुर में पाए गए बम। ये सारे बम वास्तव में अपराध करने के लिए जरूरी हथियार हैं और जानबूझकर जीवन छीन लेने के उद्‌देश्य से इस्तेमाल करने के लिए हैं। ये ऐसे हथियार नहीं हैं जो अपनी सुरक्षा के उद्‌देश्य से इस्तेमाल करने के लिए होते हैं। इसके बाद फणीन्द्रनाथ घोष एवं मनमोहन बनर्जी का साक्ष्य सितम्बर, 1928 में दिल्ली की बैठक में लिए गए प्रस्ताव के स्वरूप के बारे में है और जो क्रान्ति लाने के साधन के रूप में आतंकवाद को अपनाने के हक में था।

अन्त में, कार्यों के स्वरूप जैसे कि बाद में पार्टी के सदस्यों ने अपराध किए, खासकर बमों को दिल्ली के असेंबली हॉल में फेंकना, लाहौर में पुलिस ऑफिसर का कत्ल करना, जेल से कैदी छुड़ाने की योजना, बम बनाने की फैक्टरी के लिए महत्त्वपूर्ण केन्द्रों को स्थापित करना। ये गतिविधियाँ प्रकट कार्य हैं जो भारतीय दंड संहिता की धारा 121 के दायरे में आती हैं। जहाँ तक अभियुक्त कुन्दनलाल एवं प्रेमदत्त का सवाल है, इस बात में न्यायोचित सन्देह है कि उनकी गतिविधियों को युद्ध करने के लिए उकसाना भी कहा जा सकता है, हालाँकि यह बिलकुल स्पष्ट है कि ये युद्ध करने के अपराध के षड्यंत्र में दूसरे अभियुक्तों के साथ थे और इस तरह भारतीय दंड संहिता की धारा 121-ए के अन्तर्गत दोषी हैं।

महावीर सिंह को दंड

यह अभियुक्त संयुक्त प्रान्त में अपने घर 19 जून, 1929 को सब इंस्पेक्टर अहमद यार खान (अ.सा. 421) द्वारा गिरफ्तार हुआ था। उसने अपना स्वीकारोक्ति बयान मजिस्ट्रेट राय साहब लाला नाथुराम (अ.सा. 24) के सामने 24 जून, 1929 को दिया। इस स्वीकारोक्ति बयान को दूसरे साक्ष्यों के मुकाबले महावीर सिंह की गतिविधियों के बारे में पर्याप्त सही वृतान्त बताया है।

महावीर सिंह डी.ए.वी. कॉलेज कानपुर में शिव वर्मा के समकालीन थे (देखें विद्याधर का साक्ष्य अ.सा. 430) और वे संयुक्त प्रान्त के क्रान्तिकारी दल में शिव वर्मा द्वारा भर्ती किए गए थे। शिव वर्मा ने ही उसे सुखदेव के पास लाहौर भेजा था। यह प्रसंग उनके अपने स्वीकारोक्ति बयान से सिद्ध होता है। लाहौर आने पर महावीर सिंह ड्राइविंग सीखने के लिए जुलाई से अक्तूबर 1928 तक 'भारत मोटर कम्पनी' से जुड़े रहे। उसी समय लक्ष्मण गली, लाहौर, सुन्दर निवास बिल्डिंग में उन्होंने एक कमरा किराए पर ले लिया। उनका भारत मोटर कम्पनी से सम्बन्ध उनके अपने स्वीकारोक्ति बयान से तो प्रमाणित होता ही है साथ ही दीनानाथ (अ.सा. 60), कुन्दनलाल (अ.सा. 51) एवं मोहन लाल (अ.सा. 60) के बयानों से भी होता है। इन लोगों ने उसे मजिस्ट्रेट के सामने परेड तथा अदालत दोनों ही जगह पहचाना। इसका सम्पुष्टि साक्ष्य किशनसिंह (अ.सा. 52) द्वारा किया गया जो उसे मजिस्ट्रेट के सामने परेड में नहीं पहचान सका था। उसका लक्ष्मण गली वाले मकान से सम्बन्ध उसके अपने बयान से सिद्ध होता है और मकान मालिक लाहौरी राम (अ.सा. 149) के बयान से भी जिसने उसे इस अदालत में बयान देने से कुछ पहले ही जेल में पहचाना। दूसरे इस तथ्य से भी कि महावीर सिंह ने एक मजिस्ट्रेट, चौधरी रोशन लाल (अ.सा. 29) के अन्वेषण के दौरान, मजिस्ट्रेट द्वारा यथोचित चेतावनी देने के बाद, उस घर की पहचान की थी। अक्तूबर में महावीर सिंह को गयाप्रसाद और जयगोपाल के पास फिरोजपुर भेजा गया, क्योंकि वह उस समय बीमार थे।

फिरोजपुर में उनका काम था संयुक्त प्रान्त से आ रहे दो मनुष्यों के आगमन की तैयारी करना जिनकी प्रतीक्षा लाहौर में प्रायोजित पंजाब नेशनल बैंक पर धावा बोलने के लिए की जा रही थी। जयगोपाल के साक्ष्य एवं महावीर सिंह की खुद की स्वीकारोक्ति के अलावा यह एक तथ्य है कि महावीर सिंह ने अन्वेषण के दौरान फिरोजपुर में गयाप्रसाद का मकान मजिस्ट्रेट लेफ्टिनेंट बी.ए. भंडारी (अ.सा. 188)

को दिखलाया था, जिन्होंने उसे उसका बयान दर्ज करने से पहले इस 'बिन्दु' पर बयान देने के बाबत समुचित चेतावनी दे दी थी। महावीर सिंह को इस सिलसिले में फिरोजपुर के कुछ गवाहों ने पहचान लिया। वे कुछ समय तक गयाप्रसाद के मकान में रहे थे। ये गवाह हैं— कालूराम (अ.सा. 199), तुलसी राम (अ.सा. 292) व गज्जूराम (अ.सा. 304)। इन सभी ने उसे मजिस्ट्रेट के सामने परेड एवं अदालत दोनों ही जगह पहचान [खतुलसी राम (अ.सा. 292) की पहचान अदालत में कुछ संदिग्ध थी] की। कुल मिलाकर ये साक्ष्य पूरी तरह साबित करते हैं कि महावीर सिंह फिरोजपुर में गयाप्रसाद के घर में रहे थे।

महावीर सिंह ने प्रताप सिंह के नाम पर पार्टी के लिए अराईं बिल्डिंग, मोजंग, लाहौर में एक मकान 9 नवम्बर, 1929 को किराए पर लिया था। बाद में वहाँ पंजाब नेशनल बैंक पर धावा बोलने और मि. स्कॉट के कत्ल की योजना को विस्तृत रूप दिया गया था।

महावीर सिंह का अपना स्वीकारोक्ति बयान इस बात का जिक्र करता है कि यह मकान किशोरीलाल उर्फ रामचन्द्र द्वारा महावीर सिंह के नाम से किराए पर लिया गया था। महावीर सिंह और किशोरीलाल साथ-साथ ही इस मकान में गए थे। फकीरचन्द (अ.सा. 86) का साक्ष्य, जिन्होंने महावीर सिंह को अदालत में पहचाना था, यह साबित करता है कि वे महावीर सिंह ही थे जिन्होंने मकान किराए पर लिया था और इसी तथ्य को सत्य समझना चाहिए। फकीर चन्द (अ.सा. 86) के अलावा महावीर सिंह को जिन गवाहों द्वारा दोनों ही जगह— मजिस्ट्रेट के सामने परेड में और अदालत में, इस सिलसिले में सन्तोषजनक तरीके से पहचाना था, वे हैं— हुसैन बख्श (अ.सा. 64), बूड़ा (अ. सा. 72), बुद्धू (अ.सा. 73) और गामां (अ.सा. 74)। इसके अलावा जयगोपाल एवं हंसराज वोहरा के साक्ष्य भी इसी बिन्दु पर प्राप्त हैं।

महावीर सिंह ने पंजाब नेशनल बैंक पर धावा बोलने की योजना में हिस्सा लिया था और यही वे व्यक्ति थे, जिन्हें धावा बोलने के बाद, बैंक से टैक्सी चलाकर लानी थी। ये वास्तव में शालीमार गार्डन तक टैक्सी में भगत सिंह के साथ गए थे पर लौटते वक्त यह पाया गया कि वे टैक्सी नहीं चला पाएँगे और इसी कारण उन्हें टैक्सी को लॉरेंस गार्डन में छोड़ना पड़ा। फिर महावीर सिंह एक ताँगे में बैंक तक गए और पंडितजी को जो कुछ हुआ उसकी खबर दी।

ये सारी बातें महावीर सिंह के स्वीकारोक्ति बयान से पूरी तरह साबित होती हैं, जिसकी पुष्टि टैक्सी ड्राइवर बरकत अली (अ.स. 87) और फिरोजुद्दीन (अ.सा. 449) ताँगा चालक के बयान से होती है, जिनकी कहानी महावीर सिंह की कहानी से मेल खाती है, हालाँकि वे उसे पहचान नहीं पाए। धावा बोलने में महावीर सिंह को कौन सी भूमिका सौंपी गई थी इसका साक्ष्य जयगोपाल एवं हंसराज वोहरा के बयानों में है।

महावीर सिंह ने सांडर्स की हत्या में कोई सक्रिय हिस्सा नहीं लिया था, पर उनके

खुद के स्वीकारोक्ति बयान के अनुसार वह उस समय मोजंग हाउस में उपस्थित थे, जब वहाँ मि. स्कॉट की हत्या करने का निर्णय बैठक में लिया गया था। उनके स्वीकारोक्ति बयान से पता चलता है कि उन्हें मोजंग हाउस में रहने का जिम्मा दिया गया था जहाँ उन्हें कातिलों का इन्तजार करना था, जैसा कि उन्होंने वास्तव में किया। इस बिन्दु पर उनकी स्वीकारोक्ति जयगोपाल के बयान से मेल खाती है, जो उस साक्ष्य की पर्याप्त पुष्टि है। हंसराज वोहरा 17 दिसम्बर को मोजंग हाउस में हुई हत्या की योजना के सलाह–मशवरे के दौरान, लगातार उपस्थित नहीं थे। इसलिए उनके लिए महावीर सिंह का उस दिन वहाँ उस समय उपस्थित होना नहीं बतला पाना, साक्ष्य का कोई महत्त्वपूर्ण दोष नहीं है।

कुल मिलाकर यह साबित होता है कि महावीर सिंह को, दिल्ली की बैठक से पहले ही, पंजाब में, पार्टी में भर्ती कर लिया गया था। हालाँकि वह उस बैठक में उपस्थित नहीं थे, पर वे पंजाब में अक्तूबर 1928 के बाद से एक सक्रिय सदस्य बन गए थे। अक्तूबर–नवम्बर, 1928 में संयुक्त प्रान्त से फिरोजपुर होते हुए, लाहौर में आने वाले क्रान्तिकारियों को ठहराने की तैयारियाँ करने में उनका इस्तेमाल किया जाता था। उन्होंने पंजाब नेशनल बैंक पर धावा बोलने की योजना में हिस्सा लिया था। वे मि. स्कॉट की हत्या की योजना बनाने में संलग्न थे और वास्तव में उस योजना में जो एक छोटा सा हिस्सा उन्होंने लिया था वह था हत्यारों के लौटने तक मोजंग हाउस में रहकर उनकी प्रतीक्षा करना। सांडर्स हत्या के कुछ ही दिनों बाद महावीर सिंह बीमार हो गए और उनके स्वीकारोक्ति बयान के अनुसार वे सुखदेव की आज्ञा से अपने घर संयुक्त प्रान्त लौट गए थे।

महावीर सिंह को भारतीय दंड संहिता की धारा 121 एवं 302 और साथ ही धारा 109 एवं 120–बी के अन्तर्गत सजा दी जाती है। वह भी पार्टी का एक साधारण सदस्य था और उसका मि. स्कॉट की हत्या की योजना से सम्बद्ध था, अतः इन दोषों के तहत इसे आजीवन कारावास की सजा दी जाती है।

महावीर सिंह का 21.6.1929 को मजिस्ट्रेट की अदालत में बयान

मैंने 1925 में एटा सरकारी हाई स्कूल से मैट्रिक पास करके जुलाई 1925 में डी.ए.वी. कॉलेज कानपुर में दाखिला लिया। चूँकि वहाँ मेरी हाजिरियाँ भी कम थीं और मैंने कॉलेज के टैस्ट भी पास नहीं किए थे इसलिए मुझे 1927 में दूसरे साल के इम्तिहान में भी बैठने नहीं दिया गया था, जो फिर मैंने 1928 में दिया था।[1] जून में मेरे भाई की शादी होनी थी, मैं घर वापस चला गया, परन्तु मैंने हिन्दी साहित्य सम्मेलन का माध्यमिक का इम्तिहान देना था इसलिए 9 जून को इसकी तैयारी करने के लिए वापस (कानपुर) आ गया था, तब मुझे शिव वर्मा नाम का एक युवक मिला जिसका पार्टी नाम 'प्रभात' था। उसने 1927 में इन्टरमिडिएट का इम्तिहान दिया; आमतौर पर वह और मैं साम्यवाद के बारे में मुख्य रूप से चर्चा किया करते, और हमारे विचारों में सहमति हो जाने पर मैं भी इंडियन सोशलिस्ट रिपब्लिकन ऐसोशिएशन में शामिल हो गया। इस संगठन का मुख्य कारण जन साधारण में साम्यवाद का प्रचार और क्रान्ति के जरिए आजादी हासिल करना था।

इसी दौरान मेरा परिचय एक बंगाली युवक विजय कुमार सिन्हा से भी हो गया, जिसका पार्टी का नाम 'बच्चू' था। साथ ही मेरा परिचय सुरेन्द्र नाथ पांडे, ब्रह्म दत्त और डॉ. गयाप्रसाद के साथ भी हो गया। ब्रह्म दत्त पढ़ाई में मुझसे एक साल पीछे था। 24-25 जून, 1928 को एक व्यक्ति जिसको मैंने पहले नहीं देखा था, शिव वर्मा ने मुझसे मिलाया और उसने मुझे उसके साथ पंजाब जाकर उसके आदेश अनुसार कार्य करने को कहा। 28 जून को मैं शिव वर्मा के साथ लखनऊ होते हुए हरदोई गया। बाद में मुझे पता चला कि उपरोक्त व्यक्ति को 'विलेजर'[2] कहते हैं, जिसने मुझे बताया था कि मुझे हरदोई स्टेशन पर कोई मिलेगा जो वहाँ लखनऊ एक्सप्रेस से पहुँचेगा, और मैं उसके साथ पंजाब पहुँच जाऊँ। मैं और शिव वर्मा दोनों 28 जून को हरदोई

---

1. डी.ए.वी. कॉलेज के हैड क्लर्क, विद्याधर ने जो अदालत में गवाह नं. 430 के तौर पर पेश हुए थे, महावीर सिंह की के बारे में जो ब्यौरा प्रस्तुत किया, वह यह था : ''महावीर सिंह सुपुत्र देबी सिंह'', 'राठौर' राजपूत, वासी शाहपुर टहला। आयु 19 वर्ष - 13 जुलाई, 1925 को कॉलेज में दाखिल हुआ, और अप्रैल 1928 में कॉलेज छोड़ दिया।

2. सुखदेव

पहुँच गए; शिव वर्मा वहीं का रहने वाला है; मैं उसके साथ उसके घर पर ही ठहरा और अगले सवेरे शिव वर्मा ने मुझे एक खाली पड़े हुए मकान में छोड़ दिया। रात को मैं रेलवे स्टेशन, हरदोई पहुँच गया ताकि मैं शाम को लखनऊ एक्सप्रेस पकड़ सकूँ। शिव वर्मा भी मेरे साथ था; उसने मेरे लिए लाहौर का टिकट खरीदा और उसने मुझे एक पक्के रंग और छोटी सी मूँछ वाले दरमियाने कद के, दुबले से और अंग्रेजी और उर्दू बोलने वाले नौजवान से मिलाया जो हैट और खाकी निक्कर पहने हुए था, जिसके साथ मैंने लाहौर जाना था। वह पीछे से ही इस गाड़ी में बैठा आ रहा था। कुछ देर बाद मुझे पता चला कि उसका नाम राजबली है; मजाक में हम उनको कालीचरण भी कहते थे।"[1]

मैं उसके साथ 30.6.1928 की शाम के 6 बजे लाहौर पहुँचा। वहाँ वही व्यक्ति 'विलेजर' लाहौर रेलवे प्लेटफार्म पर हमें लेने के लिए आया हुआ था। वह हम दोनों को रेलवे स्टेशन से बाहर ले गया जहाँ उसने हमें एक सिख युवक से मिलाया जो खद्दर के कपड़े पहने हुए था जिसके पास एक साइकिल थी। उसके साथ हम शाह आलमी दरवाजे के पास मन्दिर के नजदीक एक होटल में चले गए। उस मन्दिर के पास ही एक तालाब था। हम सबने उस होटल में खाना खाया। उसके बाद हम पास ही के एक मकान में गए। यशपाल भी वहीं रहता था। हम तीनों तो वहीं ठहरे जबकि सिख युवक अपनी साइकिल पर कहीं चला गया। उसके चले जाने के बाद 'विलेजर' ने मुझे निर्देश दिया कि मुझे उस (सिख युवक)[2] के कहने के अनुसार कार्य करना होगा। साथ ही उसने मुझे यह निर्देश दिया भी किया कि मैं भूलकर भी किसी को, यहाँ तक कि यशपाल को भी अपना असली नाम नहीं बताऊँगा। कुछ दिन बाद राजबली वहाँ से चला गया और हमने शहर में ही एक और मकान किराए पर ले लिया। मुझे इस (मकान की बदली के) मकसद के ब्रारे में कुछ जानकारी नहीं थी। 'विलेजर' ने मुझसे कुछ देर लाहौर में ही रहकर मोटर सीखने को कहा। मैंने भारत मोटर कम्पनी, जिसका मैनेजर लाला दीनानाथ था, में दाखिला ले लिया। 'विलेजर' मेरे साथ कम्पनी में गया और वहाँ 30 रुपए फीस के जमा कराए। इसके बाद मैंने केवल 15 रुपए दिए थे। यह कोर्स कुल तीन महीने का था और कुल फीस 60 रुपए थी। शायद मैंने यह दाखिला 4 जुलाई को लिया था।

दाखिला लेने के बाद मैंने 5 रुपए महीने वाला मकान किराए पर लिया, जोकि सुन्दर निवास बिल्डिंग, लक्ष्मण गली, गवालमंडी, लाहौर में स्थित था। मेरे पास एक कमरा ही था, जहाँ मैं अकेला ही रहता था। कभी-कभार 'विलेजर' मुझे वहाँ मिलने के लिए आया करता था। बाद में मुझे पता चला कि उसको 'स्वामी' भी कहते हैं। राजबली भी मुझे डॉक्टर गयाप्रसाद के साथ गोल बाग, लाहौर में दो चार बार मिला

---

1. कैलाशपति
2. भगत सिंह

होगा। सितम्बर के मास में मैं बीमार पड़ गया, अतः कालीचरण मेरी देखभाल करने के लिए वही मेरे पास ही रहा। मैंने उससे उसके लाहौर में रहने का कारण पूछने का प्रयास किया तो उसने मुझे टाल दिया। मेरे ठीक होने पर वह वहाँ से चला गया और मैं फिर से ड्राइवरी सीखने लग पड़ा। मैं करीब दस दिन गैर-हाजिर रहा हूँगा। तीसरे या चौथे दिन प्रभात मुझे आकर मिला, और शाम को वापस चला गया। करीब चार दिन के बाद मुझे फिर से बुखार हो गया जिसके कारण मेरा मुँह नहीं खुलता था। मैं लगभग 12-14 दिन बिस्तर पर पड़ा रहा। शिव वर्मा मुझे 5 अक्तूबर को मिला। उसने मुझे एक पत्र लिखकर दिया और कहा, ''तुम बुखार के कारण बहुत कमजोर हो गए हो। तुम यह पत्र लेकर फिरोजपुर में डॉक्टर गयाप्रसाद के यहाँ चले जाओ, जो वहाँ डॉक्टर निगम के नाम से डॉक्टरी कर रहा है और वहाँ अपना इलाज कराओ।'' मैं 6 अक्तूबर सवेरे 11 बजे फिरोजपुर डॉक्टर निगम के यहाँ पहुँच गया। वहाँ एक गोपालदास नाम का व्यक्ति भी था, जिसने लाहौर में मेरी शनाख्त भी की थी। बाद में मुझे उसका असली नाम पता चला जो जयगोपाल था। वहाँ वह नौकर के रूप में रह रहा था। वहाँ मुझे पेचिस हो गई और मैं बहुत कमजोर हो गया, जिसके कारण मुझे एक महीने तक वहाँ ठहरना पड़ा। अक्तूबर के आखिर या नवम्बर के शुरू में 'विलेजर' मुझसे मिला। उसने मुझे वापिस लाहौर जाकर उसी मकान में ठहरने के लिए कहा। मैं नवम्बर में फिर लाहौर आ गया।

यहाँ मैं रामचन्द्र[1] नाम के एक युवक को पहली बार मिला जिसने मुझे बताया कि मुझे 'स्वामी' ने यह कहकर भेजा है कि मैं अपना यह मकान छोड़कर, जो मकान उसने ले रखा है, उसमें चला जाऊँ। रामचन्द्र देखने में गोरे रंग, छोटे कद का था; एक आँख से कुछ भैंगा था, जिसके एक बाजू पर 'K.L.' का पक्का निशान था, छोटी-छोटी सी मूँछें थीं। वह देखने में पंजाबी ही लगता था, और वैसे था भी पंजाबी ही। 9 नवम्बर को मैं उस वाले मकान में चला गया, जो शहर के अन्दर था। यह अराई बिल्डिंग, मोजंग में स्थित था। वहाँ पर चौकीदार कोई हिन्दू था, जिसका नाम मुझे याद नहीं रहा। रामचन्द्र ने यह मकान मेरे नाम (प्रताप सिंह) किराए पर लिया था; वही नाम मैंने भारत मोटर स्कूल में भी लिखाया था। किरायानामा भी प्रताप सिंह सपुत्र देवी सिंह के नाम पर था। दीवाली से एक दिन पहले 'स्वामी' ने मुझे कहा कि मैंने फिरोजपुर डॉ. निगम के पास जाकर वहाँ से कुछ व्यक्तियों को यहाँ लाना है, जो वहाँ पहुँच चुके हैं, परन्तु मुझे वहाँ से अकेले ही निराश होकर लौटना पड़ा क्योंकि वे लोग असल में वहाँ पहुँच ही नहीं पाए थे।

कुछ दिन बाद गोपालदास (जयगोपाल) आकर मुझे मेरे मकान पर मिला और मुझे यूनिवर्सिटी के मैदान में ले गया जहाँ स्वामी पहले से ही मौजूद था। मुझे स्वामी ने बताया कि जिन लोगों ने फिरोजपुर पहुँचना था वे अब वहाँ पहुँच चुके हैं और मैं

1. किशोरी लाल

अभी ही बाम्बे एक्सप्रेस से वहाँ चला जाऊँ; अगर ऐसा न कर पाऊँ तो कल चला जाऊँ। उसने यह भी बताया कि गोपालदास मुझे रेलवे स्टेशन पर मिलकर मुझे कपड़ों का सूटकेस देगा। मैंने उन लोगों को फिरोजपुर से लाहौर लाना है। मैं उसी दिन फिरोजपुर, वह कपड़ों का सूट केस लेकर शाम को पाँच बजे डॉ. निगम के यहाँ पहुँच गया। डॉ. निगम खुद वहाँ मौजूद नहीं था। वहाँ पर एक मोटा सा, पक्के रंग और दरमियाने कद वाला व्यक्ति जिसके चेहरे पर चेचक के दाग थे, मौजूद था। उसके दाएँ बाजू पर एक पुराने जख्म का दाग था।[1] उसने मुझे बताया कि इस जख्म के कारण उसका दायाँ बाजू कमजोर हो गया था। इतने में डॉ. निगम भी वहाँ आ गया जिसके साथ वह सिख युवक भी था जिसको मैंने साइकिल के साथ पहले लाहौर में देखा था, परन्तु अब उसके केश नहीं थे; उसका नाम मुझे रणजीत बताया गया था, परन्तु मैंने जब उसकी फोटो देखी तो पता चला कि वह असल में भगत सिंह था। मैंने कपड़े उनको दे दिए, और अगले दिन ऊपर बताए हुए व्यक्ति 'पंडितजी' के साथ अगली सुबह लाहौर आ गया। पंडितजी लाहौर छावनी के स्टेशन पर ही उतर गए थे, जहाँ से जयगोपाल उनको लेकर चला गया और जो मुझे मेरे मोजंग वाले मकान में मिले। वे मुझे चौबारे से नीचे बाहर ले गए और थोड़ी दूर खड़े दो और व्यक्तियों से मिलाया, जिनमें से एक रघुनाथ था, जो मेरे से कुछ लम्बा, चेहरे पर चेचक के निशान और उसके सामने वाले दाँत एक-दूसरे से कुछ हटकर, आँखे अन्दर को धँसी हुईं और चौड़ा नाक था जो देखने में नवयुवक ही लगता था। उसकी मूँछें अभी फूट ही रही थीं।[2] दूसरे आदमी का नाम तो मुझे मालूम नहीं हुआ लेकिन वह देखने में मेरे से कद में कुछ छोटा, दुबला, चौड़ा माथा और छोटी-छोटी धँसी हुए आँखें, चेहरा कुछ लम्बा था। उसकी आयु 24-25 वर्ष थी।[3]

मैं इन दोनों को जयगोपाल के साथ अपने कमरे में ले आया। जयगोपाल ने बताया कि स्वामी ने मुझे इनको अपने पास ठहराने को कहा है। रघुनाथ के पास बादामी रंग का एक थैला था और दूसरे के पास एक छोटा सा बिस्तर था। मैं इनको खाना खिलाने के लिए नई अनारकली के 'हिन्दू होटलों' में ले गया। हमें वहाँ पता चला कि लाला लाजपत राय की मृत्यु हो गई है। जयगोपाल उस समय मेरे साथ नहीं था। हमने लालाजी के दाह-संस्कार में शामिल होने का पहले तो मन बना लिया, परन्तु फिर छोड़ दिया। हम अजायबघर देखने चले गए। उसी शाम आठ बजे भगत सिंह, स्वामी और पंडितजी मेरे कमरे में आए और वहीं ठहरे। रामचन्द्र और जयगोपाल भी मेरे यहाँ आते-जाते रहते थे।

एक दिन पंडितजी, भगत सिंह, स्वामी और कुछ दूसरों ने जिक्र किया कि अपने पास पैसे की सख्त कमी है। इसलिए पंजाब नेशनल बैंक में डाका डाला जाए। इस

1. आज़ाद

2. राजगुरु

3. कुन्दन लाल

प्रकार यह तय किया गया कि मैं भगत सिंह के साथ जाकर टैक्सी लाऊँगा। भगत सिंह और पंडितजी के पास एक संदूक था जिसमें एक माउजर पिस्तौल, दो स्वयंचालित पिस्तौल थे, जिनमें से एक पूरी तरह काम नहीं करता था। इसके अलावा दो ठीक और दो खराब रिवाल्वर भी थे। कालीचरण और रघुनाथ कुछ दिनों से किसी और मकान में रह रहे थे। कालीचरण लाहौर से बाहर किसी जगह से होकर आया था। बाकी व्यक्तियों ने बैंक के अन्दर जाना था। यह तय हुआ कि जब टैक्सी वहाँ पहुँचेगी तो मैं गाड़ी के बीच बैठा रहूँगा और भगत सिंह टेलीफोन दफ्तर के पास पिस्तौल लेकर खड़ा रहेगा। कालीचरण ने टेलीफोन की तारें काटनी थीं। जयगोपाल और रामचन्द्र ने खजानची के पास जाकर नकदी हासिल करनी थी। और त्रिलोक चंद[1] नाम के व्यक्ति ने, जो लम्बे कद, गोरे रंग, दुबला, दाढ़ी मूँछ साफ किए हुए, खूब पढ़ा-लिखा लगता था, दो साइकिलों के साथ बैंक से कुछ दूरी पर खड़े रहना था। यह फैसला किया गया था कि टैक्सी को दयाल सिंह कॉलेज के पास छोड़ दिया जाए।

तब अगले दिन दो थैलियाँ (प्रदर्श पी.-1, पी.-2) जो अदालती कमरे में पड़ी हैं, पंडितजी ने जयगोपाल और रामचन्द्र को दी थीं, और मुझे एक पिस्तौल दिया गया जिसकी मैगजीन खराब थी और जिसमें सिर्फ तीन ही कारतूस थे। जयगोपाल और रामचन्द्र को छोड़कर हम सबके पास कोई न कोई हथियार था। मैं और भगत सिंह 10 बजे रेलवे स्टेशन से टैक्सी लेकर पहुँचे। टैक्सी ड्राइवर एक मुसलमान था। शालीमार से वापसी के समय मैंने टैक्सी चलाने की कोशिश की, लेकिन सफल नहीं हुआ। चूँकि हमें देरी हो रही थी, हमने टैक्सी लारेंस गार्डन में ही छोड़ दी और इस तरह बैंक डकैती की योजना बीच में ही रह गई। भगत सिंह लारेंस गार्डन में ही रहा, जबकि मैं एक ताँगे में सवार होकर दूसरे साथियों को सूचित करने के लिए पंजाब नेशनल बैंक पहुँचा। मैंने पंडितजी और दूसरे साथियों को सूचित कर दिया। रात को मोजंग के मकान में हमारी बैठक हुई।

कुछ ही दिनों के बाद हम लोगों (पंडितजी, भगत सिंह, स्वामी, रामचन्द्र और मैं) ने फैसला किया कि लाला लाजपत राय की मृत्यु का बदला, स्कॉट को मारकर लेना चाहिए, जिसने लालाजी को चोटें पहुँचाई थीं। यह भी तय हुआ कि अगर उसको न मार पाए तो दूसरे गोरे अफसर को मार दिया जाए। तब जयगोपाल को पुलिस दफ्तर के पास निगरानी रखने को कहा गया, ताकि वह स्कॉट की दफ्तर में आने-जाने के समय की जानकारी प्राप्त कर ले, जबकि पंडितजी, भगत सिंह और रघुनाथ ने स्कॉट को मारना था। इस तरह 17 दिसम्बर सवेरे मैं, पंडितजी, भगत सिंह, जयगोपाल, रघुनाथ, रामचन्द्र और त्रिलोक चन्द ने मोजंग वाले मकान में नाश्ता किया। उसके बाद मैं कुछ देर के लिए बाहर निकल गया। जब मैं बाहर निकल रहा था तो मुझे जल्दी वापस आने और फिर वहीं मौजूद रहने को कह दिया गया। मेरे वापस आने से पहले

1. हंसराज वोहरा

ही ये लोग जा चुके थे और कमरे को ताला लगा हुआ था, जिसकी दूसरी चाबी मेरे ही पास थी।

शाम के चार-पाँच बजे के करीब भगत सिंह, रघुनाथ और पंडितजी साइकिलों पर वापस पहुँचे, जो कि काले रंग की थीं। उन्होंने खाना खाया और फिर वापस चले गए। जयगोपाल आया और वह वहीं मेरे पास उसी मकान में सोया। अगले दिन मैंने अखबार में पढ़ा कि सांडर्स को मार दिया गया है। अगले दिन शाम को रामचन्द्र मेरे पास आया और मुझे जयगोपाल के साथ फिरोजपुर जाने को कहा, जहाँ वह भी अगले दिन आकर कपड़े वगैरा ले जाएगा। बाकी सब लोगों ने वहाँ से अपनी-अपनी चीजें हटा ली थीं, और सिर्फ मेरा सामान ही वहाँ रह गया था। उससे अगले दिन रामचन्द्र सारा सामान ले गया; मैं और जयगोपाल फिरोजपुर में डॉ. निगम के पास पहुँच गए। हमने लाहौर 19 दिसम्बर को छोड़ा था। स्वामी हमें फिरोजपुर में फिर जनवरी में मिला था।

मैं सेहत खराब हो जाने के कारण स्वामी से आज्ञा लेकर अपने गाँव चला गया। 24 मई, 1929 को मैंने म्यूनिसिपल बोर्ड में क्लर्क की नौकरी कर ली। कुछ ही दिन बाद मुझे गिरफ्तार कर लिया गया और यहाँ (लाहौर) लाया गया। मैंने यहाँ से एक चिट्ठी शिव वर्मा के हाथ अपने पिता को जी को भेजी थी, जिसमें मैंने अपना अता-पता नहीं लिखा था। शिव वर्मा ने वह चिट्ठी डाक से भेज दी।

स्वामी मुझसे कुछ लम्बा, गोरा, छोटी-छोटी सी मूँछें, दुबला-पतला, पढ़ा-लिखा पंजाबी युवक था।

24.6.1929 (नत्थूराम मजिस्ट्रेट)

लाहौर

गवाहों के बयान

सरकारी गवाह नं. 50

दीनानाथ, सुपुत्र लाला संतराम, जाति खत्री, उम्र 34, वासी हाल लाहौर, प्रिंसीपल, भारत मोटर कम्पनी, लाहौर का बयान :

मैं मोटर चलाना और मोटर की मरम्मत का काम सिखाता हूँ। 4 जुलाई, 1928 से प्रताप सिंह हमारी कम्पनी के कॉलेज में काम सीखने लगा। पूरा कोर्स सिखाने की फीस 60/- रुपए है। जिसमें से 30/- रुपए उसने अदा किए थे और बकाया 30/- रुपए उसने देने हैं। मैंने 30 रुपए की रसीद उसको दी थी; जिसकी पहली परत मिसल में संलग्न है। हमारी रसीद बुक जो अदालत में मौजूद है, उसकी पहली परत इस समय मेरे सामने है। इसमें 30/- रुपए की अदायगी की एंट्री मैंने की है।

जब मैं गवाही देने वहाँ गया था तो मैंने यह रसीद बुक स्पेशल मजिस्ट्रेट साहब की अदालत में पेश की थी। जो लड़का दाखिल होता है उसका नाम रजिस्टर में दर्ज किया जाता है। उस समय ये एंट्रियाँ बाबू कुन्दनलाल, कारखाने का कर्मचारी किया करता था और उसने प्रताप सिंह का नाम रजिस्टर में दर्ज किया था।

प्रदर्श पी.एन. दाखिला रजिस्टर है और प्रदर्श पी.एन.-1 हाजिरी रजिस्टर है। जिनमें प्रताप सिंह का नाम कुन्दनलाल ने दर्ज किया था। 3.7.1928 को दो व्यक्ति आए जिनमें एक प्रताप सिंह था और दूसरा आदमी उससे थोड़ा लम्बा था।[1] उस समय वे दाखिले का पता करने आए थे। दूसरे दिन प्रताप सिंह अकेला आकर दाखिल हो गया था। प्रताप सिंह लगभग दो महीने तक शिक्षा पाता रहा था। जब वह बीमार हो गया तो वहाँ से चला गया था। हमारे कॉलेज में वह फिर नहीं आया।

मैंने प्रताप सिंह को लाहौर के किले में मजिस्ट्रेट साहब के सामने, जो मुस्लमान थे, पिछले साल में बहुत से आदमियों में शनाख्त परेड में पहचाना था। मजिस्ट्रेट का नाम याद नहीं है। स्पेशल मजिस्ट्रेट साहब की अदालत में भी मैंने प्रताप सिंह को दोषियों के कठघरे में पहचाना था। शनाख्त परेड में मुझे मालूम हुआ था कि प्रताप सिंह का नाम महावीर सिंह है।

(सरकारी वकील की याचना के अनुसार उक्त गवाह का बयान लाहौर के विशेष मजिस्ट्रेट साहब की अदालत के समक्ष फौजदारी नियमावली 288

1. किशोरी लाल

के तहत मिस्ल में लगाकर अदालत में पेश किया गया है।)

अदालत के सवाल के जवाब में : मैंने स्पेशल मजिस्ट्रेट की अदालत में लिखाया था कि प्रताप सिंह के साथ वही लम्बा-सा आदमी दूसरे दिन भी आया था। सम्भवत: यही सही है। चूँकि उस समय मामला नया था, उस समय मुझे याद था।

जी.सी. हिल्टन
अब्दुल कादर
जे.के टप्प

गवाह नं. 51

कुन्दन लाल सुपुत्र लाल चन्द, जाति खत्री, उम्र 25 साल, वासी भेरा, जिला शाहपुर, कर्मचारी, मोटर ट्रेनिंग कम्पनी का बयान :

मैं, मोटर ट्रेनिंग कम्पनी, लाहौर में कर्मचारी हूँ। एक नौजवान आदमी, प्रताप सिंह हमारे मोटर स्कूल में दाखिल हुआ था। मैंने उसका नाम दाखिला रजिस्टर और हाजिरी रजिस्टर में दर्ज किया था। उन दोनों रजिस्टरों में एंट्री करना मेरा काम था।

दाखिला रजिस्टर में प्रदर्श पी.एन. मौजूदा अदालत देखकर बताता हूँ कि नम्बर 1530 पर प्रताप सिंह के दाखिल होने की एंट्री 4.7.1928 है। रजिस्टर में विद्यार्थियों के हस्ताक्षर नहीं कराए जाते। प्रताप सिंह के पिता का नाम देवी सिंह, वासी फर्रूखाबाद दर्ज है। उम्र 22 साल दर्ज है। यह एंट्री मेरी कलम की है। हाजिरी रजिस्टर मौजूदा अदालत में प्रदर्श पी.एन.-1 है, जिसे देखकर बता रहा हूँ कि 4.7.1928 से 10.10.1928 तक प्रताप सिंह की हाजिरी स्कूल में दर्ज है। 11.10.1928 से 22.11.1928 तक वह बीमारी के कारण गैर-हाजिर रहा। हाजिरियाँ दुरुस्त तौर पर लगाई गई थी। 22.11.1928 से उसका नाम खारिज कर दिया गया।

ये दोनों रजिस्टर मैंने गवाही के समय स्पेशल मजिस्ट्रेट साहब की अदालत में पेश किए थे।

मैंने पिछले साल इस विद्यार्थी को लाहौर के किला में मजिस्ट्रेट साहब के सामने शनाख्त परेड में पहचाना था। उसके बाद विशेष न्यायाधीश की अदालत, लाहौर में जब यह व्यक्ति दूसरे दोषियों के साथ दोषियों के कठघरे में बैठा हुआ था तब भी मैंने उसे पहचाना था। शनाख्त परेड के बाद मुझे मालूम हो गया था कि प्रताप सिंह का नाम महावीर सिंह है।

(ह.) कुन्दन लाल
12.7.1930

जी.सी. हिल्टन
अब्दुल कादर
जे.के टप्प

गवाह नं. 52

किशन सिंह सुपुत्र रुलीया राम, जाति जट्ट सिख, उम्र 31–32 साल, वासी सब्जी मंडी चौक, व्यवसाय : लाहौरी होटल, सब्जी मंडी, लाहौर—

मैं लगभग दो साल से होटल चला रहा हूँ। लगभग एक साल से ज्यादा का समय हुआ कि एक नौजवान, प्रताप सिंह मेरे होटल में खाना खाता था। वह 20–25 रोज तक खाना खाता रहा। उससे 7–8 रुपए माहवार लेना तय किया था। उसने 5/– रुपए पेशगी दिए थे। प्रताप सिंह उस समय दीनानाथ के मोटर ड्राइवरी कॉलेज में काम सीखता था और दूसरे विद्यार्थी भी उसी स्कूल में काम सीखते थे; मोटर कॉलेज से हमारे होटल में आदमी दस मिनट में पहुँच जाता है। मैंने प्रताप सिंह को विशेष न्यायाधीश की अदालत में दूसरे दोषियों के साथ बैठे हुए पहचाना था। वहाँ पर दोषी प्रताप सिंह का एक और नाम भी लिया गया था, मगर वह मुझे अब याद नहीं रहा। 8–9 महीने पहले प्रताप सिंह ने मेरे होटल की निशानदेही एक मजिस्ट्रेट साहब के साथ आकर की थी। प्रताप सिंह का शरीर न मोटा और न ही पतला था। वह ऐनक लगाता था। उसने केस नहीं रखे हुए थे अर्थात वह बाल कटवाता था।

12.7.1930

जी.सी. हिल्टन
अब्दुल कादर
जे.के टप्प

गवाह नं. 53

महंत राम सुपुत्र भगवानदास, जाति खत्री, उम्र 35 साल, वासी लाहौर, व्यवसाय : होटल मालिक, गवालमंडी का बयान :

मेरे होटल का नाम ब्रह्मचारी होटल है। वह गवालमंडी में है। प्रताप सिंह नामक नौजवान आदमी मेरे होटल में खाना खाता रहा। यह बात पौने तीन साल पहले की है। 15–20 दिन वह रोटी खाता रहा। मेरा मुनीम, पंडित सदा नंद खाने वालों के नाम रजिस्टर में लिखा करता था। मैं प्रताप सिंह की पहचान नहीं कर सकूंगा और न ही मैंने किसी को विशेष न्यायाधीश की अदालत में पहचाना था।

12.7.1930

जी.सी. हिल्टन
अब्दुल कादर
जे.के टप्प

सरकारी गवाह नम्बर 54

गवाह सदानंद, सुपुत्र पूर्णचन्द, जाति ब्राह्मण, उम्र 39 साल, व्यवसाय : हलवाई, वासी लाहौर—

मेरी दुकान महंतराम होटल के सामने थी। वह लिख-पढ़ नहीं सकता था। इसलिए मैं उन आदमियों के नाम, जो उसके यहाँ खाना खाता थे, उसके होटल के रजिस्टर में दर्ज किया करता था। मौजूदा अदालत में होटल का रजिस्टर प्रदर्श पी.एक्स.-1 है। उसमें देखकर मैं कहता हूँ कि प्रताप सिंह की एंट्री प्रदर्श पी.एक्स. मैंने की है। जो कुछ महंतराम ने बताया था मैंने लिख दिया कि जुलाई में प्रताप सिंह ने होटल में 23 दिन रोटी खाई थी। जुलाई महीने में सारी एंट्रियाँ मैंने की हैं। सम्भवत: साल 27 ई. या 28 था। जब मैंने गवाही दी थी तो यह रजिस्टर विशेष न्यायाधीश की अदालत में पेश हुआ था। पुलिस ने पहले महंत राम से रजिस्टर लिया था और फिर मुझसे भी पूछताछ की थी।

जी.सी. हिल्टन
अब्दुल कादर
जे.के टप्प

सरकारी गवाह नम्बर 86

फकीर चन्द सुपुत्र मोती लाल, जाति बनिया, उम्र 30 वर्ष, वासी लाहौर, व्यवसाय : चौकीदार, अराईं बिल्डिंग मोजंग, का बयान—

लाला दुनीचन्द अराईं बिल्डिंग मोजंग का मालिक है। वह पुरानी अनारकली में रहते हैं। मैं 12 या 13 महीने उनके पास नौकर रहा। और अब से डेढ़ वर्ष पहले उनकी नौकरी छोड़ दी। मैं चौकीदार था और बिल्डिंग का किराया वसूल किया करता था, तथा मेरा काम किराए पर मकान देने का था। मैं किराए की वसूली को याददाश्त के तौर पर नोट किया करता था। प्रदर्श पी.-ए.वाई. की वह कॉपी अदालत के समक्ष है, जिसमें मैं किराए की वसूली को नोट किया करता था। वर्ष 1928 में मकान नं. 96 एक व्यक्ति, प्रताप सिंह ने 10 रुपए प्रति महीना किराए पर लिया था। 2-4 आदमी उसको मिलने आया करते थे, लेकिन मैं दृढ़ता से नहीं बता सकता कि कितने आदमी प्रताप सिंह के पास आया करते थे। मैं उसी बिल्डिंग के द्वार (गेट) पर रहा करता था। मैंने मकान नं. 96 में जाकर कभी नहीं देखा कि कितने आदमी उसमें रहते थे।

7.11.1928 को मैंने उससे एक माह का किराया 10 रुपए पेशगी लिया था। जिसकी एंट्री इस प्रकार है—

'मकान नम्बर 96 प्रताप सिंह तारीख 7 नवम्बर, रुपया 10'

यह इंदराज (एंट्री) मैंने उसी दिन किया था, जिस दिन प्रताप सिंह को मकान किराए पर दिया था। कॉपी में सारी एंट्रियाँ मैंने की हैं। जिस-जिस तारीख को किराया वसूल किया था, मैंने उसी दिन अपनी याददाश्त के अनुसार दर्ज किया है। माह दिसम्बर की एंट्री इस प्रकार है—

'मकान नम्बर 96 प्रताप सिंह, दिसम्बर के महीने की पेशगी 10 रुपए'।

प्रताप सिंह दो महीने से ज्यादा (दिसम्बर के बाद) उस मकान में नहीं रहा था। 10 रुपए की पहली एंट्री प्रदर्श पी.ए.वी.-1 है और दूसरी प्रदर्श पी.-ए.वी.-2 है। एंट्री हिन्दी में की हुई है।

मैंने जब स्पेशल मजिस्ट्रेट की अदालत में गवाही दी थी, उस समय 3-4 आदमियों को पहचानना था, जो दोषियों के कठघरे में बैठे हुए थे। मैंने प्रताप सिंह, जिसने मकान किराए पर लिया हुआ था, को अदालत में पहचाना था।

उसने फिर कहा कि 5-6 आदमियों को मैंने अदालत में पहचाना, जिनमें प्रताप सिंह भी था और भगत सिंह भी।

मैं रेलवे पुलिस लाइन और किला लाहौर की शनाख्त परेडों में गया था। इन शनाख्त परेडों में मैंने उन्हीं व्यक्तियों को पहचाना था, जिनको अदालत में पहचाना था। भगत सिंह को किसी दूसरी जगह भी शनाख्त किया था, मगर वह जगह अब मुझे याद नहीं है।

(इस दौरान जयगोपाल व हंसराज वोहरा, वादा माफ गवाह अदालत में लाए गए।) गवाह ने हंसराज वोहरा की तरफ इशारा किया और कहा कि मैंने उसको रेलवे पुलिस लाइन में पहचाना था और अराईं बिल्डिंग के मकान नम्बर 96 में उसको आते-जाते देखा था।

15.7.1930

जी.सी. हिल्टन
अब्दुल कादर
जे.के टप्प

शनाख्ती गवाहों की सूची

जिन गवाहों ने महावीर सिंह को पहचाना था, उनकी सूची इस प्रकार है—

1. जयगोपाल (अ.सा. 2)
2. हंसराज वोहरा (अ.सा. 5)
3. कुन्दनलाल (अ.सा. 51)
4. सदानन्द (अ.सा. 54)
5. मोहनलाल (अ.सा. 60)
6. हुसैन बक्श (अ.सा. 64)
7. बूड़ा (अ.सा. 72)
8. बुद्धू (अ.सा. 73)
9. गामा (अ.सा. 74)
10. फकीर चन्द (अ.सा. 86)
11. लाहौरी राम (अ.सा. 149)
12. कालू राम (अ.सा. 199)
13. दीवान चन्द (अ.सा. 200)
14. तुलसी राम (अ.सा. 292)
15. गज्जू राम (अ.सा. 295)
16. बीबी रानी (अ.सा. 301)
17. दीनानाथ (अ.सा. 304)
18. अहमद यार खान (अ.सा. 421)

(D) भूख हड़तालों का दौर

भूख हड़तालों का दौर

क्रान्तिकारियों के न्याय और मुक्ति के लिए संघर्ष को जेल का जीवन कहाँ रोक पाता है। जेल की दमनपूर्ण परिस्थितियों में संघर्ष को जारी रखने के लिए रणनीति में अवश्य बदलाव करने पड़ते हैं।

भारत के क्रान्तिकारी, परिस्थितियों के अनुरूप, 'अप्रत्यक्ष प्रतिरोध' (Passive resistance) का तरीका अपनाते रहे। भूख हड़ताल का साधन ऐसे प्रतिरोध में हमेशा कारगर रहा। अंडमान में उम्रकैद की सजा झेलने वाले क्रान्तिकारियों के रोंगटे खड़े करने वाले अनुभवों की, इतिहासकारों ने प्राय: अनदेखी की है। यहाँ हुए अत्याचारों की खबरें बाहर जाने से रोकने के पुख्ता इंतजाम किए गए। इस पुस्तक के लेखक ने चंडीगढ़ में 'नेशनल गैलरी ऑफ पोर्ट्रेट्स' में अंडमान की सेलुलर जेल के जीवन की झलकियाँ दिखाई हैं।

यह भी एक संयोग ही था कि 1915 के गदर के आरोपी क्रान्तिकारियों को पहले अंडमान की सेलुलर जेल में ही रखा गया जहाँ उन्होंने लम्बी भूख हड़तालों, अत्याचारों और अपमान का दौर झेला। लेकिन अपनी काले पानी की सजा के अन्तिम दौर में उन्हें लाहौर सेंट्रल जेल से ही भेजा गया। अपने सामूहिक प्रतिरोध से वे 1921-22 में राजनीतिक बन्दियों को सेलुलर जेल में भेजा जाना हमेशा के लिए रुकवा सके।

भगत सिंह और दत्त को 12 जून, 1929 को काले पानी की सजा सुनाए जाने के दिन ही उन्हें दिल्ली जेल से मियाँवाली जेल ले जाया गया।

"सेशन जज द्वारा सजा सुनाए जाने के पूर्व ही भगत सिंह एवं बटुकेश्वर दत्त दोनों ने राजनीतिक बन्दियों के साथ जेल में किए जाने वाले अमानुषिक व्यवहार के विरुद्ध अनशन करने के अपने निश्चय की सूचना जेल से जवा दी थी। उसके आधार पर विभिन्न पत्रों ने इस माँग के समर्थन में अपने पत्रों में लेखों द्वारा आन्दोलन प्रारम्भ कर देने की उदारता दिखाई।"[1]

मियाँवाली जेल से 17 जून, 1929 को भगत सिंह ने पंजाब के इंस्पेक्टर जनरल (जेल) को एक प्रतिवेदन भेजा जिसमें माँग की गई कि 26 जून से लाहौर में शुरू होने वाली लाहौर षड्यंत्र केस की सुनवाई को देखते हुए उन्हें लाहौर जेल में ही भेजा जाना चाहिए ताकि वे अपने केस में बचाव के लिए वकील कर सकें और अन्य कानूनी सुविधाएँ हासिल कर सकें। उन्होंने मियाँवाली जेल से इन्स्पेक्टर जनरल (जेल) को लिखे पत्र में जेल में राजनीतिक बन्दियों को मिलने वाली सुविधाएँ नहीं मिलने के

विरोध में भूख हड़ताल शुरू करने की सूचना दी और जरूरी सुविधाओं की माँग की। पत्र के अंश इस प्रकार हैं—

भूख हड़ताल का नोटिस

17 जून, 1929

प्रति,

इन्स्पेक्टर जनरल, जेल

लाहौर, पंजाब

असेम्बली बमकांड, दिल्ली के सम्बन्ध में मुझे आजीवन कैद की सजा दी गई है, इसलिए स्पष्ट है कि मैं राजनीतिक बन्दी हूँ। दिल्ली जेल में मुझे विशेष भोजन मिलता था, लेकिन यहाँ पहुँचने पर मेरे साथ सामान्य अपराधियों जैसा सलूक किया जा रहा है। इसलिए मैं 15 जून, 1929 की सुबह से भूख हड़ताल पर हूँ। इन दो-तीन दिनों में मेरा वजन दिल्ली जेल की अपेक्षा 6 पौंड कम हो गया है। मैं आपका ध्यान इस ओर आकर्षित करना चाहता हूँ कि मुझे हर हाल में राजनीतिक बन्दी का विशेष दर्जा मिलना चाहिए। मेरी माँगें – अच्छा भोजन (दूध, घी, दाल, चावल आदि के साथ) मशक्कत न कराई जाए, स्नान सुविधा (साबुन, तेल-हजामत आदि) ' प्रत्येक तरह का साहित्य (इतिहास, अर्थशास्त्र, राजनीतिक विज्ञान, कविता, नाटक या उपन्यास, समाचार पत्र); मुझे उम्मीद है कि आप उदारतापूर्वक मेरे आवेदन पर विचार करेंगे और योग्य फैसला लेंगे।

भगत सिंह

आजीवन बन्दी नं 117

मियाँवाली जेल[2]

"हर व्यक्ति द्वारा अलग से आवेदन करने का उद्देश्य यह था कि अगर एक भी राजनीतिक कैदी की माँग मान ली गई तो बाकी कैदियों के लिए भी, इस नजीर के आधार पर, ऐसी ही सुविधाएँ हासिल करना आसान हो जाएगा।

"कुछ दिन बाद, 25 जून, 1929 को भगत सिंह को लाहौर सेंट्रल जेल भेज दिया गया। यहीं बटुकेश्वर दत्त को भी रखा गया। उन्होंने भी राजनीतिक कैदी जैसी सुविधाएँ माँगते हुए भगत सिंह जैसा ही आवेदन किया था।

"इस बीच लाहौर षड्यंत्र केस के अन्य क्रान्तिकारियों-सुखदेव, जे.एन.दास, अजय घोष, शिव वर्मा, गयाप्रसाद, जयदेव, राजगुरु और बी.के. सिन्हा को लाहौर बोर्स्टल जेल ले आया गया। भगत सिंह और दत्त की भूख हड़ताल के बारे में पता चलते ही उन्होंने भी जुलाई 1929 में भूख हड़ताल करने का फैसला किया।"[3]

शिव वर्मा ने इस पूरे प्रकरण का मार्मिक विवरण दिया है—

''10 जुलाई, 1929 को जब हमारा केस आरम्भ हुआ तो भगत सिंह भूख हड़ताल पर था। उसे असेम्बली केस में आजीवन कारावास की सजा हो चुकी थी और अब राजा के विरुद्ध लड़ाई छेड़ने के अभियोग में हमारे साथ उस पर दुबारा केस चलना था।

''खाना छोड़े उसे एक महीने से ऊपर हो चुका था फिर भी वह अदालत आया। जिस समय स्ट्रेचर पर डाल कर उसे अदालत लाया गया तो उसे देखकर हम सबकी आँखों में आँसू आ गए: वह हमारा पहले वाला भगत सिंह नहीं था जिसका खूबसूरत, स्वस्थ एवं बलिष्ठ शरीर हमारे बीच चर्चा का विषय बना रहता था। अदालत में जिस भगत सिंह से हमारी मुलाकात हुई वह पहले वाले भगत सिंह की परछाई मात्र रह गया था— पीला और कमजोर। कई महीनों की निरन्तर जेल यातनाओं और लम्बी भूख हड़ताल ने उसके बलिष्ठ शरीर को काँटा बना दिया था।

''एक साथ मिलने पर लगभग तीन दिनों तक हम लोग इस बात पर बहस करते रहे कि अदालत के सामने हमारी बचाव की नीति क्या होनी चाहिए? भगत सिंह इतना कमजोर हो गया था कि बातचीत के दौरान थोड़ी-थोड़ी देर के बाद उसे आरामकुर्सी पर लेट कर सुस्ताना पड़ जाता था। उस सबके बावजूद भी उसने बहस में भाग लिया और निर्णायक भूमिका अदा की।

''उसका कहना था, गिरफ्तारी के बाद सब कुछ समाप्त नहीं हो गया है और यह सोचना कि अब हमें कुछ नहीं करना है गलत होगा। उसने कहा, 'जो लोग छूट सकते हैं उन्हें छुड़ाने का पूरा प्रयास करते हुए हमें अपने केस को एक राजनीतिक उद्देश्य से राजनीतिक ढंग से ही लड़ना चाहिए। शत्रु की अदालत से किसी प्रकार का भ्रम या आशा रखना हम क्रान्तिकारियों के लिए मूर्खता ही कही जाएगी और इसलिए हमें विदेशी सरकार के इस अदालती नाटक और न्याय के ढकोसले की बखिया उधेड़ कर क्रान्तिकारियों की अजेय मानसिक शक्ति का प्रदर्शन करना चाहिए।' साथ ही वह यह भी चाहता था कि हम लोग अदालत में तथा जेलों में राजनीतिक बन्दियों के अधिकारों के लिए अनवरत संघर्ष करें। सरकार, उसकी अदालत तथा उसकी नीतियों के प्रति अपने घृणा के भाव को अपने कार्यों द्वारा हर उपयुक्त अवसर पर प्रदर्शित करें और अन्त में यदि वक्तव्य देने का अवसर मिले तो एक राजनीतिक वक्तव्य द्वारा पूरी व्यवस्था पर गहरा प्रहार करें।

''13 जुलाई, 1929 को बाकी साथियों ने भी भगत सिंह और दत्त द्वारा उठाई माँगों के लिए भूख हड़ताल आरम्भ करने का निश्चय किया। जेलों में राजनीतिक बन्दियों के साथ जो अमानवीय एवं अपमानजनक व्यवहार

होता था, पकड़े जाने पर हमें उसके खिलाफ भी संघर्ष करना होगा। यह फैसला केन्द्रीय कमेटी ने बाहर रहते ही कर लिया था। उपर्युक्त निर्णय के अनुसार 14 जुलाई, 1929 को भगत सिंह ने होम मेम्बर को जो पत्र भेजा उसमें निम्नलिखित माँगें थीं—

1. राजनीतिक बन्दी होने के नाते हमें अच्छा खाना दिया जाए और हमारे भोजन का स्तर यूरोपियन कैदियों के स्तर का हो।
2. काम के नाम पर राजनीतिक बन्दियों को जेलों में सम्मानहीन काम करने के लिए बाध्य न किया जाए।
3. पुस्तकें तथा लिखने का सामान बगैर किसी रोक-टोक के प्राप्त करने की सुविधा दी जाए।
4. हर राजनीतिक बन्दी को कम-से-कम एक दैनिक समाचार-पत्र सरकारी खर्चे से दिया जाए।
5. राजनीतिक बन्दियों की एक अलग राजनीतिक श्रेणी बनाई जाए। हर जेल में राजनीतिक बन्दियों का एक विशेष वार्ड हो जिसमें उन सभी आवश्यकताओं की पूर्ति की सुविधा हो, जो यूरोपियन बन्दियों को उपलब्ध है और एक जेल में बन्द सभी राजनीतिक बन्दियों को उसी वार्ड में रखा जाए।
6. स्नान के लिए सुविधाएँ हों और पहनने के लिए अच्छे कपड़े दिए जाएँ।
7. यू.पी. जेल-सुधार कमेटी में श्री जगतनारायण और खान बहादुर हाफिज हिदायत हुसैन की यह सिफारिश, कि राजनीतिक कैदियों के साथ उच्च श्रेणी के कैदियों जैसा व्यवहार होना चाहिए, हम पर भी लागू की जाए।

"यह भूख हड़ताल 63 दिन चली। भगत सिंह और दत्त ने तीन महीने से ऊपर पार किए। इन तीन महीनों में भगत सिंह अपना सारा काम—लिखना-पढ़ना, नहाना, अदालत जाना, दस्तावेज तैयार करना, सरकार से पत्र-व्यवहार करना, अदालत में बयान देना, हँसना, गुनगुनाना— नियमित रूप से करता रहा। केस के दौरान भगत सिंह और दत्त को लाहौर सेंट्रल जेल में रखा गया था और शेष अभियुक्तों को बोर्स्टल जेल में। डिफेंस (सफाई) के लिए आपसी परामर्श के बहाने वे दोनों प्रत्येक रविवार के दिन बोर्स्टल जेल आ जाते थे। भगत सिंह कई बार भूख हड़ताल के बावजूद बोर्स्टल जेल आया।

"जेल में किताबों की सुविधा थी और आरम्भ से ही पढ़ने-लिखने का वातावरण बन गया था। आपस में सैद्धांतिक एवं राजनीतिक समस्याओं पर बहस आदि भी होती थी, लेकिन भगत सिंह के आ जाने पर उस सबमें

एक नई जान-सी आ जाती। उस दिन शायद ही कोई विषय अछूता रहता हो— सप्ताह की पढ़ी हुई पुस्तकें, 'मार्क्सवाद', 'सोवियत संघ की उन्नति', 'अफगानिस्तान के उलटफेर', 'चीन और जापान की तनातनी', 'लीग ऑफ नेशन्स का निकम्मापन', 'मेरठ केस', 'मजदूरों के संघर्ष', 'भारतीय पूँजीपति वर्ग की भूमिका', 'कांग्रेस की गतिविधि', 'लाहौर कांग्रेस में ध्येय परिवर्तन का प्रश्न' आदि विषयों पर चर्चा होती।

''यों हमारे केस के प्राय: सभी साथियों को पढ़ने-लिखने में अच्छी रुचि थी, लेकिन भगत सिंह इस क्षेत्र में सबसे आगे था। उसका प्रिय विषय साम्यवाद होते हुए भी उपन्यासों में उसकी अच्छी रुचि थी, विशेषतया राजनीतिक तथा आर्थिक समस्याओं पर प्रकाश डालने वाले उपन्यास। डिफेंस, अप्टन सिनक्लेयर, हालकेन, विक्टर ह्यूगो, गोर्की, स्टेपनिक, ऑस्कर वाइल्ड, लियोनार्ड एंड्रयू आदि उसके प्रिय लेखक थे। लियोनार्ड एंड्रयू की सुप्रसिद्ध पुस्तक 'सेवन दैट वर हैंग्ड' उसने अदालत में हमें पढ़कर सुनाई। पुस्तक का एक पात्र जिसे मौत की सजा हुई थी लगातार यही दोहराता रहता था कि 'मुझे फाँसी नहीं लगनी चाहिए।' जब उसे फाँसी पर लटकाने के लिए ले जाया जाने लगा तब भी वह बार-बार कातर स्वर से यही चिल्लाता रहा, 'मुझे फाँसी नहीं लगनी चाहिए'।''[4]

भगत सिंह जब कहानी के इस प्रसंग पर पहुँचा तो उसकी आँखों में आँसू छलक आए। उस समय मृत्यु पर विजय पाने वाले अपने साथी को मृत्यु के भय से कातर एक औपन्यासिक पात्र की सहानुभूति में आँसू बहाते देख सबके दिल भर आए थे।

यतीन्द्र दास का महान बलिदान

अमानवीय यातनाओं को निर्भय होकर झेलते हुए, 63 दिन की भूख हड़ताल के बाद मृत्यु को गले लगाने वाले यतीन्द्र दास का बलिदान क्रान्तिकारी संघर्ष की गाथाओं में स्वर्णाक्षरों में लिखे जाने योग्य है। सबसे बड़ी बात यह है कि पार्टी के वह उन सबसे विवेकपूर्ण सदस्यों में से थे जिन्होंने बिना किसी विचारहीन भावुकता के, भूख हड़ताल के इस निर्णय की भीषण कठिनाइयों और एक बार शुरू कर लेने के बाद बीच में छोड़ देने के नुकसानों के प्रति साथियों को आगाह किया था। अन्तत: क्रान्ति के महानतम आदर्शों की कसौटी पर वह अपने प्राणों की तिल-तिल आहुति देकर खरे उतरे। क्रान्तिकारी साथियों ने 'जतीन दा' की इस गाथा को विस्तार से बताया है। शिव वर्मा लिखते हैं—

''हम लोगों में से यतीन्द्र दास को छोड़कर और किसी को भी अनशन का कोई अनुभव न था। दास ने किसी भी साथी द्वारा भावावेश में अनशन की घोषणा कर देने का विरोध किया। उन्होंने कहा, 'इस हड़ताल का ऐलान

कर हम लोग एक ऐसे लम्बे संघर्ष में उतर रहे हैं जो एक मायने में रिवाल्वर या पिस्तौल की लड़ाई से कहीं कठिन है। अनशन द्वारा तिल-तिल कर अपने आपको खपाकर इंच-इंच मौत की ओर सरकने की अपेक्षा पुलिस की गोली का शिकार होकर या फाँसी पर झूल कर मर जाना आसान है। और एक बार अनशन के मैदान में उतर कर पीछे हटना क्रान्तिकारियों की प्रतिष्ठा को नीचे गिराना होगा। ऐसी स्थिति में संघर्ष में कूद कर पीछे हटने की अपेक्षा आरम्भ से ही उसमें न शरीक होना कहीं बेहतर होगा।'

"उन्होंने यह भी कहा कि जहाँ तक उनका सवाल है वे एक बार अनशन आरम्भ कर देने पर उस समय तक पीछे नहीं हटेंगे जब तक सरकार हमारे 'माँग पत्र' को स्वीकार नहीं कर लेती। दूसरे साथियों को उन्होंने सलाह दी कि वे एक दिन का समय लेकर अपने आपको अच्छी तरह तौल लें और यदि किसी को अन्त तक चल पाने में अपने ऊपर पूरा भरोसा न हो तो वे किसी भी हालत में अनशन आरम्भ न करें। साथ ही उन्होंने यह भी स्पष्ट कर दिया कि जो साथी अनशन में भाग नहीं लेंगे वे हमारे वैसे ही सम्मानित क्रान्तिकारी साथी रहेंगे जैसे दूसरे लोग।

"पूर्व निर्णय के अनुसार 13 जुलाई से हमारा ऐतिहासिक अनशन आरम्भ हुआ। हमारा फैसला था कि अनशन के बीच बीमार पड़ने पर भी हम मुँह से किसी प्रकार की दवाइयाँ आदि नहीं लेंगे और शक्ति रहते अधिकारियों को बलपूर्वक दूध भी नहीं पिलाने देंगे।

"आरम्भ में दस दिन तक प्राय: सभी साथी चलते-फिरते रहे और इस आशा से कि शायद कुछ लोग कमजोरी का शिकार होकर पीछे हट जाएँ, सरकार ने हमारी ओर कोई विशेष ध्यान नहीं दिया। जेल अधिकारी हमें डिगाने के उद्देश्य से अच्छे-से-अच्छा सुगन्धित खाना बनवाकर हमारी कोठरियों में सजाकर रखवाते। जैसे ही अधिकारीगण खाना, फल, दूध आदि रखकर पीठ फेरते वैसे ही अधिकांश साथी या तो उसे उठाकर बाहर फेंक देते या उसी समय उसे गन्दा कर देते। यतीन्द्र दास ही एक ऐसे व्यक्ति थे जिन्हें इस बारे में अपने ऊपर पूरा विश्वास था और उन्होंने न तो कभी खाने को फेंका न ही इसे कभी गन्दा किया। उनकी कोठरी से अधिकारी रोज गिनकर अपनी रोटियाँ, फल आदि उठा ले जाते थे।"[5]

क्रान्तिकारी अजय घोष ने एक अत्यंत मार्मिक प्रसंग का उल्लेख किया है—

"जेल अधिकारियों ने हमें हराने के लिए धोखेबाजी का एक नया तरीका अपनाया। उन्होंने घड़ों में पानी की जगह दूध भर दिया। यह एक क्रुर मजाक था। एक दिन बाद ही, प्यास असहनीय हो गई। हम पानी पीने घड़ों तक जाते, लेकिन वहाँ पानी की जगह दूध देखकर हताश हो लौट आते। ऐसा लगता हम अपना सन्तुलन खोकर पागल हो जाएँगे... अगर मुझे दूध रखने

का आदेश देने वाला व्यक्ति सामने नजर आता तो शायद मैं उसका गला ही दबा देता... बाहर ड्यूटी पर तैनात व्यक्ति यह सब देखता। जब प्यास असहनीय हो गई और गला एकदम सूख गया तो मैंने उसे बुला कर पानी देने को कहा, उसने कहा, 'पानी देने का हुक्म नहीं है।' मैं अपना आपा खो बैठा और घड़े को जमीन पर पटक कर फोड़ डाला। चारों ओर दूध बिखर गया औ कुछ दूध के छींटे संतरी की वर्दी पर भी जा गिरे। उसे लगा, मैं पागल हो गया हूँ। उसका चेहरा पीला पड़ गया। सही मायनों में मैं पागल हो गया था। ऐसी ही किशोरी और अन्य साथियों पर भी गुजरी। उन्होंने भी दूध के घड़े फोड़ डाले। आखिरकार, जेलर ने हमारी माँग मानी और हमारी कोठरियों में पानी उपलब्ध कराया गया। मैंने बहुत ज्यादा पानी एक साथ पी लिया जिससे मुझे उल्टियाँ आने लगीं और पानी की एक-एक बूँद जैसे उल्टियों में शरीर से निकल गई।''[6]

अत्याचारों और उसके जवाब में अजेय संकल्प की इस गौरवगाथा को शिव वर्मा यों आगे बढ़ाते हैं—

''13 जुलाई को जब दस दिन हो गए और एकाएक साथी बिस्तरों पर पड़ने लगे तो जेल अधिकारियों को चिन्ता हुई। सरकार ने हमारी देखभाल के लिए डॉक्टरों का एक बोर्ड गठित कर दिया था। अनशन के ग्यारहवें दिन से बोर्ड के डॉक्टरों ने हमें बलपूर्वक दूध पिलाना आरम्भ कर दिया। यूँ अगर भूख हड़ताल करने वाला बाधा न डाले और न ही विरोध करे तो रबड़ की नली नाक या मुँह के रास्ते पेट में उतार कर दूध पिला देने में किसी प्रकार की कोई खास तकलीफ नहीं होती। किन्तु हम लोगों ने तय किया था कि पानी को छोड़कर और कोई चीज मुँह से नहीं खाएँगे और न ही किसी को खिलाने देंगे, दवाइयाँ भी नहीं। उस हालत में अधिकारियों का जबर्दस्ती दूध पिलाना हमारे लिए एक अच्छी खासी सजा थी।

''हमारे विरोध के कारण, एक व्यक्ति को दूध पिलाने के लिए दो डॉक्टर, एक जेल का अधिकारी और आठ-दस तगड़े जेल वार्डनों द्वारा हमें काबू कराके जमीन पर गिरा देना और जब तक डॉक्टर अपना काम समाप्त न कर ले, तब तक जकड़े रहना जेल अधिकारियों का काम था। एक बार काबू आ जाने पर डॉक्टर अपनी रबड़ की नली अनशनकारी की नाक के रास्ते से उसके पेट में उतार देता और ऊपर लगी कीप के सहारे शरीर के हिसाब से दूध उढ़ेल कर चला जाता।

''डॉक्टर का दूध पिलाना असफल बनाने के हमारे अपने-अपने उपाय थे। कुछ लोग केवल गले के सहारे लड़ते थे। उन्हें ऐसा अभ्यास था कि जब भी नाक के रास्ते रबड़ की नली गले से नीचे उतारने की कोशिश होती तो वे खाँसकर या हिचकी लेकर नली को मुँह में ले लेते और फिर दाँतों

में दबाकर पड़ जाते। ये लोग डॉक्टर के लिए अधिक दुखदाई थे। दूध न पिला पाने पर कभी-कभी डॉक्टर बुरी तरह चिढ़ जाते थे; जान-जोखिम भी इसमें अधिक थी।

''जिन लोगों के नाक के सुराख बड़े थे उन्हें मोटी नली दी जाती थी जिसे मुँह में लेने में कठिनाई होती थी, डॉक्टर एक ही झटके में नली बेचारों के पेट तक पहुँचा देते थे। इन लोगों का मुख्य विरोध कुश्ती के रूप में होता था और वे जेल अधिकारियों के कोपभाजन बनते थे, क्योंकि उन्हें काबू करना अधिकारियों के लिए एक चुनौती बन गई थी।

''महावीर सिंह जो कुश्ती भी करते थे, जेल अधिकारियों को पहलवानों के साथ अपनी कोठरी की तरफ आते देख वे जंगला रोक कर खड़े हो जाते। एक तरफ आठ-दस पहलवान और दूसरी तरफ अनशन से कमजोर महावीर सिंह। पाँच-दस मिनट की धक्का-मुक्की के बाद दरवाजा खुलता तो काबू करने की कुश्ती आरम्भ हो जाती। एक दिन जेल के दो अधिकारियों को आपस में बातें करते सुना गया कि 63 दिनों के अनशन में एक दिन भी ऐसा नहीं गया जिस दिन महावीर सिंह को काबू करने में आधे घंटे से कम समय लगा हो; डॉक्टर के साथ भी ऐसी ही बीतती थी।''[7]

''यतीन्द्र दास ने एक बार भगत सिंह से शरीर में जबरन भोजन पहुँचाए जाने के उनके अनुभवों के बारे में पूछा। भगत सिंह ने जवाब दिया, 'मैंने भरसक प्रतिरोध किया लेकिन मेरी नाक बड़ी है, इसलिए वे आसानी से मेरे नथुनों में नली घुसा कर मेरे शरीर में जबरन भोजन पहुँचा देते थे।'''[8]

शिव वर्मा ने पूरे प्रसंग का विस्तृत और मार्मिक वर्णन किया है—

''यतीन्द्र दास को उस कसरत का पहले का अनुभव था, अस्तु पहले ही दिन डॉक्टर को उनके सामने पराजित होना पड़ा। जिस डॉक्टर का उनसे पाला पड़ा था, वह लाहौर के किसी पागलखाने का इंचार्ज था और जबरदस्ती दूध पिलाने की कला का विशेषज्ञ कहकर लाया गया था। पागलों के साथ रहते-रहते उसका अपना स्वभाव भी पागलों जैसा ही हो गया था। पागलों का संसर्ग और विशेषज्ञ होने का अहम्— इन दोनों ने मिलकर उसे क्रोधी भी बना दिया था। दास के हाथों पहले ही दिन की हार से यह बेहद चिढ़ गया और वहीं खड़े होकर सबके सामने दास को चुनौती देते हुए उसने कहा, 'कल देखूँगा, आप कैसे मेरे काम में बाधा डालते हैं।' उत्तर में दास ने मुस्करा दिया और वह लम्बे कदम बढ़ाता दूसरे साथी की ओर चला गया।

''तीसरे दिन, अर्थात् 26 जुलाई, 1929 को अन्य साथियों से फुरसत पाने के बाद, उसने दास को सबसे अन्त में पकड़ा। वह उनसे फुरसत में निपटना चाहता था। कुश्ती और धरपकड़ का पहला अध्याय जब समाप्त हो गया और जवानों ने दास को पूरी तरह काबू कर लिया तो उनके नाक

से नली डाली गई जिसे दास ने मुँह में निकाल कर दाँतों से दबा लिया। डॉक्टर ने दूसरी नली उसकी दूसरी नाक से डालनी आरम्भ की। दास का दम घुटने लगा। फिर भी मुँह खोले बगैर वे दूसरी नली को भी पेट में जाने से रोकने का प्रयास करते रहे। दूसरी नली पेट में न जाकर उनके फेफड़ों में चली गई। डॉक्टर जल्दी में था। वह अपनी विजय को हाथ से नहीं जाने देना चाहता था। दम घुटने के कारण दास की आँखें उलट चुकी थीं लेकिन उनके चेहरे की ओर देखे बिना ही डॉक्टर ने लगभग एक सेर दूध उनके फेफड़ों में डाल दिया और अपनी विजयोल्लास में उन्हें छटपटाता छोड़ कर चला गया।

"यह घटना अस्पताल में हुई थी। उस समय दास के अतिरिक्त लगभग आधा-दर्जन और साथी भी अस्पताल पहुँच चुके थे और वहाँ वे सब एक ही बैरक में बन्द थे। दास को छटपटाते देख वे सब उनके पास पहुँच गए। दास के शरीर का तापक्रम तेजी से बढ़ रहा था। उन्हें रह-रह कर जोर की खाँसी आ रही थी और वे साँस लेने में कठिनाई अनुभव कर रहे थे। उनकी यह हालत देखकर अन्य साथियों ने शोर मचाना आरम्भ किया। लगभग आधे घंटे बाद डॉक्टरों का दल वापस आया। दास को देखकर उनके होश उड़ गए। उन्होंने उन्हें जमीन से उठा कर चारपाई पर डाला और जब उनके मुँह में दवाई डालने लगे तो अर्द्धमूर्छित अवस्था में भी दास में न जाने कहाँ से अलौकिक चेतना जाग उठी और उन्होंने कस कर मुँह बन्द करते हुए अंग्रेजी में कहा 'नो'। हम लोगों में से जब कुछ साथियों ने दासजी से दवा खाने का अनुरोध किया तो उस यन्त्रणा के बीच भी उनके चेहरे पर मुस्कराहट दौड़ गई। वे समझ गए कि साथियों के संकल्प पर स्नेह की विजय हुई है और उन्होंने हँसकर हमारा अनुरोध अस्वीकार कर दिया। उन्होंने अन्त तक न तो इंजेक्शन ही लिया और न ही कोई दवा खाई। उनकी उस स्थिति में अब बल प्रयोग का कोई प्रश्न ही नहीं था, अस्तु डॉक्टरों को बाहरी उपचार (सीने पर लेप और मालिश आदि) पर ही संतोष करना पड़ा। दास को निमोनिया है, यह घोषित कर वे चले गए।

"उक्त घटना के लगभग दो-तीन घंटे बाद उनकी खाँसी का क्रम कुछ ढीला पड़ा और कुछ स्वस्थ होने पर उन्होंने आँखें खोल दीं। हम सबको अपने चारों ओर देखकर एक बार फिर उनके चेहरे पर मुस्कराहट दौड़ गई। बड़ी धीमी आवाज में जितेन्द्रनाथ सान्याल को सम्बोधित करते हुए उन्होंने कहा, 'अब मैं उनकी पकड़ में नहीं आ सकूँगा।'

"उस दिन से तिल-तिल कर मौत की ओर सरकने का उनका क्रम आरम्भ हुआ। शहादत की ओर ले जाने वाले हर क्षण के साथ उनके शान्त और सौम्य चेहरे पर उनके दृढ़ संकल्प की लकीरें गहरी होती गईं।

"कुछ ही दिनों में उनकी हालत और खराब हो गई। शरीर में विष फैल गया और आँखें मुंदी-मुंदी सी रहने लगीं। डॉक्टरों ने एनिमा देना चाहा, किन्तु दास उसके लिए भी राजी न हुए। कांग्रेस के नेताओं तथा डिफेंस कमेटी के सदस्यों का अनुरोध भी कुछ काम न आया। किसी ने सरकार को सुझाया कि शायद वे भगत सिंह की बात मान लें। इस पर केन्द्रीय कारागार से भगत सिंह को लाया गया। उसके एक बार अनुरोध करते ही दास ने एनिमा की स्वीकृति दे दी। इस पर जेल के एक उच्च अधिकारी ने दास से पूछा कि इसी बात के लिए आपने सबका अनुरोध ठुकरा दिया था तो फिर भगत सिंह के कहने से आप कैसे मान गए? उत्तर में उन्होंने कहा, 'श्रीमानजी, आप नहीं जानते भगत सिंह कितना बहादुर है। मैं उसकी बात कैसे टाल सकता हूँ!'

"इसी प्रकार एक अन्य अवसर पर भगत सिंह ने उनसे दवा पीने का अनुरोध किया तो उन्होंने कहा, 'देखो भगत सिंह, मैं मानता हूँ कि मुझे अपनी प्रतिज्ञा से पीछे नहीं हटना चाहिए, पर मैं तुम्हारा कहना भी नहीं टाल सकता। खैर, अब आगे मुझसे कुछ मत माँगना।'

"उनकी हालत खराब होते देख पहले तो सरकार ने उन्हें मेयो अस्पताल ले जाना चाहा। लेकिन दास द्वारा अस्पताल जाने से इनकार कर देने पर उसने उन्हें जमानत पर रिहा कर देने का निश्चय कर लिया। जमानतदार के रूप में उसे बाहर कोई फर्जी सेठ मिल गया था। अचानक अपनी रिहाई का समाचार सुन कर उन्होंने हम सबको अपने चारों ओर इकट्ठा कर लिया। 'यह सब चाल है' उन्होंने कहा, 'सरकार जानती है कि मैं बचूँगा नहीं। वह मेरी मृत्यु का उत्तरदायित्व अपने सिर पर लेना नहीं चाहती। वह मुझे जेल के फाटक से बाहर निकाल कर मुझसे मुक्ति पाना चाहती है। मैं ऐसा नहीं होने दूँगा।' यह कह कर उन्होंने हम लोगों की ओर देखा। बोले, 'मैं यहीं तुम लोगों के बीच रह कर लड़ते-लड़ते मरना चाहता हूँ। मेरी इच्छा है कि शक्ति रहते तुम लोग मेरे यहाँ से हटाए जाने का विरोध करो।'

"उस समय हमारे अनशन को डेढ़ महीने से अधिक हो चुका था और दो-एक को छोड़कर प्राय: सभी साथी कमजोर हो जाने के कारण अस्पताल में ही थे। दास की बातों से उस कमजोरी की हालत में भी साथियों में न जाने कहाँ से अलौकिक शक्ति आ गई। अस्पताल की बैरक का दरवाजा अन्दर से बन्द कर लिया गया। फिर सभी ने अपनी-अपनी लोहे की चारपाइयाँ, मेजें, अलमारियाँ आदि खींच कर दरवाजे से भिड़ा दीं और सक्रिय विरोध के लिए तैयार हो गए। दास ने अपनी चारपाई पर लेटे-लेटे आँखें खोल कर चारों ओर देखा और कहा, 'अब ठीक है।'

"कुछ देर बाद ही जेल के अधिकारी अपने दल-बल के साथ दास

को ले जाने के लिए आ गए। मोर्चेबन्दी देखकर वे समझ गए कि आसार अच्छे नहीं हैं। शारीरिक दृष्टि से उस समय हममें से किसी की हालत ऐसी नहीं थी कि उनके खिलाफ बल प्रयोग किया जा सकता। दास ने बाहर खड़े सुपरिंटेंडेंट से कहला दिया कि उन्हें जमानत मंजूर नहीं है। टेलीफोन खटके और नाटक आगे बढ़ने से रुक गया। बैरक की मोर्चाबन्दी तब हटी जब अंग्रेज सुपरिंटेंडेंट ने ईसा मसीह की शपथ खाकर विश्वास दिलाया कि वह दास को उनकी इच्छा के विरुद्ध ले जाने की कोशिश नहीं करेगा।

''लगभग एक सप्ताह बाद एक दिन उन्होंने फिर सबको अपने चारों ओर इकट्ठा किया। जिनमें उठने-बैठने की शक्ति नहीं रह गई थी उनकी चारपाइयाँ अपने पास करवा लीं। उनके छोटे भाई किरनदास को उनकी देखभाल के लिए उनके पास रहने की अनुमति मिल गई थी। वे अपने लिए बिस्कुटों का एक पैकेट लाए थे। दास ने अपने हाथ से एक-एक बिस्कुट सबको दिया। बोले, 'हम लोग अनशन नहीं तोड़ रहे हैं। यह हमारा अन्तिम सहभोज है— मेरे प्यार का एक प्रतीक मात्र।' सबने बिस्कुट खा लिया। फिर उन्होंने किरनदास से काजी नजरुल इस्लाम का 'बोलो वीर, चिर उन्नत मम शीर' गाना सुना। उस रात काफी देर तक वे हमसे बातें करते रहे। जो साथी वहाँ नहीं थे और कोठरियों में बन्द थे उन सबकी हालतों के बारे में उन्होंने पूछा व 'वंदेमातरम' सुना। वह बुझते दीये की आखिरी चमक थी। उसके बाद उनकी हालत तेजी से गिरने लगी। उनका बोलना बन्द हो गया, हाथों-पैरों में सूजन आ गई, आँखें भी प्रायः बन्द-बन्द रहने लगीं। लेकिन उस हालत में भी वे हर बात का उत्तर सिर हिला कर 'हाँ' या 'न' में दे देते थे। उनकी दिमागी चौकसी में अन्तिम समय तक किसी प्रकार की शिथिलता नहीं आई।

''महाप्रयाण की तैयारी में पहले उनके पैर का अंगूठा संज्ञाहीन हुआ फिर धीरे-धीरे उनके पैर और तब हाथ निश्चेष्ट हुए और फिर आँखों ने साथ छोड़ा। इस सबके बाद भी अन्त तक उनकी संकल्प-शक्ति में किसी प्रकार की कमी नहीं आई।

''हालत बिगड़ती देखकर सरकार ने एक बार फिर जेल सुपरिंटेंडेंट मेजर ब्रिग्स द्वारा कहलाया कि सरकार उन्हें बिना शर्त रिहा करने और उन पर से षड्यंत्र केस की कार्रवाई उठा लेने को तैयार है। उत्तर में यतींद्रनाथ ने पूछा कि क्या सरकार ने हमारी माँगें मान ली हैं ? और जब उन्हें पता चला कि सरकार अनशनकारियों की माँगों पर विचार किए बगैर ही उन्हें रिहा करने की बात कर रही है तो उन्होंने सरकार के सुझाव को मानने से साफ इनकार कर दिया।

"अनशन के 63वें दिन 13 सितम्बर, 1929 को उनकी हालत खराब देखकर डॉक्टरों ने उन्हें इंजेक्शन लगाना चाहा। उनका अनुमान था कि अचेतन अवस्था में दास को शायद पता ही न चल पाएगा कि उन्हें इंजेक्शन लगाया जा रहा है। लेकिन जैसे ही उनका हाथ पकड़ कर उस पर स्प्रिट मली गई वैसे ही उन्होंने रुंधे गले से डरावनी आवाज में कहा 'नो' और उसके साथ ही डॉक्टरों का दल सहम कर पीछे हट गया। उस घटना के कुछ ही देर बाद उन्होंने सदा के लिए आँखें बन्द कर लीं।

"उस दिन प्रात:काल से ही अधिकारियों ने उन साथियों को भी जो कोठरियों में बन्द थे, लाकर अस्पताल में छोड़ दिया। सभी ने खामोशी के साथ उनके चारों ओर खड़े होकर अपनी श्रद्धांजलि अर्पित की, डॉक्टरों ने कतार में खड़े होकर मस्तक झुकाया और जेल के अंग्रेज सुपरिंटेंडेंट ने टोपी उतार कर फौजी सलाम से उनका सम्मान किया।

"दास की हालत खराब है, यह समाचार प्रात:काल से ही लाहौर में आँधी की तरह फैलता जा रहा था और जेल के फाटक पर शव के अन्तिम दर्शनों के लिए सारा शहर उमड़ कर जमा हो गया था। लाहौर में, लाहौर से कलकत्ता ले जाते समय मार्ग के स्टेशनों पर, और फिर कलकत्ता में दास के शव को जो सम्मान मिला वह देश के इतिहास में आज भी अद्वितीय है। वे पहले ऐसे व्यक्ति थे जिन्हें मृत्यु के पश्चात् जनता से इतना आदर और सम्मान मिला। मृत्यु के बाद सी.आर. दास, भगत सिंह, गांधीजी, रवीन्द्रनाथ टैगोर और पंडित नेहरू को छोड़कर शायद ही किसी दूसरे व्यक्ति को जनता से इतना आदर और सम्मान मिला हो।

"इस सम्बन्ध में लम्दन में सेक्रेटरी ऑफ स्टेट्स को तार द्वारा कलकत्ते से दास की शव यात्रा की रिपोर्ट देते हुए 17 सितम्बर को वाइसराय को भी कहना पड़ा था: 'कलकत्ता के जुलूस के बारे में कहा जाता है कि वह अभी तक के जुलूसों में सबसे बड़ा था (Record size) और उसमें लगभग पाँच लाख व्यक्ति थे।'

"अनशन के प्रश्न को लेकर 12 सितम्बर, 1929 को लेजिस्लेटिव असेम्बली में श्री जिन्ना ने कहा था, 'यह युद्ध की घोषणा है। आप जानते हैं कि ये लोग प्राणोत्सर्ग के लिए कृतसंकल्प हैं। यह कोई हँसी-खेल नहीं है। हर व्यक्ति आमरण अनशन नहीं कर सकता। जो व्यक्ति अनशन करता है उसकी आत्मा होती है और अपने अनशन के उद्देश्य के न्यायपूर्ण होने में उसका पूर्ण विश्वास होता है। ऐसा व्यक्ति न तो सामान्य मनुष्य होता है और न ही ऐसा अपराधी हो सकता है, जो निर्मम हत्या का दोषी हो। जनता इस घृणित सरकारी व्यवस्था का विरोध करती है। यह भी याद रहे कि बाहर हजारों नवयुवक हैं।'

"दास की शहादत पर केन्द्रीय असेम्बली में काम रोको प्रस्ताव पेश करते हुए 14 सितम्बर, 1929 को पंडित मोतीलाल नेहरू ने कहा था कि 'मेरा... चार्ज यह है कि सरकार ने मानवीय तत्वों का, जिनसे कि उसे ऐसे मामलों में हमेशा परिचालित होना चाहिए, निपट अभाव प्रदर्शित किया है। चार्ज यह है कि जिस समय मनुष्य की जीवन-ज्योति धीरे-धीरे बुझ रही थी उस समय सरकार चुपचाप खड़ी रही, वह ऐसे कदम नहीं उठा रही थी जिनका उठाना उसका स्पष्ट कर्तव्य था...।' सरकार की कड़े शब्दों में भर्त्सना करते हुए उन्होंने कहा, '...श्रीमानजी, कहा जाता है कि 'जब रोम जल रहा था तो नीरो वायलिन बजा रहा था।' हमारी दयावान सरकार नीरो से एक कदम आगे निकल गई है। वह इन युवकों की मृत्यु शैया पर बैठकर वायलिन बजा रही है। ये नौजवान गलत रास्ते पर हो सकते हैं, लेकिन फिर भी, ये देशभक्त हैं।'"[9]

'गदर' के योद्धाः बाबा सोहन सिंह भकना

सोहन सिंह 1915 के गदर आन्दोलन के संस्थापक अध्यक्ष थे। भगत सिंह और अन्य क्रान्तिकारियों तथा बाबाजी के बीच बहुत गहरा स्नेह-बन्धन था। बाबाजी का जिक्र करते हुए क्रान्तिकारी अजय घोष ने लिखा है—

"भूख हड़ताल के इस दौर की एक घटना का हम पर गहरा असर पड़ा। 1915 के गदर आन्दोलन के बुजुर्ग क्रान्तिकारी बाबा सोहन सिंह भकना 14 साल की जेल अंडमान में काट चुके थे और अब सजा के आखिरी दौर में लाहौर सेंट्रल जेल में लाए गए थे। वह भी हमारे साथ भूख हड़ताल में शामिल हो गए। जेल सुपरिंटेंडेंट ने हमें बताया कि अगर वह भूख हड़ताल जारी रखेंगे तो उनकी उम्रकैद की सजा की जो अवधि कम कराई गई है, वह माफी उन्हें नहीं मिलेगी। हमें यह भी बताया गया कि उनकी सेहत ठीक नहीं है, चौदह साल की बामशक्कत सजा से उनका स्वास्थ्य बर्बाद हो चुका है और भूख हड़ताल करना उनके लिए जानलेवा भी हो सकता है।

"इसे देखते हुए भगत सिंह ने बाबाजी से मिल कर उनसे भूख हड़ताल न करने का आग्रह किया, लेकिन वह नहीं माने। भगत सिंह ने जब बाबाजी से मिलने के बाद उनकी बातें हमें बताईं तो उनकी आँखों से झर-झर आँसू बह रहे थे। जब तक हमारी भूख हड़ताल जारी रही, बाबाजी भी भूख हड़ताल पर रहे। नतीजा यह हुआ कि उन्हें सजा में मिली माफी रद्द कर दी गई और उन्हें एक साल और जेल में रहना पड़ा।"[10]

संघर्ष रंग लाया

भूख हड़ताल से जन–सहानुभूति का सैलाब उमड़ गया। अखबारों में रोज भूख हड़ताल की खबरें छपने लगीं। सरकार के रवैये के विरोध में अनेक जन–सभाएँ हुईं। अमृतसर में जलियाँवाला बाग में नगर कांग्रेस और नौजवान भारत सभा ने डॉ. किचलू की अध्यक्षता में 30 जून, 1929 को 'भगत सिंह दिवस' आयोजित किया। 'इंकलाब जिन्दाबाद' और 'साम्राज्यवाद का नाश हो' के नारे लगाए गए। देवकी नंदन चरन, मास्टर मोता सिंह तथा अन्य वक्ताओं ने भगत सिंह को देश का सच्चा सपूत बताया। सभा के अन्त में यह प्रस्ताव पारित किया गया—

> "अमृतसर के लोग जेलों में राजनीतिक कैदियों के साथ दुर्व्यवहार के विरोध में भगत सिंह और दत्त द्वारा पिछले 14 दिनों से की जा रही भूख हड़ताल की सराहना करते हैं और उनके प्रति आगाह भी करते हैं कि भगत सिंह और दत्त के जीवन से खिलवाड़ की पूरी जिम्मेदारी सरकार की होगी।
>
> "21 जून, 1929 को लाहौर में भी नौजवान भारत सभा ने 'भगत सिंह दिवस' का आयोजन किया। इस आयोजन में करीब दस हजार लोग शामिल हुए। एक सरकारी रिपोर्ट में कहा गया कि पिछले कुछ समय से यह सबसे बड़ी राजनीतिक जनसभा थी।
>
> "जबरदस्त जन–विरोध के बावजूद सरकार ने कैदियों से दुर्व्यवहार और उन्हें जबरन खिलाने का क्रुर रवैया जारी रखा जिसका भगत सिंह और उनके सहयोगयों ने पुरजोर प्रतिरोध किया।"[11]

भूख हड़ताल करने वाले बन्दियों के अदम्य संकल्प और देशव्यापी विरोध ने सरकार को झुकने पर मजबूर कर दिया और उसने 2 सितम्बर, 1929 को पंजाब जेल जाँच समिति गठित की। समिति के चार सदस्यों ने जेल का मुआयना किया, भूख हड़ताल कर रहे बन्दियों से मुलाकात की और उन्हें एक चारपाई, एक मेज, एक कुर्सी, अखबार और बिजली की रोशनी मुहैया कराई गई।

इन सुधारों के मद्देनजर यतीन्द्र दास को छोड़ कर, भगत सिंह और उनके अन्य सहयोगियों ने 2 सितम्बर, 1929 को भूख हड़ताल स्थगित कर दी। उस समय तक भगत सिंह और दत्त 81 दिन तथा अन्य साथी 53 दिन की भूख हड़ताल कर चुके थे।

यतीन्द्र दास की मरणासन्न स्थिति को देखते हुए, इन साथियों को अन्य माँगें पूरी होने से कोई उल्लास नहीं हुआ। दो दिन बाद ही 4 सितम्बर, 1929 से उन्होंने निम्न आधार पर फिर भूख हड़ताल शुरू कर दी—

1. यतीन्द्र को बिना शर्त रिहा नहीं किया गया।
2. लाहौर षड्यंत्र केस के आरोपी भगत सिंह और दत्त को अन्य मामलों के आरोपी कैदियों के साथ मिलने–जुलने नहीं दिया जाता।[12]

अब तक पंजाब जेल जाँच समिति ने अपनी सिफारिशें प्रस्तुत कर दीं। 4 अक्तूबर

को भगत सिंह और उनके साथियों ने 'भारतीय जेलों में राजनीतिक बन्दियों के प्रति दुर्व्यवहार के मामले में सरकार द्वारा अन्तिम फैसला लिए जाने तक' भूख-हड़ताल स्थगित कर दी। ऐसा ऑल इंडिया कांग्रेस कमेटी के प्रस्ताव को मानते हुए और सरदूल सिंह के सन्देश में व्यक्त की गई आशा को देखते हुए किया गया।[13]

लेकिन सरकार जेल जाँच समिति की सिफारिशें लागू करने में टाल-मटोल करती रही। भगत सिंह ने 20 जनवरी, 1930 को स्पेशल मजिस्ट्रेट के माध्यम से भारत सरकार के गृह मंत्री को पत्र भेजकर सरकार पर बेरुखी और वादे से पलटने का आरोप लगाया। 28 जनवरी, 1930 को भगत सिंह ने एक और आवेदन भेजा जिसमें कहा गया था—

> "समिति के इस आश्वासन पर कि राजनीतिक कैदियों के साथ दुर्व्यवहार का प्रश्न हमारे संतोष के अनुसार शीघ्र ही अन्तिम रूप में हल किया जा रहा है, हमने अपनी भूख हड़ताल स्थगित कर दी थी। अखिल भारतीय कांग्रेस समिति के भूख हड़ताल सम्बन्धी प्रस्तावों की प्रतियाँ जेल अधिकारियों ने रोक ली हैं। कांग्रेस प्रतिनिधि मंडल को कैदियों से मिलने की अनुमति देने से इनकार कर दिया गया है। षड्यंत्र केस से सम्बन्धित विचाराधीन व्यक्तियों पर पुलिस अधिकारियों की आज्ञा से 23, 24 अक्तूबर, 1929 को बुरी तरह हमले किए गए।
>
> ह.
>
> भगत सिंह, दत्त तथा अन्य"[14]

सरकार ने इस आवेदन को जेल के बाहर के राजनीतिक नेताओं के उकसाने पर लिखा गया बताया। 23 और 24 अक्तूबर को कैदियों की पिटाई के आरोप को इस बहाने से नकारा गया कि इन बन्दियों को जबरन अदालत में लाए जाने का आदेश था। परिणामस्वरूप, भगत सिंह तथा उनके साथियों ने जनवरी 1930 में फिर से भूख हड़ताल शुरू कर दी जो दो सप्ताह तक चली। सरकार को मजबूर होकर जेल जाँच समिति की प्रमुख सिफारिशें लागू करने के लिए नियम बनाने पड़े। इस तरह, लम्बे संघर्ष और तकलीफों के बाद भगत सिंह और उनके साथी राजनीतिक बन्दियों के लिए बेहतर सुविधाओं की व्यवस्था करवा पाने में सफल रहे।[15]

महावीर सिंह : साहस और संकल्प की अनुपम मिसाल

महावीर सिंह ने शत्रु की अदालत को मान्यता देने से इनकार कर दिया था। लाहौर षड्यंत्र केस के अभियुक्तों के प्रचार से घबरा कर केस को जल्द-से-जल्द समाप्त कर देने के उद्देश्य से भारत सरकार द्वारा 1930 के आरम्भ में एक अध्यादेश जारी किया जिसका नाम था 'लाहौर षड्यंत्र केस अध्यादेश'। इस अध्यादेश के अनुसार लाहौर हाईकोर्ट के तीन जजों का एक ट्रिब्यूनल नियुक्त कर मजिस्ट्रेट की अदालत से केस उठा कर नई अदालत के सुपुर्द कर दिया गया। यह ट्रिब्यूनल अभियुक्तों की अनुपस्थिति

में भी केस की सुनवाई कर सकता था। नई अदालत को यह भी अधिकार था कि उसकी निगाह में जब भी अभियुक्त दोषी सिद्ध हो जाए, तो बाकी गवाहों की गवाहियाँ लिए बगैर वहीं पर केस की सुनवाई समाप्त कर वह अपना निर्णय दे सकती थी। इस अदालत के निर्णय के विरुद्ध किसी भी अदालत में अपील नहीं हो सकती थी।

सरकार की उस धींगामुस्ती के खिलाफ महावीर सिंह तथा चार अन्य साथियों ने (कुंदनलाल, बटुकेश्वर दत्त, गयाप्रसाद और जितेंद्रनाथ सान्याल) एक बयान द्वारा अपने उद्‌देश्य की व्याख्या करते हुए कहा था कि वे शत्रु की अदालत से किसी प्रकार के न्याय की आशा नहीं करते हैं। यह कह कर उन्होंने अदालत को मान्यता देने और उसकी कार्रवाई में भाग लेने से इनकार कर दिया था।

महावीर सिंह तथा उनके साथियों का यह बयान लाहौर षड्‌यंत्र केस के अभियुक्तों की उस समय की राजनीतिक एवं सैद्धांतिक समझ का प्रतीक है।

बयान के प्रमुख अंश

"...हमारा यह दृढ़ विश्वास है कि साम्राज्यवाद लूटने-खसोटने के उद्‌देश्य से संगठित किए गए एक विस्तृत षड्‌यंत्र को छोड़कर और कुछ नहीं है। साम्राज्यवाद मनुष्य द्वारा मनुष्य का तथा एक राष्ट्र द्वारा दूसरे राष्ट्र को धोखा देकर शोषण करने की नीति के विकास की अन्तिम अवस्था है। साम्राज्यवादी अपने लूट-खसोट के मंसूबों को आगे बढ़ाने की गरज से केवल अपनी अदालतों द्वारा ही राजनीतिक हत्याएँ नहीं करते, वरन् युद्ध के रूप में कत्लेआम, विनाश तथा अन्य कितने वीभत्स एवं भयानक कार्यों का संगठन करते हैं। ऐसे लोगों को, जो उनकी लूट-खसोट की माँगों को पूरा करने से इनकार करते हैं, या उनके तबाह करने वाले घृणित मंसूबों का विरोध करते हैं, गोली से उड़ा देने में वे जरा भी नहीं हिचकिचाते। 'न्याय तथा शान्ति का रक्षक' होने की आड़ में वे शान्ति का गला घोंटते हैं, अशान्ति की सृष्टि करते हैं, बेगुनाहों की जानें लेते हैं और सभी प्रकार के जुल्मों को प्रोत्साहन देते हैं।

"हमारा यह विश्वास है कि मनुष्य होने के नाते हर व्यक्ति आजादी का हकदार है, उसे कोई दूसरा व्यक्ति दबा कर नहीं रख सकता। हर मनुष्य को अपनी मेहनत का फल पाने का पूरा अधिकार है और हर राष्ट्र अपने साधनों का पूरा मालिक है। यदि कोई सरकार उन्हें उनके इन प्रारम्भिक अधिकारों से वंचित रखती है तो लोगों का यह अधिकार ही नहीं बल्कि उनका कर्तव्य भी है कि ऐसी सरकार को उलट दें, उसे तहस-नहस कर दें। चूँकि ब्रिटिश सरकार इन उसूलों से, जिनके लिए हम खड़े हुए हैं, बिलकुल परे है, इसलिए हमारा यह दृढ़ विश्वास है कि क्रान्ति के द्वारा मौजूदा हुकूमत को समाप्त करने के लिए सभी प्रकार की कोशिशें तथा उपाय न्यायसंगत हैं। हम परिवर्तन चाहते हैं— सामाजिक, राजनीतिक तथा आर्थिक, सभी क्षेत्रों में आमूल परिवर्तन। हमारा उद्‌देश्य मौजूदा समाज को जड़ से उखाड़ कर उसके स्थान पर एक

ऐसे समाज की स्थापना करना है जिसमें मनुष्य द्वारा मनुष्य का शोषण असम्भव हो जाए और प्रत्येक व्यक्ति को हर क्षेत्र में पूरी आजादी हासिल हो। हम महसूस करते हैं कि जब तक समाज का पूरा ढाँचा ही नहीं बदला जाता और उसकी जगह पर समाजवादी समाज की स्थापना नहीं हो जाती तब तक दुनिया महाविनाश के खतरे से बाहर नहीं है।

''रही बात उपायों की— शान्तिमय तथा दूसरे— जिन्हें हम क्रान्तिकारी आदर्श की पूर्ति के लिए काम में लाएँगे। हम कह देना चाहते हैं कि इसका फैसला काफी हद तक उन लोगों पर निर्भर करता है जिनके पास ताकत है। क्रान्तिकारी तो सबका फायदा चाहने के सिद्धान्त पर विश्वास करने के नाते शान्ति के ही उपासक हैं— सच्ची और स्थिर शान्ति के, जिसका आधार न्याय तथा समानता पर है, न कि कायरता पर आधारित तथा संगीनों की नोक पर बचाकर रखी जाने वाली शान्ति के।''

बयान के अन्त में कहा गया था, ''हम पर ब्रिटिश सरकार के विरुद्ध युद्ध छेड़ने का अभियोग लगाया गया है। हम ब्रिटिश सरकार की बनाई हुई किसी भी अदालत से न्याय की आशा नहीं करते और इसलिए हम इस न्याय के नाटक में भाग नहीं लेंगे।

''केस समाप्त हो जाने पर सम्राट के खिलाफ युद्ध और सांडर्स की हत्या में सहायता करने के अभियोग में महावीर सिंह को उनके सात अन्य साथियों के साथ आजन्म कारावास का दंड दिया गया।''[16]

सन्दर्भ ग्रंथ

1. *अमर शहीद सरदार भगत सिंह,* जतीन्द्र सान्याल, क्रान्तिकारी प्रकाशन, मिर्जापुर (उत्तर प्रदेश) पृष्ठ 78
2. *भगत सिंह : पत्र तथा दस्तावेज,* डॉ. चमनलाल।
3. *शहीदे-आजम सरदार भगत सिंह: दि मैन एंड हिज आइडियॉलॉजी,* डॉ. गुरुदेव सिंह देओल, दीप प्रकाशन, नाभा, 1978, पृष्ठ 62-63
4. *संस्मृतियाँ,* शिव वर्मा, लोक प्रकाशन गृह, दिल्ली - 2002, पृष्ठ 47-50
5. *उक्त,* पृष्ठ 40
6. *भगत सिंह व उनके साथी,* अजय घोष, दिल्ली, 2002, पृष्ठ 63-64
7. शिव वर्मा, पृष्ठ 126-127
8. डॉ. गुरुदेव सिंह देओल, पृष्ठ 66
9. शिव वर्मा, पृष्ठ 141-145
10. अजय घोष, पृष्ठ 32
11. डॉ. गुरुदेव सिंह देओल, पृष्ठ 63-64
12. *प्रोफाइल ऑफ ए मार्टर,* किरनदास, डायरेक्टोरेट ऑफ पब्लिक रिलेशंस, हरियाणा, चंडीगढ़, 1979, पृष्ठ 23

13. *ट्रायल ऑफ भगत सिंह – पॉलिटिक्स ऑफ जस्टिस,* ए.जी. नूरानी, आक्सफोर्ड यूनिवर्सिटी प्रेस, कराची, 2005, पृष्ठ 102
14. *भगत सिंह : पत्र और दस्तावेज,* डॉ. चमन लाल।
15. डॉ. गुरुदेव सिंह देओल, पृष्ठ 68–69
16. शिव वर्मा, पृष्ठ 127–29

चित्र

राम प्रसाद बिस्मिल बचपन में अपने पिताजी— श्री मुरलीधर व अपनी माताजी श्रीमती मूलमती देवी के साथ

शहीद राम प्रसाद बिस्मिल की यह फोटो सोमवार, 19 दिसम्बर, 1927 को सुबह 6.30 बजे गोरखपुर डिस्ट्रिक्ट जेल में फाँसी पर लटकाए जाने के बाद उनके पिताजी के साथ हैं

बिस्मिल जी के पिताजी

बिस्मिल जी की माता जी

बिस्मिल जी

बिस्मिल जी की बहन श्रीमती शास्त्री देवी जी

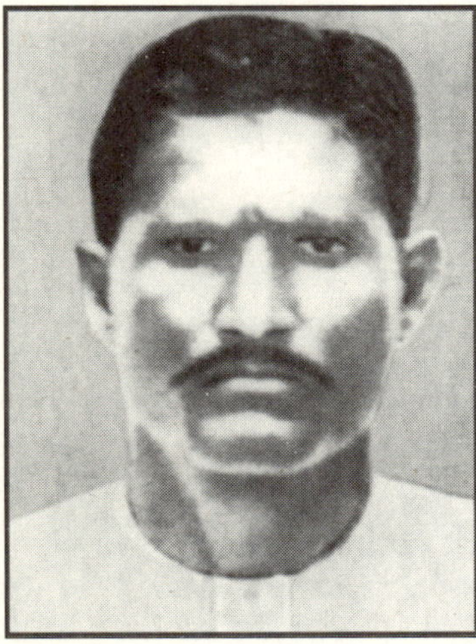

शहीद ठाकुर रोशन सिंह जी की फाँसी पर लटकाए जाने के बाद की फोटो

शहीद ठाकुर रोशन सिंह जिन्हें 19 दिसम्बर, 1927 को मलाका जेल, इलाहाबाद में फाँयी दी गई। आप अल्लहड़ मौला-मस्त होते हुए भी अपनी जिम्मेवारी पूरी सर्तकता से निभाते थे। आप बमरौली डकैती की सारी योजना के संगठनकर्त्ता थे। किसी ने सपने में भी नहीं सोचा था कि आपको फाँयी होगी, फिर भी आने इस सजा को बड़े साधारण भाव से ग्रहण किया था। जीवन और मृत्यु में आप कोई भेद नहीं मानते थे। जेल में आप दिन-प्रतिदिन तगड़े ही होते गए। ''**ज़िन्दगी जिन्दादिली को जान ए 'रोशन' वरन् कितने मरते और पैदा होते जाते हैं।**''

अमर शहीद राजेन्द्रनाथ लाहिड़ी का जन्म 1892 को पबना जिले के गाँव मोहनपुर में हुआ था। अब यह बंग्लादेश में है। आपको गौंडा जेल में 17 दिसम्बर, 1927 को नियत तिथि से दो दिन पहले ही फाँयी दे दी गई थी, क्योंकि अंग्रेजों को शक था कि आप जेल से निकल भागने का षड्यन्त्र रच रहे हैं। जब 'हिन्दुस्तान रिपब्लिकन एसोसिएशन' बनी तो आप उसमें शामिल थे। जैसा कि इन्होंने अपने अतिम पत्र, 14 दिसम्बर, 1927 में लिखा है ...मृत्यु कुछ नहीं बल्कि जीवन का एक उल्था है। तो उससे क्यों डरे?...', ये मृत्यु पर हर समय हँसते रहते थे।

शहीद अशफाकउल्ला ख़ाँ जी की फाँसी पर लटकाए जाने के बाद की फोटो

अशफाकउल्ला खाँ को राम प्रसाद बिस्मिल का दायाँ हाथ समझा जाता था। इन्होंने काकोरी ट्रेन डकैती में खजाने की पेट्टी को तोड़ने में महत्त्वपूर्ण भूमिका निभाई थी। इनका जन्म 21 दिसम्बर, 1899 को शाहजहाँपुर यू.पी. में हुआ था। इनकी गिरफ्तारी 8 सितम्बर, 1926 को राते के 9.30 बजे दिल्ली में डी.एस.पी. (सी.आई.डी.) खान बहादर अकरामूल हक द्वारा की गई थी। इन पर सप्लीमेंटरी केस चला था। इनकी शहीदी फ़ैज़ाबाद जेल में 19 दिसम्बर, 1927 को हुई थी।

शचीन्द्र नाथ बख्शी का जन्म 27 दिसम्बर, 1900 को वाराणसी के एक सम्पन्न बंगाली परिवार में हुआ। काकोरी ट्रेन डकैती में इन्हें ट्रेन के रुकते ही गार्ड को अपने कब्जे में लेने की जिम्मेदारी सौंपी गई थी जिसे इन्होंने घटना के अंत तक बखूबी निभाया था। इन पर भी सप्लीमेंटरी केस चला था, जिसमें इन्हें आजीवन कारावास की सजा हुई थी। इनका देहांत 23 नवम्बर, 1984 को सुल्तानपुर (उ.प्र.) में हुआ।

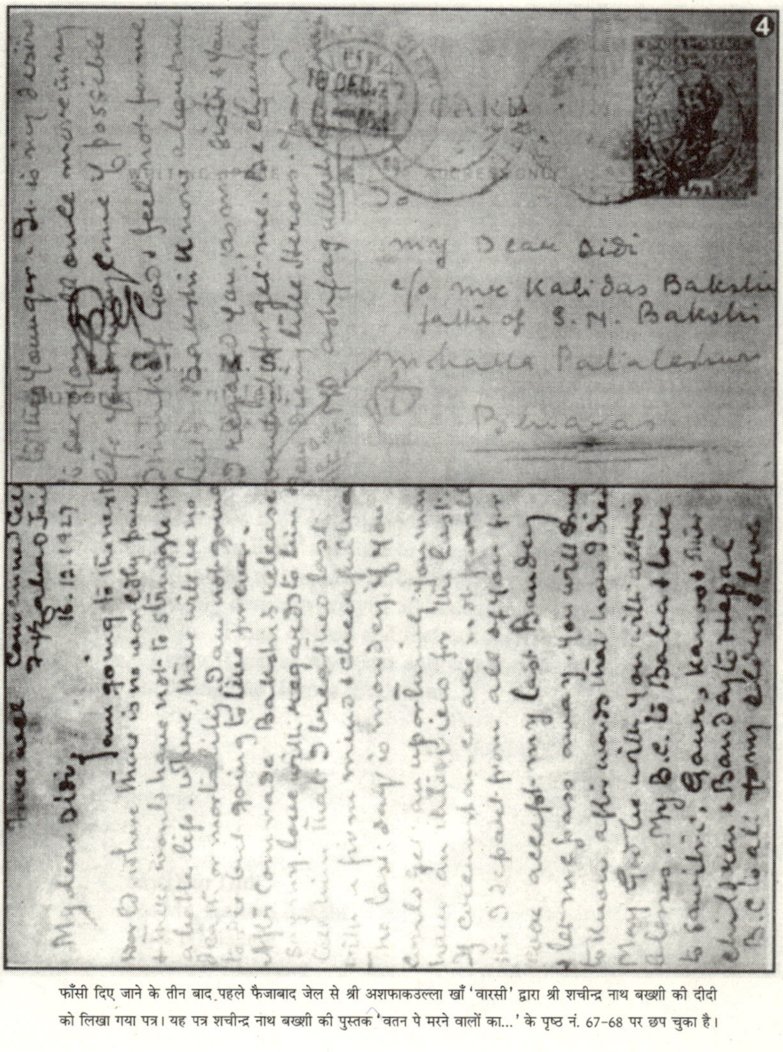

My Dear Didi
c/o Mr Kali Das Bakshi
father of S. N. Bakshi
Mohalla Patalesur
Benaras

16. 12. 1927

फाँसी दिए जाने के तीन बाद पहले फैजाबाद जेल से श्री अशफाकउल्ला खाँ 'वारसी' द्वारा श्री शचीन्द्र नाथ बख्शी की दीदी को लिखा गया पत्र। यह पत्र शचीन्द्र नाथ बख्शी की पुस्तक 'वतन पे मरने वालों का...' के पृष्ठ नं. 67-68 पर छप चुका है।

They both (Ashfaqullah Khan and Sachinder Nath Bakshi) were arrested much latter and were tried in the Supplementary Kakori Case. Facsimile of the letter of its Hindi translation and the original English version has been reproduced in the book by Sachinder Nath Bakshi, '*Vattan Pe Mitane Valo ka*', which has been edited and published by his son Shri Rajendra Bakshi. The facsimile is being reproduced also in the book '*Ram Parshad Bismil ko Phansi ate Mahavir Ka Balidan*' being presently published by Raj Kamal Parkashan Delhi.

A letter written by Ashfaq Ullah Khan 'Warsi' to his comrade, Sachinder Nath Bakshi's sister three days before his martyrdom

Farewell

Condemned Cell
Faizabad Jail
16.12.1927

My dear didi[1],

I am going to the next-world, where there is no worldly pains and there would have not to struggle for a better life, where, there will be no death or mortality. I am not going to die but going to live forever. After comrade Bakshi's release, say my love with regards to him and tell him that I breathed last with a firm mind and cheerful heart. The last day is Monday. If you could get an opportunity, you may have interview for the last. If circumstances are not feasible then I depart from all of you forever. Accept my last Bande.... let me pass away. You will come to know afterwards that how I died. May God be with you, with all His blesses. My B.C.[2] to Baba[3] and love to Savetri[4], Gaur[5], Kanoo[6] and other children and Bandey[7] to Nepal[8]. B.C. to all my elders and love to the youngers. It is my desire to see you all once more in my life. You may come if possible. Think of God and feel not for me. Let Bakshi know about me. I regard you as my sister and you would not forget me. Be cheerful I am dieing like Heroes. B.C. to all.

Yours...,
Md. Ashfaq Ullah Khan 'Warsi'
B.C. to all

Postcard/postage
Address:
To

My Dear Didi
c/o Mr. Kalidas Bakshi
f/o S.N. Bakshi
Mohalla Pataleshar
Benaras

---

(1) Elder Sister of Sachinder Nath Bakshi, (2) Bandey Charan, (3) Father of Sachinder Nath Bakshi, (4) Daughter of eldest sister of Sachinder Nath Bakshi, (5 & 6) Sons of eldest sister of Sachinder Nath Bakshi, (7) Vande Matram, (8) Younger brother of Sachinder Nath Bakshi

फाँसी दिये जाने के तीन दिन पहले फैजाबाद जेल से
श्री अशफाकउल्ला खाँ 'वारसी' द्वारा
श्री शचीन्द्र नाथ बख्शी की दीदी को लिखे पत्र का हिन्दी अनुवाद

विदाई

काल कोठरी
फैजाबाद जेल
16.12.1927

प्रिय दीदी,

मैं दूसरी दुनिया जा रहा हूँ, जहाँ न दुनियादारी की तकलीफें हैं और न जहाँ बेहतर जिन्दगी के लिए और संघर्ष करना पड़ेगा, जहाँ न मौत होगी, न विनाश होगा। मैं मरने नहीं जा रहा हूँ, बल्कि हमेशा के लिए जीने जा रहा हूँ। कॉमरेड बख्शी की रिहाई के बाद मेरा आदर सहित उन्हें प्यार कहियेगा और कहियेगा कि मैंने अन्तिम साँस दृढ़ विचार व प्रसन्न हृदय से ली। आखिरी दिन सोमवार का है, अगर आपको मौका मिले तो एक अन्तिम भेंट कर सकती हैं। अगर परिस्थितियाँ संभव न हो तो मैं आप सबसे हमेशा के लिए विदा लेता हूँ। मेरा अन्तिम वन्दे स्वीकार करें और मुझे मौत को गले लगाने दें। आपको बाद में मालूम होगा कि मैंने कैसे मौत को गले लगाया। ईश्वर आपके साथ हो अपने आशीर्वाद के साथ। बाबा को मेरा प्रणाम और सावित्री, गौर, कानू और अन्य बच्चों को मेरा प्यार और नेपाल को वन्दे। सभी बड़ों को प्रणाम और छोटों को प्यार। अपनी जिन्दगी में आप सभी को एक बार और देखने की ख्वाहिश है, संभव हो तो आप आयें। ईश्वर को याद करें और मेरे लिए दुःखी न हों। बख्शी को मेरे बारे में बताइयेगा। मैं अपनी बहन की तरह आपकी श्रद्धा करता हूँ और आप मुझे न भूलियेगा। प्रसन्न रहें। मैं एक वीर की तरह मर रहा हूँ।

सभी को प्रणाम।

आपका
अशफाकउल्ला खाँ 'वारसी'

(स्त्रोत: उपरोक्त पत्र, श्री राजेन्द्रनाथ व उनकी बेटी, कुमारी मीता बख्शी, 189-ए, सुपर एम.आई.जी., एक्सप्रेस व्यू एपार्टमेण्ट, सेक्टर 93 नोएडा, के सहयोग से प्राप्त है। यह पत्र "वतन पे मरने वालों का" के पृष्ठ 70 पर छप चुका है।)

काकोरी कांड के फरार क्रान्तिकारी

चन्द्रशेखर आज़ाद को पंडित राम प्रसाद बिस्मिल 'क्विक सिल्वर' के नाम से पुकारते थे। ये बहुत फुर्तीले, जोशीले तथा सतर्क थे। ये पार्टी के 'ऐक्शन' के लिए हमेशा तत्पर रहते थे। उस समय पार्टी में यह धारणा थी कि अगर पुलिस द्वारा सबसे पहले अगर कोई पकड़ा जाता है तो वह होगा 'क्विक सिल्वर'। उस समय किसे मालूम था कि ये आगे चलकर पार्टी के सुप्रीम कमांडर बनेंगे और जीवन भर पुलिस के हाथ नहीं आएँगे।

श्री केशवचन्द्र चक्रवर्ती— बनारस के प्रसिद्ध तैराक थे, जिन्हें बाद में कलकत्ता में एक बम केस में सजा हुई।

श्री मुरारी लाल शर्मा— जिनकी शायद कई साल बाद साँप के काटने से मृत्यु हुई थी।

बिस्मिल जी की सबसे प्रिय नज़्म

सर फरोशी की तमन्ना अब हमारे दिल में है,
देखना है ज़ोर कितना बाजुए कातिल में है।
रहबरे राहे मुहब्बत रह न जाना राह में,
लज़्ज़ते सहरानवर्दी दूरिये मंजिल में है।
वक्त आने दे बता देंगे तुझे ऐ आसमाँ,
हम अभी से क्या बताएँ क्या हमारे दिल में है।
अब न अगले वलवले हैं औ' न अरमानों की भीड़,
एक मिट जाने की हसरत अब दिले 'बिस्मिल' में है।
आज मकतल में वो कातिल कह रहा है बार बार,
क्या तमन्नायें शहादत भी किसी के दिल में है।
ऐ शहीदे मुल्क मिल्लत! मैं तेरे ऊपर निसार,
अब तेरी हिम्मत का चर्चा गैर की महफिल में है।

वैश्य अनाथालय

विख्यात काकोरी केस का ताना-बाना मेरठ के वैश्य अनाथालय में ही बुना गया था। इसके एक पक्ष में स्वाधीनता सेनानी विष्णु शरण दुब्लिस रहते थे। यह कक्ष ही गुप्त सभाओं का ठिकाना था। इन सभाओं में राम प्रसाद बिस्मिल, अशफाकउल्ला खाँ, राजेन्द्र लाहिड़ी, चन्द्रशेखर आज़ाद, भगवान दास माहौर, रामकृष्ण खत्री आदि क्रान्तिकारी भाग लेते रहे हैं।

उपरोक्त नोट पूर्व वैश्य अनाथालय, वर्तमान में लाला रामानुज दया वैश्य बाला सदन, मेरठ से प्राप्त हुआ है।

काकोरी शहीद स्मारक, काकोरी, लखनऊ

काकोरी कांड का साक्षी काकोरी स्टेशन

और

काकोरी कांड की घटना व क्रान्तिकारियों के क्रियाकलापों का मूक दर्शक काकोरी की रेल लाइन

स्त्रोत:

चित्र संख्या 1 से 8 तक

श्री राजेन्द्रनाथ बख्शी व उनकी बेटी, कुमारी मीता बख्शी, 189-ए, सुपर एमआईजी, एक्सप्रेस व्यू एपार्टमेण्ट सेक्टर 93 नोएडा, के सहयोग से प्राप्त हुए हैं।

(1) जोगेश चन्द्र चटर्जी, (2) प्रेम कृष्ण खन्ना, (3) मुकन्दी लाल, (4) विष्णु शरण दुब्लिस, (5) सुरेश चन्द्र भट्टाचार्य, (6) राम कृष्ण खत्री, (7) मनमथ नाथ गुप्त, (8) राज कुमार सिंन्हा, (9) रोशन सिंह, (10) राम प्रसाद बिस्मिल, (11) राजेन्द्र नाथ लाहिड़ी, (12) गोबिन्द चरण कार, (13) राम दुलारे त्रिवेदी, (14) राम नाथ पाण्डे, (15) शचीन्द्र नाथ सान्याल, (16) भूपिन्द्र नाथ सान्याल, और (17) प्रणवेश चन्द्र चटर्जी

शहीद महावीर सिंह और उनके छोटे भाई (वैद्य) बलवीर सिंह

बाईं ओर से (अंडमान में महावीर सिंह की प्रतिमा के पास खड़े उनके परिवार के सदस्य)–सत्यभानू चौहान, यतिन्द्र कुमार राठौर, गिरिजा राठौर, पूर्वा राठौर, आरती राठौर, ध्रुव प्रताप सिंह राठौर व असीम राठौर। यह चित्र 19 मई, 2002 में खींचा गया है।

(यह चित्र स्वर्गीय श्री यतिन्द्र कुमार राठौर जी के सुपुत्र श्री असीम राठौर जी से प्राप्त हुआ है।)

कानपुर का डी.ए.वी. कॉलेज जहाँ से महावीर सिंह ने क्रान्तिकारी पार्टी में प्रवेश किया।

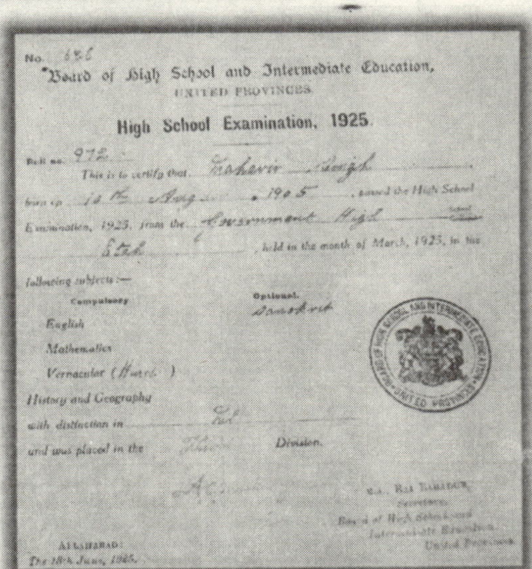

No.
Board of High School and Intermediate Education,
UNITED PROVINCES.

High School Examination, 1925.

Roll no. 972

This is to certify that Mahavir Singh

born on 16th Aug. 1905, passed the High School

Examination, 1925, from the Government High School

Etah, held in the month of March, 1925, in the

following subjects:—

Compulsory. Optional.

English Sanskrit

Mathematics

Vernacular (Hindi)

History and Geography

with distinction in

and was placed in the Third Division.

Rai Bahadur,
Secretary,
Board of High School and Intermediate Education,
United Provinces.

ALLAHABAD:
The 18th June, 1925.

महावीर सिंह का दसवीं का प्रमाण पत्र।

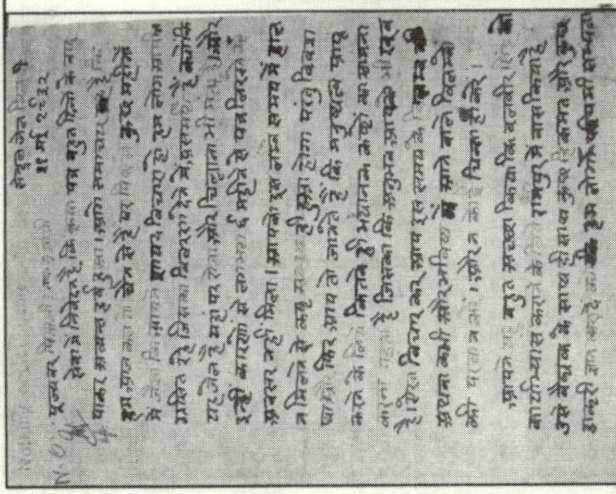

महावीर सिंह द्वारा 31 मई, 1932 को अपने पिता जी को लिखा पत्र। यह पत्र इस पुस्तक के पृष्ठ 241 पर छपा हुआ है।

अंडमान में पायलट टीम उन शहीदों को श्रद्धांजलि देते हुए जिनके शरीर गुप्त रूप से समुन्द्र में फेंक दिए गए थे।
(यह चित्र संग्राहल प्रबन्धकर्त्ती, श्रीमती रशीदा इकबाल, सेल्यूलर जेल, पोर्ट ब्लेयर, अंडमान संग्राहलय जी द्वारा प्राप्त हुआ है।)

श्री शिव वर्मा अंडमान में शहीद महावीर सिंह की समाधि के पास बैठे हुए।

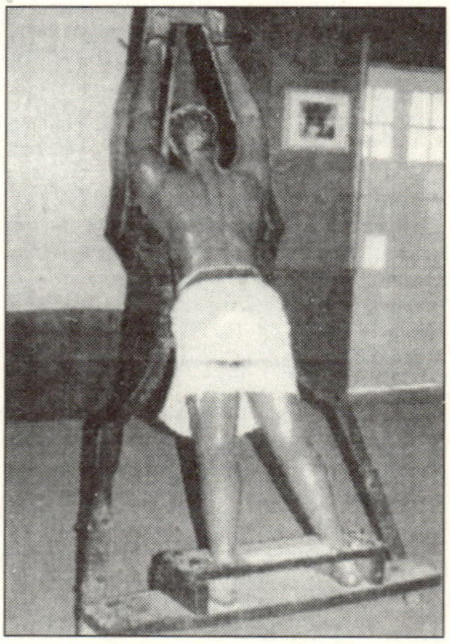

कोड़े मारने वाली टिक-टिकी (फ्लॉगिंग स्टैंड)

सेल्यूलर जेल / राष्ट्रीय स्मारक की संग्राहलम प्रबन्धकर्त्ती, श्रीमती रशीदा इकबाल, अंडमान के एक शहीद, बाबा भान सिंह की स्मृति में मनाए जा रहे समारोह को सम्बोधित करती हुई।

कानपुर का डी.ए.वी. कॉलेज जहाँ से महावीर सिंह ने क्रान्तिकारी पार्टी में प्रवेश किया।

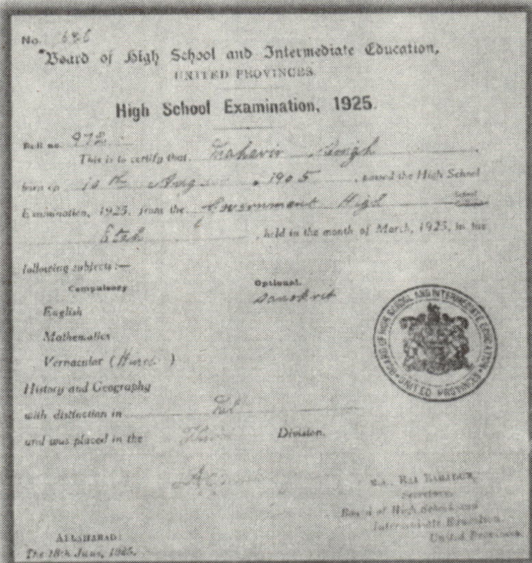

No. 636

Board of High School and Intermediate Education,
UNITED PROVINCES

High School Examination, 1925.

Roll no. 972

This is to certify that Mahavir Singh

born on 16th Aug 1905, passed the High School

Examination, 1925, from the Government High School

Etah, held in the month of March, 1925, in the

following subjects:—

Compulsory — English, Mathematics, Vernacular (Hindi), History and Geography

Optional — Sanskrit

with distinction in

and was placed in the Third Division.

Rai Bahadur, Secretary, Board of High School and Intermediate Education, United Provinces.

ALLAHABAD:
The 18th June, 1925.

महावीर सिंह का दसवीं का प्रमाण पत्र।

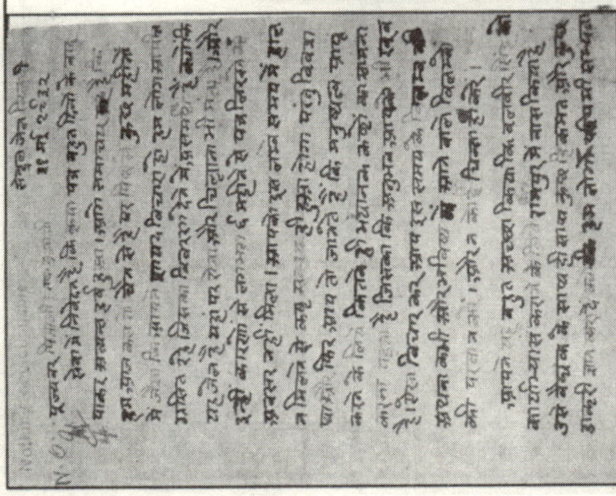

महावीर सिंह द्वारा 31 मई, 1932 को अपने पिता जी को लिखा पत्र। यह पत्र इस पुस्तक के पृष्ठ 241 पर छपा हुआ है।

अंडमान में पायलट टीम उन शहीदों को श्रद्धांजलि देते हुए जिनके शरीर गुप्त रूप से समुन्द्र में फेंक दिए गए थे।
(यह चित्र संग्राहल प्रबन्धकर्त्ती, श्रीमती रशीदा इकबाल, सेल्यूलर जेल, पोर्ट ब्लेयर, अंडमान संग्राहलय जी द्वारा प्राप्त हुआ है।)

श्री शिव वर्मा अंडमान में शहीद महावीर सिंह की समाधि के पास बैठे हुए।

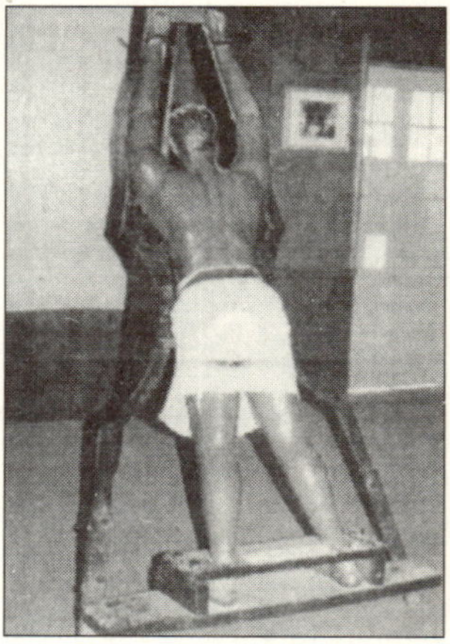

कोड़े मारने वाली टिक-टिकी (फ्लॉगिंग स्टैंड)

सेल्यूलर जेल / राष्ट्रीय स्मारक की संग्राहलम प्रबन्धकर्त्ती, श्रीमती रशीदा इकबाल, अंडमान के एक शहीद, बाबा भान सिंह की स्मृति में मनाए जा रहे समारोह को सम्बोधित करती हुई।

राष्ट्रीय स्मारक / सेल्यूलर जेल का सामने का दृश्य

26 जनवरी, 1974 को सेल्यूलर जेल में लिया गया समूह चित्र

शाहपुर टहला में राजा का रामपुर सड़क पर नहर के ऊपर बनी वह पुली, जहाँ बैठ कर भगत सिंह और महावीर सिंह विचार-विमर्श किया करते थे।

भगत सिंह

शिवराम राजगुरू

सुखदेव

बटुकेश्वर दत्त

जतिन्द्रनाथ दास

किशोरी लाल

जयदेव कपूर

शिव वर्मा

गया प्रसाद (डॉ.)

कंवल नाथ तिवारी

गया प्रसाद (डॉ.)

महावीर सिंह

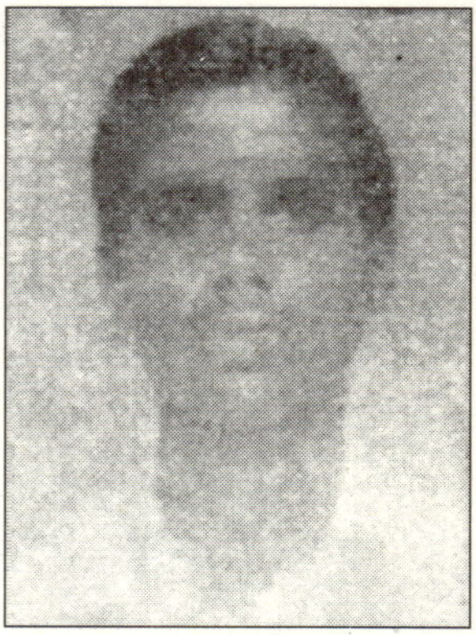

विजय कुमार सिन्हा

प्रेम दत्त

देश राज

अजय कुमार घोष

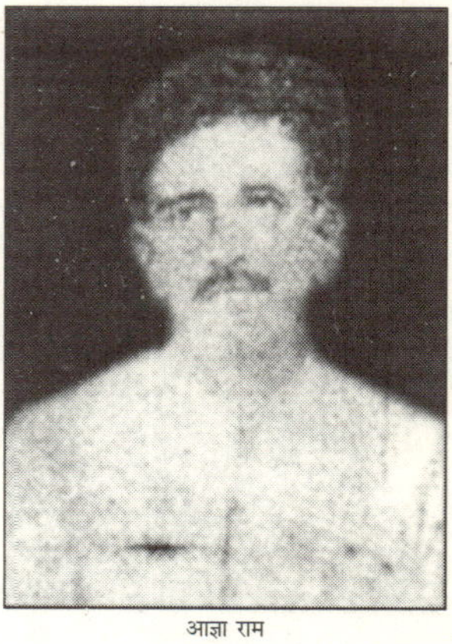

आज्ञा राम

भगवती चरण वोहरा

यशपाल

चन्द्रशेखर आजाद

कैलाश (भगवान दास माहौर)

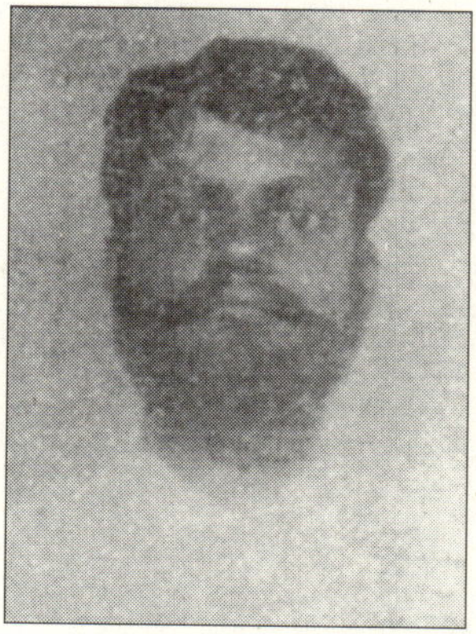

जतिन्द्र नाथ सान्याल

●●●